Güllemann
Internationales Vertragsrecht

Internationales Vertragsrecht

Internationales Privatrecht, UN-Kaufrecht und Internationales Zivilverfahrensrecht

von

Prof. Dr. Dirk Güllemann

2. Auflage

Verlag Franz Vahlen München 2014

VERLAG
VAHLEN
MÜNCHEN
www.vahlen.de

Zitiervorschlag: *Güllemann* IntVertragsR

ISBN 978 3 8006 4749 1

© 2014 Verlag Franz Vahlen GmbH
Wilhelmstraße 9, 80801 München
Satz: Fotosatz Buck
Zweikirchener Straße 7, 84036 Kumhausen
Druck und Bindung: Druckhaus Nomos
In den Lissen 12, 76547 Sinzheim
Gedruckt auf säurefreiem, alterungsbeständigem Papier
(hergestellt aus chlorfrei gebleichtem Zellstoff)

Vorwort

Internationales Privatrecht in Gestalt des EGBGB ist dem deutschen Juristen zwar bekannt, gilt aber als schwierig und schwer durchschaubar. Für Studenten kam es lange Zeit nur als Nebenfach vor und fristete ein gewisses Schattendasein. Seit sich der europäische Gesetzgeber mit der Rom I- und II-Verordnung gemeinschaftsrechtlich zu Wort gemeldet hat und europaweit einheitliche Kollisionsnormen geschaffen hat, ist das schlagartig anders geworden. Außerdem hat das IPR im akademischen Unterricht an Universitäten als Schwerpunktfach und besonders auch an den Fachhochschulen als Kollisionsrecht, Internationales Privatrecht oder Internationales Vertragsrecht in Bachelor- und Masterstudiengängen einen neuen Stellenwert erhalten. Hintergrund ist die Internationalisierung der Rechtsverhältnisse, die durch internationalen Waren- und Dienstleistungsaustausch, internationalen Reiseverkehr, Aus- und Einwanderung, Welt umfassende Informationsquellen und Vernetzung (Stichwort Internet), internationale Sport- und Unterhaltungsevents, multinationale Eheschließungen und Partnerschaften und Ähnliches die Lebensverhältnisse fast jedes Einzelnen durchgängig und tiefgreifend beeinflusst.

Seit Inkrafttreten der beiden Rom-Verordnungen im Jahre 2009 weht juristisch ein frischer Wind im IPR, der sich zuerst dem internationalen Schuldrecht zugewendet, aber inzwischen auch das Scheidungs-, Unterhalts- und Erbrecht erfasst hat. Die vorliegende Darstellung stellt wegen ihrer Fokussierung auf das Thema Internationales Vertragsrecht die Rom I-VO zum Vertragsrecht in den Vordergrund und beleuchtet in einem Seitenlicht das Deliktsrecht nach der Rom II-VO sowie das Sachenrecht nach dem EGBGB. Die Darstellung ist bewusst praxisbezogen gehalten und soll vor allem Studierenden wirtschaftsrechtlicher und betriebswirtschaftlicher Studiengänge mit internationaler Ausrichtung an (Fach-)Hochschulen, aber auch Studenten der Rechtswissenschaften an Universitäten eine solide Basis geben.

Ein zweites Anliegen des Buches ist eine kompakte und ebenfalls praxisbezogene Darstellung des UN-Kaufrechts (CISG), das für den internationalen Warenkauf eine wachsende Bedeutung gewonnen hat, aber in der Rechtspraxis und in der Lehre noch nicht den gebührenden Platz gefunden hat. Da das UN-Kaufrecht seit mehr als 20 Jahren in Deutschland geltendes innerstaatliches Recht ist, hat es mittlerweile eine feste Verankerung in unserem Rechtssystem wie auch in annähernd achtzig Staaten gefunden, zu denen Deutschlands wichtigste Außenhandelspartner zählen. Dementsprechend ist ein Grundlagenwissen zum UN-Kaufrechts unverzichtbar und wird vorliegend geliefert.

Schließlich wird ein Überblick über das internationale Zivilverfahrensrecht (IZVR) gegeben. Dabei steht die Brüssel I-VO über die gerichtliche Zuständigkeit und Anerkennung von Entscheidungen in Zivil- und Handelssachen im Vordergrund, die als europäisches Gemeinschaftsrecht vor allem die Frage beantwortet, welche Gerichte international zur Entscheidung von Streitigkeiten im Bereich des Zivil- und Handelsrechts berufen sind.

Die Neuauflage lässt das Werk in Struktur und Text im Ganzen unverändert. Es wurde jedoch gründlich überarbeitet und in allen Teilen erweitert (neue Kap. 5.2., 5.3. zum IPR, 9.1.6 zum CISG und 10.5. und 10.6. zum IZVR) und vertieft. So wurden die Kapitel zum IZVR vollständig überarbeitet, ergänzt und neu gefasst. Insgesamt wurde das Buch durchgängig aktualisiert und auf den neuesten Stand von Gesetzgebung, Wissenschaft und Rechtsprechung gebracht. Bei der Recherche und Textüberarbeitung hat mir Frau *Henrike Korthoff* (Bachelor of Law an der Universität Gießen, jetzt Masterstudierende an der Hochschule Osnabrück) hilfreich zur Seite gestanden. Dafür bedanke ich mich herzlich.

Das Manuskript wurde im Oktober 2013 abgeschlossen.

Nobody is perfect. Daher sind Verbesserungsvorschläge, Fragen und Anregungen willkommen und werden von mir gern entgegen genommen unter der Anschrift:

Prof. Dr. Dirk Güllemann

Hochschule Osnabrück

Fakultät Wirtschafts- und Sozialwissenschaften

Postfach 1940

49009 Osnabrück

E-Mail: dguellemann@wi.hs.osnabrueck.de

Osnabrück, im Oktober 2013

Inhaltsübersicht

Inhaltsverzeichnis

Verzeichnis der Abbildungen

Abkürzungen

aA . . . . anderer Ansicht
ABGB . . . . Allgemeines Bürgerliches Gesetzbuch (Österreich)
Abs. . . . . Absatz
aE . . . . am Ende
aF . . . . alte Fassung
AEntG . . . . Arbeitnehmer-Entsendegesetz v. 20.4.2009
ABl. EG L . . . . Amtsblatt der Europäischen Gemeinschaft, Ausgabe L
ABl. EU L . . . . Amtsblatt der Europäischen Union, Ausgabe L (Rechtsvorschriften)
A.C. . . . . Appeals Cases (seit 1891)
AEUV . . . . Vertrag über die Arbeitsweise der Europäischen Union v. 13.12.2007
                         („Lissabon-Vertrag")
AGB . . . . Allgemeine Geschäftsbedingungen
Alt. . . . . Alternative
Aufl. . . . . Auflage
Art. . . . . Artikel

BAG . . . . Bundesarbeitsgericht
BauGB . . . . Baugesetzbuch
B2B . . . . Business to Business
B2C . . . . Business to Consumer
BB . . . . Betriebsberater
Bd. . . . . Band
betr. . . . . betreffend
BGB . . . . Bürgerliches Gesetzbuch
BGBl. . . . . Bundesgesetzblatt
BGH . . . . Bundesgerichtshof
BGHZ . . . . Entscheidungen des Bundesgerichtshofs in Zivilsachen
BT-Drs. . . . . Bundestagsdrucksache
BVerfG . . . . Bundesverfassungsgericht
BVerfGE . . . . Entscheidungen des Bundesverfassungsgerichts
Brüssel I-VO . . . . . . Verordnung (EG) Nr. 44/2001 des Rates über die gerichtliche Zuständig-
                         keit und die Anerkennung und Vollstreckung von Entscheidungen in
                         Zivil- und Handelssachen v. 22.12.2000 (= EuGVO)
bzgl. . . . . bezüglich
bzw. . . . . beziehungsweise

C.c. . . . . Code civil (Zivilgesetzbuch Frankreich)
c.c. . . . . código cívil (Zivilgesetzbuch Spaniens)
CE . . . . Conformité Européenne (Übereinstimmung mit EU-Richtlinien). Laut
                         Wikepedia Kennzeichnung nach EU-Recht für bestimmte Produkte in
                         Zusammenhang mit der Produktsicherheit
CFR . . . . cost and freight (Kosten und Fracht)
CIF . . . . cost, insurance and freight (Kosten, Versicherung und Fracht)
CIP . . . . carriage and insurance paid (frachtfrei, versichert)
CISG . . . . Convention on contracts for the international sales of Goods (Überein-
                         kommen der Vereinten Nationen über Verträge über den internationalen
                         Warenkauf v. 11.4.1980)
CLOUT . . . . UNCITRAL-Database (http://www.uncitral.org)
CMR . . . . Convention relative au contrat de transport international de marchan-
                         dises par route (Übereinkommen über den Beförderungsvertrag im
                         internationalen Straßengüterverkehr v. 19.5.1956)

CPT . . . . carriage paid to (frachtfrei)
C2C . . . . Consumer to Consumer

DAF . . . . delivered at frontier (geliefert Grenze)
DDU . . . . delivered duty unpaid (geliefert unverzollt)
DDP . . . . delivered duty paid (geliefert verzollt)
DES . . . . delivered ex ship (geliefert ab Schiff)
DEQ . . . . delivered ex quai (geliefert ab Kai)
dh . . . . das heißt
DIN . . . . Deutsches Institut für Normung
DM . . . . Deutsche Mark

EAG . . . . Einheitliches Gesetz über den Abschluss von internationalen Kaufver-
trägen über bewegliche Sachen v. 17.7.1973
e-commerce . . . . . . electronic commerce (elektronischer Handel)
EFTA . . . . European Free Trade Association (Europäische Freihandelsassoziation)
EG . . . . Europäische Gemeinschaft
EGBGB . . . . Einführungsgesetz zum Bürgerlichen Gesetzbuch
EG RL . . . . Europäische Richtlinie
EGV . . . . Vertrag zur Gründung der Europäischen Gemeinschaft
EGVVG . . . . Einführungsgesetz zum Versicherungsvertragsgesetz
EKG . . . . Einheitliches Gesetz über den internationalen Kauf beweglicher Sachen
v. 17.7.1973
endg. . . . . endgültig
engl. . . . . englisch
etc. . . . . et cetera (und so weiter)
EU . . . . Europäische Union
EuEheVO . . . . Die Verordnung (EG) Nr. 2201/2003 des Rates über die Zuständigkeit
und die Anerkennung und Vollstreckung von Entscheidungen in Ehesa-
chen und in Verfahren betreffend die elterliche Verantwortung und zur
Aufhebung der Verordnung (EG) Nr. 1347/2000 v. 27.11.2003
EuGH . . . . Europäischer Gerichtshof
EuGVO . . . . siehe Brüssel I-VO
EuGVÜ . . . . Brüsseler EWG-Übereinkommen über die gerichtliche Zuständigkeit
und die Vollstreckung gerichtlicher Entscheidungen in Zivil- und Han-
delssachen
EuUnthVO . . . . Verordnung (EG) Nr. 4/2009 des Rates über die Zuständigkeit, das
anwendbare Recht, die Anerkennung und Vollstreckung von Entschei-
dungen und die Zusammenarbeit in Unterhaltssachen v. 18.12.2008
EuZW . . . . Europäische Zeitschrift für Wirtschaftsrecht
evtl. . . . . eventuell
EUV . . . . Vertrag über die Europäische Union v. 13.12.2007
EVÜ . . . . Römisches EWG-Übereinkommen über das auf Vertragliche Schuldver-
hältnisse anzuwendende Recht v. 19.6.1980
EWG . . . . Europäische Wirtschaftsgemeinschaft
EWIF . . . . Europäische Wirtschaftliche Interessenvereinigung
EXW . . . . ex works (ab Werk)

f. . . . . folgende
FamFG . . . . Gesetz über das Verfahren in Familiensachen und in den Angelegenhei-
ten der freiwilligen Gerichtsbarkeit v. 17.12.2008
FamRZ . . . . Zeitschrift für das gesamte Familienrecht
FAS . . . . free alongside ship (frei Längsseite Seeschiff)
FCA . . . . free carrier (frei Frachtführer)
FernUSG . . . . Fernunterrichtsschutzgesetz idF v. 4.12.2000

ff. . . . . fortfolgende
Fn. . . . . Fußnote
FOB . . . . free on board (frei an Bord)

ggf. . . . . gegebenenfalls
GK-HGB . . . . Gemeinschaftskommentar zum Handelsgesetzbuch mit UN-Kaufrecht

HGB . . . . Handelsgesetzbuch
hL . . . . herrschende Literatur
hM . . . . herrschende Meinung

idF . . . . in der Fassung
ICC . . . . Internationale Handelskammer (Paris)
ICE . . . . Inter-City-Express
IHK . . . . Industrie- und Handelskammer
IHR . . . . Zeitschrift für Internationales Handelsrecht
iHv . . . . in Höhe von
iSd . . . . im Sinne der/des
iSv . . . . im Sinne von
Incoterms . . . . International commercial terms (Intern. Handelsklauseln)
IPR . . . . Internationales Privatrecht
IPRax . . . . Praxis des internationalen Privat- und Verfahrensrechts (Zeitschrift)
IZPR . . . . Internationales Zivilprozessrecht
IZVR . . . . Internationales Zivilverfahrensrecht

Kap. . . . . Kapitel
kg . . . . Kilogramm
KOM . . . . Dokument der Kommission bestimmt für die Öffentlichkeit
KW . . . . Kalenderwoche

LG . . . . Landgericht
lit. . . . . Buchstabe

mE . . . . meines Erachtens
Mio. . . . . Million
MLE . . . . Magister legum Europae
mN . . . . mit Nachweisen
mwH . . . . mit weiteren Hinweisen
mwN . . . . mit weiteren Nachweisen
MüKoBGB . . . . Münchener Kommentar zum BGB
MüKoHGB . . . . Münchener Kommentar zum HGB

nF . . . . neue Fassung
NJ . . . . Neue Juristische Wochenschrift
NJW-RR . . . . Rechtsprechungsreport der Neuen Juristischen Wochenschrift
NZG . . . . Neue Zeitschrift für Gesellschaftsrecht

oÄ . . . . oder ähnliches
OGH . . . . Oberster Gerichtshof (Österreich)
OLG . . . . Oberlandesgericht

PWW . . . . Prütting/Wegen/Weinreich, BGB-Kommentar

RIW . . . . Recht der Internationalen Wirtschaft, Außenwirtschaftsdienst des
Betriebsberaters

RL	Richtlinie
Rn.	Randnummer
Rom I-VO	Verordnung (EG) Nr. 593/2008 des Europäischen Parlaments und des Rates über das auf vertragliche Schuldverhältnisse anwendbare Recht v. 17.6.2008
Rom II-VO	Verordnung (EG) Nr. 864/2007 des Europäischen Parlaments und des Rates über das auf außervertragliche Schuldverhältnisse anzuwendende Recht v. 11.7.2007
Rom III-VO	Verordnung (EU) Nr. 1259/2010 zur Durchführung einer Verstärkten Zusammenarbeit im Bereich des auf die Ehescheidung und Trennung ohne Auflösung des Ehebandes anzuwendenden Rechts v. 20.12.2010
Rs.	Rechtssache
S.	Satz
s.	siehe
ScheckG	Scheckgesetz
Slg	Sammlung
sog.	sogenannt
StAZ	Das Standesamt (Zeitschrift)
str.	strittig
StVG	Straßenverkehrsgesetz
UAbs.	Unterabsatz
UNCITRAL	United Nations Commission on International Trade Law (Ausschuss der Vereinten Nationen für Internationales Handelsrecht, Wien)
UN-Kaufrecht	Übereinkommen der Vereinten Nationen über Verträge über den internationalen Warenkauf (= CISG)
UNIDROIT	Institut International pour l' Unification du Droit Privé (Intern. Institut zur Vereinheitlichung des Privatrechts)
UrhG	Urhebergesetz
vgl.	vergleiche
vice versa	umgekehrt
VO	Verordnung
VOB	Vergabe- und Vertragsordnung für Bauleistungen
Vorb.	Vorbemerkung
VuR	Verbraucher und Recht (Zeitschrift)
VVG	Versicherungsvertragsgesetz
WechselG	Wechselgesetz
zB	zum Beispiel
zit.	zitiert
ZEuP	Zeitschrift für Europäisches Privatrecht
ZGB	Zivilgesetzbuch (Schweiz)
ZIP	Zeitschrift für Wirtschaftsrecht
ZPO	Zivilprozessordnung
zT	zum Teil

Literaturverzeichnis

I. Ausgewählte Literatur zum IPR

Bamberger, H.G./Roth, H., Beck'scher Online-Kommentar zum BGB, Stand 1.8.2013, Edition 28 (zit.: BeckOK BGB/*Bearbeiter*)

v. Bar, Ch. Internationales Privatrecht, Bd. II: Besonderer Teil 1991 (zit.: *v. Bar* IPR II); ders. mit *Mankowski, P.,* Bd. I: Allgemeine Lehren, 2. Aufl. 2003 (zit.: *v. Bar/ Mankowski* IPR I)

Dauner-Lieb, B./Heidel, T./Ring, G., Anwaltkommentar BGB, 1.–2. Aufl. 2004 ff. (zit.: AnwK/*Bearbeiter*)

Dilling, J., Internationales Privatrecht 2013 (zit.: *Dilling* IPR)

Erman, W., Kommentar zum BGB, Bd. 2, 13. Aufl. 2011 (zit.: Erman/*Bearbeiter*)

Fuchs, A./Hau, W./Thorn, K., Fälle zum Internationalen Privatrecht, 4. Aufl. 2009

Ensthaler, J., Gemeinschaftskommentar zum Handelsgesetzbuch, 7. Aufl. 2007 (zit.: GK-HGB/*Bearbeiter*)

v. Hoffmann, B./Thorn, K., Internationales Privatrecht, 9. Aufl. 2007 (zit.: *v. Hoffmann/ Thorn* IPR)

Hüßtege, R./Ganz, A., Internationales Privatrecht, 5. Aufl. 2013 (zit.: *Hüßtege/Ganz* IPR)

Jayme, E./Hausmann, R., Internationales Privat- und Verfahrensrecht, 16. Aufl. 2012 (zit.: *Jayme/Hausmann* nach den Nummern [Nr.] der abgedruckten Texte der Gesetze, Verordnungen und Übereinkommen)

Junker, A., Internationales Privatrecht, 1998 (zit.: *Junker* IPR)

Kegel, G./Schurig, K., Internationales Privatrecht, 9. Aufl. 2004 (zit.: *Kegel/Schurig* IPR)

Kienle, F., Internationales Privatrecht, 2. Aufl. 2010 (zit.: *Kienle* IPR)

Kindler, P., Einführung in das neue IPR des Wirtschaftsverkehrs, 2009 (zit.: *Kindler* Einführung IPR)

Koch, H./Magnus, U./Winkler v. Mohrenfels, P., IPR und Rechtsvergleichung, 4. Aufl. 2010 (zit.: *Koch/Magnus/Winkler v. Mohrenfels* IPR)

Kropholler, J., Internationales Privatrecht, 6. Aufl. 2006 (zit.: *Kropholler* IPR)

Münchener Kommentar zum BGB, Bd. 10, 5. Aufl. 2010 (zit.: MüKoBGB/*Bearbeiter*)

Neuhaus, P.H., Die Grundbegriffe des internationalen Privatrechts, 1976 (zit.: *Neuhaus* IPR)

Palandt, O., Kommentar zum Bürgerlichen Gesetzbuch, 73. Aufl. 2014 (zit.: Palandt/ *Bearbeiter*)

Prütting, H./Wegen, G./Weinreich, G., Kommentar zum BGB, 8. Aufl. 2013 (zit.: PWW/ *Bearbeiter*)

Raape, L./Sturm, F., Internationales Privatrecht, Bd. I, Allgemeine Lehren, 6. Aufl. 1977 (zit.: *Raape/Sturm* IPR)

Reithmann, C./Martiny, D., Internationales Vertragsrecht, 7. Aufl. 2010 (zit.: Reithmann/Martiny/*Bearbeiter*)

Rauscher, T., Internationales Privatrecht mit internationalem und europäischem Verfahrensrecht, 4. Aufl. 2012 (zit.: *Rauscher* IPR

v. Sachsen Gessaphe, K.-A., Internationales Privatrecht und UN-Kaufrecht, 2. Aufl. 2009 (zit.: *v. Sachsen Gessaphe* IPR) *v. Staudinger, J.,* Kommentar zum BGB, Einführungsgesetz zum Bürgerlichen Gesetzbuch/IPR, Art. 27–37 EGBGB; Anhang (Internationales Vertragsrecht), Neubearbeitung 2002 (zit.: Staudinger/*Bearbeiter*)

II. Ausgewählte Literatur zum UN-Kaufrecht

Bamberger, H. G./Roth, H., Beck'scher Online-Kommentar zum BGB, Stand 1.5.2013 Edition 29 (zit.: BeckOK BGB/*Bearbeiter*)

Callies, G.P./Clausnitzer, J./Maurer, A., UN-Kaufrecht, Praxisleitfaden für internationale Verträge, Deutscher Industrie- und Handelskammertag 2008

Enderlein, F./Maskow, D., Internationales Kaufrecht, 1991

Ferrari, F./Kieninger, E.-M./Mankowski, P./Otte, K./Saenger, I./Schulze, G./Staudinger, A., Internationales Vertragsrecht, Kommentar, 2. Aufl. 2012 (zit.: Ferrari/*Bearbeiter*)

Gildeggen, R./Willburger, A., Internationale Handelsgeschäfte, 4. Aufl. 2012 (zit.: *Gildeggen/Willburger* IntHandelsG)

Ensthaler, J., Gemeinschaftskommentar zum Handelsgesetzbuch, 7. Aufl. 2007 (zit.: GK-HGB/*Bearbeiter*)

Honsell, H., Kommentar zum UN-Kaufrecht, 2. Aufl. 2010 (zit.: Honsell/*Bearbeiter*)

Karollus, M./Magnus, U./Melis, W./Schnyder, A. K., Kommentar zum UN-Kaufrecht, 2. Aufl. 2009

Köhler, M. F., Das UN-Kaufrecht und sein Anwendungsausschluss, 2008

Kröll, St./Mistelis, L. /Perales Viscasillas, P. (eds), UN Convention on Contracts fort the Internationale Sale of Goods (CISG), Commentary, 2011

Münchener Kommentar zum BGB, Bd. 3, 6. Aufl. 2012 (zit.: MüKoBGB/*Bearbeiter*)

Münchener Kommentar zum HGB, Bd. 5, 3. Aufl. 2013 (zit.: MüKoHGB/*Bearbeiter*)

Piltz, B., UN-Kaufrecht, Gestaltung von Export- und Importverträgen, 2. Aufl. 1996 (zit.: *Piltz* UN-KaufR)

Piltz, B., Internationales Kaufrecht. Das UN-Kaufrecht in praxisorientierter Darstellung, 2. Aufl. 2008 (zit.: *Piltz*)

Piltz, B., Münchener Vertragshandbuch, Bd. 4, Wirtschaftsrecht III, Kap. V.1, Export Contract, 7. Aufl.2012 (zit.: *Piltz* Exportverträge)

Piltz, B./Heckeroth, J.U./Wiebusch, M., Vertragsgestaltung im Exportgeschäft, Deutscher Industrie- und Handelskammertag, 2011 (zit.: *Piltz/Heckeroth/Wiebusch*, Vertragsgestaltung)

v. Sachsen Gessaphe, Internationales Privatrecht und UN-Kaufrecht, 2. Aufl. 2007

Schlechtriem, P., Internationales UN-Kaufrecht, 4. Aufl. 2007 (zit.: *Schlechtriem* UN-KaufR)

Schlechtriem, P./Schroeter, U., Internationales UN-Kaufrecht, 5. Aufl. 2013 (zit.: *Schlechtriem/Schroeter* UN-KaufR)

Schlechtriem, P./Schwenzer, I., Kommentar zum Einheitlichen UN-Kaufrecht 5. Aufl. 2008 (zit.: Schlechtriem/Schwenzer/*Bearbeiter*)

Siller, C., Internationales UN-Kaufrecht, Das Recht in Fragen und Antworten sowie in Praxisfällen und Lösungen, 2009 (zit.: *Siller* Int. UN-KaufR)

Soergel, H.-T., Kommentar zum BGB, Schuldrechtliche Nebengesetze 2, CISG Bd. 13, 13. Aufl., 2000 (zit.: Soergel/*Bearbeiter*)

v. Staudinger, J., Kommentar zum BGB, Wiener UN-Kaufrecht (CISG), Neubearbeitung 2013 (zit.: Staudinger/*Bearbeiter* CISG)

Verweyen, U./Foerster, V./Toufar, O., Handbuch des Internationalen Warenkaufs UN-Kaufrecht, 2. Aufl. 2008 (zit.: *Verweyen/Foerster/Toufar* HdB UN-KaufR)

Witz, W./Salger, H.-C./Lorenz, M., Internationales Einheitliches Kaufrecht, 2000

UN-Kaufrecht online:

Taschner, Angaben zu Datenbanken in IHR 2001, 133

http://www.cisg-online.ch, Datenbank der Universität Basel mit Entscheidungen zum UN-Kaufrecht

http://www.jura.uni-freiburg.de/ipr1/cisg Datenbank der Universität Freiburg mit Entscheidungen zum UN-Kaufrecht

http://www.uncitral.org, Datenbank des Ausschusses der Vereinten Nationen für Internationales Handelsrecht in Wien (UNCITRAL) mit dem aktuellen Beitrittstand zum UN-Übereinkommen sowie Entscheidungen unter „clout"

http://www.cisg.law.pace.edu, Datenbank der Pace University of Law

III. Ausgewählte Literatur zum Internationalen Zivilverfahrensrecht

Brödermann, E./Rosengarten, J., Internationales Privat- und Zivilverfahrensrecht, 6. Aufl. 2012 (zit.: Brödermann/Rosengarten/*Bearbeiter* IPR/IZVR)

Geimer, R., Internationales Zivilprozessrecht, 6. Aufl. 2009 (zit.: *Geimer* IntZivilProzR)

v. Hoffmann, B./Thorn, K., Internationales Privatrecht, 9. Aufl. 2007 (zit.: *v. Hoffmann/Thorn* IPR)

Hüßtege/Ganz, R., Internationales Privatrecht, 5. Aufl. 2013 (zit.: *Hüßtege/Ganz* IPR)

Kienle, F., Internationales Privatrecht, 2. Aufl. 2010 (zit.: *Kienle* IPR)

Kindler, P., Einführung in das neue IPR des Wirtschaftsverkehrs, 2009 (zit.: *Kindler* Einführung IPR)

Koch, H./Magnus, U./Winkler von Mohrenfels, P., IPR und Rechtsvergleichung, 4. Aufl. 2010 (zit.: *Koch/Magnus/Winkler v. Mohrenfels* IPR)

Kropholler, J., Europäisches Zivilprozessrecht, 8. Aufl. 2005 (zit.: *Kropholler* EuZPR)

Rauscher, T., Internationales Privatrecht mit internationalem und europäischem Verfahrensrecht, 4. Aufl. 2012 (zit.: *Rauscher* IPR)

IV. Sonstige Literatur

v. Blumenwitz, F./ Fedtke, J., Einführung in das anglo-amerikanische Recht, 8. Aufl. 2013

David, R./Jauffret-Spinosi, C., Les grands systèmes de droit contemporain, 11. Aufl. 2002

Führich, E., Basiswissen Reiserecht, Grundriss des Reisevertrags- und Individualreiserechts, 2. Aufl. 2011 (zit.: *Führich* ReiseR)

IHKRegionStuttgart, Incoterms 2010, Internetquelle http:www.stuttgart.ihk24.de/international/Internationales_Wirtschaftsrecht, abgerufen am 1.8.2013 (zit.: IHK Stuttgart)

Wörlen, R./Kokemoor, A., Handelsrecht mit Gesellschaftsrecht, 11. Aufl. 2012 (zit.: *Wörlen/Kokemoor* HandelsR)

Wörlen, R./Balleis, K./Angress, A., Introduction to English Civil Law, Bd. 1, 5. Aufl. 2012, Bd. 2, 4. Aufl. 2011 (zit.: *Wörlen/Balleis/Angress* English Law I bzw. II)

1 Einführung

Das Buch umfasst zehn Kapitel und behandelt nach einem kurzen Überblick und einer Einführung in die großen Rechtsfamilien und in die Grundlagen der Rechtsvergleichung schwerpunktmäßig die Themen

- Internationales Privatrecht (IPR) – Kapitel 5–8 –
- UN-Kaufrecht – Kapitel 9 –.

Den Abschluss bildet ein Überblick über das Internationale Zivilverfahrensrecht in Kapitel 10.

Zielsetzung ist:

Es sollen grundlegende Kenntnisse im IPR der internationalen vertraglichen Schuldverhältnisse sowie vertiefte Kenntnisse im UN-Kaufrecht vermittelt werden. Das Werk richtet sich bevorzugt an FH-Studierende des Studiengangs Wirtschaftsrecht und an Studierende betriebswirtschaftlich orientierter Studiengänge. Das Werk eignet sich aber auch bestens für Studierende der Rechtswissenschaft, die sich einen fundierten Überblick über das IPR und das UN-Kaufrecht verschaffen wollen. Aus didaktischen Gründen wird eine praxisbezogene Darstellung mit zahlreichen Beispielen und Fällen sowie vielen Grafiken bevorzugt, die die komplexe Thematik anschaulich und zugleich auf der Höhe des aktuellen Wissensstandes erläutert. Schließlich wendet sich das Buch an Praktiker in juristischen Berufen, insbesondere an Rechtsanwälte, Steuerberater und Mitarbeiter in den Rechtsabteilungen exportorientierter Firmen, denen das Internationale Vertragsrecht bislang fremd war, und denen ein (relativ) leicht verständliches kompaktes Basiswissen dargeboten wird.

2 Themenstellung und Abgrenzung

Themenbereich ist ausschließlich Privatrecht, also nicht Öffentliches Recht oder Strafrecht. Es interessiert vor allem, welches Recht bei Rechtsbeziehungen zwischen Privatrechtssubjekten anwendbar ist, wenn ein Auslandsbezug besteht. Ein Beispiel: Ein Deutscher kauft in Tunesien einen Teppich, der ihm nach Deutschland geschickt werden soll: gilt tunesisches oder deutsches Recht? Darüber verhält sich das IPR. Dieses enthält Kollisionsnormen, die nicht in der Sache selbst entscheiden, sondern nur darüber, welche der kollidierenden Rechtsordnungen Anwendung findet. Das IPR ist also **Kollisionsrecht**.

Ferner wird das sog. Wiener Kaufrecht in Form des UN-Kaufrechts dargestellt, das für den Teilbereich des Handelskaufs **internationale Sachnormen** aufstellt, also Regelungen, die in der Sache selbst entscheiden. Beispiel: Welche Pflichten hat der Verkäufer einer Ware gegenüber einem Vertragspartner in Ländern, in denen das UN-Kaufrecht gilt?

Abgrenzungen:

- Das **Völkerrecht** regelt die Beziehungen zwischen Staaten und Völkerrechtssubjekten. Es handelt sich also um Öffentliches Recht, das aufgrund von Verträgen oder Völkergewohnheitsrecht begründet ist. Ursprünglich behandelte es Regeln über Gebietserwerb, völkerrechtliche Delikte, Seerecht, Kriegsrecht, Recht der Neutralität. Inzwischen umspannt es alle Bereiche der zwischenstaatlichen Beziehungen wie Menschenrechte, Weltraumrecht, das Recht der Internationalen Organisationen, insbesondere der UN, das Selbstbestimmungsrecht der Völker etc.

  Bei Streitigkeiten zwischen den Staaten entscheidet der Internationale Gerichtshof (IGH) in Den Haag. Er ist das Rechtsprechungsorgan der UN. Die Richter werden von der Generalversammlung und dem Sicherheitsrat für neun Jahre gewählt und müssen verschiedenen Staaten angehören. Das Gericht entscheidet auf der Grundlage des Völkerrechts, internationaler Übereinkommen und allgemein anerkannter Rechtsgrundsätze. Der IGH ist nur zuständig, wenn sich die beteiligten Staaten seiner Gerichtsbarkeit generell oder für den konkreten Fall unterwerfen.

- Das **Europarecht** ist überstaatliches Recht in Europa und betrifft im engeren Sinne das Recht der Europäischen Union, das seit dem Vertrag von Lissabon als Unionsrecht bezeichnet wird. Das Unionsrecht ist eine autonome, überstaatliche Rechtsordnung der Mitglieder der EU, die sich seit Gründung der EWG im Jahre 1957 fortschreitend entwickelt hat. Man unterscheidet dabei

  a) **sog. Primärrecht**, das aus den Gründungsverträgen der Europäischen Gemeinschaften und den späteren Änderungen und dem Vertrag über die Europäische Union hervorgegangen ist. Die wichtigsten primärrechtlichen Verträge sind nach Inkrafttreten des Lissabon-Vertrages am 1.12.2009 der geänderte Vertrag über die Europäische Union (EU-Vertrag)[1] und der Vertrag über die Arbeits-

---

[1] Vertrag über die Europäische Union (EU) v. 13.12.2007, ABl. EU 2007 C 326, 1, in der konsolidierten Fassung v. 26.10.2012, ABl. EU 2012 C 326, 13.

weise der Union (AEUV)[2]. Beide Verträge haben die bisherige EG abgelöst und an ihrer Stelle die EU geschaffen. Sie sind das rechtliche Fundament der heutigen EU. Der EU-Vertrag und der Vertrag über die Arbeitsweise der Union sind rechtlich gleichrangig und werden als „die Verträge" bezeichnet (Art. 1 III 2 EUV, Art. 1 II 2 AEUV).

b) **sog. Sekundärrecht**. Darunter versteht man die europäischen Gesetze, die das Europäische Parlament, die Kommission und der EU-Ministerrat auf der Basis des Primärrechts beschließen. Das sind zum einen verbindliche Rechtsakte in Form von Verordnungen, Richtlinien, Entscheidungen und Beschlüsse und zum anderen Empfehlungen und Stellungnahmen. Nach Art. 288 AEUV haben Verordnungen allgemeine Geltung, sind in allen ihren Teilen verbindlich und gelten unmittelbar in jedem Mitgliedstaat. Richtlinien richten sich an die Mitgliedstaaten und sind hinsichtlich des zu erreichenden Ziels verbindlich. Sie müssen aber von den Mitgliedstaaten in innerstaatliches Recht umgesetzt werden. In welcher Form und mit welchen Mitteln sie das tun, bleibt den Mitgliedstaaten überlassen. Beschlüsse sind in allen ihren Teilen verbindlich. Soweit sie an bestimmte Adressaten gerichtet sind, so sind sie nur diese verbindlich. Empfehlungen und Stellungnahmen sind nicht verbindlich.

Das Unionsrecht dient insbesondere der schrittweisen Verwirklichung eines Binnenmarktes, des freien Warenverkehrs, einer gemeinsamen Landwirtschafts- und Fischereipolitik, der Freizügigkeit, des freien Dienstleistungs- und Kapitalverkehrs sowie der Herstellung eines Raumes der Freiheit, der Sicherheit und des Rechts. Herausbildung eines gemeinsamen Rechts und Angleichung des nationalen Rechts sind zentrale Ziele. Das Unionsrecht ist supranationales Recht, das Vorrang vor dem Recht seiner Mitgliedstaaten beansprucht. Die Klärung von Zweifelsfragen bei der Auslegung des Unionsrechts ist Aufgabe des Europäischen Gerichtshofes in Luxemburg (EuGH).

Im Hinblick auf das Kollisionsrecht hat Unionsrecht eine erhebliche und immer stärkere Bedeutung gewonnen. Seit dem Vertrag von Amsterdam beinhaltet die justizielle Zusammenarbeit auch Maßnahmen auf dem Gebiet des Kollisionsrechts (Art. 65 EGV). Diese Kompetenzerweiterung ist im Vertrag von Lissabon in Art. 81 AEUV festgeschrieben und erlaubt unter anderem die Angleichung der Rechtsvorschriften der Mitgliedstaaten im Bereich des Kollisionsrechts (Art. 81 II lit. c) EU-Vertrag), **insbesondere** zur Vermeidung von Kompetenzkonflikten in den Mitgliedstaaten und zur Herstellung des reibungslosen Funktionieren des Binnenmarktes Der gesetzgeberische Rahmen ist insoweit weitgesteckt und erstreckt sich nach Einschätzung der Kommission auf das internationale Personen-, Gesellschafts-, Schuld- und Sachenrecht sowie auch auf das internationale Familien- und Erbrecht.[3]

Von dieser primärrechtlichen Kompetenz hat der Unionsgesetzgeber durch Schaffung sekundärrechtlicher Rechtsakte Gebrauch gemacht. Hervorzuheben sind die **Rom I-VO**[4] sowie die **Rom II-VO**[5], mit denen im Bereich des internationalen Ver-

---

[2] Vertrag über die Arbeitsweise der Europäischen Union (AEUV) v. 13.12.2007, ABl. EU 2007 C 306, 1, in der konsolidierten Fassung v. 26.10.2012, ABl. EU 2012 C 326, 47.

[3] Palandt/*Thorn* EGBGB Art. 3 Rn. 8 mwN.

[4] VO (EG) Nr. 593/2008 des Europäischen Parlaments und des Rates über das auf vertragliche Schuldverhältnisse anzuwendende Recht v. 17.6.2008, ABl. EU 2008 L, 6.

[5] VO (EG) Nr. 864/2007 des Europäischen Parlaments und des Rates über auf das auf außervertragliche Schuldverhältnisse anzuwendende Recht v. 11.7.2007, ABl. EU 2007 L 199, 40.

tragsrechts mit Wirkung vom 17.12.2009 sowie im Bereich der außervertraglichen Schuldverhältnisse mit Wirkung vom 11.1.2009 einheitliche europäische Kollisionsregeln geschaffen worden sind.

Es folgte[6] mit Wirkung zum 18.6.2011 für Unterhaltsangelegenheiten die **Europäische Unterhaltsverordnung (EuUntVO** oder **Rom VI-VO)**.[7] Diese verweist im Hinblick auf das anwendbare Recht in Art. 15 auf das **Haager Unterhaltsprotokoll 2007**, das somit für alle EU-Staaten außer Dänemark und dem Vereinigten Königreich verbindlich ist und dessen Kollisionsregeln in Unterhaltssachen EU-weit zu beachten sind.[8]

Ab dem 21.6.2012 gilt für Ehescheidungen und Trennungen die **Rom III-VO,**[9] die mangels Einstimmigkeit im Rat im Wege der verstärkten Zusammenarbeit erging und das anwendbare Recht bei Ehescheidung und Trennung bestimmt. Sie gilt nur in 14 Mitgliedstaaten der EU, nämlich in Deutschland, Belgien, Bulgarien, Frankreich, Italien, Lettland, Luxemburg, Malta, Österreich, Portugal, Rumänien, Slowenien, Spanien und Ungarn. Mit Wirkung vom 22.5.2014 wird sie auch in Litauen gelten.[10]

Die bereits verabschiedete Europäische Erbrechtsverordnung v. 4.7.2012[11] regelt wichtige Teilgebiete des Internationalen Erbrechts, insbesondere Fragen des anzuwendenden Rechts. Die **EuErbVO (Rom V-VO)**[12] ist für die Mitgliedstaaten mit Ausnahme Dänemarks, Irlands und des Vereinigten Königreichs am 16.8.2012 in Kraft getreten, wird aber in ihren wesentlichen Teilen erst ab 17.8.2015 gelten.

Für den Bereich der Ehewirkungen hat die Kommission einen **Vorschlag** für eine VO über die Zuständigkeit, das anzuwendende Recht, die Anerkennung und Vollstreckung im Bereich des Ehegüterrechts v. 16.3.2011 **(Rom IVa-VO)**[13] vorgelegt, ebenso für den Bereich des Güterrechts eingetragener Lebenspartnerschaften **(Rom IVb-VO)**[14].

---

6   Zum Folgenden Palandt/*Thorn* EGBGB Art. 3 Rn. 8; *Rauscher* IPR Rn. 91.

7   VO (EG) Nr. 4/2009 des Rates vom 18.12.2008 über die Zuständigkeit, das anwendbare Recht, die Anerkennung und Vollstreckung von Entscheidungen und die Zusammenarbeit in Unterhaltssachen, ABl. EU 2009 7, 1, abgedruckt bei *Jayme/Hausmann* Nr. 161.

8   Das Haager Protokoll über das auf Unterhaltspflichten anzuwendende Recht v. 23.11.2007, ABl. EU 2009 L 331, 19, ist abgedruckt bei *Jayme/Hausmann* unter Nr. 42. Es ist zwar völkerrechtlich noch nicht in Kraft getreten, da es bisher nur von der EU am 8.4.2010 ratifiziert worden ist. Durch Inkrafttreten der EuUntVO am 18.6.2011 und ihrer Bezugnahme in Art. 15 auf das Haager Unterhaltsprotokoll gilt dieses aber dennoch verbindlich in den Mitgliedstaaten der EU außer Dänemark und dem Vereinigten Königreich.

9   VO (EU) Nr. 1259/2010 des Rates vom 20.12.2010 zur Durchführung einer Verstärkten Zusammenarbeit im Bereich des auf die Ehescheidung und Trennung ohne Auflösung des Ehebandes anzuwendenden Rechts, ABl. EU 2010 L 343, 10, abgedruckt bei *Jayme/Hausmann* unter Nr. 34.

10   *Wagner* NJW 2013, 1653.

11   VO (EU) Nr. 650/2012 über die Zuständigkeit, das anzuwendende Recht, die Anerkennung und Vollstreckung von Entscheidungen und die Anerkennung und Vollstreckung öffentlicher Urkunden in Erbsachen sowie zur Einführung eines Europäischen Nachlasszeugnisses, ABl. EU 2012 L 201, 107, abgedruckt bei *Jayme/Hausmann* unter Nr. 61.

12   Die Bezeichnung Rom V-VO wurde vermieden, da die bisherigen Rom-Verordnungen nur das anzuwendende Recht festlegten, die EuErbVO jedoch auch die Gerichtszuständigkeiten regelt.

13   Vorschlag der Kommission vom 16.3.2011 KOM (2011) 126/2.

14   Vorschlag der Kommission vom 16.3.2011 KOM (2011) 127.

Diese Verordnungen stellen, soweit sie vom Europäischen Gesetzgeber verabschiedet und in Kraft gesetzt worden sind, unmittelbar geltendes zwingendes Unionsrecht für alle Mitgliedstaaten dar und sind eine wichtige Etappe auf dem Weg zu einer **Kollisionsrechtsvereinheitlichung in der EU**. Sie sind lois uniformes und gelten somit nicht nur im Verhältnis der Mitgliedstaaten zueinander, sondern auch im Verhältnis zu Drittstaaten. Es ist abzusehen, dass diese europäischen Kollisionsnormen immer mehr das nationale Kollisionsrecht der Mitgliedstaaten ablösen und zu einem einheitlichen europäischen IPR führen werden. Ziel ist eine flächendeckende EU-rechtliche Regelung des IPR.[15] Auf dem Weg dahin sind mit den bereits geltenden drei Rom-Verordnungen und der Europäischen Unterhaltsverordnung bereits große Zwischenziele erreicht worden. Nach dem **„Stockholmer Programm"** des Rates v. 2.12.2009[16] sind für die Jahre 2009–2014 zusätzlich Kollisionsnormen für den Bereich des Gesellschaftsrechts, der Versicherungsverträge und der Sicherungsverträge geplant.[17] Das 21. Jahrhundert dürfte somit „zum Jahrhundert der Europäisierung des IPR" (*Rauscher*)[18] werden.

Entsprechend der Zielsetzung dieses Buchs, das Internationale Vertragsrecht darzustellen, steht im Folgenden die Rom I-VO mit ihren Kollisionsregeln im Zentrum der Betrachtung. Familien- und Erbrecht und somit die Rom III-VO, die EuErbVO sowie die geplanten Rom IVa und b-VO werden nicht weiter verfolgt, wohl aber wegen ihres Zusammenhangs mit dem internationalen Vertragsrecht die für außervertragliche Schuldverhältnisse geltende Rom II-VO.

---

15 Palandt/*Thorn* EGBGB Art. 3 Rn. 8.
16 Dazu *Wagner* IPRax 2010, 97.
17 BeckOK BGB/*Lorenz*, 28. Ed. 1.8.2013, EGBGB Einl. Rn. 25.
18 *Rauscher* IPR Rn. 44.

3 Die großen Rechtssysteme

Die Rechtsordnungen der Welt werden in starker Vereinfachung nach *David/Gras-mann*: „Einführung in die großen Rechtssysteme der Gegenwart"[19] in folgende Rechtskreise unterteilt:

3.1 Civil Law Rechtskreis

Ihm gehören vornehmlich die kontinental-europäischen Rechtsordnungen an, die von der Rezeption des Römischen Rechts im Mittelalter geprägt sind. Civil Law ist in erster Linie Gesetzesrecht. Der Richter ist an die Gesetze gebunden. Es bietet Rechtssicherheit und Systemgerechtigkeit. Trotzdem gibt es auch faktische Präjudizien, die zB in Deutschland über Begriffe wie „Treu und Glauben" (§ 242 BGB) oder „gute Sitten" (§ 138 BGB) in das Recht aufgenommen werden. Typisch ist die Ableitung der Rechtsfindung vom Gesetz aus („Deduktion").

Innerhalb des kontinental-europäischen Rechtskreises werden weiter unterschieden:[20]

a) **Der romanische Rechtskreis:**
   Zu ihm zählen Länder wie Frankreich mit dem revolutionären Code Civil von 1804, Italien, Spanien, Benelux, Portugal und Rumänien.
   Durch Rezeption (freiwillige Übernahme) oder Oktroyierung (zwangsweise Einführung) sind weitere Länder (insbesondere frühere Kolonien) hinzugetreten, zB Haiti, Bolivien sowie Teile Afrikas (zB Tunesien) und Nordamerikas (Quebec, Louisiana).

b) **Der germanische Rechtskreis:**
   Ihm gehören Länder an wie Deutschland mit dem wegweisenden BGB von 1896, die Schweiz mit ihrem modernen ZGB (1907) und dem Obligationenrecht (1911) sowie Österreich mit dem ABGB (1811).
   Diese großen Kodifikationen haben zahlreiche Länder in Europa und Asien beeinflusst. So hat das deutsche BGB auf die Zivilrechtsordnungen von Griechenland (weitgehende Übernahme durch das ZGB von 1940), Japan (deutliche Anlehnung an den Entwurf des BGB Ende des 19. Jahrhunderts) und zeitweilig auf Südkorea und Thailand ausgestrahlt. Nach der Wiedervereinigung Deutschlands 1989 hat das BGB auf einige osteuropäische Länder und die Volksrepublik China Einfluss ausgeübt. Die Türkei hat 1926 unter Ata Türk das Schweizer ZGB und OR durch Gesamtrezeption übernommen.

c) **Der skandinavische Rechtskreis:**
   Dazu zählen die nordischen Länder Norwegen, Schweden, Finnland und Dänemark, die durch ähnliche Geschichte, Tradition und Sprache geprägt sind, in Teilbereichen eine Rechtsvereinheitlichung hervorgebracht haben und neben dem geschriebenen Recht auch auf die Methode des case law zurückgreifen.

---

[19] Übersetzung nach der französischen Originalfassung von *David/Jauffret-Spinosi*, Les grands systèmes de droit contemporain, 11. Aufl. 2002.

[20] Zum Nachfolgenden *Koch/Magnus/Winkler von Mohrenfels* IPR § 14 S. 290 ff.

3.2 Common Law Rechtskreis

Dazu zählen Großbritannien, die USA, Kanada, Australien sowie einige ehemalige englische Kolonien (Indien, Pakistan, Malaysia, Ghana, Kenia etc.).

Das Common Law ist Fallrecht. Der Richter ist Schöpfer des Rechts. Daneben gibt es aber mehr und mehr statutes (Gesetzesrecht). Die Präjudizien und die Methode der Induktion, also der Weg vom Fall zum anzuwendenden Recht, orientieren sich an der Einzelfallgerechtigkeit. Rechtssicherheit gewährleisten sog. „stare decisis", also wegweisende Urteile in einem Rechtsfall. So hat etwa der Fall Donoghue v. Stevenson, der 1932 vom House of Lords entschieden wurde,[21] im Bereich der Produzentenhaftung Rechtsgeschichte geschrieben. An derartigen Präzedenzfällen orientiert sich dann die Rechtsprechung, wobei die Entscheidungen höherrangiger Gerichte zwingend unterrangige Gerichte binden. Eine neue Entscheidung darf nur gefällt werden, wenn kein Präjudiz auf den Fall anwendbar ist.

3.3 Religiöse Rechte

Diese sind besonders im Vorderen Orient anzutreffen, ferner im Iran, Pakistan und anderen asiatischen Ländern.

Unter religiösen Rechten werden die vom Judentum und vom Islam geprägten Rechtsordnungen zusammengefasst. Religiöse Vorgaben im Talmud oder Koran prägen besonders stark den Bereich des Familienrechts. Auch Stammesrechte in Teilen Afrikas lassen sich im weiteren Sinn unter den Begriff des religiösen Rechts fassen. Besonders die Vielehe[22] sowie die Verstoßung der Ehefrau sind Beispiele für ein gänzlich anderes Verständnis im Bereich des Familienrechts, das mit dem westlichen Rechtsverständnis von der Würde des Menschen und der Gleichberechtigung der Frau unvereinbar ist.

3.4 Sozialistische Rechte

Die vom Kommunismus geprägten Länder umspannten vor allem die frühere UdSSR und die Ostblockländer. Nach dem Zusammenbruch bleiben davon heute nur wenige Staaten wie Nordkorea, Burma und Kuba. China ist im Übergang und durch starke Rezeption europäischen Rechts, aber auch angloamerikanischen Rechts geprägt.

Kontrollfragen

1. Welche großen Rechtssysteme werden unterschieden?
2. In welchen Ländern sind sie anzutreffen?
3. Nennen Sie die Charakteristika der einzelnen Rechtssysteme.
4. Welche Bedeutung hat die Rechtsprechung?
5. Welchen Einfluss hat die Religion?

---

[21] *Donoghue v. Stevenson* (1932) A.C. 562; dazu *Wörlen/Balleis/Angress* English Law II S. 29.

[22] So rühmt sich der südafrikanische Präsident *Zuma* als Angehöriger des Zulu-Stammes seiner vier Frauen und annähernd 20 Kinder.

4 Grundlagen der Rechtsvergleichung

4.1 Gegenstand und Zwecke

Gegenstand der Rechtsvergleichung ist die vergleichende wissenschaftliche Betrachtung mehrerer Rechtsordnungen.[23] Wegen des vergleichenden Elements erschöpft sie sich nicht in der reinen Beschreibung fremden Rechts (Auslandskunde), sondern strebt eine funktionelle und wertungsorientierte Gegenüberstellung der betreffenden Rechtsordnungen an. So werden Unterschiede und Gemeinsamkeiten verschiedener Rechtsordnungen herausgearbeitet. Anders als das IPR ist sie kein Bestandteil von Normen einer Rechtsordnung, sondern stellt eine Methode der Rechtsanwendung und der Rechtsentwicklung dar.[24]

Die Zwecke der Rechtsvergleichung sind vielfältig. Sie ermöglicht:

- Erkenntnisgewinn,
- Erfassung des Kerns eines sozialen Problems,
- Herausfinden der angemessensten, gerechtesten Lösung.

Die Nutzanwendung ist vielfach:

- Einsatz in der wissenschaftlichen Diskussion,
- Rechtspolitischer Einsatz bei der Gesetzgebung,
- Rechtspraktischer Einsatz in der Normanwendung,
- Pädagogischer Einsatz in der Lehre.

4.2 Methoden der Rechtsvergleichung

Der Vergleich kann sich auf die großen systematischen Zusammenhänge und Strukturen beziehen (Makrovergleich) oder auf ein konkretes Teilgebiet (Mikrovergleich)[25].

> **Beispiele:** Makrovergleich des amerikanischen Zivilrechtssystems mit dem Deutschlands, oder:
> Mikrovergleich zwischen dem Schadensersatz für frustrierten Urlaub in den USA und in Deutschland oder Vergleich der Regeln der Produzentenhaftung in den beiden Ländern.

Klar ist, dass bei einem Makrovergleich breite Grundkenntnisse nötig sind, aber auch bei einem Mikrovergleich das Gesamtrechtssystem beachtet werden muss.

Bei einem Vergleich darf nicht an den äußeren Erscheinungsformen festgehalten werden, sondern es muss die Funktion der Regelung erfasst und die Rechtswirklichkeit beachtet werden.

---

[23] Auch zum Folgenden *Koch/Magnus/Winkler v. Mohrenfels* IPR § 13 S. 277 ff. Klassiker zum Thema Rechtsvergleichung ist *Zweigert, K./Kötz, H.,* Einführung in die Rechtsvergleichung, 3. Aufl. 1996.

[24] *Rauscher* IPR Rn. 141.

[25] Dazu *Koch/Magnus/Winkler v. Mohrenfels* IPR § 13 S. 280 f.

> **Beispiel:** Funktion des islamischen Brautgeldes für die Sicherstellung der Ehefrau. Hier muss je nach Fallgestaltung analysiert werden, ob es um ehelichen oder nachehelichen Unterhalt bzw. Vermögensausgleich geht und welche Funktion das Brautgeld in der jeweiligen Lebenssituation erfüllen soll.

4.3 Gefahren der Rechtsvergleichung[26]

Folgende Gefahren sind offenkundig:

(1) Fehlerhafte Feststellung fremden Rechts,
(2) Zu starke Buchstabenfixierung,
(3) Unbemerkte Übernahme eigener Rechtsvorstellungen,
(4) Unzureichende Sprachkenntnisse,
(5) Zu punktueller Vergleich.

> Dazu ein bekanntes **Beispiel:** Wer das amerikanische Haftpflichtrecht mit unserem deutschen Recht vergleicht, muss wissen, dass von den teilweise exorbitanten Summen, die amerikanische Rechtsanwälte erstreiten, häufig ¼ bis ⅓ davon an die eigenen Anwälte abfließen und eine Kostenerstattung durch die unterlegene Partei nicht stattfindet. Ein punktueller Vergleich greift daher zu kurz.

4.4 Europäische Rechtsvergleichung und -vereinheitlichung

Hier wird die Rechtsvergleichung besonders fruchtbar. Eine der Kernaufgaben der EU besteht darin, Rechtsunterschiede zwischen den Mitgliedstaaten zu beseitigen, die das Funktionieren des gemeinsamen Marktes behindern (Art. 113, 114 AEUV). Dementsprechend hat die Kommission etwa Wettbewerbsverfälschende Rechts- und Verwaltungsvorschriften aufzudecken und Beratungen mit den Mitgliedstaaten aufzunehmen, um diese zu beseitigen. Damit ist eine Rechtsvergleichung der einschlägigen Rechtsnormen der Mitgliedstaaten nötig. Führen die Beratungen mit den Mitgliedstaaten zu keinem befriedigenden Ergebnis, so erlassen das Europäische Parlament und der Rat entsprechende Richtlinien, um die Verzerrungen zu beseitigen, Art. 116 II AEUV. Im Idealfall führt somit die eingeleitete Rechtsvergleichung zu einer europäischen Rechtsvereinheitlichung oder zumindest Rechtsanpassung.

Mit Erfolg hat die Gemeinschaft im Bereich des Gesellschaftsrechts mithilfe von mehr als einem Dutzend Richtlinien Angleichungen im Gesellschaftsrecht vorangetrieben und eine Reihe von Europäischen Gesellschaftsformen entwickelt. Zu nennen sind die Europäische Wirtschaftliche Interessenvereinigung (EWIF), die Europäische Aktiengesellschaft (Societas Europaea) oder die Europäische Genossenschaft (Societas Cooperativa Europaea).

So schreitet die europäische Rechtsangleichung schrittweise voran („Europäisierung des Rechts")[27] und führt womöglich auch im Bereich des Privatrechts dazu, dass die Unterschiede in den Mitgliedstaaten immer stärker verschwinden. Punktuell

---

[26] Ausführlich *Koch/Magnus/Winkler v. Mohrenfels* IPR § 13 S. 281 f.
[27] *Koch/Magnus/Winkler v. Mohrenfels* IPR § 13 S. 286.

ist dies im Bereich des Verbraucherschutzes bislang über entsprechende Richtlinien geschehen. Die Maßnahmen zur Rechtsvereinheitlichung zumindest im Bereich eines europäischen Vertragsrechts sind jedoch seit einiger Zeit mit einem Aktionsplan für ein kohärenteres europäisches Vertragsrecht auf eine breitere Basis gestellt worden.[28] Mittlerweile ist ein erster Entwurf eines Referenzrahmens von Seiten der Wissenschaft vorgelegt worden.[29] Die betreffende Study Group on a European Civil Code hat 2009 ein komplettes Regelwerk für das allgemeine und besondere Vertragsrecht sowie das Delikts- und Bereicherungsrecht vorgelegt.[30] Es basiert auf umfassenden rechtsvergleichenden Studien. Eine von der Kommission eingesetzte Expertengruppe hat diesen *Draft Common Frame of Reference* in einer abgespeckten Version zu einer Machbarkeitsstudie zusammengefügt. Auf dieser Grundlage hat die Kommission dann einen ersten eigenen Entwurf zu einem Teilbereich entwickelt und am 11.10.2011 einen Vorschlag für eine *Verordnung über ein Gemeinsames Europäisches Kaufrecht* vorgelegt.[31] Dieses Europäische Kaufrecht soll sowohl im Verhältnis von Unternehmen zueinander als auch bei Verbraucherkaufverträgen gelten, sodass ein einheitlicher europäischer (Schutz-)Standard gelten und Handelsschranken durch die unterschiedlichen nationalen Regelungen abgebaut würden. Den Parteien soll allerdings freigestellt werden, ob sie dieses europäische Recht wählen oder ihr nationales Recht bevorzugen wollen (fakultative Lösung). Mittlerweile hat das Europäische Parlament am 10.7.2013 einen Workshop zur Zukunft des Gemeinsamen Europäischen Kaufrechts abgehalten.[32] Außerdem hat eine intensive wissenschaftliche Auseinandersetzung eingesetzt.[33] Welche politischen Realisierungschancen für das Vorhaben bestehen und ob noch weitere Verordnungsvorschläge für andere Teilbereiche folgen werden, ist derzeit nicht abzuschätzen.[34] Wie weit am Ende des Horizonts ein europäisches ZGB stehen wird, das auch das Familien- und Erbrecht einschließt, ist momentan noch viel fraglicher, insbesondere weil von einigen Autoren der EU eine entsprechende Gesetzgebungskompetenz abgesprochen wird und sogar ein Bedürfnis für ein solches einheitliches Gesetzgebungswerk verneint wird.[35]

---

[28] Mitteilung der Kommission an das Europäische Parlament und den Rat – Ein kohärenteres europäisches Vertragsrecht, KOM 2003, 68.

[29] Palandt/*Sprau* Einl. Vor § 1 Rn. 33; *Koch/Magnus/Winkler v. Mohrenfels* IPR § 13 S. 286.

[30] Study Group on a European Civil Code/research Group on EC Private Law (Acquis Group), Principles, Definitions and Model Rules of European Private Law. Draft Common Frame of Reference (DCFR). Outline Edition (2009).

[31] KOM 2011, 635. Der umfangreiche Vorschlag umfasst annähernd 200 Artikel. Zur Begründung aufschlussreich S. 2–15.

[32] Internetquelle Beck-aktuell Gesetzgebung. Gemeinsames Europäisches Kaufrecht. http:// gesetzgebung.beck.de/news/gemeinsames-europäisches-kaufrecht, aufgerufen am 9.9.2013.

[33] So hat am 20.10.2011 ein wissenschaftliches Symposium in Würzburg stattgefunden, dazu *Remien/Hersler/Limmer* Gemeinsames Europäisches Kaufrecht für die EU?, 2012. Vgl. ferner *Gebauer, M.* (Hrsg.), Gemeinsames Europäisches Kaufrecht – Anwendungsbereich und kollisionsrechtliche Einbettung, 2013; *Alpa, G./Conte, G./Perfetti, U./Graf von Westphalen* (Hrsg.), The Proposed European Sales Law – the Lawer's View, 2012.

[34] *Koch/Magnus/Winkler v. Mohrenfels* IPR § 13 S. 286.

[35] *Ernst* AcP 208 (2008), 248; *Leible* NJW 2008, 2558; Palandt/*Sprau* Einl. Vor § 1 Rn. 33.

?

Kontrollfragen

1. Was versteht man unter Rechtsvergleichung?
2. Welche Zwecke verfolgt die Rechtsvergleichung?
3. Was bedeuten Makrovergleich und Mikrovergleich?
4. Welche Bedeutung hat die Rechtsvergleichung im Hinblick auf die europäische Integration?
5. Beschreiben Sie den Stand der Europäisierung des Privatrechts

5 Grundbegriffe des IPR

5.1 Aufgabe und Begriff des IPR

Das IPR dient dazu, bei Sachverhalten mit Verbindung zum Recht eines ausländischen Staates zu bestimmen, welches Recht anwendbar ist, dh ob inländisches oder ausländisches Recht zur Anwendung kommt, siehe Art. 3 EGBGB. Das IPR entscheidet also nicht in der Sache selbst, sondern trifft nur eine Entscheidung zwischen den kollidierenden Rechtsordnungen, es ist mithin *sog. Kollisionsrecht* (nicht Sachrecht). Man kann es auch als Verweisungsrecht[36] bezeichnen, da es auf das materiell anwendbare Recht verweist. Mit Hilfe der Kollisionsnormen wird das anzuwendende Recht ermittelt. Weitergehende Aussagen enthalten die Kollisionsnormen nicht. Insbesondere sagen sie nichts über den Inhalt des anwendbaren Rechts aus.[37] Umgekehrt ist mit der Verweisung auf ein bestimmtes Recht natürlich eine gewisse Vorentscheidung getroffen. Die Auswahl des anwendbaren Rechts beeinflusst somit indirekt auch die Sachentscheidung.[38]

Praxisfall:
Ein italienischer Vermieter vermietet sein in Gardone (Gardasee) gelegenes Appartement an einen Deutschen. Wegen Nichtzahlung der Miete verklagt er den deutschen Mieter vor einem deutschen Gericht. Welches Recht hat dieses anzuwenden?

Lösung: Der Sachverhalt weist wegen der Lage („Belegenheit") der Immobilie in Italien und der italienischen Staatsangehörigkeit des Vermieters eine Auslandsberührung auf (Art. 3 EGBGB, Art. 1 Rom I-VO) und das deutsche Gericht hat zu fragen, ob deshalb evtl. italienisches Recht zur Anwendung kommt. Wenn sich die Mietvertragsparteien nicht über die Anwendbarkeit eines bestimmten Rechts geeinigt haben, so ist nach Art. 4 I lit. c) Rom I-VO auf einen solchen Mietvertrag über eine unbewegliche Sache das Recht des Staates anzuwenden, in dem die unbewegliche Sache belegen ist. Da dies Italien ist, hat das deutsche Gericht italienisches Recht anzuwenden.

Der Begriff des IPR lässt sich aus Art. 3 EGBGB folgendermaßen ableiten und definieren:

! IPR ist die Gesamtheit der Rechtsnormen, die bei einem Sachverhalt mit einer Verbindung zu einem ausländischen Staat bestimmen, welche von mehreren nebeneinander bestehenden Privatrechtsordnungen auf ein konkretes Lebensverhältnis zur Anwendung kommen soll.[39]

---

[36] Der Begriff Kollisionsrecht hat sich aber vollständig durchgesetzt und wird daher fortan benutzt.

[37] *Hüßtege/Ganz* IPR 1.

[38] *v. Hoffmann/Thorn* IPR 3.

[39] Ähnlich *Hüßtege/Ganz* IPR 1.

5.2 Leitideen

Seit den grundlegenden Gedanken von *Friedrich Karl von Savigny* (1779–1861), dem Begründer des modernen IPR in Deutschland, besteht die Aufgabe des IPR darin, „daß bei jedem Rechtsverhältnis dasjenige Rechtsgebiet aufgesucht werde, welchem dieses Rechtsverhältnis seiner eigentümlichen Natur angehört oder unterworfen ist".[40] Aus der Vielzahl der Rechtsordnungen sei diejenige anzuwenden, zu der der Sachverhalt die **„engste Verbindung"** aufweise. Dabei sei von der prinzipiellen Gleichwertigkeit aller Rechtsordnungen auszugehen. Inländisches und ausländisches Recht stünden aufgrund der gemeinsamen christlichen Gesittung auf der gleichen Stufe. Durch die Gleichstellung in- und ausländischen Rechts werde ein internationaler Entscheidungseinklang erreicht. Das bedeute, dass „die Rechtsverhältnisse, in Fällen einer Kollision der Gesetze, dieselbe Beurteilung zu erwarten haben, ohne Unterschied, ob in diesem oder jenem Staate das Urteil gesprochen wird".[41] Ein solches Ziel sei erstrebenswert, damit es nicht zur Anwendung unterschiedlichen materiellen Rechts käme, je nachdem ob ein Gericht im In- oder Ausland angerufen werde.

Diese Gedanken prägen noch heute das IPR.[42] Wenn Art. 3 ff. EGBGB den deutschen Richter anweisen, ggf. wegen der engeren Sachnähe ausländisches Recht auf einen Sachverhalt mit internationalen Bezügen anzuwenden, bestätigt dies die Grundthese *v. Savignys* von der Gleichwertigkeit inländischer und ausländischer Rechtsnormen. Gleiches lässt sich für das europarechtliche IPR sagen, das etwa in den Art. 1 ff. Rom I-VO die Anwendung fremden Rechts bei internationalen vertraglichen Schuldverhältnissen statuiert. Dahinter steht der Grundgedanke, dass inländisches Recht im Regelfall auf inländische Sachverhalte zugeschnitten ist. Auf Fälle mit überwiegender Auslandsbeziehung wird dagegen besser ausländisches Recht angewendet. Dabei ist die Aufgabe des IPR nicht so sehr das materiell beste, sondern das räumlich beste Recht zu ermitteln.[43] Dieser Grundgedanke wird allerdings im Bereich des Verbraucherschutzes durchbrochen, wo eine Bevorzugung des günstigeren Rechts durchgängig stattfindet (vgl. Art. 6 I und II Rom I-VO). Davon abgesehen folgt das IPR heute aber noch immer dem Grundsatz, das Recht der räumlich **engsten Beziehungen** oder – anders formuliert – das Recht der **bezeichnendsten Kontakte** zur Anwendung zu bringen.[44]

Die engste Verbindung wird im kontinental-europäischen IPR nicht in erster Linie durch eine individualisierende Schwerpunktermittlung nach den Umständen des Einzelfalls festgestellt, sondern aufgrund einer differenzierenden Typisierung nach Fallgruppen, für die eigene Kriterien entwickelt wurden, die sich bei den (noch zu besprechenden) Anknüpfungsmomenten wiederfinden.[45]

---

[40] *Savigny*, System des heutigen Römischen Rechts VIII (1849), 28, 108.
[41] *Savigny*, System des heutigen Römischen Rechts VIII (1849), 27.
[42] *v. Bar/Mankowski* IPR I § 6 Rn. 55; *v. Hoffmann/Thorn* IPR 59; *Weller* IPRax 2011, 429.
[43] Erman/*Hohloch* EGBGB Einl. Art. 3 Rn. 30; *Dilling* IPR 1.
[44] Erman/*Hohloch* EGBGB Einl. Art. 3 Rn. 30.
[45] *v. Hoffmann/Thorn* IPR 4.

5.3 Geschützte Interessen

Wie herausgearbeitet, zielen die Kollisionsnormen in erster Linie auf eine räumlich gerechte Zuordnung der Sachverhalte bei Auslandskonflikten ab. Soweit nicht Eingriffsnormen und ordre public Grenzen setzen, soll in diesen Fällen das Rechtsideal einer räumlich gerechten Zuordnung verwirklicht werden. Eigeninteressen des Forumstaates sollen primär keinen Raum beanspruchen.[46]

Nach welchen Maßstäben eine räumlich gerechte Zuordnung zu erfolgen hat, hängt von den Prinzipien, Maximen und Interessen ab, die Leitbild der betreffenden iprrechtlichen Entscheidungen sind. In der wissenschaftlichen Diskussion wurden zunächst von *Wengler*[47] die öffentlichen Interessen und insbesondere der ordre public in den Vordergrund gerückt, während sich *Rabel*[48] für eine Verselbstständigung des IPR und der ihm innewohnenden Interessen einsetzte.[49] In der weiteren Entwicklung ist vor allem *Kegel*[50] mit seiner Interessentheorie hervorgetreten, die – ohne ein starres System von Interessen zu fordern – drei Interessen für wesentlich erklärt:

- **Interessen der beteiligten Parteien:** Sie möchten in der Regel nach dem Recht beurteilt werden, zu dem sie die „engsten Verbindungen" haben. Dies wird im Regelfall ihr Heimatrecht sein. Ausdruck findet das Heimatrecht durch die Anknüpfung an das Recht der Staatsangehörigkeit vor allem im Personen-, Familien- und Erbrecht im bisherigen EGBGB von 1896 bzw. 1986.
- **Verkehrsinteressen:** Sie sind auf schnelles und leichtes Funktionieren des Rechtsverkehrs gerichtet. Beispiele für eine Berücksichtigung von Verkehrsinteressen sind die Formerleichterungen in Art. 11 Rom I-VO und Art. 11 EGBGB sowie die lex rei sitae in Art. 43 EGBGB.
- **Ordnungsinteressen:** Sie richten sich zum einen auf einen *externen Entscheidungseinklang*, also auf eine einheitliche Entscheidung einer Kollisionsfrage in möglichst vielen Rechtsordnungen. Damit wird zugleich einem forum shopping Einhalt geboten. Bei diesem besteht die Gefahr, dass sich der Kläger unter mehreren international zuständigen Gerichten gezielt das aussucht, das das für ihn günstigste Sachrecht anwenden wird.[51] Wird dagegen das Kollisionsrecht vereinheitlicht, so ist es gleich, welches Gericht angerufen wird, weil jedes gleichermaßen das anwendbare Sachrecht bestimmt. Damit wird ein wünschenswerter internationaler Entscheidungseinklang erzielt. Als Beispiel für die Herstellung eines externen Entscheidungseinklangs seien die heute einheitlichen Rechtsnormen der Art. 3 ff. Rom I-VO im Bereich des internationalen Vertragsrechts genannt.
  Zum anderen geht es auch um einen *internen Entscheidungseinklang* innerhalb einer Rechtsordnung selbst, die auf eine möglichst widerspruchsfreie Behandlung einer Rechtsfrage in der eigenen Rechtsordnung zielen. Beispiel könnte das Staatsangehörigkeitsprinzip sein, das im internationalen Familienrecht der Art. 13 ff. EGBGB durchgängig für maßgeblich erklärt ist, nämlich für Eheschließung (Art. 13 EGBGB), für die Wirkungen der Ehe (Art. 14 EG BGB) oder den Güterstand (Art. 15 EGBGB).

---

[46] MüKoBGB/*Sonnenberger* Einl. IPR Rn. 101.
[47] Zeitschrift für Öffentliches Recht 23 (1943/1944), 476 ff.
[48] The Conflicts of Laws, Bd. I, 1945, 89 f.
[49] Zum Stand der Entwicklung eingehend MüKoBGB/*Sonnenberger* Einl. IPR Rn. 102 ff.
[50] *Kegel/Schurig* IPR § 2 II.
[51] v. *Hoffmann/Thorn* IPR 11.

Die Interessentheorie *Kegels* hat keinen ungeteilten Beifall gefunden: so hat sich zB *Neuhaus*[52] zu ihr durchaus skeptisch geäußert, andererseits aber eine Reihe von Maximen *Kegels* anerkannt und einige weitere hinzugefügt. Laut *Flessner*[53] sei der Einfluss der Interessentheorie bei den wichtigen Themen des IPR „bedeutungslos". Auf der anderen Seite hat *Schurig*[54] die Interessentheorie fortgeführt und weiter ausgebaut. Ihr lässt sich sicher entgegenhalten, dass Interessen wandelbar seien und oft auch widersprüchlich und man aus ihnen heraus nicht unmittelbar zu einem räumlich angemessenen Recht im Sinne kollisionsrechtlicher Gerechtigkeit finden.[55] Andererseits muss aber eingeräumt werden, dass sich die Interessentheorie im IPR wie auch im BGB im Wesentlichen durchgesetzt hat und die Augen für die zugrunde liegenden Konflikte geschärft hat. Dabei ist vor Verkrustungen zu warnen und Analyse und Bewertung stets auf eine Übereinstimmung mit der sich weiter entwickelnden Rechtswirklichkeit zu überprüfen. Genau dies lässt sich aber an den europäischen Kollisionsnormen ablesen, die einerseits bewährte Wertungen übernommen haben (Beispiel: Beibehaltung der Formerleichterungen in Art. 11 Rom I-VO), andererseits Neubewertungen vorgenommen haben (Beispiel: Scheidungsstatut in Art. 8 Rom III-VO oder Erbstatut in Art. 4 EuErbVO, wo vom Heimatrecht zum Recht des gewöhnlichen Aufenthalts gewechselt worden ist). Gerade bei rechtspolitischen Vorhaben kommt daher der Interessentheorie eine mindestens genauso große Bedeutung zu wie bei der Analyse des geltenden Rechts.

5.4 Nationaler Charakter des IPR

Anders als der Name vermuten lässt, ist IPR kein einheitliches Internationales Recht, sondern Deutschland hat sein eigenes IPR, ebenso wie Brasilien, Indien oder Japan. Jedes Land bestimmt also – vorbehaltlich Internationaler Abkommen – selbst, nach welchen Regeln ein Sachverhalt mit Auslandsberührung behandelt wird. Jeder Staat hat somit sein eigenes IPR („ein Krebsschaden des IPR")[56].

In Deutschland ist das IPR vor allem in den Art. 3–46 lit. c EGBGB niedergelegt. Allerdings gilt zunehmend Europäisches Kollisionsrecht, zB die Rom I und II-VO wie auch völkerrechtliche Übereinkommen.

5.5 Bedeutung des IPR

Die Bedeutung des IPR ist in den letzten Jahrzehnten sprunghaft gewachsen. Gründe dafür sind:

- Zunahme des Welthandels (Stichwort: Globalisierung),
- Zunahme von Reisen (Dienstreisen und Urlaubsreisen),
- Weltweite Kommunikation (Stichwort Internet),
- Migration (Auswanderung, Zuwanderung).

---

[52] RabelsZ 25 (1960), 377.
[53] Interessenjurisprudenz im Internationalen Privatrecht (1990), 13 ff.
[54] *Kegel/Schurig* IPR § 2 II.
[55] Zur Kritik eingehend MüKoBGB/*Sonnenberger* Einl. IPR Rn. 105 ff.
[56] So *Kegel/Schurig* IPR §§ 1–5.

Der Internationalisierung der Lebensverhältnisse entspricht keine Internationalisierung des Privatrechts.[57] Abgesehen von punktuellem Einheitsrecht – wie zB dem UN-Kaufrecht – besteht ein Nebeneinander verschiedener Privatrechtsordnungen. Umso wichtiger ist die Aufgabe des IPR geworden, das im Einzelfall maßgebende nationale Recht zu bestimmen.

5.6 Rechtsquellen des IPR in Deutschland

Das IPR basierte bislang vor allem auf nationalem Gesetzes- und Richterrecht, zT auch auf völkerrechtlichen Abkommen. Inzwischen hat europäisches Gemeinschaftsrecht eine herausragende Bedeutung erlangt.

a) Völkerrechtliche Abkommen[58]

In Deutschland gelten eine Reihe völkerrechtlicher Abkommen multi- und bilateraler Art, die nach innerstaatlicher Inkraftsetzung Vorrang vor dem autonomen deutschen IPR haben, Art. 3 Nr. 2 EGBGB. Solche Abkommen bedürfen nach ihrer Unterzeichnung eines innerstaatlichen Zustimmungsverfahrens nach Art. 59 II GG durch ein Bundesgesetz. Völkerrechtlich verbindlich wird der Vertrag erst durch die Ratifikation, die gemäß Art. 59 I GG vom Bundespräsidenten durch Abgabe einer Verpflichtungserklärung vorgenommen wird. Bzgl. der Abkommen ist zu unterscheiden, ob sie lediglich das Kollisionsrecht vereinheitlichen oder ein vereinheitlichtes Sachrecht für die betreffenden Sachgebiete schaffen.

Zu der *ersten Gruppe* eines einheitlichen Kollisionsrechts zählen zB:

- Die Haager Abkommen, insbesondere das Minderjährigenschutzabkommen v. 5.10.1961, das Unterhaltsabkommen v. 24.10.1956 sowie das Kindesentführungsabkommen v. 25.10.1980. Dies sind nur drei von zahlreichen Haager Abkommen, die bei den regelmäßig stattfindenden Haager Konferenzen für IPR seit mehr als 100 Jahren verabschiedet worden sind. Sie bereiten die Vereinheitlichung des IPR vor und spielen als Initiative für eine spätere Gesetzgebung eine große Rolle.
- Das Römische Übereinkommen über das auf vertragliche Schuldverhältnisse anzuwendende Recht v. 19.6.1980 (EVÜ).

Dieses galt in den seinerzeitigen Mitgliedsländern der EWG als völkerrechtliches Abkommen und hat einheitliche Kollisionsregeln geschaffen. Das Abkommen ist in Deutschland in Art. 27–37 EGBGB als innerstaatliches Recht umgesetzt worden. Es ist seit 17.12.2009 durch die Rom I-VO abgelöst worden.

Zu der *zweiten Gruppe* eines einheitlichen Sachrechts zählen zB:

- Die Genfer Abkommen von 1930 und 1931 über das Wechsel- und Scheckrecht
- Das Wiener UN-Abkommen über Verträge über den internationalen Warenkauf (CISG) v. 11.4.1980
- Das Montrealer Luftverkehrsabkommen v. 28.5.1999
- Das Pariser Übereinkommen über die Haftung für Kernenergie v. 29.7.1960.

---

[57] *v. Hoffmann/Thorn* IPR 2.
[58] Wichtigste Fundstelle dafür ist *Jayme/Hausmann*.

Wichtiger Prüfungshinweis:

Soweit es um die Frage des anwendbaren Rechts bei internationalen Sachverhalten geht, ist vorab stets zu fragen, ob es zu dem betreffenden Thema nicht ggf. ein vereinheitlichtes Sachrecht gibt. Dann bedarf es keiner kollisionsrechtlichen Prüfung, sondern das vereinheitlichte Sachrecht ist unmittelbar anzuwenden.

Beispiel: Import einer Ware aus China nach Deutschland.

Hier richtet sich das anwendbare Recht nach CISG, wenn dessen gegenständlichen, räumlichen, persönlichen und zeitlichen Anwendungsvoraussetzungen nach Art. 1–3 sowie 101 CISG vorliegen. Das trifft gegenständlich zu, da es sich um einen Warenkauf handelt. Räumlich liegt ein grenzüberschreitender Vertrag vor und beide Staaten sind Vertragsstaaten. Persönliche Voraussetzung ist, dass die Ware nicht für den persönlichen Gebrauch bestimmt ist und zeitlich müsste der Vertrag nach Inkrafttreten des Abkommens in beiden Staaten geschlossen sein. Treffen auch diese Voraussetzungen zu, richtet sich das Vertragsverhältnis direkt nach dem Sachrecht des CISG.

b) Europäisches Gemeinschaftsrecht

Derzeit sind folgende europäische Verordnungen[59] zu nennen, die den nationalen Regelungen vorgehen und EU-weit (außer in Dänemark) gelten:

- **Rom I-VO** (VO EG Nr. 593/2008 v. 17.6.2008, ABl. EU 2008 L 177, 6) betreffend die vertraglichen Schuldverhältnisse, in Kraft getreten am 17.12.2009,
- **Rom II-VO** (VO EG Nr. 864/2007 v. 11.7. 2007, ABl. EU 2007 L 199, 40) betreffend die außervertraglichen Schuldverhältnisse, in Kraft getreten am 11.1.2009,
- **Europäische UnterhaltsVO** (VO EG Nr. 4/2009 v. 18.12.2008, ABl. EU 2009 L 7, 1) betreffend die Zuständigkeit, das anwendbare Recht, die Anerkennung und Vollstreckung von Entscheidungen und die Zusammenarbeit in Unterhaltssachen, in Kraft getreten am 18.6.2011,
- **Rom III-VO** (VO EU Nr. 1259/2010 v. 20.12.2010, ABl. EU 2010 L 343, 10), betreffend das anwendbare Recht bei Ehescheidung und der Trennung ohne Auflösung des Ehebandes, in Kraft getreten in 14 EU-Ländern am 21.6.2012,
- **Europäische ErbVO** (VO EU Nr. 650/2012 v. 4.7.2012, ABl. 2012 L 201, 107), betreffend Zuständigkeit, anzuwendendes Recht, Anerkennung und Vollstreckung von Entscheidungen und Annahme und Vollstreckung öffentlicher Urkunden in Erbsachen und zur Einführung eines Europäischen Nachlasszeugnisses, in Kraft getreten am 16.8.2012, gültig ab 17.8.2015 in den Mitgliedstaaten der EU außer Dänemark, Irland und Vereinigtes Königreich.

c) Deutsches EGBGB (autonomes Recht)

In Deutschland wurde das IPR gesetzgeberisch bereits 1896 in den Art. 7–31 EGBGB geregelt. 1986 erfolgten grundlegende Reformen der Art. 3–37 EGBGB; im Jahre 1999 kam es zu einer Erweiterung um die Art. 38–46 EGBGB (Recht der außervertragli-

---

[59] Sämtlich abgedruckt bei *Jayme/Hausmann*.

chen Schuldverhältnisse und Sachenrecht). Ab 2009 kam und kommt es zu einem schrittweisen Abbau des EGBGB durch das Europäische Kollisionsrecht, das dem deutschen IPR vorgeht. Dieser Vorrang ist in Art. 3 EGBGB anerkannt. Herausragendstes Beispiel ist die Aufhebung der Art. 27–37 EGBGB betreffend vertragliche Schuldverhältnisse und die Ersetzung durch die Rom I-VO.

Darüber hinaus sind IPR-rechtliche Regelungen in zahlreichen Einzelgesetzen zu finden wie in Art. 91 ff. WechselG, Art. 60 ff. ScheckG oder § 32b UrhG.

Bild 1: Rechtsquellen des IPR

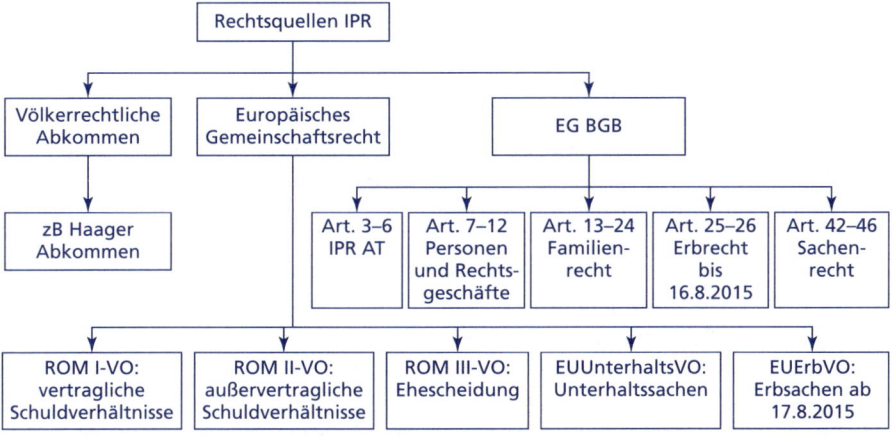

5.7 Arten und Aufbau der Kollisionsnormen

Kollisionsnormen bestimmen, welche Rechtsordnung bei internationalen Sachverhalten Anwendung finden soll. Ihre unterschiedlichen Arten und ihr Aufbau werden nachfolgend erläutert.

5.7.1 Arten der Kollisionsnormen

Terminologisch unterscheidet man selbstständige und unselbstständige Kollisionsnormen sowie einseitige und allseitige Kollisionsnormen. Außerdem gibt es sog. versteckte Kollisionsnormen.

Selbstständige Kollisionsnormen bestimmen unmittelbar und ohne Zuhilfenahme weiterer Kollisionsregeln die auf einen Sachverhalt anwendbare Rechtsordnung.

> **Beispiele:**
> Art. 7 EGBGB (Rechtsfähigkeit und Geschäftsfähigkeit)
> Art. 25 EGBGB (Rechtsnachfolge von Todes wegen)

Hinsichtlich der Frage der Rechts- und Geschäftsfähigkeit verweist Art. 7 EGBGB auf das Recht des Staates, dem die Person angehört. Ebenso verweist Art. 25 EGBGB wegen des anwendbaren Rechts bei einer Erbschaft auf das Recht des Staates, dem der Erblasser im Zeitpunkt seines Todes angehörte.

Unselbstständige Kollisionsnormen sind dagegen bloße Hilfsnormen, die selbstständige Kollisionsnormen ergänzen und erläutern.

> **Beispiele:**
> Art. 4 EGBGB (Rück- und Weiterverweisung; Rechtsspaltung)
> Art. 5 EGBGB (Doppelstaatler; Staatenlose)
> Art. 6 EGBGB (ordre public)

Wird etwa in den Fragen von Rechts- und Geschäftsfähigkeit oder Erbschaft an die Staatsangehörigkeit der betreffenden Person angeknüpft, so beantwortet Art. 5 EGBGB, wie zu verfahren ist, wenn eine Person mehrere Staatsangehörigkeiten besitzt oder staatenlos ist.

Einseitige Kollisionsnormen bestimmen nur, wann deutsches Recht zur Anwendung kommt. Sie sagen aber im Falle einer negativen Entscheidung nichts über die Anwendbarkeit eines anderen Rechts aus.[60] Das ursprüngliche EGBGB enthielt bis zur IPR-Reform 1986 fast nur einseitige Kollisionsnormen, die besagten, wann deutsches Recht zur Anwendung kam. Heute ist dies die Ausnahme.

> **Beispiele:**
> Art. 6 EGBGB (ordre public)
> Art. 7 II EGBGB (Rechts- und Geschäftsfähigkeit)
> Art. 13 I EGBGB (sachliche Ehevoraussetzungen)

Allseitige Kollisionsnormen (oft auch als **vollständige oder mehrseitige Kollisionsnormen bezeichnet**) bestimmen dagegen sowohl wann eigenes als auch wann fremdes Recht zur Anwendung kommt. Sie sind heute die Regel.

> **Beispiele:**
> Art. 10 EGBGB (Name einer Person und von Ehegatten)
> Art. 14 EGBGB (Ehewirkungen)
> Art. 43 EGBGB (Rechte an einer Sache)

Versteckte Kollisionsnormen sind Normen, die in anderen Normen enthalten sind, wie zB Zuständigkeitsregeln des US-amerikanischen Rechts (sog. jurisdiction rules). Wenn Gerichte ihre Zuständigkeit (jurisdiction) aus diesen Normen ableiten, beanspruchen sie auch gleichzeitig die Anwendbarkeit ihres eigenen Sachrechts (lex fori). Sie kommen vor allem im amerikanischen Familien- und Erbrecht vor (Scheidung, Eltern-Kind-Beziehungen, Adoption, Nachlassverwaltung).[61] Falls Gerichte sich für unzuständig halten, sprechen sie eine versteckte Rückverweisung auf das Recht des ihrer Meinung nach zuständigen Gerichts aus. Dem deutschen Verfahrensrecht sind versteckte Kollisionsnormen dagegen fremd.[62]

---

[60] MüKoBGB/*Sonnenberger* Einl. IPR Rn. 487.
[61] MüKoBGB/*Sonnenberger* Einl. IPR Rn. 480 ff.
[62] MüKoBGB/*Sonnenberger* Einl. IPR Rn. 481; *v. Hoffmann/Thorn* IPR 181.

5.7.2 Aufbau der Kollisionsnormen

Der Aufbau der Kollisionsnormen entspricht dem von Sachnormen: Sie enthalten einen abstrakten Sachverhalt und eine abstrakte Rechtsfolge. Der Unterschied zu Sachnormen liegt nur in der Rechtsfolge. Kollisionsnormen treffen keine Sachentscheidung, sondern bestimmen nur die für die Sachentscheidung maßgebliche Rechtsordnung.

> **Beispiel:** Die Regelung der Rechts- und Geschäftsfähigkeit in Art. 7 EGBGB.
> Sachverhalt: Rechtsfähigkeit und Geschäftsfähigkeit von Personen
> Rechtsfolge: Es gilt das Recht des Staates, dem die einzelne Person angehört.

Der Tatbestand einer Kollisionsnorm enthält stets zwei Elemente:[63]

- Anknüpfungsgegenstand = das rechtliche Thema. In Art. 7 EGBGB geht es thematisch um die Rechts- und Geschäftsfähigkeit.
- sowie Anknüpfungsmoment oder Anknüpfungspunkt: dies ist hier die Staatsangehörigkeit.

5.8 Anknüpfungsgegenstand

Dieser ist zumeist einfach aufgrund des rechtlichen Themas zu bestimmen. Dabei ist zB die Frage zu stellen: Geht es um einen Vertragsschluss, eine Eheschließung, die Übertragung des Eigentums oder einen Erbfall? Anders formuliert: was ist der maßgebliche *Systembegriff*, der die relevante Materie beinhaltet?[64] Mit der Beantwortung ist der Anknüpfungsgegenstand erfasst. Sodann ist der vom Gesetz bestimmte Anknüpfungspunkt zu ermitteln.

5.9 Die relevanten Anknüpfungspunkte

Als Anknüpfungspunkte kommen infrage:

a) Die freie Rechtswahl

Sie bedeutet, dass die Parteien selbst das auf ihren Rechtsfall anwendbare Recht (dispositives und zwingendes Recht) frei bestimmen können. Damit wird dem Prinzip der *Privatautonomie* auch im Bereich des Kollisionsrechts Anerkennung verschafft. Diese Anknüpfung an die freie Rechtswahl ist häufig besser als starre Anknüpfungen in der Lage, das für die Parteien passende Rechtssystem zu bestimmen.[65] Das Prinzip der freien Rechtswahl ist vor allem im Schuldvertragsrecht anerkannt. Wie schon in Art. 27 EGBGB vorgesehen, bestimmt heute Art. 3 Rom I-VO, dass die Parteien bei schuldrechtlichen Verträgen das auf ihr Rechtsverhältnis anwendbare Recht frei selbst bestimmen können (Art. 3 Rom I-VO). Die Rechtswahl unterliegt insbesondere bei Beförderungs-, Verbraucher- und Arbeitsverträgen aber

---

[63] *v. Sachsen Gessaphe* IPR 20; *v. Hoffmann/Thorn* IPR 175 ff.
[64] *v. Sachsen Gessaphe* IPR 20.
[65] MüKoBGB/*Sonnenberger* Einl. IPR Rn. 691.

Einschränkungen (Art. 5 II UAbs. 2, Art. 6 II 2, Art. 8 I Rom I-VO). Das Prinzip der freien Rechtswahl ist über das Vertragsrecht hinaus auch im Bereich des Familien- und Erbrechts im Vordringen. So können die Ehegatten das auf die Scheidung oder die Trennung ohne Auflösung des Ehebandes anzuwendende Recht nach Art. 5 Rom III-VO in einem bestimmten Rahmen frei wählen. Sobald die EuErbVO in Kraft tritt (17.8.2015), kann der Erblasser für die Rechtsnachfolge von Todes in begrenztem Maße eine Rechtswahl treffen. Abweichend von dem dann im allgemeinen gelten- den Recht seines gewöhnlichen Aufenthalts (Art. 21 EuErbVO) kann er nach Art. 22 EuErbVO das Recht des Staates wählen, dem er im Zeitpunkt der Rechtswahl oder seines Todes angehört.

> **Beispiele:**
> - Der deutsche private Käufer vereinbart mit dem türkischen Verkäufer die Geltung des deutschen Rechts, was nach Art. 6 II und 3 I Rom I-VO rechtlich möglich ist.
> - Die in Köln lebenden Ehegatten, die beide Franzosen sind, trennen sich. Die Frau kehrt nach Frankreich zurück. Der Mann verbleibt in Köln. Sie bestimmen zwei Jahre später einvernehmlich, dass ihre beabsichtigte Ehescheidung dem deutschen Recht unterstehen soll. Die Rechtswahl ist nach Art. 5 I lit. b) Rom III-VO zulässig.

b) Die Staatsangehörigkeit

Sie ist für alle Fragen, die die persönlichen Rechtsverhältnisse von Menschen be- treffen, der häufigste Anknüpfungspunkt. Über die Staatsangehörigkeit wird auf das Heimatrecht einer Person verwiesen, das somit das Personalstatut bildet. Grund für diese Entscheidung des Gesetzgebers war es, der Heimatverbundenheit des Menschen in einem Staat Rechnung zu tragen.[66] Die Staatsangehörigkeit eines Menschen ist vielfach Ausdruck einer engen Verbundenheit zu dem Staat und sei- ner Rechtsordnung. Die Anknüpfung der persönlichen Rechtsverhältnisse an die Staatsangehörigkeit entspricht daher typischerweise dem Parteiinteresse.[67]

Die Staatsangehörigkeit bietet als Anknüpfungspunkt auch folgende Vorteile:

Die Staatsangehörigkeit ist ein dauerhaftes Merkmal und ändert sich nicht so schnell wie zB der gewöhnliche Aufenthaltsort. Damit bleibt es Personen, die aus beruflichen oder familiären Gründen ihren Aufenthalt häufiger wechseln, erspart nach ständig wechselnden Rechten in ihren persönlichen und familiären Angelegenheiten beur- teilt zu werden.[68] Das Kontinuitätsinteresse ist somit stärker gewahrt als bei einer Anknüpfung an den Aufenthalt.

Sie ist zumeist leicht feststellbar und bietet nicht so viele Manipulationsmöglich- keiten.

Wegen der verbreiteten Anknüpfung an die Staatsangehörigkeit fördert sie den internationalen Entscheidungseinklang.

---

[66] BR-Drs. 222/83, 36 f., BT-Drs. 10/504, 36 f.
[67] *v. Hoffmann/Thorn* IPR 186 f.; Palandt/*Thorn* EGBGB Einl. Rn. 19.
[68] *v. Hoffmann/Thorn* IPR 187.

Anwendungsfälle aus dem EGBGB:

- Rechts- und Geschäftsfähigkeit (Art. 7 EGBGB)
- Todeserklärung (Art. 9 EGBGB)
- Name (Art. 10 EGBGB)
- Voraussetzungen der Eheschließung (Art. 13 EGBGB)
- Allgemeine Ehewirkungen (Art. 14 EGBGB)
- Ehelicher Güterstand (Art. 15 EGBGB)
- Kindschaftsverhältnis (Art. 19–23 EGBGB)
- Erbfolge (Art. 25 EGBGB)

Beispiel: Ein deutscher Staatsangehöriger, der nach Spanien ausgewandert ist, verstirbt dort. Nach Art. 25 EGBGB richtet sich die Erbfolge unabhängig von seinem Wohnsitz in Spanien wegen seiner deutschen Staatsangehörigkeit nach deutschem Recht. Auch nach spanischem Recht gilt gemäß Art. 9 Nr. 8 c.c. das Staatsangehörigkeitsprinzip, sodass auch ein spanischer Richter nicht anders entscheiden würde.

Erwerb und Verlust der **Staatsangehörigkeit** richten sich nach dem StaatsangehörigkeitsG (StAG) v. 22.7.1913, das mittlerweile mehrfach geändert worden ist, insbesondere durch Gesetz v. 15.7.1999 sowie das ZuwanderungsG v. 30.7.2004. Hauptprinzip ist das ius sanguinis, wonach die deutsche Staatsangehörigkeit durch Geburt erworben wird, wenn ein Elternteil Deutscher ist (§ 4 I StAG). Diesbezüglich unterscheidet es sich von dem zB im französischen Recht maßgeblichen ius soli, nach dem jeder in Frankreich geborene Mensch automatisch französischer Staatsangehöriger ist (Art. 19 ff. C.c.: Des Francais par la naissance en France). Allerdings erwerben in Deutschland inzwischen auch Kinder ausländischer Eltern durch die Geburt im Inland die deutsche Staatsangehörigkeit, soweit mindestens ein Elternteil mindestens acht Jahre rechtmäßig seinen gewöhnlichen Aufenthalt in Deutschland innehatte (§ 4 III StAG). Doppelstaatler müssen sich nach Eintritt der Volljährigkeit für eine Staatsbürgerschaft entscheiden, § 29 StAG.

Welcher Staatsangehörigkeit eine Person angehört, entscheidet ausschließlich das Staatsangehörigkeitsrecht des betreffenden Staates. Insoweit handelt es sich um internationalprivatrechtliche Vorfragen, die sich nicht nach IPR, sondern ausschließlich nach dem Recht des infrage stehenden Staates richten.[69]

Soweit eine Person **mehrere ausländische Staatsangehörigkeiten** besitzt, so ist nach Art. 5 I 1 EGBGB diejenige maßgeblich, mit der er am engsten verbunden ist, insbesondere durch ihren gewöhnlichen Aufenthalt oder durch den Verlauf ihres Lebens (sog. effektive Staatsangehörigkeit). Dabei können die Erfüllung staatsbürgerlicher Rechte und Pflichten eine Rolle spielen, ferner kulturelle Prägung, Sprache, wirtschaftliche und soziale Verbindungen und Ähnliches.[70] Wer neben einer ausländischen Staatsangehörigkeit **auch die deutsche Staatsangehörigkeit** besitzt, wird internationalprivatrechtlich ausschließlich als Deutscher behandelt (Art. 5 I

---

[69] Palandt/*Thorn* EGBGB Art. 7 Rn. 1.
[70] Palandt/*Thorn* EGBGB Art. 7 Rn. 2.

2 EGBGB). Diese Bevorzugung der deutschen Rechtsordnung ist rechtspolitisch umstritten, da sie *hinkende Rechtsverhältnisse* begünstigt.[71] Darunter versteht man das Dilemma, dass ein Rechtsverhältnis in einem Staat anders als in einem anderen beurteilt wird und somit große Rechtsunsicherheit hervorruft. Zum Teil wird daher eine Abschaffung, zumindest eine Beschränkung auf Fragen des IPR und Internationalen Verfahrensrechts gefordert.[72]

c) Der Wohnsitz (domicile)

Er spielt im EGBGB bis auf Art. 26 I Nr. 3 EGBGB und in der Rom I-VO keine Rolle, wohl aber in völkerrechtlichen Abkommen, zB in der Genfer Flüchtlingskonvention. Auch im internationalen Zivilverfahrensrecht wird maßgeblich auf den Wohnsitz abgestellt (Art. 2 Brüssel I-VO). Im BGB spielt der Wohnsitz in vielen Bestimmungen eine Rolle, zB in § 132 II (Zustellung an den letzten Wohnsitz) sowie in §§ 269 f. BGB (Erfüllungsort am Wohnsitz). § 7 I BGB definiert ihn als den Ort, an dem sich jemand ständig niederlässt. Hinzukommen muss der rechtsgeschäftliche Wille, den Ort ständig zum Schwerpunkt seiner Lebensverhältnisse zu machen, sog. Domizilwille.[73]

Eine Person kann auch einen mehrfachen Wohnsitz haben.

d) Der gewöhnliche Aufenthalt (residence)

Er spielt im deutschen IPR sowie in der Rom I-VO eine zentrale Bedeutung.

> **Beispiele:**
> - Abstammung (Art. 19–20 EGBGB)
> - Eltern-Kind-Verhältnis (Art. 21 EGBGB)
> - Schadensersatz (Art. 40 II EGBGB)
> - Anwendbares Recht bei fehlender Rechtswahl (Art. 4 I Rom I-VO), bei Beförderungsverträgen (Art. 5 Rom I-VO), bei Verbraucherverträgen (Art. 6 I Rom I-VO) oder bei Versicherungsverträgen (Art. 7 II UAbs. 2 S. 1 Rom I-VO).

Der Begriff des gewöhnlichen Aufenthalts ist gesetzlich nicht definiert. Er ist der Ort eines nicht nur gewöhnlichen Verweilens, an dem der Schwerpunkt der Bindungen einer Person in familiärer und beruflicher Hinsicht, also ihr **Daseinsmittelpunkt** liegt.[74] Entscheidend sind in erster Linie die objektiven Merkmale der Dauer und Beständigkeit des Aufenthalts; der Wille, den Aufenthaltsort zum Daseinsmittelpunkt zu machen, ist – anders als beim Wohnsitz – nicht erforderlich.[75]

Die Rechtmäßigkeit des Aufenthalts spielt keine Rolle. Der gewöhnliche Aufenthalt ist also praktisch der faktische Wohnsitz.

---

[71] *v. Hoffmann/Thorn* IPR 191; *Dethloff* JZ 1995, 73; *Fuchs* NJW 2000, 491.
[72] MüKoBGB/*Sonnenberger* EGBGB Art. 5 Rn. 12; *Benicke* IPRax 2000, 179.
[73] Palandt/*Ellenberger* § 7 Rn. 7.
[74] BGH NJW 1993, 2047; ebenso zum europäischen Kollisionsrecht EuGH FamRZ 2011, 617.
[75] BGH NJW 1993, 2047; Palandt/*Thorn* EGBGB Art. 5 Rn. 10.

Nach einer Dauer von sechs Monaten wird ein gewöhnlicher Aufenthalt an dem betreffenden Ort vermutet,[76] hängt aber auch von der sozialen Integration und dem Willen des Betreffenden ab.

Praxisfall:	
	Architekt A lebt neun Monate in Osnabrück und drei Monate im Winter in Spanien, wo er eine Ferienwohnung besitzt. Für diese kauft er von einem in Spanien ansässigen Händler H eine neue Küche. Welches Recht gilt?
Lösung	Mangels Rechtswahl könnte Art. 4 I lit. a) Rom I-VO zur Anwendung kommen. Die Rom I-VO ist nach Art. 1 I anwendbar, da es um die Beurteilung eines vertraglichen Schuldverhältnisses in Zivilsachen geht, das eine Verbindung zum Recht verschiedener Staaten aufweist, nämlich Spanien als Verkäuferland und Deutschland als Käuferland. Dabei resultiert die Internationalität nicht aus der Verschiedenheit der Staatsangehörigkeiten, sondern den unterschiedlichen Wohnorten in Spanien und Deutschland. Für A ist weiter Osnabrück der gewöhnliche Aufenthalt, da hier sein Daseinsmittelpunkt liegt. Mangels Rechtswahl ist für den hier vorliegenden Kaufvertrag über eine bewegliche Sache das Recht des Staates anzuwenden, wo der Verkäufer seinen gewöhnlichen Aufenthalt hat. Da H diesen in Spanien hat, ist auf den Kaufvertrag spanisches Recht anwendbar.

e) Der Handlungsort

Bei Formfragen kommt es zB auch auf den Vornahmeort an, Art. 11 I EGBGB. Diese Regelung ist im Interesse der Formwirksamkeit des Rechtsgeschäfts ergangen („favor negotii"). Dabei wird die Gefahr in Kauf genommen, dass sich die Parteien zum Vertragsschluss ins Ausland begeben, wo die Formerfordernisse weniger streng als in Deutschland sind.[77]

> **Beispiel:** Die Vertragsparteien verlagern den Abschlussort über einen Grundstückskauf nach Spanien, wo ein formloser Abschluss wirksam ist, um den Notar und die damit verbundenen Kosten zu sparen.

Bei unerlaubten Handlungen kommt es nur noch ausnahmsweise auf den Tatort an, soweit Art. 40 EGBGB noch gilt, also bei Altfällen und den von der Rom II-VO nicht erfassten Fällen.

f) Der Erfolgsort

Bei unerlaubten Handlungen wird heute im Regelfall nach Art. 4 I Rom II-VO auf den Ort des Schadenseintritts und nicht mehr auf den Handlungsort abgestellt.

> **Beispiel:** Ein Täter lockt sein Opfer über die Landesgrenze und sperrt es dann in seinem Haus im Ausland ein. Die Tat wurde hier im Inland vorbereitet, das Rechtsgut „Freiheit" aber erst im Ausland verletzt. Da der Schadenseintritt im Ausland stattfand, ist für den Schadensersatzanspruch ausländisches Recht anwendbar.

---

[76] OLG Hamm NJW 1992, 636; OLG Düsseldorf FamRZ 1995, 37.
[77] *v. Hoffmann/Thorn* IPR 210.

g) Der Belegenheits- oder Lageort (lex rei sitae)

Rechte an einer Sache (also zB die Eigentumsfrage) bestimmen sich nach dem Recht des Staates, in dem sich die Sache befindet, Art. 43 EGBGB. Dabei kann es sich um eine bewegliche oder eine unbewegliche Sache handeln.

Der Lageort wird im Interesse einer einheitlichen Behandlung aller Grundstücke und beweglichen Sachen in einem Staat ausgewählt.

> **Beispiel:** Ein Grundstück in Düsseldorf wird nach spanischem Recht verkauft, was nach Art. 3 Rom I-VO aufgrund des Prinzips der freien Rechtswahl zulässig ist. Die Übereignung muss jedoch zwingend nach Art. 43 EGBGB entsprechend der lex rei sitae nach deutschem Recht erfolgen, mithin aufgrund von Auflassung und Eintragung ins Grundbuch §§ 873, 925 BGB.

5.10 Die Rechtsfolge (Statut)

Die für die maßgebliche Rechtsfrage anzuwendende selbstständige Kollisionsnorm verweist auf das anzuwendende in- oder ausländische Recht. Als Rechtsfolge einer bestimmten Anknüpfung an einen Lebenssachverhalt sind die jeweils spezifischen Sachnormen zur Anwendung zu bringen. Diese einem Thema zugewiesenen Sachnormen werden als Statut bezeichnet. Je nach dem Themenbereich spricht man von

- **Personalstatut**, das das für die persönlichen Rechtsverhältnisse maßgebende Recht bezeichnet (zB die Regeln zur Rechts- oder Geschäftsfähigkeit, Rechtsverhältnisse bzgl. Familien- und Erbrechts),
- **Vertragsstatut**, das das für vertragliche Schuldverhältnisse anwendbare Recht umschließt (zB die Rechtsnormen zum Vertragsschluss, zum Inhalt des Vertrages oder seiner Beendigung),
- **Deliktsstatut,** das das für außervertragliche Haftung beinhaltet (zB die Normen des law of torts im anglo-amerikanischen Rechtskreis[78]),
- **Güterrechtsstatut,** das die familienrechtlichen Regeln zum Ehegüterrecht umfasst oder
- **Erbstatut,** das die erbrechtlichen Regeln zur Rechtsnachfolge von Todes wegen erfasst.

Das maßgebliche Statut kann sich im Laufe der Zeit ändern, sodass es zu einem **Statutenwechsel** kommt. Darunter versteht man den Wechsel der für die Beurteilung eines Rechtsverhältnisses maßgeblichen Rechtsordnung.[79] Ursache dafür kann sein, dass sich die anknüpfungserheblichen Tatsachen (zB Verlegung des gewöhnlichen Aufenthalts) oder das für die Entscheidung zur Anwendung berufene materielle Recht geändert haben. Im Regelfall wirkt sich ein Statutenwechsel erst ab dem Zeitpunkt aus, in dem sich die neuen Lebensverhältnisse oder die rechtlichen Neuerungen eingestellt haben. Das anwendbare Recht ändert sich also nicht rückwirkend, sondern mit dem Zeitpunkt, in dem sich das neue Anknüpfungsmoment verwirklicht (ex nunc).[80] Die Vergangenheit unterliegt dem alten Sachrecht.[81] Im Übrigen ist zwischen abgeschlossenen und offenen Tatbeständen zu unterscheiden.

---

[78] Dazu näher *Wörlen/Balleis/Angress* English Law II 1 ff.
[79] *v. Hoffmann/Thorn* IPR 213.
[80] *v. Hoffmann/Thorn* IPR 214 f.
[81] *Dilling* IPR 74.

a) Abgeschlossene Tatbestände

Soweit es sich um Tatbestände handelt, die im Zeitpunkt des Statutenwechsels abgeschlossen waren, unterfallen diese im Regelfall dem alten Statut. Der Statutenwechsel wirkt sich auf sie nicht aus.[82]

> **Beispiel:** Nach einer Eheschließung zwischen einem Marokkaner und einer Deutschen erwirbt der Ehemann die deutsche Staatsangehörigkeit. Dies ändert nichts an der Beurteilung der Wirksamkeit der Eheschließung. Sie richtet sich nach Art. 13 I EGBGB weiterhin nach dem Recht, dem die Betroffenen zum Zeitpunkt ihrer Eheschließung angehörten, dh für den Ehemann nach marokkanischem Recht und für die Ehefrau nach deutschem Recht.

b) Offene Tatbestände

Hier sind noch nicht alle Voraussetzungen für die Entstehung oder den Fortfall eines Rechtsverhältnisses abgeschlossen. Ein solcher offener Tatbestand beurteilt sich in seiner Gesamtheit nach dem neuen Statut.[83] In diesem Fall entscheidet das neue Statut nicht nur über die zu verwirklichenden Voraussetzungen, sondern auch darüber, ob es die bereits verwirklichten anerkennt.[84]

Praxisfall:
A findet in Deutschland am 1.2.2000 eine wertvolle Münze (Wert: 2.000 EUR) und zeigt dies bei der zuständigen Behörde an. Am 1.6.2000 zieht er in die Schweiz. Dort meldet sich am 1.3.2005 ein Verwandter, der die Münze verloren hatte und beansprucht die Herausgabe seines Eigentums. Zu Recht?

Lösung

Das hängt davon ab, ob der Verwandte noch Eigentümer der Münze ist. Er könnte sein ursprünglich bestehendes Eigentum nach § 973 BGB an A verloren haben. Danach erwirbt der Finder mit Ablauf von 6 Monaten nach Anzeige des Fundes bei der zuständigen Behörde das Eigentum an der Sache. Am 1.8.2000 wäre dieser Zeitraum abgelaufen, jedoch ist fraglich, ob zu diesem Zeitpunkt noch deutsches Recht anwendbar ist. Gemäß Art. 43 EGBGB unterliegen Rechte an einer Sache dem Recht des Staates, in dem sich die Sache befindet. Die Sache befand sich beim Fund am 1.2. bis Ende Mai in Deutschland, sodass in dieser Zeit deutsches Recht anwendbar war. Da dies weniger als 6 Monate sind, war der Eigentumserwerb noch nicht abgeschlossen. Mit dem Umzug in die Schweiz fand am 1.6.2000 ein Statutenwechsel statt. Nach Art. 100 Schweizer IPRG unterstehen Erwerb und Verlust dinglicher Rechte an beweglichen Sachen dem Recht des Staates, in dem die Sache im Zeitpunkt des Vorgangs, aus dem der Erwerb oder der Verlust abgeleitet wird, liegt. Das ist ab dem 1.6.2000 die Schweiz, sodass Schweizer Recht gilt. Dieses sieht in Art. 722 I ZGB einen Eigentumserwerb des Finders vor, wenn während fünf Jahren von der Bekanntmachung oder Anzeige der Eigentümer der verlorenen Sache nicht festgestellt werden kann. Zwischen dem 1.6.2000 und dem 1.3.2005 liegen weniger als fünf Jahre, sodass ein Eigentumserwerb nach Schweizer Recht nicht erfolgt wäre.

---

[82] MüKoBGB/*Sonnenberger* IPR Einl. Rn. 678.
[83] BGH NJW-RR 2000, 1583.
[84] *v. Hoffmann/Thorn* IPR 214, 523 ff.

Dennoch hat A das Eigentum an der Münze erworben, weil Art. 102 Schweizer IPRG bestimmt, dass im Ausland eingetretene Vorgänge als in der Schweiz erfolgt gelten, wenn die bewegliche Sache in die Schweiz gelangt ist und der Erwerb oder der Verlust eines dinglichen Rechts an ihr nicht bereits im Ausland erfolgt ist. Das bedeutet, dass die Besitzzeit zwischen dem 1.2. und 13.5.2000 in Deutschland mit einzurechnen ist und daher die Fünfjahresfrist für den Eigentumserwerb erreicht ist.

Es bleibt noch darauf hinzuweisen, dass der Gesetzgeber in Teilbereichen den Statutenwechsel normiert hat und diese Regelungen dann vorrangig zu beachten sind. Zumeist wird dabei die Fortgeltung des alten Statuts angeordnet. Dies trifft zB bzgl. der einmal erlangten Rechts- und Geschäftsfähigkeit gemäß Art. 7 II EGBGB zu oder der Gültigkeit und Bindungswirkung eines Testaments, für das in Art. 26 V 1 EGBGB ausdrücklich auf den Zeitpunkt der Errichtung des Testaments abgestellt wird.

5.11 Qualifikation

Qualifikation ist die Subsumtion eines Sachverhalts unter den Systembegriff, der im Tatbestand einer Kollisionsnorm enthalten ist. Das kann schon im deutschen Recht Probleme aufweisen, erst recht aber dann, wenn dem deutschen Recht ein ausländisches Rechtsinstitut fremd ist.

Beispiele:
- Morgengabe („mahr") des islamischen Rechts
- Trust im angloamerikanischen Recht
- Trennung von Tisch und Bett in Italien

In solchen Fällen ist besonders auf die Funktion des jeweiligen Rechtsinstituts abzustellen und nach vergleichbaren Systembegriffen im inländischen Recht zu suchen.[85] So dient etwa die Morgengabe der Absicherung der Frau nach einem Scheitern der Ehe. Sie wurde daher vom BGH[86] – soweit sie nach der Scheidung verlangt wird – als (zulässige vertragliche) Regelung über den nachehelichen Unterhalt angesehen, auf die über die Art. 18 IV, 17 I, 14 I Nr. 2 EGBGB bei gemeinsamem Wohnsitz in Deutschland deutsches Recht zur Anwendung kommt.

5.12 Verweisung, Rückverweisung, Weiterverweisung

Der häufigste Fall der Verweisung ist die Gesamtverweisung nach Art. 4 I 1 EGBGB. Danach wird bei einer Verweisung auf ausländisches Recht nicht nur auf dessen materielles Recht, sondern zugleich auch auf dessen IPR verwiesen.

Es mag dann vorkommen, dass das ausländische Recht die Verweisung nicht annimmt, sondern in seinem IPR seinerseits auf deutsches Recht zurückverweist. Dies wird auch als renvoi au premier degré bezeichnet. Denkbar ist, dass das ausländische

---

[85] Palandt/*Thorn* EGBGB Einl. Rn. 8.
[86] BGH NJW 1987, 2161.

Recht auf das Recht eines dritten Staates verweist. Dies wird als Weiterverweisung (renvoi au second degré) bezeichnet.

Heutzutage bestimmt Art. 4 I 2 EGBGB, dass die Rückverweisung abzubrechen ist, wenn das ausländische Recht, auf welches das deutsche Recht verweist, seinerseits auf deutsches Recht zurückverweist („Heimwärtsstreben"). Es gelten dann die deutschen Sachvorschriften. Nach Art. 20 Rom I-VO sind Rück- und Weiterverweisungen im Bereich des Internationalen Vertragsrechts ausgeschlossen.

Praxisfall:

Der Schweizer Staatsbürger B hat sich im deutschen Kurort Badenweiler angesiedelt, wo er nach einem schönen Lebensabend verstirbt. Welches Recht gilt bzgl. seiner Erbschaft?

Lösung

Nach Art. 25 EGBGB bestimmt sich die Rechtsnachfolge von Todes wegen nach dem Recht des Staates, dem der Erblasser im Zeitpunkt des Todes angehörte. Da B Schweizer Staatsangehöriger war, wäre das Schweizer Recht auf die Rechtsnachfolge anzuwenden. Das Schweizer Recht nimmt diese Verweisung des deutschen Rechts aber nicht an, sondern verweist in Art. 91 IPRG auf das Recht des letzten Wohnsitzes des Erblassers zurück. Da B seinen letzten Wohnsitz in Deutschland hatte, gilt somit deutsches Recht. Da dieses wiederum auf Schweizer Recht verweist, käme es zu einem endlosen Verweisungskarussell. Zur Vermeidung dieses Ergebnisses ordnet Art. 4 I 2 EGBGB die Anwendung der deutschen Sachnormen an und bricht die Verweisungskette ab.

Im Ergebnis unterliegt die Rechtsnachfolge von B daher dem deutschen Recht.

5.13 Ordre public (Art. 6 EGBGB)

Die Verweisung auf eine ausländische Rechtsordnung gleicht einem „Sprung ins Dunkle"[87]. Durch sie darf kein Ergebnis entstehen, das mit wesentlichen Grundsätzen der nationalen Rechtsordnung unvereinbar ist. Durch den ordre public werden Normen, die zu unvereinbaren Ergebnissen führen, nicht angewandt.

Ordre public heißt öffentliche Ordnung. Ursprünglich verstand man darunter Normen, die der Aufrechterhaltung der innerstaatlichen öffentlichen Ordnung oder sonstiger schützenswerter öffentlicher (staatlicher) Interessen dienten. Heute dient der ordre public auch dem Schutz von Individualinteressen, zB dem Verbraucherschutz.

Der Ordre-public-Vorbehalt greift ein, wenn „das Ergebnis der Anwendung ausländischen Rechts … im Einzelfall zu den Grundgedanken der deutschen Regelung und den in ihnen liegenden Gerechtigkeitsvorstellungen … in einem so schwerwiegenden Widerspruch steht, dass seine Anwendung für untragbar angesehen werden muss"[88].

---

[87] *Raape/Sturm* IPR 199.
[88] BGHZ 54, 123.

Im Anschluss an den Spanier-Beschluss des BVerfG[89] wird der ordre public insbesondere zur Durchsetzung der Grundrechte verwendet. Eine Verletzung der Grundrechte stellt in der Regel einen Verstoß gegen den ordre public dar.

Zum Spanier-Beschluss des BVerfG:

Ein Spanier wollte seinerzeit eine geschiedene Deutsche heiraten. Für die Ehevoraussetzungen verwies das EGBGB auf das spanische Heimatrecht des Mannes, das damals eine Wiederheirat ausschloss. Das BVerfG nahm insoweit einen Verstoß des deutschen Kollisionsrechts gegen das Gleichheitsgebot des Art. 3 II GG an und lieferte damit einen Anstoß zur Reform des deutschen IPR. Jetzt finden sich die maßgeblichen Grundsätze in Art. 13 II EGBGB. Festzuhalten ist die Kernaussage, wonach jeder Grundrechtsverstoß wesentlich iSv Art. 6 EGBGB ist.

Die Bedeutung des ordre public wächst infolge der Auseinandersetzung vor allem mit islamischen und buddhistischen Rechtsanschauungen.

Beispiele:
- Mehrehe
- Privatscheidung
- elterliche Sorge
- Homosexuellen-Ehe

Im Interesse einer internationalen Ordnung können inländische Vorstellungen allerdings nicht per se den Vorrang beanspruchen. Wer ausländisches Recht im Hinblick auf den ordre public nicht anwendet, schafft hinkende Rechtsverhältnisse, dh Rechtsverhältnisse, die im Ausland gültig sind, im Inland aber nicht. Besonders misslich ist es, wenn zB eine Ehe im Ausland Gültigkeit hat, ihr im Inland wegen Verstoß gegen den ordre public die Gültigkeit versagt wird. In solchen Fällen muss mit besonderer Sorgfalt geprüft werden, ob ein hinreichender Inlandsbezug besteht, der die Anwendung des ordre public rechtfertigt.

Praxisfall: Mehrehe[90]
Ein afrikanischer Stammesangehöriger hat in seiner Heimat wirksam drei Frauen geheiratet. Dann zieht die Familie nach Deutschland. Zwei Frauen des T sterben, sodann er selbst. Das einheimische Recht verweist wegen der Erbfolge auf den Wohnsitz. Ist die dritte Frau erbberechtigt?
Lösung — Nach Art. 25 I EGBGB wird bzgl. der Erbfolge an die Staatsangehörigkeit angeknüpft, sodass das einheimische afrikanische Recht einschließlich seiner Kollisionsnormen anzuwenden ist. Dieses verweist allerdings auf deutsches Recht zurück, was zur Anwendung deutschen Rechts führt (vgl. Art. 4 I EGBGB). Nach § 1931 BGB erbt die Ehefrau.   Die Vorfrage ist aber, ob eine wirksame Ehe bestand. Diese Vorfrage muss selbstständig angeknüpft werden. Insoweit verweist Art. 13 EGBGB auf das betreffende einheimische Recht. Dieses erlaubt die Mehrehe, sodass infolge der Heirat eine wirksame Ehe bestand. Danach hätte die dritte Frau einen Erbanspruch.

---

[89] BVerfGE 31, 58.
[90] Angelehnt an *Dilling* IPR 88.

Fraglich ist allerdings, ob dies mit dem Gedanken des ordre public vereinbar ist (Art. 6 EGBGB). Hier wurde ersichtlich gegen den deutschen Grundsatz der Einehe verstoßen. Jedoch fehlt der hinreichende Inlandsbezug, da die Ehe früher und im Ausland geschlossen wurde. Die Hauptfrage der Versorgung schafft keinen ordre-public-widrigen Zustand. Es zeigt sich also, dass die Rechtsfolgen eines im Ausland begründeten ordre-public-widrigen Rechtsverhältnisses anerkannt werden müssen und nicht deutsche Wertmaßstäbe exportiert werden dürfen (effet atténue'[91]). Im Ergebnis erbt also die dritte Ehefrau.

Prüfungsreihenfolge zum ordre public[92]

1. Ausländisches Recht anwendbar?
2. Ergebnis der Anwendung?
3. Verstoß gegen wesentliche Grundsätze deutschen Rechts?
4. Offensichtliche Unvereinbarkeit?
5. Hinreichender Inlandsbezug?

Falls die Fragen 1, 3–5 zu bejahen sind, ist die ausländische Rechtsvorschrift unanwendbar.

5.14 Vorfragen

Die Problematik der Vorfragen, Teilfragen oder Erstfragen ist sowohl inhaltlich wie terminologisch höchst komplex und Tummelplatz unterschiedlichster Auffassungen.[93] Die nachfolgenden Ausführungen orientieren sich in erster Linie an der höchstrichterlichen Rechtsprechung des BGH und der hM, ohne die Problematik auch nur ansatzweise ausschöpfen zu können.

Zunächst zur Terminologie: Mit der hM wird der Begriff Vorfrage in einem weiten Verständnis dahingehend verstanden, dass es darum geht, dass die Tatbestände einer Kollisionsnorm oder einer von ihr berufenen in- oder ausländischen Sachnorm manchmal ein Rechtsverhältnis voraussetzen, das eine Bedingung für den Eintritt der normierten Rechtsfolge ist.[94] So ist in dem letzten Beispiel die Erbberechtigung der 3. Frau davon abhängig, dass überhaupt eine Ehe mit dem Verstorbenen bestand. Bzgl. dieses vorgreiflichen Rechtsverhältnisses stellt sich die Frage, ob dieses wie die eigentliche Hauptfrage nach der gleichen (erbrechtlichen) Kollisionsnorm des Art. 25 EGBGB auf der Grundlage des Heimatrechts des Erblassers beurteilt werden muss oder – da es sich eigentlich um eine familienrechtliche (und nicht primär erbrechtliche) Frage handelt – gesondert angeknüpft werden sollte. Dann wäre auf die einschlägigen kollisionsrechtlichen Normen der Art. 13 ff. EGBGB abzustellen.

---

[91] Wörtlich: abgemilderte Wirkung.
[92] *Dilling* IPR 89.
[93] Vgl. dazu allein 40 (!) Seiten im MüKoBGB/*Sonnenberger* IPR Einl. Rn. 545–592; ferner Palandt/*Thorn* EGBGB Einl. Rn. 29; *v. Hoffmann/Thorn* IPR 240 ff.; *v. Sachsen Gessaphe* IPR 47 ff.; *Hüßtege/Ganz* IPR 28 f.
[94] *v. Sachsen Gessaphe* IPR 46.

Während sich ein Teil der Lehre[95] im Sinne der ersten Alternative für eine unselbstständige Anknüpfung nach der lex causae ausspricht, folgen der BGH[96] und die hM[97] der zweiten Alternative einer selbstständigen Anknüpfung nach der lex fori. Die Vertreter der Mindermeinung, die unselbstständig, nämlich nach dem IPR der Hauptfrage anknüpfen möchten, heben hervor, dass deutsche Gerichte die Vorfrage damit ebenso behandelten wie der ausländische Richter. Dies fördere den *internationalen Entscheidungseinklang*, der ein Leitprinzip des IPR sei.[98]

Demgegenüber beurteilen BGH und hL das judizielle Rechtsverhältnis in selbstständiger Anknüpfung nach den Kollisionsnormen der lex fori. Das bedeutet, dass diese so beurteilt wird als sei sie die Hauptfrage. Im Ergebnis wird das Bestehen oder Nichtbestehen eines Rechtsverhältnisses somit aus der Sicht des deutschen IPR immer gleich beurteilt, gleich ob es als Vor-, Erst- oder Hauptfrage auftritt. Die selbstständige Anknüpfung gewährleistet damit einen *internen Entscheidungseinklang*. Meines Erachtens spricht mehr für eine solche Beurteilung, weil sie zu einer einheitlichen Behandlung grundlegender Rechtsverhältnisse führt. In wichtigen Fragen – wie dem Bestehen einer Ehe – muss einheitlich entschieden werden, ob dies der Fall ist oder nicht. Eine unterschiedliche Beurteilung durch inländische Gerichte aufgrund unselbstständiger Anknüpfung würde eine unerträgliche Rechtsunsicherheit hervorrufen.[99]

Praxisfall: Eheschließung vor einem Popen[100]

Ein Grieche M heiratet seine griechische Freundin F in Deutschland nach griechisch-orthodoxem Ritus. Eine Eheschließung vor einem deutschen Standesbeamten fand weder vorher noch nachher statt. Der Pope besaß keine Ermächtigung der griechischen Regierung nach Art. 13 III 2 EGBGB.

1. Ist die Ehe wirksam?
2. Wer wird Erbe, wenn der griechische Ehemann kinderlos stirbt?

Lösung

Zu 1: Die Eheschließung könnte wegen Verstoß gegen Art. 13 III 2 BGB in Deutschland unwirksam sein. Nach der zwingenden Formvorschrift des Art. 13 III 1 EGBGB kann eine Ehe in Deutschland nur in der hier vorgeschriebenen Form der Trauung vor einem Standesbeamten (§ 1310 I BGB) oder – bei Ausländern – vor einem von der Regierung des Staates, dem einer der Verlobten angehört, ordnungsgemäß ermächtigten Person in der nach dem Recht dieses Staates vorgeschriebenen Form geschlossen werden. Hier ist weder eine standesamtliche Eheschließung erfolgt noch war der Pope von der griechischen Regierung zu der kirchlichen Trauung ermächtigt. Die Ehe ist daher in Deutschland unwirksam.

Allerdings ist die Ehe nach griechischem Recht wirksam zustande gekommen, da gemäß Art. 1367 griech. ZGB eine nach griechisch-orthodoxem Ritus geschlossene Ehe wirksam ist.[101] Damit liegt der Fall einer sog. hinkenden

---

[95] So MüKoBGB/*Sonnenberger* IPR Einl. Rn. 554 ff.; *Neuhaus* IPR 345–347; *v. Hoffmann/Thorn* IPR 243.

[96] BGH NJW 1965, 1129; 1981, 1900.

[97] *v. Bar/Mankowski* IPR I § 7 Rn. 194–213; *Kegel/Schurig* IPR 376–382; *Kropholler* IPR 224; *Junker* IPR Rn. 244.

[98] *v. Hoffmann/Thorn* IPR 243, 244.

[99] *Hüßtege/Ganz* IPR 28 f., die letztlich aber doch für eine vermittelnde Lösung eintreten.

[100] Fallbeispiel nach *v. Hoffmann/Thorn* IPR 237, 241.

[101] Gleiche Beurteilung bei *v. Hoffmann/Thorn* IPR 239.

Ehe vor, bei der die Wirksamkeit der Ehe in zwei Staaten unterschiedlich beurteilt wird.[102]

Zu 2: Nach Art. 25 EGBGB richtet sich die Erbfolge (noch) nach der Staatsangehörigkeit des Verstorbenen. Da dieser Grieche war, gilt griechisches Heimatrecht. Griechisches internationales Erbrecht folgt (derzeit noch) ebenfalls dem Staatsangehörigkeitsprinzip (Art. 28 griech. ZGB) und nimmt somit die Verweisung des deutschen Rechts an. Nach Art. 1821 griech. ZGB erbt die Ehefrau den gesamten Nachlass des Ehemanns, wenn keine anderen Angehörigen vorhanden sind. Vorausgesetzt, F war Ehefrau des M, würde sie somit Alleinerbin von M.

Die Vorfrage nach dem Bestehen der Ehe würde von der höchstrichterlichen Rechtsprechung[103] und hM[104] nicht nach dem Erbstatut, sondern in selbstständiger Anknüpfung beurteilt, dh nach der familienrechtlichen Kollisionsnorm des Art. 13 EGBGB. Da die dort genannten Voraussetzungen einer wirksamen Ehe nicht vorliegen, würde das bedeuten, dass F nicht nach Art. 1821 ZGB erben würde, da sie nicht als Ehefrau anzusehen ist.

Anders wäre es bei einer unselbstständigen Anknüpfung, die von der Gegenmeinung[105] vertreten wird: danach findet griech. ZGB nicht nur bzgl. der Frage des Erbrechts, sondern auch des Familienrechts Anwendung. Da die Ehe nach griechischem Recht wirksam ist, wäre die F gemäß Art. 1821 griech. ZGB gesetzliche Alleinerbin des G geworden.

Wenn dieser Lösung sicher wegen der durchgängigen Anwendung fremden Rechts eine systematische Konsistenz zu bescheinigen ist, so ist doch der herrschenden Rechtsprechung und Literatur der Vorzug zu geben. Sie führt zu einem internen Entscheidungseinklang und behandelt die Frage des Bestehens oder Nichtbestehens der Ehe durchgängig gleich. Sie vermeidet somit logische Brüche, wie sie bei der Beantwortung der beiden Fragen dieses Falls sonst unvermeidlich auftreten. Außerdem dürfte sich ein deutscher Richter schwer tun, an den zwingenden Formvorschriften einer Eheschließung in Deutschland vorbei zu sehen. Sie bestimmen zweifelsfrei den Primat einer standesamtlichen Ehe und geben einer kirchlichen Trauung nur bei entsprechender staatlicher Legitimierung im Ausnahmefall den Segen. Davon abzugehen und jede kirchliche Trauung anzuerkennen – jedenfalls soweit es um das Erbrecht geht – erscheint unangebracht. Außerdem kommt es bei einer unselbstständigen Anknüpfung zu dem unakzeptablen Ergebnis, dass die Befürworter dieser Auffassung die Eheschließung selbst als unwirksam betrachten, aber im Rahmen des Erbfalls als wirksam. Aus diesen Gründen verdient meines Erachtens die herrschende Rechtsprechung und Literaturmeinung den Vorzug mit der Folge, dass F aus deutscher Sicht nicht erbberechtigt wäre.[106]

Es bleibt noch anzufügen, dass ab dem Inkrafttreten der EuErbVO am 17.8.2015 nicht mehr auf die Staatsangehörigkeit, sondern den letzten gewöhnlichen Aufenthalt des Verstorbenen abgestellt wird, Art. 21 EuErbVO. Dann richtet sich das Erbstatut im vorliegenden Fall nach deutschem Recht, sodass es danach systemgerecht erscheint, auch die familienrechtliche Frage des Bestehens der Ehe nach dem gleichen deutschen Recht zu beurteilen.

---

[102] Nahezu einhellige Meinung, so BGH StAZ 2003, 235 ff.; Raape/Sturm IPR 245; MüKoBGB/*Coester* EGBGB Art. 13 Rn. 137.

[103] Palandt/*Thorn* EGBGB Einl. Rn. 8.

[104] BGH NJW 1987, 2161.

[105] *v. Hoffmann/Thorn* IPR 214, 523 ff.

[106] Anderes Ergebnis zu diesem Fall *v. Hoffmann/Thorn* IPR 243 f.

Kontrollfragen

1. Was sind die Aufgaben des IPR?
2. Welches sind die Leitideen des IPR?
3. Welche Interessen schützt das IPR?
4. Nennen Sie die wesentlichen Rechtsquellen des IPR.
5. Nennen Sie einige Rechtsakte der EU zum Kollisionsrecht.
6. Wie sind die Kollisionsnormen aufgebaut?
7. Welches sind die relevanten Anknüpfungspunkte im IPR?
8. Können Sie Beispiele für die einzelnen Anknüpfungspunkte nennen?
9. Was heißt lex rei sitae?
10. Was bedeutet Statut?
11. Was heißt Qualifikation?
12. Was versteht man unter Verweisung und welche Arten gibt es?
13. Wie ist bei wechselseitiger Rückverweisung zu verfahren?
14. Was ist unter ordre public zu verstehen und welche Aufgaben hat er?
15. Was versteht man unter einer Vorfrage und nach welchem Recht werden Vorfragen entschieden?

6 Internationales Vertragsrecht (Rom I-VO)

Internationales Vertragsrecht betrifft Verträge mit einer Verbindung zu einem ausländischen Staat. Diese kann etwa aus dem unterschiedlichen Wohnsitz der beteiligten Vertragsparteien herrühren. Soweit nicht einheitliches Sachrecht gilt – wie zB das UN-Kaufrecht –, bestimmt das Kollisionsrecht, welches nationale Recht auf den betreffenden Sachverhalt anwendbar ist.

6.1 Rechtsquellen des Kollisionsrechts für vertragliche Schuldverhältnisse

Die Regeln des Kollisionsrechts waren ursprünglich rein nationaler Natur. Das bedeutete, dass in Frankreich, Spanien, Italien oder der Schweiz jeweils eigene nationale Rechtsregeln zum Kollisionsrecht bestanden. Das IPR war also im Eigentlichen kein internationales, sondern nationales Kollisionsrecht zu internationalen Sachverhalten. Bzgl. des Vertragsstatuts, also der auf einen schuldrechtlichen Vertrag anwendbaren Rechtsordnung, galten in Deutschland seit Inkrafttreten des BGB am 1.1.1900 die Art. 27–37 EGBGB. Nach diesen Vorschriften entschied ein deutsches Gericht, ob einheimisches oder ausländisches Recht zur Anwendung kam.

Eine erste Europäisierung des Kollisionsrechts erfolgte sodann aufgrund des Römischen Übereinkommens über das auf vertragliche Schuldverhältnisse anzuwendende Recht v. 19.6.1980.[107] Damit wurde innerhalb der (meisten) Länder der EU das Kollisionsrecht einheitlichen Regeln unterstellt. Dieses sog. EVÜ stellte ein völkerrechtliches Abkommen dar, das seit dem 1.4.1991 in Deutschland im Verhältnis zu Belgien, Dänemark, Frankreich, Griechenland, Italien, Luxemburg und dem Vereinigten Königreich in Kraft getreten ist und später aufgrund gesonderter völkerrechtlicher Vereinbarungen auf alle weiteren Beitrittsländer der EU ausgedehnt wurde.[108] Das EVÜ ist in Deutschland vollständig in den Art. 27 ff. EGBGB umgesetzt worden und hat – konform zu dem Übereinkommen – die bis dato geltenden Regeln dieser Bestimmungen umgestaltet.

Dieser Rechtszustand galt etwa 20 Jahre, bis es zur Schaffung der Europäischen Verordnung (EG) Nr. 593/2008 über das auf vertragliche Schuldverhältnisse anzuwendende Recht, kurz Rom I-VO kam, die seit 17.12.2009 in Kraft ist. Die Rom I-VO gilt in allen Mitgliedstaaten außer Dänemark und hat das EVÜ außer Kraft gesetzt.[109] Dieses hat nur noch im Verhältnis zu Dänemark Bedeutung. Mit dem EVÜ sind zugleich die einschlägigen nationalen Kollisionsnormen zum internationalen Vertragsrecht außer Kraft getreten. Dementsprechend gelten die Art. 27–37 EGBGB seit dem 17.12.2009 nicht mehr und sind durch europäisches Recht, eben die Rom I-VO ersetzt worden.

---

[107] BGBl. 1986 II 810, abgedruckt bei *Jayme/Hausmann*, 14. Aufl. 2009, Nr. 70.
[108] Insb. im Rahmen der Osterweiterung der EU. Nähere Angaben bei *Jayme/Hausmann*, 14. Aufl. 2009, Nr. 70 Fn. 1.
[109] Art. 24 Rom I-VO.

6.2 Entstehung der Rom I-VO

Mit dem EVÜ war in den Mitgliedstaaten der damaligen EG eine Rechtsvereinheitlichung auf dem Gebiet des Internationalen Privatrechts bei internationalen Verträgen erreicht worden. Die Hauptschwäche lag darin, dass es ein völkerrechtliches Abkommen darstellte, das bei der Aufnahme neuer Mitglieder den Abschluss neuer Beitrittsübereinkommen erforderte und zu langwierigen Ratifizierungsverfahren in den einzelnen Mitgliedsstaaten führte.[110] Hinzu kam, dass zunächst keine oberste Auslegungsinstanz vorhanden war und einige nationale Gerichte dahin tendierten, über einige unscharfe Regelungen zur Anwendung ihres eigenen heimischen Rechts zu gelangen. Daher beschlossen Kommission und Ministerrat am 3.12.1998 den sog. „Wiener Aktionsplan", mit dem eine Überarbeitung der im Großen und Ganzen bewährten Regeln des EVÜ in Angriff genommen werden sollte.[111] Wesentliche Ziele waren eine Koordination mit anderen Gemeinschaftsrechtsakten und die Schaffung einer unmittelbar in allen Mitgliedsländern geltenden Regelung in Form einer Verordnung. Basis dafür waren die neu geschaffenen Art. 61 ff. EG-Vertrag (heute Art. 67 AEUV), mit dem sich die Gemeinschaft zum Ziel setzte, einen Raum der Freiheit, der Sicherheit und des Rechts zu erhalten und weiter zu entwickeln. Nach Art. 65 lit. b EGV (heute Art. 81 II lit. c AEUV) schließt dies Maßnahmen auf dem Gebiet des Kollisionsrechts ein. Die Revisionsarbeiten mündeten nach langen Beratungen in der Kommission, im Ministerrat und im Parlament schließlich im Erlass der Rom I-VO am 17.6.2008[112], deren Regelungen nach Art. 29 II ab dem 17.12.2009 gelten mit Ausnahme von Art. 26, der bereits ab dem 17.6.2009 anzuwenden ist.[113] Dabei wurden die inhaltlichen Aussagen des EVÜ mit einigen Modifikationen, über die unten zu berichten sein wird, in die Rom I-VO übernommen.

6.3 Anwendungsbereich der Rom I-VO

Die Anwendbarkeit der Rom I-VO ist von sachlichen, räumlichen und zeitlichen Voraussetzungen abhängig. Sind alle zu bejahen, so bestimmt die Rom I-VO das maßgebende Vertragsstatut. Darunter versteht man das auf einen Vertrag mit Auslandsberührung anzuwendende Recht. Dieses ist maßgebend für grundsätzlich alle vertragsrelevanten Fragen vom Zustandekommen des Vertrages und seiner Wirksamkeit über die Auslegung, die Frage der Erfüllung und Nichterfüllung, das Erlöschen, die Verjährung bis zu den Folgen der Nichtigkeit von Verträgen. Der genaue Geltungsbereich wird besonders durch Art. 12 Rom I-VO und einige andere Vorschriften näher eingegrenzt. Dies wird später erläutert.

6.3.1 Sachlicher Anwendungsbereich der Rom I-VO

Die Rom I-VO gilt nach ihrem Art. 1 I für vertragliche Schuldverhältnisse in Zivil- und Handelssachen, die eine Verbindung zum Recht verschiedener Staaten aufweisen. Außervertragliche Schuldverhältnisse, also zB Delikte, unterstehen dagegen

---

[110] *Kindler* Einführung IPR 7 f.; *Pfeiffer* EuZW 2008, 622 ff.; Reithmann/Martiny/*Martiny* Rn. 35.
[111] IPRax 1999, 288.
[112] VO (EG) Nr. 593/2008 des Europäischen Parlaments und des Rates über das auf vertragliche Schuldverhältnisse anzuwendende Recht vom 17.6.2008, ABl. EU 2008 L 177, 6.
[113] Zur Entstehungsgeschichte näher *Wagner* IPRax 2008, 377.

der Rom II-VO. Zur Abgrenzung vertraglicher und außervertraglicher Schuldverhältnisse ist auf die Rechtsprechung des EuGH zurückzugreifen. Das Kennzeichen vertraglicher Schuldverhältnisses ist danach, dass sie auf freiwillig eingegangenen Verpflichtungen beruhen.[114]

Ausgenommen vom Anwendungsbereich der Rom I-VO sind nach Art. 1 II vor allem:

- Familien-, güter- und erbrechtliche Schuldverhältnisse (lit. b und c),
- Verpflichtungen aus Wechseln und Schecks (lit. d),
- Schieds- und Gerichtsstandsvereinbarungen (lit. e),
- Gesellschafts- und vereinsrechtliche Fragen (lit. f),
- Fragen der Stellvertretung (lit. g),
- Schuldverhältnisse aus Verhandlungen vor Abschluss eines Vertrages (lit. i). Diese werden außervertraglich qualifiziert und unterstehen der Rom II-VO, was durch deren Art. 2 I und 12 bestätigt wird.

6.3.2 Räumlicher Anwendungsbereich der Rom I-VO

Die Rom I-VO gilt in allen Mitgliedstaaten der EU mit Ausnahme Dänemarks (Art. 1 IV sowie 46. Erwägungsgrund). Aufgrund des Sonderstatus des Vereinigten Königreichs und Irlands sind diese Länder nicht automatisch Mitgliedstaaten, haben aber für die Geltung in ihren Ländern optiert, sodass die Rom I-VO dort gilt (sog. „Opt-in").

Im Übrigen ist von einer universellen Anwendung auszugehen. Das nach der Rom I-VO bezeichnete Recht ist danach auch dann anzuwenden, wenn es nicht das Recht eines Mitgliedstaates ist (Art. 2). Die Rom I-VO gilt also nicht nur im Verhältnis der Mitgliedstaaten zueinander, sondern auch zu dritten Ländern außerhalb der EU. Es ist sog. loi uniforme.

Praxisfall:

Verbraucher P mit Wohnsitz in Lissabon schließt mit einem kanadischen Unternehmen einen Kaufvertrag über die Lieferung von Ahornsirup. Ist die Rom I-VO anwendbar?

Lösung | *Das anzuwendende Recht bestimmt sich wegen der Verbindung zum Recht verschiedener Staaten gemäß Art. 1 I Rom I-VO nach den Regeln dieser Verordnung. Es spielt keine Rolle, dass Kanada kein Mitgliedstaat ist, da die Rom I-VO aufgrund ihrer universellen Anwendung nach Art. 2 auch dann gilt, wenn das von ihr bezeichnete Recht nicht das Recht eines Mitgliedstaates ist. Im Einzelnen wäre das anwendbare Recht nach Art. 6 Rom I-VO zu ermitteln. Falls das kanadische Unternehmen keine gewerbliche Tätigkeit in Portugal ausgeübt hat oder sonst in irgendeiner Weise auf diesen Staat ausgerichtet hat, wäre nach Art. 6 III und 4 I lit. a) Rom I-VO kanadisches Recht maßgebend.*

---

[114] EuGH NJW 2002, 3159.

6.3.3 Zeitlicher Anwendungsbereich

Die Rom I-VO gilt für alle ab dem 17.12.2009 geschlossenen Verträge (Art. 28 Rom I-VO)[115]. Zuvor abgeschlossene Verträge – auch Dauerschuldverhältnisse – unterstehen altem Recht, dh in Deutschland den Vorschriften der Art. 27–37 EGBGB.

6.3.4 Verhältnis zu internationalen Abkommen und zum Gemeinschaftsrecht

Nach Art. 25 Rom I-VO berührt die Rom I-VO nicht die Anwendung internationaler Abkommen und der in ihnen enthaltenen Kollisionsnormen für vertragliche Schuldverhältnisse. Dies wird vor allem für das Kaufrecht und das Transportrecht relevant. Hier existieren eine Reihe internationaler Abkommen, die auch die Bundesrepublik in Kraft gesetzt hat und durch die materielles Einheitsrecht geschaffen worden ist. Dazu gehören insbesondere:

- das UN-Kaufrecht für den Internationalen Warenkauf (CISG),
- das Übereinkommen über den Beförderungsvertrag im internationalen Straßengüterverkehr (CMR) v. 19.5.1956,
- das Montrealer Abkommen zur Vereinheitlichung von Regeln über die Beförderung im internationalen Luftverkehr v. 28.5.1999.

Soweit diese internationalen Abkommen greifen, haben sie Vorrang vor der Rom I-VO (Art. 25 Rom I-VO).

Im Einzelfall kann es auch zu Konflikten mit bereits bestehenden Gemeinschaftsrechtsakten kommen. So existieren eine Reihe verbraucherschützender Richtlinien mit besonderen Kollisionsregeln wie zB die Fernabsatz-RL, die nach Art. 23 Rom I-VO auch nach Inkrafttreten der Rom I-VO ihre Bedeutung behalten und über die nationalen Umsetzungsakte (in Deutschland Art. 46b EGBGB) die durch die Rom I-VO erzielte Rechtsvereinheitlichung zum Teil wieder beseitigen.[116] Ähnliches gilt auch für die arbeitsrechtliche EntsendeRL, die erhebliche Bereiche des Arbeitnehmerschutzrechts zu zwingendem Recht iSv Art. 9 Rom I-VO erhoben hat und so praktisch dem Günstigkeitsvergleich nach Art. 8 Rom I-VO entzieht.

6.4 Systematik

Die Rom I-VO folgt wie bereits das EVÜ und zuvor Art. 3 EGBGB dem subjektiven Anknüpfungspunkt der freien Rechtswahl der Parteien (Art. 3 Rom I-VO). Fehlt es daran, wird nach objektiven Maßstäben angeknüpft (Art. 4 Rom I-VO). Für eine Reihe von Sonderfällen beinhalten die Art. 5–8 Rom I-VO spezielle Regelungen, die die Rechtswahl nach Art. 3 Rom I-VO einschränken oder von Art. 4 Rom I-VO abweichende Regelungen treffen. Das betrifft Beförderungsverträge (Art. 5 Rom I-VO), Verbraucherverträge (Art. 6 Rom I-VO), Versicherungsverträge (Art. 7 Rom I-VO) und Individualarbeitsverträge (Art. 8 Rom I-VO).

---

[115] Der ursprüngliche Verordnungstext, der eine Geltung für alle **nach** dem 17.12.2009 geschlossenen Verträge vorsah und damit eine Regelungslücke für die am 17.12.2009 geschlossenen Verträge hinterließ, ist berichtigt worden, ABl. EU L 309 v. 24.11.2009. Dazu näher *Wagner* NJW 2010, 1708.

[116] Auch zum Folgenden Palandt/*Thorn* Rom I-VO Art. 23 Rn. 3.

Demzufolge gilt folgende **Prüfreihenfolge**:

1. Sonderregelung nach Art. 5–8 Rom I-VO? falls nein:
2. Rechtswahl nach Art. 3 Rom I-VO? Falls nein:
3. allgemeine objektive Anknüpfung nach Art. 4 Rom I-VO

6.5 Grundsatz der freien Rechtswahl (Art. 3 Rom I-VO)

Nach deutschem Schuldrecht können die Parteien anstelle der dispositiven (abänderbaren) Regeln des BGB andere Regelungen vereinbaren (Privatautonomie). Folgerichtig können auch im internationalen Schuldvertragsrecht die Parteien das für ihre Vertragsbeziehung maßgebliche Recht selbst bestimmen. Dieser Grundsatz der freien Rechtswahl ist in Art. 3 Rom I-VO verankert. Die Parteien unterliegen im Prinzip keinerlei Schranken für die Wahl des anwendbaren Rechts. Der Sachverhalt braucht keinerlei räumliche oder sachliche Beziehung zu dem gewählten Recht aufzuweisen. Es ist zB möglich, das Recht eines Drittlandes zu bestimmen, insbesondere ein sog. neutrales Recht (Schweiz, Schweden).

> **Beispiel** für neutrales Recht[117]: Ein türkisches und ein deutsches Unternehmen vereinbaren die Geltung schweizerischen Rechts.

> **Beispiel** für Rechtswahl exotischen Rechts[118]: Die Parteien vereinbaren die Geltung des Rechts der Isle of Man für Timesharing-Verträge in Spanien.

Schließlich spielt es auch keine Rolle, ob der Gerichtsstand in dem gewählten Land liegt.[119]

Merke: Gerichtsstand (forum) und gewähltes Recht können auseinander fallen.

Häufig wird jedoch die Rechtswahl aufgrund einer bestimmten Sachnähe zu dem betreffenden Sachverhalt getroffen werden

---

Praxisfall Weizenkauf[120]:

Eine deutsche Großbäckerei kauft Weizen von einem kanadischen Unternehmen und vereinbart mit diesem die Geltung englischen Rechts. Dahinter steht die Erwägung, dass das englische Recht mit den Usancen des Getreidehandels aufgrund der hervorragenden Bedeutung der London Corn Trade Association besonders vertraut ist.

---

[117] OLG München IPrax 1986, 178.
[118] LG Düsseldorf RIW 1995, 415.
[119] Reithmann/Martiny/*Martiny* Rn. 93.
[120] In Anlehnung an *v. Hoffmann/Thorn* IPR 434.

Lösung

Die Parteien haben nach Art. 3 I Rom I-VO hier ausdrücklich die Geltung des englischen Rechts vereinbart, weil es nach ihrer Einschätzung für das geplante Getreidegeschäft besonders sachgerechte rechtliche Lösungen liefert. Diese freie Rechtswahl ist ohne Weiteres zulässig. Damit ist zugleich die Geltung des UN-Kaufrechts ausgeschlossen, da England nicht zu den Vertragsstaaten des UN-Kaufrechts gehört (Art. 1 I lit. a) CISG) und eine Abwahl des an sich berufenen UN-Kaufrechts – Kanada und Deutschland sind Mitgliedstaaten, der Kauf betrifft eine Warenlieferung zwischen Parteien mit Niederlassung in Mitgliedstaaten und die Ware ist nicht für den persönlichen Gebrauch bestimmt (Art. 1 und 2 CISG) – nach Art. 6 CISG zulässigerweise erfolgt ist. Folglich ist ausschließlich englisches Recht anwendbar.

Welche Einflussfaktoren die Wahl eines bestimmten Rechts bestimmen, lässt sich schwer verallgemeinern und würde eine breit angelegte empirische Untersuchung erfordern. In erster Linie wird jede Vertragspartei die Anwendung ihres heimischen Rechts aus sprachlichen Gründen und wegen der Vertrautheit mit ihrem Recht bevorzugen, soweit die Rechtsregeln nicht zu bürokratisch und einengend sind. Wer sich letztlich mit der Rechtswahl durchsetzt, ist zumeist eine Frage wirtschaftlicher Macht und wirtschaftlicher Vernunft. Eine Wahl eines Drittlandes dürfte nur dann sinnvoll sein, wenn eine Ähnlichkeit mit dem eigenen Rechtssystem besteht, keine zu großen Sprachbarrieren bestehen und die Transaktionskosten für anwaltliche Beratung sich im Rahmen halten.[121]

6.5.1 Schranken der freien Rechtswahl

Die Freiheit der Rechtswahl unterliegt verschiedenen Grenzen. Zu nennen sind:

6.5.1.1 Wahl nichtstaatlichen Rechts

Überwiegend wird die Auffassung vertreten, dass unmittelbar nur staatliches Recht gewählt werden kann, nicht dagegen nichtstaatliches Recht. Eine unmittelbare kollisionsrechtliche Verweisung auf nichtstaatliches Recht wie etwa die Unidroit Principles of International Commercial Contracts oder die Principles of European Contracts ist somit nicht möglich.[122] Allerdings kann darin eine materiell-rechtliche Verweisung liegen, wie Erwägungsgrund 13 der Rom I-VO erkennen lässt. Das bedeutet, dass das betreffende Regelwerk zum Inhalt des geschlossenen Vertrages gemacht werden kann, jedoch nicht gegen zwingende Normen des anwendbaren staatlichen Rechts verstoßen darf.[123]

6.5.1.2 Binnensachverhalte

Auch reine Binnensachverhalte, die keinen Bezug zu einer ausländischen Rechtsordnung aufweisen, können durch Rechtswahl fremdem Recht unterstellt werden. Nach Art. 3 III Rom I-VO können dadurch aber nicht die zwingenden Vorschriften des einheimischen Rechts außer Kraft gesetzt werden. Wie bei der Wahl nicht staatlichen Rechts liegt dann eine materiell-rechtliche Verweisung vor und es werden nur die dispositiven Normen des nach objektiver Anknüpfung bestimmten Rechts

---

[121] Zur sach- und interessengerechten Rechtswahl *Mankowski* RIW 2003, 2 ff.
[122] Palandt/*Thorn* Rom I-VO Art. 3 Rn. 4.
[123] *Kindler* Einführung IPR 11.

durch die Normen der gewählten Rechtsordnung ersetzt, so als wären sie vertraglich inkorporiert worden.[124]

Wann im Einzelfall ein reiner Binnensachverhalt oder ein Sachverhalt mit Auslandsbezug vorliegt, kann fraglich sein. Folgende Kriterien sind besonders umstritten:

- **Unterschiedliche Staatsangehörigkeit der Vertragsparteien**
  Dies wird von der Rechtsprechung[125] und vorwiegenden Literatur[126] noch nicht als ausreichender Auslandsbezug gewertet
- **Vertragsschluss im Ausland**
  Die bisherige Rechtsprechung ist kontrovers. Während einige Oberlandesgerichte darin einen hinreichenden Auslandsbezug[127] sehen, lehnen dies andere Gerichte ab.[128] Auch die Literatur ist in dieser Frage gespalten.[129]

Für das Vorliegen eines Auslandsbezugs und damit eines internationalen Sachverhalts ist in erster Linie auf objektive Kriterien abzustellen.[130] Als solche kommen vor allem der unterschiedliche gewöhnliche Aufenthalt der Parteien oder ein Erfüllungsort im Ausland sowie grenzüberschreitende Warenlieferungen, Dienstleistungen und Zahlungen in Betracht.[131]

6.5.1.3 Binnenmarktklausel

Nach Art. 3 IV Rom I-VO kann bei Sachverhalten, die ausschließlich Bezug zu einem oder mehreren Mitgliedstaaten haben, die Wahl des Rechts eines Drittstaates nicht die zwingenden Bestimmungen des Gemeinschaftsrechts außer Kraft setzen. Damit ist der Flucht aus dem Gemeinschaftsrecht bei Sachverhalten in der EU ein Riegel vorgesetzt. Das zwingende Gemeinschaftsrecht ist mithin rechtswahlfest.[132] Voraussetzung ist, dass alle Sachverhaltselemente in einem oder mehreren Mitgliedstaaten belegen sind („Binnenmarkt"). Zwingende Bestimmungen des Gemeinschaftsrechts können zB Verbraucherschutzrichtlinien sein oder Richtlinien zum Schutz unterlegener Vertragsparteien. Typisches Beispiel für Letztere ist die EG-Handelsvertreter-RL Nr. 653/86.

Praxisfall: Wahl des Rechts eines Drittstaates für Handelsvertreter[133]

Ein deutsches Unternehmen vereinbart mit seinem italienischen Handelsvertreter, dass kalifornisches Recht gelten soll. Dieses kennt im Unterschied zum deutschen und italienischen Recht keinen zwingenden Ausgleichsanspruch bei Ausscheiden des Handelsvertreters. Wirksam?

---

[124] Palandt/*Thorn* Rom I-VO Art. 3 Rn. 2 und 5.
[125] BGH NJW-RR 2005, 929 (931).
[126] Palandt/*Thorn* Rom I-VO Art. 3 Rn. 5.
[127] So OLG Celle RIW 1991, 421; OLG Hildesheim IPrax 1993, 173.
[128] So OLG Frankfurt aM NJW 1989, 1018; LG Hamburg NJW-RR 1990, 695.
[129] Befürwortend AnwKBGB/*Leible* EGBGB Art. 27 Rn. 77, Palandt/*Heldrich*, 63. Aufl. 2004, EGBGB Art. 27 Rn. 4; ablehnend *v. Hoffmann/Thorn* IPR 435; vgl. auch Palandt/*Thorn* Rom I-VO Art. 3 Rn. 5.
[130] *Kindler* Einführung IPR 12.
[131] *v. Hoffmann/Thorn* IPR 434; *v. Bar* IPR II Rn. 418 f.
[132] *Kindler* Einführung IPR 12.
[133] Angelehnt an *Kindler* Einführung IPR 13 und EuGH NJW 2001, 2007.

> **Lösung**
>
> Die Rechtswahl ist nach Art. 3 IV Rom I-VO unbeachtlich, weil der Sachverhalt ausschließlich Bezugspunkte zum Binnenmarkt aufweist, nämlich nach Deutschland und Italien. Dementsprechend darf die EG-Handelsvertreter-RL nicht außer Kraft gesetzt werden, die zwingend einen Ausgleichsanspruch für den Handelsvertreter vorschreibt. Da die Rechtswahl ungültig ist, kommt Art. 4 I lit. b) Rom I-VO zur Anwendung. Das bedeutet, dass das italienische Recht als Sitzrecht des Handelsvertreters anzuwenden ist.[134]

6.5.1.4 Weitere Einschränkungen der Rechtswahlfreiheit

Für einige spezielle Verträge, insbesondere solche, die dem Schutz von Verbrauchern dienen, wird die Rechtswahl eingeschränkt. Es sind dies:

- Verträge über Personenbeförderung, Art. 5 II Rom I-VO
- Verbraucherverträge, Art. 6 II Rom I-VO,
- Versicherungsverträge über Massenrisiken, Art. 7 III Rom I-VO und
- Individualarbeitsverträge, Art. 8 I Rom I-VO.

Zu den Einzelheiten wird weiter unten Stellung genommen.

6.5.2 Die Rechtswahl

Die Rechtswahl muss ausdrücklich erfolgen oder sich eindeutig aus den Bestimmungen des Vertrages oder den Umständen des Falles ergeben (Art. 3 I 2 Rom I-VO). Die Rechtswahl kann vor, bei oder nach Vertragsschluss getroffen werden (Art. 3 II Rom I-VO). Sie kann sich nach Art. 3 I 3 Rom I-VO auf den gesamten Vertrag beziehen oder nur auf einen Teil desselben (Vertragsspaltung).

Für das Zustandekommen und die Wirksamkeit einer Rechtswahlvereinbarung gelten nach Art. 3 V Rom I-VO die Art. 10, 11 und 13 Rom I-VO. Das heißt insbesondere, dass die gewählte Rechtsordnung darüber entscheidet, ob die Rechtswahlvereinbarung als solche zustande gekommen und wirksam ist.

> **Praxisfall:**
>
> Ein griechischer und ein deutscher Vertragspartner vereinbaren, dass für ihr Schuldverhältnis deutsches Recht gelten soll.
>
> **Lösung**
>
> Dann ist nach §§ 104 ff., 145 ff. BGB zu entscheiden, ob für die Rechtswahl zwei übereinstimmende Willenserklärungen dieses Inhalts ausgetauscht worden sind und keine Wirksamkeitshindernisse zB wegen fehlender Geschäftsfähigkeit, Irrtumsanfechtung, Gesetzes- oder Sittenverstoß gegeben sind.

---

[134] Nur das zwingende Gemeinschaftsprivatrecht ist rechtswahlfest. Allein hierauf erstreckt sich die vorrangige Anwendbarkeit etwaiger nationaler Umsetzungsvorschriften gegenüber drittstaatlichem Recht.

6.5.2.1 Ausdrückliche Rechtswahl

Die Rechtswahl kann einzelvertraglich, über AGB oder Formularverträge getroffen werden und bedarf zu ihrer Gültigkeit einer entsprechenden Vereinbarung. Diese kann gesondert getroffen werden, und zwar auch noch nach Abschluss des eigentlichen Hauptvertrages. Zumeist wird sie in den Hauptvertrag integriert.

Praxisfall: Griechisches Öl

Am Ende ihres schriftlichen Kaufvertrages über die Lieferung von Olivenöl vereinbaren der griechische Exporteur und der deutsche Importeur am Vertragsort Köln folgende Klausel:

„Der Vertrag unterliegt griechischem Recht."

Lösung · Den Parteien steht es nach Art. 3 I Rom I-VO frei, das für ihren Vertrag maßgebliche Recht frei zu bestimmen. Sie haben hier eine ausdrückliche Rechtswahl getroffen, wonach griechisches Recht gelten soll. Aufgrund dessen unterliegen ihre Vertragsbeziehungen dem griechischen Recht.

Die Form der Rechtswahl unterliegt Art. 11 Rom I-VO, der über Art. 3 V Rom I-VO anwendbar ist. Die Form der Rechtswahl ist somit unabhängig von der des Hauptvertrages zu beurteilen.[135] Die Vereinbarung bedarf also nicht notwendig der Form des abgeschlossenen Vertrages, sondern ist von ihr unabhängig.[136] Die Art. 3 ff. Rom I-VO sehen – auch für Arbeits-, Versicherungs- und Verbraucherverträge – keine besondere Form der Rechtswahl vor. Sie kann daher auch mündlich oder auf elektronischem Weg[137] getroffen werden; nach Art. 3 I 2 Rom I-VO ist sogar eine stillschweigende Rechtswahl möglich. Aus der Verweisung des Art. 3 V Rom I-VO auf Art. 11 Rom I-VO ist zu entnehmen, dass es ausreicht, wenn die Vereinbarung entweder den Formerfordernissen des auf den abgeschlossenen Vertrag anzuwendenden Rechts (lex causae) oder dem Recht am Ort des Vertragsschlusses (lex mercatoria) entspricht.[138] Im Beispielsfall bedeutet dies, dass wegen des Vertragsschlusses in Deutschland die Formvorschriften vor Ort gelten, dh BGB. Da dieses für Kaufverträge über bewegliche Sachen keine Formbedürftigkeit kennt, ist die Rechtswahlvereinbarung in jedem Fall formfrei gültig.

Der Verweisungsvertrag ist von dem eigentlichen Hauptvertrag streng zu trennen. Das Zustandekommen und die Wirksamkeit einer Rechtswahlvereinbarung unterliegen dem von den Parteien gewählten Recht, Art. 3 V in Verbindung mit Art. 10 I Rom I-VO. Die Rechtswahlvereinbarung unterliegt somit nicht der lex fori. Auch wenn – wie zumeist – die Rechtswahlklausel in einer Klausel des Hauptvertrages enthalten ist, sind Hauptvertrag und Rechtswahlvereinbarung streng zu trennen. Die Gültigkeit der einen Vereinbarung hängt somit nicht von der anderen ab.[139]

---

[135] Reithmann/Martiny/*Martiny* Rn. 91.
[136] BGHZ 57, 337; 73, 391; Palandt/*Thorn* Rom I-VO Art. 3 Rn. 9.
[137] Reithmann/Martiny/*Martiny* Rn. 91.
[138] BGHZ 57, 337; 73, 391.
[139] Reithmann/Martiny/*Martiny* Rn. 88.

Das bedeutet, dass der Hauptvertrag grundsätzlich nicht an einer evtl. Unwirksamkeit des Verweisungsvertrages scheitert.[140] Eine Unwirksamkeit des Verweisungsvertrages ist etwa bei kollidierenden AGB anzunehmen, in denen unterschiedliche Rechtsordnungen als maßgeblich bezeichnet werden.[141] Dann ist nach objektiven Kriterien zu bestimmen, welche Rechtsordnung zur Anwendung kommt.

Beispiel: Schwedisches Holz
Ein schwedischer Holzlieferant hat in seinen Allgemeinen Liefer- und Zahlungsbedingungen für Lieferungen an seine Kunden schwedisches Recht unter Ausschluss des UN-Kaufrechts festgelegt, während der deutsche Importeur in seiner Bestellung ausdrücklich die Geltung deutschen Rechts bestimmt.
Lösung   Der Verweisungsvertrag ist hier mangels übereinstimmender Erklärungen gescheitert: weder schwedisches noch deutsches Recht wurde von der jeweiligen Gegenseite akzeptiert. Daher ist nach Art. 4 Rom I-VO aufgrund objektiver Kriterien anzuknüpfen. Das führt hier über Art. 4 I lit. a) Rom I-VO zur Anwendung schwedischen Rechts unter Einschluss des UN-Kaufrechts, da die Parteien die Anwendung des UN-Kaufrechts mangels Konsens in dieser Frage nicht ausgeschlossen haben und Schweden ebenso wie Deutschland Vertragsstaaten des Wiener Abkommens sind.

6.5.2.2 Stillschweigende Rechtswahl

Statt einer ausdrücklichen Rechtswahl ist auch eine stillschweigende (konkludente) Rechtswahl ausreichend, die sich allerdings „eindeutig aus den Bestimmungen des Vertrags oder aus den Umständen des Falles ergeben" muss, Art. 3 I 2 Rom I-VO. Gegenüber der früheren Fassung des Art. 27 EGBGB, wo nur von „hinreichender Sicherheit" die Rede war, ist mit dem Wort „eindeutig" eine Verschärfung der Anforderungen an eine stillschweigende Rechtswahl verbunden. Ob eine solche anzunehmen ist, muss aus den übrigen Bestimmungen des Vertrages entnommen werden. Hier kommen eine Reihe von Indizien in Betracht, denen eine mehr oder weniger weitreichende Bedeutung zuerkannt wird.

6.5.2.2.1 Indizien

In Rechtsprechung und Literatur besteht im Wesentlichen Einvernehmen über die positive Indizierung für eine konkludente Rechtswahl in folgenden Fällen:

● **ausschließliche Gerichtsstandsvereinbarungen**

> **Beispiel:** Für alle Streitigkeiten aus dem Vertrag soll das Landgericht Osnabrück ausschließlich zuständig sein.
> Es ist umstritten, ob darin nicht nur die Vereinbarung des Gerichtsstandes („forum") liegt, sondern auch des dort geltenden materiellen Rechts („lex fori")[142]. Versteht man die Vereinbarung eines einheitlichen ausschließlichen

---

[140] BGHZ JZ 1963, 167; Reithmann/Martiny/*Martiny* Rn. 263.
[141] Palandt/*Thorn* Rom I-VO Art. 3 Rn. 9 (str.).
[142] Vgl. Erwägungsgrund 12, der sie als einen der bei der Feststellung der Eindeutigkeit einer Rechtswahl zu berücksichtigenden Faktoren benennt; befürwortend: Palandt/*Thorn* Rom

Gerichtsstandes in diesem Sinne, bedeutet das im angeführten Beispiel, dass auf die Rechtsbeziehungen der Parteien stillschweigend deutsches Recht anwendbar ist.

- **Bezugnahmeklauseln**
  Falls der Vertrag auf Vorschriften eines bestimmten Rechts oder auf Usancen eines bestimmten Rechts Bezug nimmt, liegen starke Indizien für eine stillschweigende Rechtswahl vor.[143]

  > **Beispiel[144]**: Bezug auf den Code Civil
  > Zur Beilegung eines Streits aus einem Vertragshändlervertrag, für den ursprünglich deutsches Recht vereinbart war, schlossen die Parteien einen „Vergleich iSd Artikel 2044ff. Code Civil". Später wurde der Rücktritt von dem Vergleich ausgesprochen. Aus der Bezugnahme auf den französischen Code Civil folgt eine stillschweigende Vereinbarung, dass der Vergleich französischem Recht untersteht.

  Eine stillschweigende Rechtswahl kann auch darin liegen, dass Formulare zugrunde gelegt werden, die auf eine bestimmte Rechtsordnung zugeschnitten sind (zB Formular der London Corn Trade Association oder Seeversicherungspolice von Lloyds). Es kann sich auch um Allgemeine Geschäftsbedingungen handeln, die auf einem bestimmten Recht aufbauen.

  > **Beispiel:** Bezug auf VOB
  > Der geschlossene Bauvertrag unterliegt der (deutschen) VOB.
  > Dies ist als stillschweigende Vereinbarung deutschen Rechts zu werten.[144]

  Gleiche Bedeutung hat etwa die Bezugnahme auf die Allgemeinen Deutschen Spediteurbedingungen.[145]

- **Verweisungsklauseln auf anderen Vertrag**
  Soweit in einem Vertrag auf einen anderen (Haupt-)Vertrag Bezug genommen wird, in dem eine ausdrückliche Rechtswahl getroffen worden ist, so liegt darin ein starkes Indiz, dass die Rechtswahl auch für den nachfolgenden Vertrag stillschweigend gilt.[146]

- **Enge Verknüpfung zweier Verträge**
  Wenn in einem Vertrag eine ausdrückliche Rechtswahl getroffen worden ist und später ein damit zusammenhängender, weiterer Vertrag geschlossen wird, kann darin eine stillschweigende Rechtswahl iSd zuvor geschlossenen Hauptvertrages liegen.

I-VO Art. 3 Rn.7; zum alten Recht bereits BGH RIW 1976, 447; abschwächend: *Leible/Lehmann* RIW 2008, 528 (532) („gewichtiges, aber nicht unwiderlegliches Indiz"); verneinend: Pfeiffer EuZW 2008, 622 (623) („keineswegs zwingende Indizwirkung"); offen *Wagner* IPrax 2008, 377 (379).

[143] *v. Hoffmann/Thorn* IPR 437.
[144] BGH NJW-RR 1999, 813.
[145] Beispiel von *v. Hoffmann/Thorn* IPR 437.
[146] Beispiel von *Kindler* Einführung IPR 16 nach OLG Hamburg IPRechtsprechung 1998, Nr. 34.

> **Beispiel:**[147] **Folgevertrag**
> Nachdem eine Rechtswahl für einen Bauvertrag getroffen war, wird ein damit zusammenhängender Architektenvertrag geschlossen. Dies spricht stark für eine gleichlautende konkludente Rechtswahl auch bezüglich des Architektenvertrages.

6.5.2.2.2 Fehlende Indizien

Keine oder nur sehr schwache Indizien für eine stillschweigende Rechtswahl werden in folgenden Fällen angenommen:

- **Gemeinsame Staatsangehörigkeit der Parteien**
  Dieser wird regelmäßig keine Bedeutung beigemessen.

  > **Beispiel:** Zwei Portugiesen, seit Jahrzehnten in Deutschland ansässig, schließen miteinander einen Kaufvertrag in Osnabrück mit Leistungsaustausch in Deutschland. Es handelt sich um einen reinen Inlandsfall, der deutschem Recht untersteht.

  Eine Ausnahme kann im Einzelfall für Verträge gelten, wenn dabei die kulturelle Identität der Parteien eine Rolle spielt (zB Brautgeschenke unter Türken).[148]

- **Abschlussort, Vertragssprache, Währung**
  Diesen Aspekten wird in der Regel keine oder allenfalls eine schwache unterstützende Bedeutung beigemessen.[149]

6.5.2.3 Nachträgliche Rechtswahl (Statutenwechsel)

Gemäß Art. 3 II Rom I-VO können die Parteien auch nachträglich noch jederzeit vereinbaren, dass der Vertrag einem anderen als dem bisher vereinbarten oder geltenden Recht unterstehen soll. Ob ein solcher Statutenwechsel dann rückwirkend (ex tunc) oder erst mit der Vereinbarung (ex nunc) gilt, wird nicht ausdrücklich geregelt. Die Frage ist dementsprechend umstritten. Eine beachtliche Meinung[150] spricht sich für eine Rückwirkung aus und beruft sich dabei besonders auf Art. 3 II 2 Rom I-VO, wonach die Formgültigkeit und Rechte Dritter durch eine nachträgliche Rechtswahl nicht berührt werden. Diese Vorschrift wäre überflüssig, wenn der Statutenwechsel bloß ex nunc wirke. Dem lässt sich allerdings entgegenhalten, dass es sich um eine bloße Klarstellung handeln könnte. Bis zu einer höchstrichterlichen Klärung muss die Frage als offen bezeichnet werden. Jedenfalls können die Parteien eine Rückwirkung auch konkludent ausschließen.

---

[147] BGH NJW 2001, 1936; Palandt/*Thorn* Rom I-VO Art. 3 Rn. 7.

[148] OLG Köln NJW-RR 1994, 200; Palandt/*Thorn* Rom I-VO Art. 3 Rn. 7 aE.

[149] Zum Abschlussort ablehnend BGH NJW 2001, 1936; zur Vertragssprache allenfalls unterstützende Wirkung: BGH 19, 110, LG Hamburg RIW 1999, 391; zur Währung: allenfalls unterstützende Wirkung BGH NJW 2001, 1936; OLG Brandenburg NJ 2001, 257.

[150] *Kindler* Einführung IPR 18 f.; Palandt/*Thorn* Rom I-VO Art. 3 Rn. 11; LG Heidelberg IPrax 2005, 42. aA: OLG Frankfurt aM IPRax 1992, 314 (317); *W. Lorenz* IPRax 1987, 273.

6.5.2.4 Vertragsspaltung

Nach Art. 3 I 3 Rom I-VO können die Parteien die Rechtswahl für ihren ganzen Vertrag oder nur für einen Teil desselben treffen. Im letzteren Fall tritt dann eine Rechtsspaltung ein, wobei allerdings bei unauflösbaren Widersprüchen eine Teilrechtswahl als ausgeschlossen gelten muss.[151] Jedoch ist nichts dagegen einzuwenden, beispielsweise den formellen Vertragsschluss einem anderen Vertragsstatut zu unterwerfen als seine materielle Wirksamkeit.

6.6 Mangels Rechtswahl anzuwendendes Recht (Art. 4 Rom I-VO)

Falls die Parteien – bewusst oder unbewusst – keine Rechtswahl treffen, ist das Vertragsstatut gemäß Art. 4 Rom I-VO durch objektive Anknüpfung zu ermitteln. Zu beachten ist allerdings, dass für eine Reihe von Sonderfällen in den Art. 5–8 Rom I-VO spezielle Anknüpfungsregeln bestehen, die Art. 4 Rom I-VO vorgehen. Diese betreffen Beförderungsverträge (Art. 5 Rom I-VO), Verbraucherverträge (Art. 6 Rom I-VO), Versicherungsverträge (Art. 7 Rom I-VO) und Individualarbeitsverträge (Art. 8 Rom I-VO). Soweit diese Sonderregeln nicht eingreifen, ist Art. 4 Rom I-VO anzuwenden. Dieser ist – anders als die Vorgängerregelung im EVÜ – so konzipiert, dass seine Absätze in ihrer aufsteigenden Reihenfolge auch die logische Prüfreihenfolge wiedergeben. Das bedeutet, dass zunächst Abs. 1, sodann Abs. 2, Abs. 3 und schließlich Abs. 4 abzufragen sind. Darin liegt eine unbestreitbare Vereinfachung gegenüber dem bisherigen Rechtszustand.

Hinzu kommt ein Mehr an Klarheit und Rechtssicherheit durch die Schaffung eines Katalogs von acht Vertragstypen in Abs. 1. Dazu zählen Kaufverträge über bewegliche Sachen (lit. a), Dienstleistungsverträge (lit. b), Grundstücksverträge (lit. c), kurzfristige Gebrauchsüberlassungsverträge an Grundstücken (lit. d), Franchiseverträge (lit. e), Vertriebsverträge (lit. f), Versteigerungskäufe (lit. g) und Verträge über Finanzinstrumente innerhalb multilateraler Systeme (lit. h). Diese Vertragstypen sind von besonderer Wichtigkeit und waren zT in ihrer kollisionsrechtlichen Einordnung umstritten. Für sie sind jetzt in Art. 4 I Rom I-VO präzise Regelanknüpfungen geschaffen worden. Im Vergleich zu den Vorgängervorschriften (Art. 4 EVÜ bzw. Art. 28 EGBGB) wird jetzt nicht mehr auf die interpretationsbedürftigen Kriterien der „engsten Verbindungen" des Vertrages und des gewöhnlichen Aufenthalts bzw. der Niederlassung der Partei abgestellt, welche die „charakteristische Leistung zu erbringen hat", sondern von vornherein klare und unmissverständliche Anknüpfungspunkte bestimmt. Diese sind:

- **der gewöhnliche Aufenthalt:**
  beim Kauf beweglicher Sachen (lit. a), bei Dienstleistungsverträgen (lit. b), bei Miete und Pacht von Grundstücken bis zu sechs Monaten zum privaten Gebrauch (lit. d), Franchiseverträgen (lit. e) und Vertriebsverträgen (lit. f)
- **die Belegenheit der Sache:**
  bei Grundstücksverträgen (lit. c)
- **der Versteigerungsort:**
  bei der Versteigerung beweglicher Sachen (lit. g)

---

[151] Palandt/*Thorn* Rom I-VO Art. 3 Rn. 10.

- **das Recht des multilateralen Systems:**
  bei Finanzinstrumenten (lit. h).

Fällt der Vertrag nicht in den Katalog von Abs. 1, so bestimmt sich das anwendbare Recht nach dem Recht des Staates, in dem die Partei, die die für den Vertrag charakteristische Leistung zu erbringen hat, ihren gewöhnlichen Aufenthalt hat (Art. 4 II Rom I-VO).

In einem weiteren Schritt ist dann abschließend zu fragen, ob sich aus der Gesamtheit der Umstände eine offensichtlich engere Verbindung zu einem anderen Staat ergibt als zu dem, der nach Abs. 1 oder 2 ermittelt worden ist (Ausweichklausel nach Art. 4 III Rom I-VO).

Soweit eine Bestimmung des anwendbaren Rechts weder nach Abs. 1 oder Abs. 2 möglich ist, muss nach Abs. 4 darauf abgestellt werden, zu welchem Staat der Vertrag die „engste Verbindung" aufweist. Dessen Recht ist dann maßgebend.

Somit gilt folgende **Prüfungsreihenfolge:**

1. Vorrang der Art. 5–8 Rom I-VO für die dort bestimmten Verträge:

   Liegt ein Beförderungsvertrag nach Art. 5 Rom I-VO vor? Dann gilt die dort bestimmte Sonderanknüpfung.

   Liegt ein Verbrauchervertrag nach Art. 6 Rom I-VO vor? Dann gilt die dort bestimmte Sonderanknüpfung.

   Liegt ein Versicherungsvertrag nach Art. 7 Rom I-VO vor? Dann gilt die dort bestimmte Sonderanknüpfung.

   Liegt ein Individualarbeitsvertrag nach Art. 8 Rom I-VO vor? Dann gilt die dort bestimmte Sonderanknüpfung.

2. Bei Verneinung von 1) ist nach Art. 4 I Rom I-VO weiter zu prüfen:

   Liegt ein Vertragstyp nach Abs. 1 vor?

   Die acht benannten Vertragstypen sind durchzuprüfen.

   Falls einer der Vertragstypen vorliegt, ist zur Kontrolle zu prüfen, ob nicht offensichtlich engere Verbindungen zum Recht eines anderen als des ermittelten Staates vorliegen, Abs. 3. Falls ja, gilt das betreffende Recht. Sonst bleibt es bei dem nach Abs. 1 ermittelten Recht.

3. Bei Verneinung von 1) und 2) ist bei allen anderen Verträgen auf die vertragscharakteristische Leistung abzustellen, Art. 4 II Rom I-VO. Es gilt das Recht des Staates, in dem der Leistungserbringer seinen gewöhnlichen Aufenthalt hat.

   Zur Kontrolle ist nach Abs. 3 zu fragen, ob nicht im Einzelfall offensichtlich engere Verbindungen zum Recht eines anderen Staates vorliegen. Falls dies zutrifft, gilt dieses Recht. Sonst bleibt es bei dem über die charakteristische Leistung ermittelten Recht.

4. Kann keine Einordnung in die Vertragstypen nach Abs. 1 oder über die charakteristische Leistung nach Abs. 2 vorgenommen werden, so ist nach Art. 4 IV Rom I-VO zu fragen:

   Zu welchem Staat weist der Vertrag die engste Verbindung auf? Das Recht dieses Staates ist dann maßgebend.

Zusammengefasst ergibt das folgendes

Bild 2: Prüfungsreihenfolge bei Art. 4 Rom I-VO

Bestimmung des Vertragstyps	Mangels Rechtswahl anwendbares Schuldvertragsrecht
Besondere Vertragsart nach Art. 5–8 Rom I-VO: Beförderungsvertrag, Verbrauchervertrag, Versicherungsvertrag, Individualarbeitsvertrag	Jeweilige Sonderanknüpfung
Listenvertrag des Art. 4 I lit. a – h Rom I-VO	Jeweilige Regelanknüpfung; Ausnahme: Ausweichklausel des Art. 4 III greift ein
Sonstiger Vertrag	vertragscharakteristische Leistung bestimmbar → Recht am gewöhnlichen Aufenthaltsort des Erbringers (Art. 4 II Rom I-VO); Ausnahme: Ausweichklausel des Art. 4 III Rom I-VO greift ein vertragscharakteristische Leistung nicht bestimmbar → Recht des Staates der engsten Verbindung (Art. 4 IV Rom I-VO) gilt.

6.6.1 Die Katalogverträge

Von den acht in Abs. 1 kollisionsrechtlich geregelten Vertragstypen sind die ersten vier von besonderem wirtschaftlichen Interesse, nämlich

- der Warenkauf (lit. a),
- Dienstleistungsverträge (lit. b),
- Grundstücksverträge (lit. c),
- Kurzfristige Miete und Pacht von Grundstücken (lit. d).

6.6.1.1 Warenkauf

Beim internationalen Warenkauf ist zunächst zu fragen, ob dieser dem UN-Kaufrecht unterliegt.[152] Nur wenn dies nicht der Fall ist, weil der Anwendungsbereich des CISG nicht gegeben ist – zB Vertrag zwischen Parteien aus Nichtmitgliedstaaten oder infolge wirksamen Ausschlusses des CISG –, ist anstelle des weltweiten Einheitsrechts das maßgebliche materielle Recht kollisionsrechtlich über Art. 4 I lit. a) Rom I-VO zu ermitteln.

Danach unterliegen Kaufverträge über bewegliche Sachen (Warenkauf) dem Recht des Staates, in dem der Verkäufer seinen gewöhnlichen Aufenthalt hat. Während das CISG Warenkäufe für den persönlichen Gebrauch oder Verbrauch ausschließt (Art. 2 lit. a) CISG), ist dies am Rahmen von Art. 4 I lit. a) Rom I-VO ohne Bedeutung.

---

[152] Siehe dazu unten Kap. 9.

Sowohl Privat- wie auch Handelskäufe werden erfasst. Es kann sich sowohl auf Verkäufer- als auch auf Käuferseite um einen Unternehmer oder eine Privatperson handeln, die zu unternehmerischen oder privaten Zwecken tätig wurde.

Praxisfall: Kauf von Privat an Privat

Privatmann P mit Wohnsitz in Köln verkauft an den venezianischen privaten Kunstsammler K ein Gemälde von Gerhard Richter. Welches Recht gilt bei fehlender Rechtswahl?

Lösung

Hier könnte das CISG anwendbar sein. Obwohl Gegenstand des Vertrages ein Warenkauf ist und die Parteien ihren Wohnsitz in Mitgliedstaaten des UN-Kaufrechts haben, scheitert die Anwendung des CISG aber daran, dass der Kauf für den persönlichen Gebrauch des K als Privatsammler erfolgte. Solche Käufe für private Zwecke sind ausdrücklich nach Art. 2 lit. a) CISG von der Anwendung des CISG ausgenommen.

Da es sich um einen grenzüberschreitenden Warenkauf handelt, besteht eine Verbindung zum Recht verschiedener Staaten, sodass nach Art. 1 I Rom I-VO die Anwendung dieser Verordnung eröffnet ist. Mangels Rechtswahl und mangels vorrangiger Regelungen in Art. 5–8 Rom I-VO ist nach Art. 4 I lit. a) Rom I-VO objektiv anzuknüpfen. Es gilt das Recht, in dem der Verkäufer seinen Wohnsitz hat. Dieser ist hier Köln. Mithin gilt für den geschlossenen Kaufvertrag deutsches Recht, konkret die §§ 433 ff. BGB.

Praxisfall: Kauf von Unternehmen an Privat

Im gleichen Beispiel war der Verkäufer eine Gemäldegalerie. Welches Recht gilt bei fehlender Rechtswahl?

Lösung

Auch hier ist das UN-Kaufrecht nicht anwendbar, da der Kauf zum persönlichen Gebrauch erfolgte (Art. 2 lit. a) CISG).

Wegen des grenzüberschreitenden Charakters unterliegt der Warenkauf der Rom I-VO, die mangels Rechtswahl ebenfalls gemäß Art. 4 I lit. a) die Anwendung deutschen Rechts bestimmt.

Abschließender **Hinweis**:

Wäre der Verkauf von der Gemäldegalerie mit Sitz in Köln an eine Gemäldegalerie mit Sitz in Venedig erfolgt, würde der Kaufvertrag dem UN-Kaufrecht unterliegen, da der Kauf dann nicht zu persönlichen Zwecken erfolgt wäre und beide Vertragsparteien ihren Sitz in verschiedenen Staaten haben, die Vertragsstaaten des CISG sind (Deutschland seit 1.1.1991, Italien seit 1.1.1988).

6.6.1.2 Dienstleistungsverträge

Der Begriff Dienstleistungsverträge ist nicht deckungsgleich mit dem von Dienstverträgen iSv § 611 BGB. Er umschließt diese zwar, ist aber wesentlich weiter gemeint.

Unter Berücksichtigung der Dienstleistungsfreiheit (Art. 57 AEUV) und der DienstleistungsRL (Art. 4 Nr. 1) ist unter Dienstleistung jede selbstständige entgeltliche oder auch unentgeltliche Tätigkeit zu verstehen.[153] Ausgenommen sind Dienstleistungen, die den Vorschriften über den freien Waren- und Kapitalverkehr und über die Freizügigkeit der Personen unterliegen.[154] Folgende Vertragstypen des deutschen Rechts sind darunter zu fassen:[155]

- Dienstverträge, § 611 BGB (nur selbstständige Dienstverträge, keine Individualarbeitsverträge, für die Art. 8 Rom I-VO gilt),
- Werkverträge, § 631 BGB,
- Reiseverträge, individuelle nach § 631 sowie pauschal nach § 651a BGB (für diese ist allerdings evtl. Art. 5 oder 6 Rom I-VO anwendbar, vgl. Art. 6 IV lit. b Rom I-VO),
- Maklerverträge, § 652 BGB,
- Auftrag, Geschäftsbesorgung und Verträge über Zahlungsdienste, §§ 662, 675 ff., 675c ff. BGB,
- Verwahrung, § 688 BGB,
- Handelsvertreterverträge, § 84 HGB,
- Handelsmaklerverträge, § 93 HGB,
- Kommissionsverträge, § 383 HGB.

Diese Aufzählung ist jedoch nicht erschöpfend. Unter Dienstleistungen ist ein umfängliches Spektrum an Tätigkeiten zu verstehen, das Erwägungsgrund 33 der DienstleistungsRL beispielhaft anspricht. Dort sind erwähnt:

- Dienstleistungen für Unternehmen wie Unternehmensberatung, Zertifizierungs- und Prüfungstätigkeiten, Anlagenverwaltung einschließlich Unterhaltung von Büroräumen, Werbung, Personalagenturen und Dienste von Handelsvertretern
- Dienstleistungen sowohl für Unternehmen als auch für Verbraucher wie Rechts- oder Steuerberatung, Dienstleistungen des Immobilienwesens wie die Tätigkeit der Immobilienmakler, Dienstleistungen des Baugewerbes einschließlich Dienstleistungen von Architekten, Handel, die Veranstaltung von Messen, die Vermietung von Kraftfahrzeugen und die Dienste von Reisebüros
- Dienstleistungen für Verbraucher, zB im Bereich des Fremdenverkehrs einschließlich Leistungen von Fremdenführern, Dienstleistungen im Freizeitbereich, Sportzentren und Freizeitparks, Unterstützungsdienste im Haushalt etc.

Nach Art. 4 I lit. b) Rom I-VO werden Dienstleistungsverträge bei fehlender Rechtswahl an den gewöhnlichen Aufenthalt des Dienstleisters angeknüpft. Dies ist nach Art. 19 Rom I-VO bei beruflicher Tätigkeit dessen Hauptniederlassung, im Falle einer Gesellschaft, eines Vereins oder einer juristischen Person der Sitz der Hauptverwaltung.

Praxisfall: Anwaltliche Beratung im Ausland

Ein in Toulon niedergelassener Rechtsanwalt wird von einem in Deutschland ansässigen Unternehmen beauftragt, dieses anwaltlich zu beraten.

---

[153] Palandt/*Thorn* Rom I-VO Art. 4 Rn. 8 mwN.
[154] Reithmann/Martiny/*Martiny* Rn. 1043.
[155] Detaillierte Auflistung bei Palandt/*Thorn* Rom I-VO Art. 8 Rn. 9 ff.

> Mangels Rechtswahl unterliegt dieser Dienstleistungsvertrag dem Recht, das am gewöhnlichen Aufenthaltsort des Dienstleisters nach Art. 4 I lit. b) Rom I-VO gilt. Dienstleister ist hier der Rechtsanwalt. Da der französische Anwalt in Ausübung seiner beruflichen Tätigkeit handelt, kommt es nach Art. 19 I UAbs. 2 auf den Ort seiner Hauptniederlassung an. Das ist Toulon in Frankreich. Mithin kommt französisches Recht für den Anwaltsvertrag zur Anwendung.

Praxisfall: Architektenvertrag

Das deutsche Spitzenarchitekturbüro, die Meinhard v. G. GmbH mit Hauptverwaltung in Hamburg, erhält von der Bauverwaltung Shanghai den Auftrag zur Planung und Errichtung eines Stadtkomplexes in Shanghai im Umfang von 200 Mio. Euro. Eine Rechtswahl wird nicht getroffen.

Lösung

Der Vertrag unterliegt als Dienstleistungsvertrag mangels Rechtswahl dem Recht des Staates, in dem der gewöhnliche Aufenthalt des Dienstleisters, also des Architekten, liegt, Art. 4 I lit. b) Rom I-VO. Da es sich bei dem Dienstleister um eine GmbH handelt, kommt es nach Art. 19 I UAbs. 1 auf den Ort der Hauptverwaltung, also Hamburg an. Daraus folgt, dass deutsches Recht anwendbar ist.

Fraglich könnte allerdings sein, ob eine engere Verbindung nach China gemäß Art. 4 III Rom I-VO besteht, weil das Projekt in Shanghai liegt. Der Leistungsaustausch im Ausland allein rechtfertigt aber nicht die Anwendung der Ausweichregel, von der besonders vorsichtig Gebrauch zu machen ist.[156] Von einer „offensichtlich" engeren Verbindung nach China kann hier außerdem deshalb nicht die Rede sein, weil die Planungsleistungen in Hamburg erbracht werden und nur ein weiterer Teil der Leistungen, nämlich die Erstellung des Objekts in Shanghai zu realisieren ist. Es bleibt danach bei der Anwendung deutschen Rechts.

Praxisfall: Maklervertrag

Der in Bielefeld ansässige B besitzt ein Ferienhaus auf Gran Canaria, von dem er sich trennen möchte. Er beauftragt daher eine deutsche Maklerin, die mit ihrem Büro auf Gran Canaria ansässig ist, mit der Vermittlung seines Hauses. Eine Rechtswahl wird nicht getroffen. Welches Recht gilt für den Maklervertrag?

Lösung

Es handelt sich um einen Maklervertrag, also einen Dienstleistungsvertrag, der die entgeltliche Vermittlung einer Immobilie zum Gegenstand hat, Art. 4 I lit. b) Rom I-VO. Obwohl Gegenstand eine Immobilie ist, fällt ein solcher Vertrag nicht unter lit. c), da der Maklervertrag kein dingliches Recht an dem Grundstück und ebenso wenig eine Miete oder Pacht desselben zum Gegenstand hat. Es kommt somit auf den gewöhnlichen Aufenthalt der Maklerin gemäß Art. 19 I UAbs. 2 Rom I-VO an. Da dieser auf den zu Spanien gehörigen Kanaren liegt, ist spanisches Recht anzuwenden. Eine engere Verbindung nach Art. 4 III Rom I-VO wegen der gemeinsamen deutschen Staatsangehö-

---

[156] BeckOK BGB/*Spickhoff*, 28. Ed. 1.8.2013, Rom I-VO Art. 4 Rn. 79; Palandt/*Thorn* Rom I-VO Art. 4 Rn. 29.

rigkeit nach Deutschland anzunehmen, ist zweifelhaft. Dies ist allenfalls[157] ein einzelnes zu berücksichtigendes Indiz. Auf der anderen Seite fällt die Tatsache wesentlich stärker ins Gewicht, dass das zu vermittelnde Objekt in Spanien liegt. Der Maklervertrag weist daher in keinem Fall „offensichtlich engere Verbindungen" zu dem Recht eines anderen Staates als dem nach Abs. 1 ermittelten spanischen Recht auf. Es bleibt daher bei dessen Geltung gemäß Art. 4 I lit. b) Rom I-VO.

Praxisfall: Handelsvertretervertrag

Ein deutsches Unternehmen mit Sitz in Rahden (Westf.), das Buchbindemaschinen herstellt, beschäftigt einen selbstständigen Handelsvertreter mit Hauptniederlassung in Luxemburg, der dort und auf dem französischen Markt tätig wird. In dem Vertrag wird keine Rechtswahl bezüglich des anwendbaren Rechts getroffen. Welches Recht gilt?

Lösung

Hier könnte Art. 4 I lit. b) Rom I-VO zur Anwendung kommen. Ein selbstständiger Handelsvertretervertrag ist ein Dienstleistungsvertrag, weil er die ständige Vermittlung von Geschäften oder den Abschluss von Verträgen im Namen des Unternehmens zum Inhalt hat. Es geht also um entgeltliche selbstständige Dienste. Ein solcher Vertrag unterliegt daher bei fehlender Rechtswahl dem Recht, an dem der Dienstleister seinen gewöhnlichen Aufenthalt hat. Dagegen wird nicht auf den Tätigkeitsort abgestellt, wie es etwa bei Arbeitsverträgen nach Art. 8 II Rom I-VO der Fall ist. Hier ist nach Art. 19 I UAbs. 2 Rom I-VO der gewöhnliche Aufenthaltsort am Ort der Hauptniederlassung. Da dieser in Luxemburg gelegen ist, kommt luxemburgisches Recht zur Anwendung.

Praxisfall: Pferdebereiter

Ein Pferdebereiter P mit Hauptniederlassung in Vörden (Niedersachsen) soll selbstständig gegen Entgelt für einen Scheich S aus Brunei zwei Araberstuten auf seinem Hof zu Reitpferden ausbilden. Eine Rechtswahl ist nicht getroffen. Gilt deutsches Recht oder das Recht von Brunei?

Lösung

Der Vertrag könnte unter Art. 4 I lit. b) Rom I-VO fallen. Dann müsste ein Dienstleistungsvertrag vorliegen. Dienstleistungsverträge beinhalten alle Arten einer selbstständigen, entgeltlichen Tätigkeit. Dabei sind sowohl Dienst- als auch Werkverträge erfasst. P soll für S die Ausbildung der Pferde zu Reitpferden übernehmen. Diese Tätigkeit soll selbstständig und gegen Entgelt erfolgen. Damit liegt ein Dienstleistungsvertrag vor. Nach Art. 4 I lit. b) Rom I-VO unterliegt der Vertrag dem Recht des Staates, in dem der Dienstleister seinen gewöhnlichen Aufenthalt hat. Bei beruflicher Tätigkeit ist nach Art. 19 I UAbs. 2 Rom I-VO der gewöhnliche Aufenthalt einer natürlichen Person der Ort ihrer Hauptniederlassung. Da dieser in Vörden (Niedersachsen) liegt, ist deutsches Recht anzuwenden.

---

[157] Die Bedeutung der Staatsangehörigkeit als Indiz für eine Anwendung der Ausweichklausel nach Art. 4 III Rom I-VO ist sehr umstritten, vgl. Palandt/*Thorn* Rom I-VO Art. 4 Rn. 29. Noch fragwürdiger und abzulehnen ist eine stillschweigende Rechtswahl von deutschem Recht bei gemeinsamer Staatsangehörigkeit, siehe oben Kap. 6.5.2.2.2, S. 46.

6.6.1.3 Grundstücksverträge

Nach Art. 4 I lit. c) Rom I-VO unterstehen Verträge, die ein dingliches Recht an unbeweglichen Sachen sowie die Miete oder Pacht unbeweglicher Sachen zum Gegenstand haben, dem Recht des Staates, in dem die unbewegliche Sache belegen ist. Derartige Grundstücksverträge unterliegen also dem Recht am Lageort des Vertragsgegenstandes. Verträge, die ein dingliches Recht an Grundstücken zum Gegenstand haben, sind der Grundstückskauf, der Grundstückstausch und die Grundstücksschenkung. Stets geht es also um schuldrechtliche Verträge hinsichtlich eines Grundstücks, nicht dagegen um die Eigentumsübertragung an Grundstücken. Letztere unterliegt nicht Art. 4 I lit. c) Rom I-VO, sondern Art. 43 EGBGB.

Praxisfall: Grundstückskauf

Ein Schweizer Ehepaar E, das seit Jahren auf den Kanaren lebt, will seine kanarische Immobilie aufgeben und verkauft diese dort mit privatschriftlichem Vertrag im Juli 2010 zum Preise von 140.000 EUR an den Deutschen D. Welches Recht gilt bei fehlender Rechtswahl?

Lösung

Auf den Grundstückskauf könnte Art. 4 I lit. c) Rom I-VO anwendbar sein. Der Anwendungsbereich der Rom I-VO könnte nach Art. 1 I 1 Rom I-VO eröffnet sein. Erste Voraussetzung ist das Vorliegen eines vertraglichen Schuldverhältnisses in Zivil- oder Handelssachen. Mit dem Grundstückskauf zwischen E und D liegt ein vertragliches Schuldverhältnis in Zivilsachen vor. Das Schuldverhältnis weist auch eine Verbindung zum Recht verschiedener Staaten auf, da der Vertragsgegenstand in Spanien liegt, der Wohnsitz der Parteien aber in verschiedenen Staaten liegt, nämlich bezüglich E in Spanien, für D dagegen in Deutschland. Damit ist die Rom I-VO für alle seit dem 17.12.2009 abgeschlossenen Immobilienkäufe anwendbar.

Die in Art. 4 I lit. c) Rom I-VO genannte Voraussetzung eines Grundstücksvertrages liegt vor, da der Vertrag ein dingliches Recht an einer unbeweglichen Sache zum Gegenstand hat. Es geht um das Eigentum an dem kanarischen Grundstück, das Gegenstand des schuldrechtlichen Kaufs ist. Aufgrund des Art. 4 I lit. c) Rom I-VO gilt hier das Recht des Staates, in dem die unbewegliche Sache belegen ist. Lageort sind die Kanaren, die zu Spanien gehören. Folglich gilt spanisches Recht für den Grundstückskauf. Da dieses – im Unterschied zum deutschen Recht – keinen Formzwang für Grundstückskäufe kennt, ist auch ein bloß schriftlicher oder sogar mündlicher Kauf rechtlich wirksam, Art. 11 I Rom I-VO.

Außer den Verträgen, die auf Verschaffung eines dinglichen Rechts zielen, sind von Art. 4 I lit. c) Rom I-VO auch die rein schuldrechtlichen Nutzungsverträge der Grundstücksmiete und Grundstückspacht erfasst.

Praxisfall: Grundstückspacht

Der in Österreich ansässige Eigentümer E eines Hotelkomplexes auf Mallorca verpachtet das Grundstück mit dem Hotelkomplex an die P-GmbH, deren Hauptverwaltung sich in Düsseldorf befindet. Welches Recht gilt bei fehlender Rechtswahl?

Die Rom I-VO ist nach Art. 1 I 1 bei Vorliegen eines vertraglichen Schuldverhältnisses in Zivil- oder Handelssachen anwendbar, die eine Verbindung zum Recht verschiedener Staaten aufweisen. Der Pachtvertrag stellt ein vertragliches Schuldverhältnis in einer Zivilsache dar. Eine Verbindung zum Recht verschiedener Staaten ergibt sich, weil der Lageort der Immobilie in Spanien liegt und der Verkäufer seinen Wohnsitz in Österreich, die Käuferin als GmbH dagegen ihre nach Art. 19 I UAbs. 1 Rom I-VO maßgebliche Hauptverwaltung in Deutschland hat.

Da es hier um die Verpachtung der Hotelimmobilie geht, ist nach Art. 4 I lit. c) Rom I-VO bei fehlender Rechtswahl auf den Lageort der Immobilie abzustellen. Dieser befindet sich auf Mallorca. Es gilt somit für das Pachtverhältnis zwischen E und der P-GmbH spanisches Recht.

Sehr umstritten sind bis heute Fälle, in denen Inländer im Inland einen Grundstückskaufvertrag über eine ausländische Immobilie abschließen. Bekannt geworden sind vor allem Grundstücksverkäufe über spanische Immobilien.

Praxisfall: Immobilienverkauf unter Deutschen über spanische Immobilie

Zwei deutsche Vertragsparteien schließen in Deutschland einen Grundstückskaufvertrag über eine spanische Immobilie ab, ohne dass eine ausdrückliche Rechtswahl getroffen wurde. Gilt deutsches oder spanisches Recht?

In der Vergangenheit haben der BGH und deutsche Instanzgerichte unter Geltung des EVÜ eine stillschweigende Rechtswahl zugunsten des deutschen Rechts nach Art. 27 EGBGB angenommen.[158] Aus den Umständen der Beteiligung zweier deutscher Vertragspartner und des Abschlussortes in Deutschland wurde mit „hinreichender Sicherheit" auf eine stillschweigende Verabredung deutschen Rechts geschlossen. Nachdem die Anforderungen in der heutigen Nachfolgeregelung des Art. 3 I 2 Rom I-VO deutlich verschärft worden sind, kann man kaum davon sprechen, dass sich hier „eindeutig … aus den Umständen des Falles" die stillschweigende Geltung deutschen Rechts ergeben soll. Die Belegenheit der Sache im Ausland spricht stärker für das Gegenteil. Daher wird man derartige Fälle heute unter Art. 4 I lit. c) Rom I-VO anzusiedeln haben mit der Folge, dass an den Belegenheitsort der Immobilie anzuknüpfen ist und daher spanisches Recht zur Anwendung kommt[159]. Endgültige Klarheit wird aber erst eine höchstrichterliche Entscheidung bringen. Bis dahin ist wegen der bisherigen abweichenden höchstrichterlichen Rechtsprechung dringend anzuraten, eine notarielle Beurkundung vor einem deutschen Notar vorzunehmen, um einer evtl. Formnichtigkeit den Boden zu entziehen.

Unter Art. 4 I lit. c) Rom I-VO fallen auch Verträge über Grundstücke, die Verpflichtungen zur Verschaffung dinglicher Nutzungsrechte wie Nießbrauch oder Grund-

---

[158] BGHZ 52, 239; 53, 189; OLG Nürnberg NJW-RR 1997, 1484; OLG Düsseldorf NJW-RR 1991, 55; OLG Karlsruhe NZG 2001, 748.

[159] Gegen eine vorschnelle Annahme einer stillschweigenden Rechtswahl in diesen Fällen ebenso Palandt/*Thorn* Rom I-VO Art. 4 Rn. 16; krit. auch *Kindler* Einführung IPR 28.

stücksdienstbarkeiten beinhalten.[160] Schließlich sind Timesharing-Verträge über ausländische Immobilien und Bauträgerverträge erfasst.[161]

6.6.1.4 Kurzfristige Miet- und Pachtverträge über Grundstücke

Für Miet- und Pachtverträge über Grundstücke zum vorübergehenden privaten Gebrauch für höchstens sechs aufeinander folgende Monate gilt dann nicht das Belegenheitsrecht, sondern das Recht am Sitz des Vermieters oder Verpächters, wenn der Mieter oder Pächter eine natürliche Person ist und gleichfalls seinen gewöhnlichen Aufenthalt in demselben Staat wie der Vermieter oder Verpächter hat, Art. 4 I lit. d) Rom I-VO.

Praxisfall: Vermietung eines spanischen Ferienhauses

Der in Hamburg wohnhafte V vermietet sein auf Mallorca gelegenes Ferienhaus für einen Monat an den in Köln ansässigen Türken T. Eine Rechtswahl ist in dem schriftlichen Mietvertrag nicht enthalten. Welches Recht gilt?

Lösung

Da es um einen Mietvertrag über ein Grundstück zur Nutzung für den privaten Gebrauch an eine natürliche Person bis maximal sechs Monate geht und Vermieter und Mieter beide ihren gewöhnlichen Aufenthalt im gleichen Land (Deutschland) haben, gilt nicht das Recht am Lageort der Immobilie, sondern nach Art. 4 I lit. d) Rom I-VO das Recht des gewöhnlichen Aufenthaltes des Vermieters. V hat seinen gewöhnlichen Aufenthalt in Hamburg. Damit gilt für die Grundstücksmiete hier deutsches Recht. Art. 6 Rom I-VO über Verbraucherverträge gilt nach Abs. 4 lit. c) nicht für Grundstücksverträge.

Die sechs Voraussetzungen für die Anwendung des Art. 4 I lit. d) Rom I-VO sind:

1. fehlende Rechtswahl,
2. Miete oder Pacht einer unbeweglichen Sache,
3. für höchstens sechs aufeinander folgende Monate,
4. zum vorübergehenden privaten Gebrauch,
5. Mieter oder Pächter sind natürliche Personen,
6. Mieter/Pächter und Vermieter/Verpächter haben ihren gewöhnlichen Aufenthalt in demselben Staat.

Rechtsfolge ist die Geltung des Rechts am Wohnsitz des Vermieters/Verpächters.

Zu beachten bleibt, dass eine gewerbliche Anmietung nicht erfasst ist (zB Ferienhausanmietung durch Anwaltskanzlei zur Abhaltung eines Bewerberworkshops)[162]

---

[160] BGH NJW-RR 1996, 1034.
[161] Palandt/*Thorn* Rom I-VO Art. 4 Rn. 16. Allerdings ist auf Timesharing-Verträge bei Vorliegen des qualifizierten Auslandsbezugs die Sonderregelung von Art. 6 IV lit. b) anwendbar.
[162] Die gewerbliche Vermietung durch Reisebüros wird dagegen von lit. c) erfasst, solange sie an natürliche Personen erfolgt, siehe *Kindler* Einführung IPR 29 und *Leible/Lehmann* RIW 2008, 528 (535).

und ebenso wenig die Fälle, in denen Vermieter und Mieter keinen gewöhnlichen Aufenthalt in demselben Staat haben.

Praxisfall: Französischer Ferienhausvermieter

Ein französischer Vermieter V mit Wohnsitz in Arles vermietet sein in der Nähe gelegenes Ferienhaus für zwei Sommermonate an den in Osnabrück beheimateten M. Eine Rechtswahl ist nicht getroffen. Welches Recht gilt?

| Lösung | Art. 4 I lit. d) Rom I-VO scheidet aus, da V und M keinen gewöhnlichen Aufenthalt in demselben Staat haben, vielmehr V in Frankreich und M in Deutschland wohnen. |
| | Hier ist nach Art. 4 lit. c) Rom I-VO vorzugehen, da eine Miete einer unbeweglichen Sache vorliegt. Somit gilt das Recht am Lageort der unbeweglichen Sache. Da das Ferienhaus in Frankreich liegt, kommt französisches Recht zur Anwendung. |

6.6.1.5 Franchiseverträge

Für Franchise-Verträge sind Änderungen gegenüber dem bisherigen Recht eingetreten. Bisher knüpften Art. 4 II EVÜ sowie Art. 28 II EGBGB an die vertragscharakteristische Leistung des Leistungserbringers, also des Franchisegebers an. Nunmehr unterliegen Franchiseverträge nach Art. 4 I lit. e) Rom I-VO bei fehlender Rechtswahl dem Recht des Staates, in dem der Franchisenehmer seinen gewöhnlichen Aufenthalt hat.

Praxisfall: Fast-Food-Kette

Eine türkische Fast-Food-Kette F (Sitz Ankara) schließt mit dem in Stuttgart ansässigen kurdischen Unternehmer U einen Franchisevertrag über Fast-Food-Produkte. Welches Recht gilt bei fehlender Rechtswahl?

| Lösung | In diesem Fall gilt die Rom I-VO, obwohl die Türkei nicht Mitgliedstaat der EU ist, da nach Art. 2 Rom I-VO bei internationalen Verträgen eine universelle Anwendung der Rom I-VO angeordnet ist und diese selbst dann gilt, wenn der Konfliktstaat außerhalb der EU liegt. |
| | Nach Art. 4 I lit. e) Rom I-VO unterliegen Franchiseverträge dem Recht des Staates, in dem der Franchisenehmer seinen gewöhnlichen Aufenthalt hat. Da der Franchisenehmer in Stuttgart ansässig ist, gilt somit deutsches Recht. |

6.6.1.6 Vertriebsverträge

Nach Art. 4 I lit. f) Rom I-VO unterliegen Vertriebsverträge dem Recht des Staates, in dem der Vertriebshändler seinen gewöhnlichen Aufenthalt hat. Erfasst werden unzweifelhaft Vertriebshändlerverträge. Fraglich ist, ob auch Handelsvertreterverträge unter den Begriff Vertriebsvertrag fallen. Die Frage ist zwischen Befürwortern[163]

---

[163] Namentlich Palandt/*Thorn* Rom I-VO Art. 4 Rn. 19, allerdings ohne nähere Begründung.

und Gegnern[164] umstritten. Gegen eine Einordnung unter den Begriff des Vertriebsvertrages sprechen meines Erachtens sprachliche und inhaltliche Gründe. Der Handelsvertreter ist kein Händler, sondern er vermittelt Verträge und schließt keine Verträge im eigenen, sondern im fremden Namen. Auch die englische Fassung mit der Formulierung „distributor" und die französische Fassung mit der Formulierung „distributeur" sprechen mehr dafür, dass nur die eigentlichen Vertriebshändlerverträge gemeint waren. Der Handelsvertreter vertreibt dagegen nicht selbst, er ist bloßer Absatzhelfer ohne eigenes Absatzrisiko.[165] Er ist daher Dienstleister iSv lit. b).

Da Vertriebshändler als die schwächere Partei in dem Absatzweg angesehen wurden und als solche geschützt werden sollten, wird nunmehr – auch in Abkehr von einer gegenteiligen französischen Rechtsprechung – dezidiert an den gewöhnlichen Aufenthalt des Vertriebshändlers angeknüpft.[166] Das Recht seines gewöhnlichen Aufenthalts soll bei fehlender Rechtswahl gelten.

6.6.1.7 Versteigerung beweglicher Sachen

Für Kaufverträge über bewegliche Sachen, die im Wege der Versteigerung verkauft werden, gilt Art. 4 I lit. g) Rom I-VO als Spezialregung, die lit. a) vorgeht. Hier ist bei fehlender Rechtswahl das Recht am Versteigerungsort anzuwenden. Erfasst werden private und öffentliche Versteigerungen.[167]

Praxisfall: Briefmarken-Auktion
Bei einer privaten Briefmarken-Auktion in London wird eine Blaue Mauritius von dem Händler aus Hamburg zum Höchstgebot ersteigert.
Lösung Es gilt mangels Rechtswahl über Art. 4 I lit. g) Rom I-VO das Recht am Versteigerungsort, dh englisches Recht.

Bei Internet-Versteigerungen lässt sich kein physischer Versteigerungsort ermitteln. Daher ist auf solche Fälle nicht Art. 4 I lit. g) Rom I-VO anzuwenden, sondern die Grundregel von lit. a).[168]

6.6.1.8 Finanzinstrumente innerhalb multilateraler Systeme

Art. 4 I lit. h) Rom I-VO unterstellt Verträge, die innerhalb eines multilateralen Systems geschlossen werden, das die Interessen einer Vielzahl Dritter am Kauf und Verkauf von Finanzinstrumenten iSv Art. 4 I Nr. 17 der FinanzmarktRL nach nicht diskretionären Regeln und nach Maßgabe eines einzigen Rechts zusammenführt, diesem Recht. Damit soll insbesondere verhindert werden, dass beim Börsenparketthandel oder beim elektronischen Börsenhandel eine unüberschaubare Vielfalt von Rechtsordnungen zur Anwendung kommt. Bei fehlender Rechtswahl kommt

---

[164] Namentlich Reithmann/Martiny/*Häuslschmid* Rn. 2137; offenbar auch PWW/*Brödermann/Wegen* Rom I-VO Art. 4 Rn. 14.

[165] Das wird besonders von Reithmann/Martiny/*Häuslschmid* Rn. 2137 hervorgehoben.

[166] PWW/*Brödermann/Wegen* Rom I-VO Art. 4 Rn. 11.

[167] Palandt/*Thorn* Rom I-VO Art. 4 Rn. 20.

[168] *R. Wagner* IPrax 2008, 377 (384); Palandt/*Thorn* Rom I-VO Art. 4 Rn. 20.

es zur Anwendung des Rechts des multilateralen Systems, was häufig zum Recht des Börsenplatzes führen wird.[169]

Praxisfall: Elektronischer Börsenhandel
Händler H mit Sitz in Amsterdam ordert im elektronischen Handel der Londoner Börse eine Partie Aktien.
Über Art. 4 I lit. h) Rom I-VO unterliegen Verträge über Finanzinstrumente mangels Rechtswahl dem Recht des multilateralen Systems. Da das multilaterale System dem englischen Recht untersteht, ist auf den Aktienkauf dieses Recht anwendbar.

6.6.2 Charakteristische Leistungen

Soweit kein Katalogvertrag nach Art. 4 I Rom I-VO vorliegt oder Bestandteile des Vertrags durch mehr als einen der Buchstaben des Katalogs abgedeckt sind, unterliegt der Vertrag dem Recht des Staates, in dem die Partei, die die für den Vertrag charakteristische Leistung zu erbringen hat, ihren gewöhnlichen Aufenthalt hat. Es geht also um die Verträge, die außerhalb des Katalogs von Abs. 1 stehen (Nichtkatalogverträge) oder mehrere Katalogmerkmale (gemischte Verträge) aufweisen. Sie unterstehen dem Sitzrecht der Partei mit der vertragscharakteristischen Leistung. Die für den Vertrag charakteristische Leistung ist diejenige, die dem Vertrag sein Gepräge gibt, ihn also auszeichnet und von anderen Verträgen abgrenzt. Das ist typischerweise die Sachleistung, nicht dagegen die Geldleistung. Diese ist nämlich bei allen gegenseitigen Verträgen (außer Tausch) gleich und kann daher nicht den Vertrag charakterisieren.

Charakteristische Leistungen sind bei der Miete die Überlassung einer Sache auf Zeit zum Gebrauch, beim Darlehen die Überlassung von Geld auf Zeit.[170] Es kommt also das Sitzrecht des Vermieters, des Darlehensgebers etc. zur Anwendung.

Nachfolgende Übersicht beleuchtet zunächst die Nichtkatalogverträge und sodann die gemischten Verträge und ihre Anknüpfung.

6.6.2.1 Nichtkatalogverträge

Außerhalb des Katalogs von Art. 4 I Rom I-VO stehen insbesondere folgende Verträge:

* Rechtskauf,
* Miete und Pacht beweglicher Sachen,
* Darlehen,
* Bürgschaften,
* Schenkung,
* Verträge über Immaterialgüter.

Beim Rechtskauf entscheidet das Recht am gewöhnlichen Aufenthalt des Verkäufers. Bei Miete und Pacht beweglicher Sachen ist es das Recht am gewöhnlichen Aufent-

---

[169] Palandt/*Thorn* Rom I-VO Art. 4 Rn. 21.
[170] Palandt/*Thorn* Rom I-VO Art. 4 Rn. 22.

halt des Vermieters oder Verpächters, beim Darlehen des Darlehensgebers, bei der Bürgschaft des Bürgen und bei der Schenkung des Schenkers. Bei Immaterialgütern erbringt eigentlich der Urheber oder Lizenzgeber die vertragscharakteristische Leistung. Nach sehr umstrittener Meinung sollen bei ausschließlicher Rechteübertragung oder bei Übertragung von Verwertungs- oder Ausübungsrechten dennoch der Erwerber und der Lizenznehmer die charakteristische Leistung erbringen, sodass auf deren Sitzrecht abzustellen ist.[171]

Praxisfall zur vertragscharakteristischen Leistung:
Unternehmer U aus Frankfurt mietet für eine Geschäftsreise innerhalb von Spanien bei einem Autovermieter A mit Sitz in Málaga einen Pkw für fünf Tage. Welches Recht gilt bei fehlender Rechtswahl?
Lösung — Zunächst ist zu fragen, ob der Mietvertrag zu den Katalogverträgen von Art. 4 I zählt. Lit. c) und d) nennen zwar Mietverträge, jedoch nur solche über unbewegliche Sachen. Daher ist für die Miete beweglicher Sachen – wie hier die Autovermietung – nach Abs. 2 anzuknüpfen. Es ist also zu entscheiden, wer die für den Vertrag charakteristische Leistung erbringt. Dies ist der Vermieter des Autos, der dem Mieter die Sache zur Nutzung auf Zeit gegen Entgelt überlässt. Da Autovermieter A seinen Sitz (Art. 19 Rom I-VO) in Málaga hat, ist das dort geltende spanische Recht zur Anwendung berufen.

6.6.2.2 Gemischte Verträge

Soweit ein Vertrag Merkmale verschiedener Katalogverträge gemäß Art. 4 I lit. a)–h) Rom I-VO aufweist, ist gleichfalls an den gewöhnlichen Aufenthalt des Erbringers der vertragscharakteristischen Leistung anzuknüpfen.

Praxisfall:
Pensionär P aus Bielefeld und sein spanischer Freund M aus Mallorca besuchen sich regelmäßig wechselseitig. Bei einem Aufenthalt auf Mallorca vereinbart P, der früher Gitarrenbauer und Musiklehrer war, mit M Folgendes: P verkauft dem M seine Gitarre und verpflichtet sich gleichzeitig zur Erteilung von 50 Stunden Gitarrenunterricht in Bielefeld. Der Gesamtpreis für beide Leistungen beträgt 3.000 EUR. Eine Rechtswahl wird nicht getroffen. Welches Recht gilt?
Lösung — Es könnte Art. 4 II Rom I-VO zur Anwendung kommen, wenn der Vertrag Bestandteile mehrerer der in lit. a)–h) des Absatzes 1 genannten Katalogverträge abdeckt. Hier liegt ein gemischter Vertrag vor, der einerseits Elemente eines Kaufvertrages nach Art. 4 I lit. a) (Verkauf der Gitarre) und andererseits eines Dienstleistungsvertrages nach lit. b) (Unterricht) aufweist. Dementsprechend ist Art. 4 II Rom I-VO anwendbar und daher auf das Sitzrecht des Leistungserbringers der vertragscharakteristischen Leistung abzustellen. Die charakteristischen Leistungen werden von P erbracht: Er ist verpflichtet, die Gitarre zu übereignen und den Gitarrenunterricht zu erteilen. P ist nur vorübergehend auf Mallorca. Sein gewöhnlicher Aufenthaltsort ist Bielefeld. Dementsprechend ist deutsches Recht auf den Vertrag anwendbar. Eine en-

---

[171] Meinungsstand bei MüKoBGB/*Martiny* Rom I-VO Art. 4 Rn. 202.

> gere Verbindung nach Spanien iSv Abs. 3 ist abzulehnen, da der Vertragsort
> im Ausland nicht ausreicht, eine „offensichtlich engere Verbindung zum
> Recht eines anderen Staates" herzustellen. Dagegen spricht schon, dass
> mit dem Unterricht ein großer Teil der Vertragspflichten nicht in Spanien,
> sondern in Deutschland zu erfüllen ist. Es bleibt daher bei der Anwendung
> deutschen Rechts gemäß Art. 4 II Rom I-VO.

6.6.3 Ausweichklausel

Wenn sich aus der Gesamtheit der Umstände ergibt, dass der Vertrag eine „offensichtlich engere Verbindung" zu einem anderen Staat als dem nach Abs. 1 oder 2 bestimmten Staat aufweist, so ist das Recht dieses anderen Staates anzuwenden, Art. 4 III Rom I-VO. Dies entspricht der schon bisher geltenden Rechtslage, wobei allerdings Art. 4 V EVÜ und Art. 28 V EGBGB bislang ein Ausweichen auf das Recht eines anderen Staates bereits bei „engeren Verbindungen zu einem anderen Staat" zuließen. Die jetzige Fassung sollte eine Verschärfung für die Ausnahmeklausel erzielen und insbesondere der Tendenz mancher Gerichte entgegenwirken, mithilfe „weicher" Kriterien wie Vertragsort, Vertragssprache oder Währung zur Anwendung heimischen Rechts zu gelangen.[172] Dementsprechend wird man diese Kriterien nunmehr als nicht mehr ausreichend ansehen können und die Ausnahme von Art. 4 III Rom I-VO deutlich eingrenzen müssen. Mit „offensichtlich" engeren Verbindungen sind „wesentliche Umstände" gemeint, die so klar sein müssen, dass sie „mit den Händen zu greifen" sind.[173] Das kann etwa der Fall sein, weil der betreffende Vertrag in einer sehr engen Verbindung zu einem oder mehreren anderen Verträgen steht, die ihrerseits einem bestimmten Recht unterliegen (Erwägungsgrund 20).

Praxisfall[174]: Bürgschaft aus Drittstaat	
	Unternehmen A (Geschäftsniederlassung Aachen) hat gegen die B-GmbH (Geschäftsniederlassung Belgien) eine Kaufpreisforderung, die dem Recht der Niederlassung von A untersteht. Nunmehr übernimmt der in dem Drittstaat Niederlande ansässige Geschäftsführer G gegenüber A eine Bürgschaft für die Kaufpreisforderung. Welches Recht kommt bei fehlender Rechtswahl zur Anwendung?
Lösung	Nach Art. 4 II Rom II-VO müsste, da die Bürgschaft keinem Katalogvertrag nach Abs. 1 entspricht, über Abs. 2 an die vertragscharakteristische Leistung angeknüpft werden. Das ist hier die bürgenmäßige Absicherung seitens G. Da G in den Niederlanden ansässig ist, wäre niederländisches Recht anzuwenden. Hier ergeben sich aber aus dem Zusammenhang mit der Kaufpreisforderung, die Bestand und Umfang der Bürgenhaftung bestimmt (Grundsatz der Akzessorietät), offensichtlich engere Verbindungen zu dem

---

[172] Die Kommission hatte in ihrem ursprünglichen Vorschlag sogar die vollständige Streichung der Ausweichklausel vorgeschlagen, um die Rechtssicherheit zu erhöhen, siehe Vorschlag für eine Verordnung über das auf vertragliche Schuldverhältnisse anwendbare Recht, KOM (2005) 650 endg., S. 6.

[173] *Magnus* IPRax 2010, 37.

[174] Angelehnt an MüKoBGB/*Martiny*, 4. Aufl. 2006, EGBGB Art. 28 Rn. 122.

> Recht der Kaufpreisforderung, sodass nicht nur für diese Hauptforderung, sondern auch für deren bürgschaftsmäßige Absicherung das gleiche, nämlich deutsches Recht zur Anwendung kommt.

Es wird in Zukunft kritisch zu beobachten sein, ob die Rechtsprechung nicht wie unter dem bisherigen Recht nach Auswegen sucht, um über die Ausweichklausel zur Anwendung der lex fori zu gelangen. In keinem Fall darf diese dazu benutzt werden, die Regelanknüpfungen nach Art. 4 I und II zu „konterkarieren".[175] Vielmehr ist die Ausweichklausel als strenge Ausnahme zu betrachten. Sie darf nur zur Anwendung kommen, wenn sich ein eindeutiges Übergewicht der auf ein bestimmtes Vertragsstatut hindeutenden Umstände ergibt und diese Umstände in ihrer Bedeutung so erheblich sind, dass die Regelanknüpfung nach Art. 4 I oder II Rom I-VO nicht angemessen erschiene.

> **Beispiel:** Hier sei auf eine BGH-Entscheidung verwiesen, die zwar unter Geltung des früheren Rechts erging, aber auch heute kaum anders zu entscheiden wäre.[176] Hier hat der BGH ein anderes Zentrum des Leistungsaustausches als in Deutschland ermittelt, wenn ein Forderungsverkauf seitens einer Hypothekenbank mit Sitz in Deutschland an eine Gesellschaft mit Verwaltungssitz auf den Philippinen vorlag und die Forderung durch eine an einem französischen Grundstück bestellte Hypothek gesichert war und es dem Käufer entscheidend auf den Erwerb der Hypothek ankam. Der BGH hat wegen dieser Umstände französisches Recht für anwendbar erklärt und dabei zusätzlich darauf abgehoben, dass die Beurkundung des Kaufvertrages durch einen französischen Notar in französischer Sprache erfolgte, die Parteien von französischen Rechtsanwälten vertreten werden sollten und der Kaufpreis in französischer Währung vereinbart war.

6.6.4 Engste Verbindung

Falls sich das anzuwendende Recht weder nach Abs. 1 oder Abs. 2 bestimmen lässt, unterliegt der Vertrag dem Recht des Staates, mit dem er die engsten Verbindungen aufweist, Art. 4 IV Rom I-VO. Zu nennen sind insbesondere Tauschverträge, Swaps oder Kooperationsverträge.[177] Hier ist das Recht anwendbar, mit dem das Schuldverhältnis die engste Verbindung hat. Es ist also im Wege der Einzelbetrachtung auf den räumlichen Schwerpunkt des Schuldverhältnisses abzuheben.[178] Die betreffenden Umstände müssen nicht das besondere Gewicht haben wie im Falle von Abs. 3, wo nur bei offensichtlich engerer Verbindung die Regelanknüpfung zu versagen ist. Die engste Verbindung kann im Rahmen von Abs. 4 zur Bestimmung der Anknüpfung auch aus wenigen oder untergeordneten Anknüpfungsmomenten folgen.[179] Als Anhaltspunkte kommen vor allem die auf den Leistungsaustausch bezogenen Umstände in Betracht. Dabei spielen besonders der Erfüllungsort, der gewöhnliche

---

[175] *Leible/Lehmann* RIW 2008, 536.
[176] BGH NJW-RR 2005, 206.
[177] *Magnus* IPRax 2010, 38.
[178] Palandt/*Thorn* Rom I-VO Art. 4 Rn. 30.
[179] *Magnus* IPRax 2010, 38.

Aufenthalt der Parteien und die Belegenheit des Vertragsgegenstandes eine Rolle, in geringerem Maße auch gewöhnlicher Aufenthalt der Parteien, Abschlussort, Vertragssprache, Währung, Staatsangehörigkeit.[180]

Praxisfall: Lautsprechertausch
A aus Polen und B aus den Niederlanden schließen einen Tauschvertrag über hochwertige Lautsprecherboxen in Amsterdam, wo auch der Leistungsaustausch stattfindet. Welches Recht gilt bei fehlender Rechtswahl?
Die Antwort hat auf der Grundlage von Art. 4 IV Rom I-VO zu erfolgen, da der Tauschvertrag kein Katalogvertrag nach Abs. 1 ist und auch nach Abs. 2 keine charakteristische Leistung zu ermitteln ist, weil beim Tausch beide Seiten Sachleistungen erbringen und eine Zuordnung zu einem einzigen Leistungserbringer nicht möglich ist. Als relevante Umstände kommen hier besonders der Erfüllungsort und in geringerem Maße der Abschlussort in Betracht[181], während das Anknüpfungselement des gewöhnlichen Aufenthalts zwischen den Parteien gleich verteilt ist und die Staatsangehörigkeit, die Vertragssprache oder die Währung vorliegend keine Indizien liefern. Da der Leistungsaustausch und der Abschlussort in Amsterdam liegen, weist der Vertrag die engsten Verbindungen zu den Niederlanden auf. Folglich untersteht der Vertrag niederländischem Recht.

6.7 Beförderungsverträge (Art. 5 Rom I-VO)

Art. 5 Rom I-VO unterscheidet Verträge über die Güterbeförderung (Abs. 1) und über die Personenbeförderung (Abs. 2). Vereinfacht gesagt, wird im Falle fehlender Rechtswahl bei Ersteren vornehmlich an den gewöhnlichen Aufenthalt des Beförderers und bei Letzteren an den gewöhnlichen Aufenthalt der zu befördernden Person angeknüpft. Nach Art. 5 II Rom I-VO wird außerdem die Rechtswahl bei Personenbeförderungsverträgen eingeschränkt. Abs. 3 beinhaltet eine Ausweichklausel für Güter- und Personenbeförderungsverträge bei offensichtlich engerer Verbindung zum Recht eines anderen Staates, das dann für anwendbar erklärt wird. Falls ein Verbrauchervertrag vorliegen sollte, untersteht dieser mit Ausnahme von Pauschalreiseverträgen ausschließlich dem Art. 5 Rom I-VO: er geht als Sonderkollisionsnorm für sämtliche Beförderungsverträge der allgemeinen Regelung für Verbraucherverträge in Art. 6 Rom I-VO vor, wie dessen Abs. 4 lit. b) belegt.

6.7.1 Güterbeförderungsverträge

Für internationale Güterbeförderungsverträge gelten vorrangig internationale Abkommen,[182] wobei dem Übereinkommen über den Beförderungsvertrag im

---

[180] Palandt/*Thorn* Rom I-VO Art. 4 Rn. 30 mit Nachweisen zur Rechtsprechung zum bisherigem Recht; *Magnus* IPrax 2010, 38.

[181] Im gleichen Sinne *Magnus* IPrax 2010, 27 (38); *Leible/Lehmann* RIW 2008, 536.

[182] Im Übrigen gelten beim Eisenbahngütertransport das Abkommen über den internationalen Eisenbahnverkehr (COTIF) v. 9.5.1980 und beim internationalen Luftverkehr das Montrealer Abkommen zur Vereinheitlichung bestimmter Vorschriften über die Beförderung im Internationalen Luftverkehr v. 28.5.1999, vgl. dazu Reithmann/Martiny/*Mankowski* Rn. 2801 ff.,

internationalen Straßengütertransport (CMR[183]) v. 19.5.1956 eine herausragende Bedeutung zukommt. Fast alle Staaten Europas sind Mitgliedstaaten der CMR[184]. Ihre Regeln sind zwingend und gehen nationalem Recht vor. Sie ist internationales Einheitsrecht und schafft verbindliche Regelungen insbesondere im Hinblick auf Frachtpapiere, Haftung und Durchsetzung von Schadensersatzansprüchen.[185] Wie Art. 25 Rom I-VO zeigt, geht die CMR der Rom I-VO vor, sodass auch Art. 5 I Rom I-VO unter dem Vorbehalt der Vorrangigkeit der CMR steht.

Soweit keine völkerrechtlichen Übereinkommen greifen, gilt nach Art. 5 I Rom I-VO Folgendes: die Parteien können für Güterbeförderungsverträge das Vertragsstatut frei wählen (Art. 5 I 1, Art. 3 I Rom I-VO). Treffen sie keine Rechtswahl, so ist das Recht des Staates anzuwenden, in dem der Beförderer seinen gewöhnlichen Aufenthalt hat, sofern sich in diesem Staat auch der Übernahmeort oder der Ablieferungsort oder der gewöhnliche Aufenthalt des Absenders befindet, Art. 5 I 1 Rom I-VO. Zur Terminologie:

Güterbeförderungsvertrag meint jedwede Art eines Vertrages, durch den eine Güterbeförderung organisiert oder durchgeführt wird.[186] Es fallen darunter also sowohl Speditions- als auch Frachtverträge, nach umstrittener, vom europäischen Normgeber geteilter Meinung[187] auch Charterverträge für eine einzige Reise.[188]

Beförderer ist die Vertragspartei, „die sich zur Beförderung der Güter verpflichtet, unabhängig davon, ob sie die Beförderung durchführt"[189]. Bei Frachtgeschäften ist Beförderer also der Frachtführer, der sich zur tatsächlichen Durchführung des Transports verpflichtet, bei Speditionsgeschäften der Spediteur, der sich zur Organisation des Transports verpflichtet und diesen auch einem Dritten überlassen kann.

Absender ist „die Person, die mit dem Beförderer einen Beförderungsvertrag abschließt",[190] mithin der Auftraggeber des Beförderers.

Wie Art. 5 I Rom I-VO im Einzelnen anknüpft, soll an einigen Beispielen aufgezeigt werden.

Praxisfall[191]: Variante 1

Frachtführer A mit Hauptverwaltung in Prag verpflichtet sich gegenüber einer britischen Handelskette zum Transport von Gütern von Prag nach Wien. Welches Recht gilt bei Nichteingreifen der CMR und fehlender Rechtswahl?

2831 ff.; zur CMR genauer Ferrari/*Ferrari* 755 ff.; Übersicht bei Palandt/*Thorn* Rom I-VO Art. 5 Rn. 5.
[183] Convention relative au contrat de transport international de marchandises par route.
[184] In Deutschland gilt das CMR seit dem 5.2.1962, BGBl. 1961 II 1119.
[185] Guter Überblick bei Reithmann/Martiny/*Mankowski* Rn. 2711 ff.
[186] Siehe Erwägungsgrund Nr. 22: Verträge, die in der Hauptsache der Güterbeförderung dienen.
[187] Erwägungsgrund Nr. 22 S. 2.
[188] Palandt/*Thorn* Rom I-VO Art. 5 Rn. 6.
[189] Erwägungsgrund Nr. 22.
[190] Erwägungsgrund Nr. 22.
[191] Angelehnt an *Leible/Lehmann* RIW 2008, 536.

> **Lösung**
>
> Nach Art. 5 I 1 1. Variante Rom I-VO gilt das Sitzrecht des Beförderers, da sich dort auch der Übernahmeort befindet. Absender ist der Auftraggeber des Beförderungsvertrages, hier also die britische Handelskette. Übernahmeort ist der Ort, wo der Beförderer die Ware nach der vertraglichen Abrede[192] zwecks Beförderung vom Absender übernimmt. Dieser Ort ist hier Prag. In diesem Ort befindet sich auch der nach Art. 19 I Rom I-VO maßgebliche Hauptverwaltungssitz des Beförderers. Da Übernahmeort und Hauptverwaltungssitz mithin im gleichen Staat liegen, ist dessen Recht bei fehlender Rechtswahl anzuwenden. Über Art. 5 I 1 Rom I-VO gilt somit tschechisches Recht.

Praxisfall: Variante 2

Der Transport soll von Wien nach Prag erfolgen.

> **Lösung**
>
> Hier befindet sich der Ablieferungsort in demselben Staat wie der gewöhnliche Aufenthalt (Hauptverwaltungssitz) des Beförderers. Da beide in Tschechien liegen, ist nach Art. 5 I 1 2. Variante Rom I-VO gleichfalls tschechisches Recht anzuwenden.

Praxisfall: Variante 3

Der Transport wird auf Veranlassung der Prager Zweigniederlassung der britischen Handelskette durchgeführt und soll von Passau nach Wien erfolgen.

> **Lösung**
>
> Hier ist nach Art. 19 II Rom I-VO auf den Ort der Zweigniederlassung der britischen Handelskette, also Prag abzustellen, da der Beförderungsvertrag im Rahmen des Betriebs dieser Zweigniederlassung abgeschlossen wurde. Weil dort auch der gewöhnliche Aufenthalt des Beförderers liegt, gilt nach Art. 5 I 1 3. Variante Rom I-VO bei fehlender Rechtswahl tschechisches Recht.

Trifft keine der drei genannten Varianten zu, so gilt das Recht des von den Parteien vereinbarten Ablieferungsorts, Art. 5 I 2 Rom I-VO.

Praxisfall: Variante 4

Der Transport soll von Passau nach Wien erfolgen. Der Auftrag wird direkt von der Hauptverwaltung der Handelskette in England an den Prager Frachtführer erteilt.

> **Lösung**
>
> Da gewöhnlicher Aufenthalt von Beförderer und Absender nicht im gleichen Staat liegen (einerseits England, andererseits Tschechien) und auch Übernahme- bzw. Ablieferungsort nicht im Staat des gewöhnlichen Aufenthalts des Beförderers gelegen sind, kommt es nach Art. 5 I 2 Rom I-VO auf den vereinbarten Ablieferungsort an. Da dieser in Österreich liegt, kommt österreichisches Recht zur Anwendung.

Art. 5 III Rom I-VO bestimmt, dass bei offensichtlich engerer Verbindung des Vertrags zu einem anderen Staat abweichend von dem nach Abs. 1 ermittelten Recht das Recht dieses anderen Staates anzuwenden ist. Als Beispiel wird der Beförderungsvertrag zwischen Parteien mit gewöhnlichem Aufenthalt in unterschiedlichen Staaten über Container genannt, die nacheinander in unterschiedlichen Häfen ausgeladen werden sollen. Hier soll eine Anknüpfung an den gewöhnlichen Aufenthalt des Beförderers stattfinden.[192]

6.7.2 Personenbeförderungsverträge

Im Unterschied zu den Güterbeförderungsverträgen ist die Rechtswahl bei Personenbeförderungsverträgen nach Art. 5 II UAbs. 2 Rom I-VO im Interesse eines angemessenen Schutzniveaus begrenzt.[193] Allerdings wird ein Verbraucherstatus der Passagiere dabei nicht definitiv vorausgesetzt. Wählbar sind nur die in lit. a)–e) genannten fünf Rechtsordnungen

- des gewöhnlichen Aufenthalts der zu befördernden Person,
- des gewöhnlichen Aufenthalts des Beförderers, jeweils iSv Art. 19,
- unabhängig davon der Hauptverwaltung des Beförderers,
- des Abgangsortes oder
- des Bestimmungsortes.[194]

Falls keine Rechtswahl getroffen wird, gilt das Recht des Staates, in dem die zu befördernde Person ihren gewöhnlichen Aufenthalt hat, sofern sich in diesem Staat auch der Abgangsort oder der Bestimmungsort befindet, Art. 5 II UAbs. 1 S. 1 Rom I-VO.

Praxisfall[195]: Flug

A, dessen gewöhnlicher Aufenthalt Osnabrück ist, bucht einen Flug von Osnabrück nach Mallorca mit einer britischen Billigfluglinie.
1. Welche Rechtsordnungen könnten gewählt werden?
2. Welches Recht gilt bei fehlender Rechtswahl?

Zu 1)
Nach Art. 5 II UAbs. 2 Rom I-VO sind wählbar:

Lit. a): Deutsches Recht (gewöhnlicher Aufenthalt der zu befördernden Person)
Lit. b) und c): Englisches Recht (gewöhnlicher Aufenthalt bzw. Hauptverwaltung des Beförderers)
Lit. d): Deutsches Recht (Recht des Abgangsortes)
Lit. e): Spanisches Recht (Recht des Bestimmungsortes).

Zu 2)
Bei fehlender Rechtswahl ist Art. 5 II UAbs. 1 S. 1 Rom I-VO einschlägig.: Der gewöhnliche Aufenthalt des A befindet sich in Deutschland. Hier befindet sich auch der Abgangsort. Dementsprechend gilt bei fehlender Rechtswahl deutsches Recht.

---

[192] Palandt/*Thorn* Rom I-VO Art. 5 Rn. 7 mwN.
[193] Erwägungsgrund Nr. 32.
[194] Palandt/*Thorn* Rom I-VO Art. 5 Rn. 9.
[195] Nach *Leible/Lehmann* RIW 2008, 536. Das Montrealer Übereinkommen über die Beförderung im internationalen Luftverkehr v. 28.5.1999 trifft jenseits seines Regelungsgegenstandes keine Regelungen zum anwendbaren Recht, sondern nur zum Gerichtsstand und spielt daher für die Fallfragen keine Rolle.

> Soweit bei einem Personenbeförderungsvertrag der gewöhnliche Aufenthalt der zu befördernden Person und der Abgangsort oder der Bestimmungsort nicht in demselben Staat liegen, gilt bei fehlender Rechtswahl das Sitzrecht des Beförderers, Art. 5 II UAbs. 1 S. 2 Rom I-VO.

Praxisfall:

Im vorigen Beispiel soll der Flug nach Mallorca von Holland aus nahe der deutschen Grenze erfolgen. Welches Recht gilt bei fehlender Rechtswahl?

Lösung

Da die kumulative Voraussetzung: gewöhnlicher Aufenthalt der zu befördernden Person (Deutschland) und Abgangsort (Holland) oder Zielort (Spanien) im gleichen Staat hier nicht zutrifft, ist nach Art. 5 II UAbs. 1 S. 2 Rom I-VO anzuknüpfen. Das bedeutet, dass das Sitzrecht der britischen Fluglinie – also englisches Recht – zur Anwendung kommt. Dazu lässt sich kritisch anmerken, dass hier der Gedanke des Verbraucherschutzes letztlich zu kurz kommt.[196]

Auch die Rechtswahlbeschränkung nach Art. 5 II UAbs. 2 Rom I-VO wird in der Literatur[197] als rechtspolitisch problematisch kritisiert, weil der Anbieter einer Reise auch bei einem allein im Aufenthaltsstaat des Passagiers angebahnten und abgeschlossenen Vertrag das Heimatrecht des Beförderers durchsetzen könne.

Soweit es um Pauschalreisen geht, sei darauf hingewiesen, dass diese nicht dem Anwendungsbereich von Art. 5, sondern Art. 6 Rom I-VO unterstehen und insoweit stärker dem Gedanken des Verbraucherschutzes folgen. Auf sie wird im nächsten Kapitel näher eingegangen.

Die im Falle fehlender (oder in Anwendung des Art. 5 II UAbs. 2 Rom I-VO unwirksamer) Rechtswahl ermittelte Anknüpfung des Güter- oder Personenbeförderungsvertrags ist nach der Ausweichklausel des Art. 5 III Rom I-VO zu korrigieren, wenn sich aus der Gesamtheit der Umstände eine offensichtlich engere Verbindung des Vertrags zu einem anderen Staat ergibt.

Die Ausdehnung der Sonderregel auf Personenbeförderungsverträge wird überlagert durch spezielle EG-Verordnungen. Genannt seien:

- VO (EG) Nr. 261/2004 des Europäischen Parlaments und des Rates v. 11.2.2004 über eine gemeinsame Regelung für Ausgleichs- und Unterstützungsleistungen für Fluggäste im Fall der Nichtbeförderung und bei Annullierung oder großer Verspätung von Flügen, ABl. EU 2004 L 46, 1, besser bekannt als **FluggastrechteVO,**
- VO (EG) Nr. 2027/97 des Rates v. 9.10.1997 über die Haftung von Luftfahrtunternehmen bei Unfällen für Personen- und Gepäckschäden der Fluggäste, ABl. EG 1997 L 285, 1, besser bekannt als **Montrealer Übereinkommen,**
- VO (EG) 1371/2007 des Europäischen Parlaments und des Rates v. 23.10.2007 über die Rechte und Pflichten der Fahrgäste im Eisenbahnverkehr, ABl. EU 2007 L 315, 14, besser bekannt als **EisenbahnfahrgastrechteVO.**

---

[196] Allgemein kritisiert, siehe Palandt/*Thorn* Rom I-VO Art. 5 Rn. 9; Reithmann/Martiny/ *Mankowski* Rn. 2638.

[197] *Pfeiffer* EuZW 2008, 622 (626); *Mankowski* IHR 2008, 133 (140); *Magnus* IPRax 2010, 27 (38); Palandt/*Thorn* Rom I-VO Art. 5 Rn. 9.

Diese international- und EU-rechtlichen Regelungen verdrängen in ihrem jeweiligen sachlichen Anwendungsbereich den Art. 5 II Rom I-VO.[198] Bei einer Luftbeförderung hat dies für die Fluggastrechte zB folgende Konsequenzen:[199] die typischen Leistungsstörungen, die bei einem Flug auftreten, unterliegen in den meisten Fällen zwingendem EU-Gemeinschaftsrecht und dem Montrealer Übereinkommen. Kommt es zu Überbuchungen und damit verbundener Nichtbeförderung eines Passagiers trotz Flugscheins, zu einem Flugausfall (Annullierung des Flugs) oder einer Flugverspätung, so stehen dem Fluggast die in der **EU-FluggastrechteVO** bestimmten EU-weit geltenden Rechte auf Ausgleichs-, Unterstützungs- und Betreuungsleistungen zu. Dazu zählen etwa Mahlzeiten, Erfrischungen, Hotelunterbringung mit entsprechender Beförderung oder finanzielle Ausgleichszahlungen bei größeren Verspätungen und Flugausfällen. Für die Bestimmung und Anwendung nationalen Rechts nach Art. 5 II Rom I-VO ist kein Raum. Nationalen Normen kommt im Wesentlichen nur noch bei nicht flugbedingten Personenschäden wie verdorbener Bordverpflegung oder Verbrühen des Fluggastes durch unachtsame Stewardess eine Bedeutung zu, wo es dann bei einem in Deutschland ansässigen Passagier ggf. über Art. 5 II Rom I-VO zur Anwendung der §§ 634 Nr. 3, 280 I BGB kommen würde, also zu einem werkvertraglichen Schadensersatzanspruch des betroffenen Fluggastes.[200]

Ein ähnlicher Vorrang gilt für Flugunfälle oder verloren gegangenes Gepäck. Auch hier bestimmen sich die Rechte des Passagiers oder seiner Hinterbliebenen vorrangig nach dem **Montrealer Übereinkommen**, das genau definierte Schadensersatzansprüche gegen den Luftfrachtführer bei Tod und Körperverletzung von Reisenden und bei Beschädigung oder Verlust von Reisegepäck einräumt.[201] Erleidet der Flugpassagier einen Personen- oder Gepäckschaden, so richten sich seine Schadensersatzansprüche nach den speziellen Regelungen der Art. 17 ff. Montrealer Übereinkommen. Dies gilt aufgrund der EG-Verordnung Nr. 1008/2008 gleichermaßen für nationale wie internationale Flüge sowie für Linien- und Charterverkehr. Damit ist das Montrealer Übereinkommen für Luftfahrtunternehmen der EU erweitert und vereinheitlicht worden.[202] Für die Anwendung von Art. 5 Rom I-VO bleiben demnach nur Fälle, die von dem Montrealer Übereinkommen nicht erfasst werden, wie zB Inlandsflüge von Luftfahrtunternehmen außerhalb der EU.

Abschließend folgt eine grafische Übersicht über die Beförderungsverträge nach Art. 5 Rom I-VO.

6.8 Verbraucherverträge (Art. 6 Rom I-VO)

6.8.1 Übersicht

Verbraucherverträge unterliegen vorbehaltlich der Sonderregelungen für Beförderungsverträge (Art. 5 Rom I-VO) und Versicherungsverträge (Art. 7 Rom I-VO) der spezifischen Regelung des Art. 6 Rom I-VO. Dessen Ziel ist die Erreichung eines besonderen kollisionsrechtlichen Verbraucherschutzes durch eine Berücksichtigung

---

[198] *Mankowski* IHR 2008, 133 (140) Fn. 108.
[199] Zum Folgenden anschaulich *Führich* ReiseR Rn. 254 ff.
[200] *Führich* ReiseR Rn. 261.
[201] Dazu näher *Führich* ReiseR Rn. 285 ff.
[202] *Führich* ReiseR Rn. 255.

Bild 3: Prüfungsreihenfolge bei Art. 5 Rom I-VO

Beförderungs-vertragstyp	Mangels Rechtswahl anwendbares Schuldvertragsrecht
Güterbeförde-rungsvertrag	1. Vorrang einschlägiger internationaler Transportabkommen mit eigenen Kollisionsregeln (Art. 25 I Rom I-VO)
	2. Recht am gewöhnlichen Aufenthaltsort des Beförderers, falls vertraglicher Übernahme- oder Ablieferungsort oder gewöhnlicher Aufenthaltsort des Absenders in demselben Staat liegen (Art. 5 I 1 Rom I-VO); Korrektur bei Eingreifen der Ausweichklausel (Art. 5 III Rom I-VO)
	3. Bei Nichtvorliegen der Voraussetzung des Art. 5 I 1 Rom I-VO: Recht am vereinbarten Ablieferungsort (Art. 5 I 2 Rom I-VO); Korrektur bei Eingreifen der Ausweichklausel (Art. 5 III Rom I-VO)
Reiner Perso-nenbeförde-rungsvertrag	1. Vorrang völkerrechtlicher Abkommen
	2. Sodann Vorrang einschlägiger spezieller EG-Verordnungen
	3. Recht am gewöhnlichen Aufenthaltsort des Reisenden, falls Abgangs- oder Bestimmungsort im selben Staat liegen (Art. 5 II UAbs. 1 S. 1 Rom I-VO) Korrektur bei Eingreifen der Ausweichklausel (Art. 5 III Rom I-VO)
	4. Bei Nichtvorliegen der Voraussetzung des Art. 5 II UAbs. 1 S. 1 Rom I-VO: Recht am gewöhnlichen Aufenthaltsort des Beförderers (Art. 5 II UAbs. 1 S. 2 Rom I-VO)
	5. Korrektur bei Eingreifen der Ausweichklausel (Art. 5 III Rom I-VO)

des Aufenthaltsrechts des Verbrauchers.[203] Er wird vor allem durch die Abs. 1 und 2 realisiert. Hauptaussagen dieser Bestimmungen sind:

1. Bei fehlender Rechtswahl ist abweichend von Art. 4 Rom I-VO nicht auf das Aufenthaltsrecht des Leistenden, sondern des Verbrauchers abzustellen, wenn im Hinblick auf die Umstände des Vertragsschlusses ein besonderes Näheverhältnis zum Aufenthaltsrecht des Verbrauchers hergestellt wurde, Art. 6 I Rom I-VO.
2. Eine Rechtswahl ist zwar auch bei Verbraucherverträgen möglich. Sie darf aber nicht dazu führen, dass dem Verbraucher der Schutz durch die zwingenden Vorschriften seines Heimatrechts entzogen wird, Art. 6 II Rom II-VO.

Darüber hinaus regelt Art. 6 Rom I-VO in seinen weiteren Abs. 3 und 4 Folgendes:

3. Fehlt es an dem besonderen Näheverhältnis zum Aufenthaltsrecht des Verbrauchers, so gelten für den Verbrauchervertrag nach Art. 6 III Rom I-VO die allgemeinen Anknüpfungsregelungen der Art. 3 und 4 Rom I-VO.

---

[203] *Kindler* Einführung IPR 41.

4. Nach Art. 6 IV Rom I-VO gelten für fünf enumerativ aufgeführte Verträge nicht die Verbraucherschutzregelungen der Abs. 1 und 2.

Der Aufbau von Art. 6 Rom I-VO stellt sich danach so dar:

Bild 4: Aufbau von Art. 6 Rom I-VO

Abs. 1:	Abs. 2:	Abs. 3:	Abs. 4:
Fehlende Rechtswahl bei besonderem Näheverhältnis zum Verbraucher: Es gilt das Aufenthaltsrecht des Verbrauchers.	**Getroffene Rechtswahl:** Diese ist gültig. Aber sie darf nicht dem Verbraucher die günstigeren Schutzvorschriften seines Aufenthaltsrechts entziehen.	**Fehlendes Näheverhältnis zum Verbraucher:** Dann gelten die allgemeinen Vorschriften der Art. 3 und 4 Rom I-VO.	**Ausnahmen für besondere Verträge:** Hier gelten Abs. 1 und 2 nicht.

6.8.2 Anwendungsvoraussetzungen

Für die Anwendung der Abs. 1–3 von Art. 6 Rom I-VO müssen bestimmte persönliche, sachliche und räumliche Voraussetzungen positiv bzw. negativ erfüllt sein.

6.8.2.1 Persönlicher Anwendungsbereich

Art. 6 Rom I-VO gilt nur für Verträge zwischen einem Unternehmer und einem Verbraucher (B2C).

Definitionen:

Unternehmer ist, wer hinsichtlich des Vertrages in Ausübung seiner beruflichen oder gewerblichen Tätigkeit handelt.

Verbraucher ist dagegen jede natürliche Person, die den Vertrag zu einem Zweck schließt, der nicht oder nur zum geringeren Teil ihrer beruflichen oder gewerblichen Tätigkeit zugerechnet werden kann. Klassischer Anwendungsfall ist der Privatkauf einer Einzelperson bei einem Handelsunternehmen.

Praxisfall: Privatkauf im Ausland

Privatmann P, Wohnsitz Münster, kauft in seinem Urlaub in der Türkei bei Handelsunternehmen H in Izmir einen Ledermantel für seinen persönlichen Gebrauch.

Lösung

Hier sind die persönlichen Voraussetzungen für einen Verbrauchervertrag iSv Art. 6 I Rom I-VO gegeben, da H als Verkäufer in Ausübung seiner gewerblichen Tätigkeit gehandelt hat und P als natürliche Person den Kaufvertrag zu einem privaten Zweck geschlossen hat, der weder seiner beruflichen noch seiner gewerblichen Tätigkeit zugeordnet werden kann.

Die Begriffe Unternehmer und Verbraucher sind „situativ"[204] zu verstehen. Es ist zu fragen, ob der Vertragspartner den Vertrag in der konkreten Situation zu beruflichen bzw. gewerblichen Zwecken abgeschlossen hat oder nicht. So kann auch ein Kaufmann im Einzelfall als Verbraucher angesehen werden, wenn der Vertragszweck im Einzelfall überhaupt nicht oder nur zu einem geringeren Teil[205] seiner beruflichen oder gewerblichen Tätigkeit zugerechnet werden kann.

Praxisfall:
Kaufmann K kauft von Unternehmer U ein Neufahrzeug zur privaten Nutzung.
Lösung K ist hier Verbraucher nach Art. 6 I Rom I-VO, da er in der konkreten Situation den Kauf für ausschließlich private Zwecke, die nichts mit seiner gewerblichen oder beruflichen Tätigkeit zu tun haben, getätigt hat. Da U seinerseits Unternehmer ist, ist der persönliche Anwendungsbereich des Art. 6 Rom I-VO eröffnet.

Der kollisionsrechtliche Verbraucherschutz nach Art. 6 Rom I-VO kommt dagegen bei reinen Privatgeschäften ebenso wenig in Betracht wie bei Geschäften zwischen Unternehmern zu (vorwiegend) gewerblichen oder beruflichen Zwecken. In beiden Fällen fehlt es an dem strukturellen Ungleichgewicht zwischen den Vertragsparteien, das Grund für die Sonderanknüpfung in Art. 6 Rom I-VO ist.

Praxisfall:
K aus Warschau kauft auf einer Autobörse in Berlin von Privatmann P aus Hannover dessen privaten Pkw für den eigenen persönlichen Gebrauch.
Lösung Hier liegt ein reiner Kauf zwischen Verbrauchern vor, der nicht zu beruflichen oder gewerblichen Zwecken erfolgte. Mangels unternehmerischen Handelns des Verkäufers unterliegt der Vertrag nicht dem Art. 6 Rom I-VO. Vielmehr ist nach Art. 3 Rom I-VO eine getroffene Rechtswahl maßgeblich. Bei fehlender Rechtswahl ist nach Art. 4 I lit. a) Rom I-VO an den gewöhnlichen Wohnsitz des Verkäufers anzuknüpfen, sodass dann deutsches Recht gilt.

6.8.2.2 Sachlicher Anwendungsbereich

Nach Art. 6 I Rom I-VO gilt die Sonderanknüpfung für Verbraucherverträge im Grundsatz für alle Vertragstypen. Die früher in Art. 5 EVÜ und Art. 29 EGBGB enthaltene Beschränkung auf „Verträge über die Lieferung beweglicher Sachen oder die Erbringung von Dienstleistungen" sowie „Verträge zur Finanzierung eines solchen Geschäfts" ist entfallen. Dadurch sind nunmehr zB auch grenzüberschreitende Verbraucherkreditverträge oder Verträge über den Kauf von Software, Musik, Filmen oder Büchern durch direkten download erfasst, die früher mangels Körperlichkeit nicht als Lieferung beweglicher Sachen angesehen wurden. Schließlich fallen jetzt auch Verträge zum Erwerb von Forderungen, Wertpapieren, Mitgliedschafts-, Im-

---

[204] Palandt/*Thorn* Rom I-VO Art. 6 Rn. 5.
[205] Palandt/*Thorn* Rom I-VO Art. 6 Rn. 5.

materialgütern und sonstigen Rechten unter den sachlichen Anwendungsbereich der Vorschrift.[206]

Allerdings ist andererseits der Ausnahmekatalog von Art. 6 IV Rom I-VO zu beachten, der den sachlichen Anwendungsbereich gegenüber früher noch stärker einschränkt. Danach sind von der Sonderregelung für Verbraucherverträge ausgeschlossen:

- Dienstleistungsverträge, die ausschließlich außerhalb des Aufenthaltsstaats des Verbrauchers erbracht werden, lit. a),
- Beförderungsverträge mit Ausnahme von Pauschalreiseverträgen, lit. b),
- Grundstücksverträge mit Ausnahme von Verträgen über Teilzeitnutzungsrechte, lit. c),
- Rechte und Pflichten im Zusammenhang von Finanzinstrumenten, lit. d)
- Verträge in multilateralen Handelssystemen, lit. e).

Dazu einige Erläuterungen:

Als **Dienstleistungsverträge** nach lit. a) kommen zB ausschließlich im Ausland durchzuführende Verträge über Sprachkurse oder Hotelübernachtungen in Betracht.

Praxisfall:
A aus Bremen bucht bei einer englischen Sprachschule S in Bournemouth zu privaten Zwecken einen zweiwöchigen Sprachkurs in dem südenglischen Seebad.

Lösung	Der persönliche Anwendungsbereich von Art. 6 Rom I-VO ist eröffnet, da A den Vertrag zu privaten Zwecken und S den Vertrag zu gewerblichen bzw. beruflichen Zwecken geschlossen haben. Jedoch ist der sachliche Anwendungsbereich nach Abs. 1 der Vorschrift nicht einschlägig, weil die Ausnahme von Abs. 4 lit. a) eingreift. Da es hier bei dem Sprachkurs in England um eine Dienstleistung geht, die ausschließlich außerhalb des Aufenthaltsstaates des Verbrauchers erbracht wird, kommt Art. 6 Rom I-VO hier nicht zur Anwendung. Vielmehr ist das anzuwendende Recht nach Art. 3 oder 4 Rom I-VO zu ermitteln, Art. 6 III Rom I-VO. Danach wäre bei fehlender Rechtswahl das Aufenthaltsrecht des Dienstleisters maßgebend, Art. 4 I lit. b) Rom I-VO, also englisches Recht.

Internationale **Beförderungsverträge** unterstehen mit Ausnahme der Pauschalreisen iSd PauschalreiseRL nicht Art. 6 Rom I-VO, sondern der Sonderregelung von Art. 5 Rom I-VO, wozu bereits oben Stellung genommen wurde. Pauschalreisen unterliegen dagegen nach der Unterausnahme in Art. 6 IV lit. b) Rom I-VO dem kollisionsrechtlichen Verbraucherschutz des Art. 6 Rom I-VO.[207]

Praxisfall:
Der ägyptische Anbieter A bietet attraktive Nilkreuzfahrten mit Flug, Kreuzfahrt incl. Übernachtung und Verpflegung sowie mit Besichtigung historischer Bauwerke über Prospekte und Internet in Deutschland an. Der pensionierte Geschichtsprofessor P, wohnhaft in Dortmund, bucht. Gilt Art. 6 Rom I-VO?

---

[206] *Leible/Lehmann* RIW 2008, 537.
[207] Palandt/*Thorn* Rom I-VO Art. 5 Rn. 11.

> **Lösung**
>
> Da die persönlichen Anwendungsvoraussetzungen von Art. 6 I Rom I-VO in Form eines Verbrauchervertrages vorliegen, kann nur fraglich sein, ob die Sachbereichsausnahme von Abs. 4 greift. Nach Art. 6 IV lit. b) Rom I-VO sind zwar Beförderungsverträge ausgeschlossen, indes nicht Pauschalreiseverträge. Eine solche Pauschalreise liegt hier iSv Art. 2 Nr. 1 UAbs. 1 der PauschalreiseRL[208] vor, da eine im voraus festgelegte Verbindung von mindestens zwei Dienstleistungen zu einem Gesamtpreis gegeben ist. Das sind hier Beförderung, Unterbringung sowie weitere erhebliche touristische Dienstleistungen (Verpflegung, Besichtigungen). Folglich gilt Art. 6 I Rom I-VO nach der Unterausnahme in Abs. 4 lit. b) für den vorliegenden Pauschalreisevertrag. Er unterliegt daher bei fehlender Rechtswahl dem deutschen Recht.

Grundstücksverträge sind nach lit. c) gleichfalls von der Anwendung des Art. 6 Rom I-VO ausgeschlossen. Darunter fallen Verträge, die ein dingliches Recht an unbeweglichen Sachen (Kauf, Schenkung, Tausch) sowie Miete oder Pacht unbeweglicher Sachen zum Gegenstand haben. Diese Immobilienverträge unterliegen demnach keinem gesonderten kollisionsrechtlichen Verbraucherschutz, sondern unterstehen den allgemeinen Kollisionsregeln der Art. 3 und 4 Rom I-VO. Das bedeutet, dass bei fehlender Rechtswahl das Recht des Belegenheitsorts zur Anwendung kommt, Art. 4 I lit. c Rom I-VO.

Praxisfall:

Der in Freiburg wohnende F kauft von einer spanischen Immobilienfirma V eine Eigentumswohnung auf Mallorca. Eine Rechtswahl wird nicht getroffen. Welches Recht gilt?

> **Lösung**
>
> Obwohl die persönlichen Anwendungsvoraussetzungen von Art. 6 Rom I-VO erfüllt sind, nimmt Abs. 4 lit. c) derartige Verträge über dingliche Rechte an unbeweglichen Sachen aus dem Anwendungsbereich der Verbraucherverträge heraus, sodass es bei Anwendung der allgemeinen Kollisionsnormen bleibt. Mangels Rechtswahl ist nach Art. 4 I lit. c) Rom I-VO an den Belegenheitsort der Immobilie anzuknüpfen. Der Kaufvertrag über die Eigentumswohnung untersteht wegen der Lage auf Mallorca daher dem spanischen Recht.

Verträge über **Teilzeitnutzungsrechte** an Immobilien iSd RL 94/47/EG sind nach der Unterausnahme von Art. 6 IV lit. c) Rom I-VO allerdings dem Kollisionsrecht über Verbraucherverträge zugeordnet. Im Unterschied zu den sonstigen Grundstücksgeschäften soll hier der strukturell unterlegene Käufer ausdrücklich geschützt werden.

Nach lit. d) ist eine weitere Ausnahme hinsichtlich der Anwendung von Art. 6 Rom I-VO für Rechte und Pflichten im Zusammenhang mit **Finanzinstrumenten** sowie für Vertragsverhältnisse zwischen Emittenten und Verbrauchern aus der Ausgabe und Zuteilung solcher Instrumente vorgesehen. Unter Finanzinstrumenten sind nach der maßgeblichen EG-RL über Märkte für Finanzinstrumente (MiFID)[209]

---

[208] RL 90/314/EWG des Rates v. 13.6.1990 über Pauschalreisen, ABl. EG L 158, 59.
[209] ABl. EU L 145, 1; geänd. ABl. EU L 76, 33.

v. 21.4.2004 beispielsweise handelbare Wertpapiere, Geldmarktsinstrumente, Optionen, Terminkontrakte und SWAPS zu verstehen.[210] Wie Erwägungsgründe Nr. 28 und 29 der Rom I-VO ausführen, soll hier eine Rechtszersplitterung durch unterschiedliches Verbraucherrecht vermieden und eine einheitliche Anknüpfung erreicht werden.

Gleiches gilt für die **multilateralen Systeme**, die von Art. 4 I lit. h) Rom I-VO erfasst werden und die nach Art. 6 IV lit. e) Rom I-VO ebenfalls aus dem Anwendungsbereich des Art. 6 Rom I-VO ausgeschlossen werden.

6.8.2.3 Räumlicher Anwendungsbereich

Räumlich verlangt Art. 6 I Rom I-VO ein besonderes Näheverhältnis zum Aufenthaltsrecht des Verbrauchers. Geschützt werden soll nicht der Verbraucher, der sich aus eigenem Antrieb ins Ausland begibt,[211] sondern nur derjenige, zu dem der Unternehmer von sich aus ein besonderes Näheverhältnis aufbaut, indem er im Verbraucherstaat eine berufliche oder gewerbliche Tätigkeit ausübt oder diese Tätigkeit auf diesen Staat ausrichtet, Art. 6 I lit. a) bzw. b) Rom I-VO.[212] Aufgrund dieser situativen Besonderheit ist dann ein solches Verbrauchergeschäft von der Wertung her einem Inlandsgeschäft angenähert und verdient einen besonderen kollisionsrechtlichen Schutz. Dieser besteht darin, dass die Verbraucher durch die Regelungen des Staates ihres gewöhnlichen Aufenthalts geschützt werden.[213]

Die nötige situative Nähe wird – anders als in der Vorgängerregelung von Art. 5 II EVÜ/Art. 29 I EGBGB mit ihren drei speziellen Fallgruppen – nunmehr auf der Basis von zwei generalklauselartigen Tatbeständen definiert:

Erforderlich ist, dass der Unternehmer nach Art. 6 I Rom I-VO entweder

a) seine berufliche oder gewerbliche Tätigkeit in dem Staat **ausübt**, in dem der Verbraucher seinen gewöhnlichen Aufenthalt hat, oder
b) eine solche Tätigkeit auf irgendeine Weise auf diesen Staat oder mehrere Staaten, einschließlich dieses Staates **ausrichtet**,

und der Vertrag in den Bereich dieser Tätigkeit fällt.

Im Fall a) liegt das Näheverhältnis auf der Hand: Das ausländische Unternehmen wird wie ein inländisches am Inlandsmarkt des Verbrauchers tätig und soll dann auch kollisionsrechtlich durch Anwendung des Rechts des Verbraucherstaates mit diesen gleichgestellt werden. Hier liegt also eine Identität von Verbraucherstaat und Staat der unternehmerischen Aktivität vor.

Ausüben der Tätigkeit bedeutet Entfalten der unternehmerischen Aktivität, zumeist über eine entsprechende Niederlassung im Verbraucherstaat.[214]

---

[210] Palandt/*Thorn* Rom I-VO Art. 4 Rn. 21.
[211] Dieser kann selbstverständlich nicht erwarten, dass ihn das Verbraucherrecht seines Heimatstaates auch dort schützt, Reithmann/Martiny/*Martiny* Rn. 4182.
[212] *Kindler* Einführung IPR 45.
[213] Erwägungsgrund Nr. 25.
[214] PWW/*Remien* Rom I-VO Art. 6 Rn. 4.

> **Praxisfall:**
>
> Eine deutsche Baumarktkette vertreibt über ihre spanische Niederlassung Bauartikel in Spanien. Käufer A mit Wohnsitz in Malaga erwirbt einen Hochdruckreiniger für 299 EUR, ohne dass eine Rechtswahl für den Vertrag getroffen worden wäre.
>
> **Lösung**   Hier wird seitens der Baumarktkette eine gewerbliche Tätigkeit in Spanien über ihre spanische Niederlassung ausgeübt. In Spanien befindet sich gleichfalls der gewöhnliche Aufenthalt des Verbrauchers. Angesichts dieser Identität und des auf die aktive Beteiligung der Kette am spanischen Wirtschaftsverkehr zurückzuführenden Vertragsschlusses ist das nötige situative Näheverhältnis nach Art. 6 I lit. a) Rom I-VO hergestellt. Das führt zur Anwendung spanischen Rechts auf den Verbrauchervertrag.

> **Praxisfall:**
>
> Zur Ankurbelung des Umsatzes bietet ein Schweizer Unternehmen (Sitz Basel) in Südbaden im Rahmen eines Zeltverkaufs („Aktionswoche") preiswerte Gebrauchsartikel an, die unter anderem von einem Käufer K mit Wohnsitz in Badenweiler gekauft werden.
>
> **Lösung**   In diesem Fall hat das Schweizer Unternehmen eine gewerbliche Tätigkeit durch seine spezielle Aktion im südbadischen Raum entfaltet und hier Kaufangebote abgegeben und Leistungen ausgetauscht. Es hat demzufolge seine gewerbliche Tätigkeit im Wohnsitzstaat des Verbrauchers K ausgeübt. Da infolge dieses Ausrichtens auch ein Vertragsschluss zustande gekommen ist, liegt das geforderte Näheverhältnis nach Art. 6 I lit. a) Rom I-VO vor, sodass bei fehlender Rechtswahl deutsches Recht zur Anwendung kommt.

Im Fall b) wird nur ein irgendwie geartetes Ausrichten der beruflichen oder gewerblichen Tätigkeit auf den Verbraucherstaat verlangt und dass im Rahmen dieser Tätigkeit ein Vertrag geschlossen worden ist.[215]

Ausrichten bedeutet die aktive Beteiligung am Wirtschaftsverkehr durch Unterbreiten von Angeboten oder Marketingmaßnahmen, wie zB durch Werbung im Aufenthaltsstaat des Verbrauchers.[216] Das kann etwa durch klassische Werbung in Prospekten, Werbebeilagen oder in den Medien (Zeitungen, Zeitschriften, Fernsehen, Rundfunk) geschehen. Auch besondere Events wie Messen, Ausstellungen, Kaffeefahrten kommen infrage.

Da es auf die eingesetzten Medien nicht ankommt, ist auch der E-commerce grundsätzlich erfasst. Wie sich aus Erwägungsgrund Nr. 24 ergibt, ist die Zugänglichkeit einer Website für sich allein aber nicht ausreichend, um die Anwendbarkeit von Art. 6 Rom I-VO zu begründen. Vielmehr wird in Übereinstimmung mit der entsprechenden Regelung in Art. 15 I lit. c) Brüssel I-VO weiter vorausgesetzt, dass die Website auch den Vertragsschluss im Fernabsatz anbietet und dass tatsächlich ein solcher Vertragsabschluss im Fernabsatz erfolgt ist. Ob dieser Abschluss dann per Internet, Fax, Telefon oder ein anderes Mittel des Fernabsatzes erfolgte, ist gleich-

---

[215] Vgl. Erwägungsgründe Nr. 24 und 25.
[216] *Mankowski* IHR 2008, 142; PWW/*Remien* Rom I-VO Art. 6 Rn. 5.

gültig. Genauso wenig ist die auf einer Website benutzte Sprache oder die Währung von Bedeutung. Entscheidend für das Kriterium des Ausrichtens ist allein, dass der Verbraucher infolge einer Internet-Werbung oder eines Internet-Angebots (zB auf einer entsprechenden Homepage) mit dem Unternehmer einen Vertragsabschluss tätigen kann und dies auch tatsächlich tut.[217] Der Vertragsschluss muss also auf entsprechende grenzüberschreitende Internet-Aktivitäten „zurückzuführen sein".[218] Mit anderen Worten:

Zwischen den Marketingmaßnahmen des Unternehmers im Aufenthaltsstaat des Verbrauchers und der zum Abschluss des Vertrages erforderlichen Rechtshandlung des Verbrauchers muss eine Kausalität bestehen; die Website muss zum Vertragsschluss im Fernabsatz aufrufen und ein solcher muss auch tatsächlich erfolgt sein.[219]

Praxisfall: Internet-Kauf

Der Fitnessgerätehersteller F mit Sitz in England bewirbt auf seiner Homepage Heimtrainingsgeräte. Verbraucher V aus Düsseldorf möchte seine überflüssigen Pfunde loswerden und bestellt im angehängten Internet Shop bei F einen Crosstrainer für 298 EUR. Welches Recht gilt bei fehlender Rechtswahl?

Lösung	Es könnte Art. 6 I Rom I-VO anwendbar sein. Dann müsste als erstes ein Verbrauchervertrag vorliegen: Das trifft zu, da der Vertrag von F in Ausübung einer gewerblichen Tätigkeit mit dem V geschlossen wurde, der seinerseits den Vertrag weder zu beruflichen noch gewerblichen Zwecken geschlossen hat. Fraglich ist die weitere Voraussetzung, ob der Unternehmer nach lit. b) seine berufliche oder gewerbliche Tätigkeit auf den Verbraucherstaat ausgerichtet hat und der Vertrag in den Bereich dieser Tätigkeit fällt. F hat auf seiner Homepage eine grenzüberschreitende Werbung auch nach Deutschland entfaltet, wobei gleichgültig ist, ob diese in englischer oder deutscher Sprache erfolgte. Er hat zum Vertragsabschluss im Fernabsatz aufgerufen und dazu auf die Bestellmöglichkeit in seinem Internet-Shop verwiesen. Eine Ausrichtung in Richtung des Verbraucherstaates von V ist somit gegeben. Tatsächlich hat V auch von der angebotenen Internet-Bestellmöglichkeit Gebrauch gemacht und ein entsprechendes Angebot im Internet abgegeben. Damit war die Werbung kausal für den Vertragsschluss. Der Vertrag fällt in den Bereich der von F ausgehenden Tätigkeit. Wegen dieser räumlichen Nähebeziehung ist lit. b) zu bejahen. Das führt bei fehlender Rechtswahl zur Anwendung des Rechts des Verbraucherstaates. Der Vertrag unterliegt somit deutschem Recht.

Fehlt es an der Kausalität, ist dagegen Art. 6 Rom I-VO nicht anzuwenden, Art. 6 III Rom I-VO. Es ist dann nach Art. 3 und 4 Rom I-VO anzuknüpfen.

---

[217] *Leible/Lehmann* RIW 2008, 538.
[218] Erwägungsgründe Nr. 24 und Nr. 25.
[219] Palandt/*Thorn* Rom I-VO Art. 6 Rn. 6 f.

Praxisfall:[220] grenzüberschreitende Anwaltsberatung

Der auf Mallorca lebende Deutsche D wendet sich wegen eines Rechtsproblems an den ihm bekannten Rechtsanwalt R mit Kanzleisitz in Düsseldorf. R verfügt über eine Homepage, die dem D – der selbst keinen Internetzugang hat – bei Beauftragung unbekannt war. Gilt deutsches oder spanisches Recht für den Anwaltsvertrag?

Lösung

Nach Art. 6 I Rom I-VO könnte ggf. spanisches Recht als Recht des Verbraucherstaates zur Anwendung kommen. Dann müsste R seine berufliche Tätigkeit in irgendeiner Weise auf diesen Staat ausgerichtet haben und der Vertrag müsste in den Bereich dieser Tätigkeit fallen. Das ist zu verneinen, da der Vertragsschluss gänzlich unabhängig von der grenzüberschreitenden Internetwerbung erfolgte. Es fehlt an der notwendigen Kausalität zwischen Werbung und Vertragsschluss. Nach Art. 6 III Rom I-VO ist daher gemäß Art. 3 und 4 Rom I-VO anzuknüpfen. Bei fehlender Rechtswahl untersteht der Dienstleistungsvertrag daher nach Art. 4 I lit. b) Rom I-VO dem Recht des Staates, in dem der Dienstleister seinen gewöhnlichen Aufenthalt hat. Dies ist hier Düsseldorf. Es kommt daher deutsches Recht zur Anwendung.

6.8.3 Das auf Verbraucherverträge anzuwendende Recht

Im Rahmen von Art. 6 Rom I-VO ist zu unterscheiden, ob eine Rechtswahl getroffen worden ist (Abs. 2) oder nicht (Abs. 1) und ob ein qualifizierter Auslandsbezug zum Verbraucherstaat vorlag oder nicht (Abs. 3).

6.8.3.1 Qualifizierter Auslandsbezug

Wie bereits hervorgehoben, greift der besondere kollisionsrechtliche Verbraucherschutz nur bei qualifiziertem Auslandsbezug[221] ein, dh wenn ein besonderes räumlich-situatives Näheverhältnis zum Aufenthaltsstaat des Verbrauchers iSv Abs. 1 lit. a) oder lit. b) bestand. Fehlt es daran, so wird nach Art. 6 III Rom I-VO das anzuwendende Recht auch bei Verträgen mit Verbrauchern nach den allgemeinen Kollisionsnormen der Art. 3 Rom I-VO (bei getroffener Rechtswahl) und Art. 4 Rom I-VO (bei fehlender Rechtswahl) bestimmt. Zur Illustration wird auf das soeben erwähnte Beispiel der Anwaltsbeauftragung verwiesen.

6.8.3.2 Rechtswahl bei qualifiziertem Auslandsbezug

Art. 6 II Rom I-VO lässt – entgegen ursprünglichen Plänen, die eine Rechtswahl verboten – nunmehr eine Rechtswahl zwar grundsätzlich zu, schränkt diese jedoch dahingehend ein, dass dem Verbraucher nicht der Schutz der zwingenden Bestimmungen seines Aufenthaltsrechts entzogen werden darf. Dementsprechend ist im Einzelfall zu entscheiden, welches Recht für den Verbraucher günstiger ist: das gewählte Recht oder das Recht seines Aufenthaltsstaates (sog. Rosinentheorie). Es bleibt also wie schon bisher (Art. 5 II EVÜ/Art. 29 EG BGB) bei dem Günstigkeitsprinzip und damit bei einem „Rechtsmix"[222].

---

[220] Angelehnt an *Leible/Lehmann* RIW 2008, 538.
[221] *Kindler* Einführung IPR 47.
[222] PWW/*Remien* Rom I-VO Art. 6 Rn. 22.

Praxisfall: Freizeitveranstaltung im Ausland
Urlauber U aus Pforzheim schließt sich einer ins benachbarte Ausland führenden Freizeitveranstaltung an, die der dort ansässige Schmuckhändler S mit entsprechendem Werbeaufwand organisiert und durchgeführt hat. In diesem Rahmen erwirbt U eine teure Designeruhr mit Edelsteinen. Später möchte U unter Berufung auf § 312 I Nr. 2 BGB den Vertrag widerrufen. Das ausländische Recht, das ausdrücklich als Vertragsstatut bestimmt war, sieht kein Widerrufsrecht vor. Was gilt?

Lösung

Nach Art. 6 II Rom II-VO ist die getroffene Rechtswahl für den abgeschlossenen Verbrauchervertrag, der einen qualifizierten Auslandsbezug nach Abs. 1 lit. b) infolge der Werbeaktion in den Verbraucherstaat aufweist, zulässig. Dem Verbraucher muss jedoch der Schutz des ihm günstigeren zwingenden Verbraucherrechts verbleiben. Dies ist hier bzgl. des Widerrufs des Vertrages das deutsche Recht, das für Freizeitveranstaltungen ein unabdingbares vierzehntägiges Widerrufsrecht vorsieht, §§ 312 I Nr. 2, 355 BGB. Trotz prinzipieller Geltung ausländischen Rechts kann sich U daher auf diese für ihn günstigere, im Ausland nicht vorhandene Regelung berufen und den Vertrag mit Erfolg widerrufen.

6.8.3.3 Fehlende Rechtswahl bei qualifiziertem Auslandsbezug

Fehlt es an einer Rechtswahl, ist bei einem Verbrauchervertrag mit qualifiziertem Auslandsbezug gemäß Art. 6 I Rom I-VO an das Recht des Verbraucherstaates anzuknüpfen. Es gilt das Recht des Staates, in dem der Verbraucher seinen gewöhnlichen Aufenthalt hat. Dies stellt eine Abweichung von Art. 4 I Rom I-VO dar, wonach in den meisten Fällen sonst das Aufenthaltsrecht des Unternehmers zur Anwendung kommt. So gilt nach lit. a) bei Kaufverträgen das Aufenthaltsrecht des Verkäufers oder bei Dienstleistungsverträgen nach lit. b) das Aufenthaltsrecht des Dienstleisters. Durch die Sonderanknüpfung in Art. 6 Rom I-VO wird dem besonderen Schutzbedürfnis des Verbrauchers kollisionsrechtlich Rechnung getragen.

Praxisfall: Südafrikanischer Wein
Verbraucher V aus Hamburg bestellt aufgrund einer Internetwerbung per E-Mail bei einem südafrikanischen Spezialversender S eine größere Partie Wein zum Preise von 2.500 EUR. Welches Recht gilt bei fehlender Rechtswahl?

Lösung

Es könnte Art. 6 I Rom I-VO zur Anwendung kommen. Es liegt ein Vertrag vor, den V als natürliche Person zu einem Zweck geschlossen hat, der weder seiner beruflichen noch seiner gewerblichen Tätigkeit zugerechnet werden kann (Verbraucher). Sein Vertragspartner S war dagegen Unternehmer, weil er den Vertrag zu gewerblichen Zwecken schloss. Ein besonderer Auslandsbezug lag vor, da S mit der Internetwerbung eine gewerbliche Tätigkeit auf den Verbraucherstaat ausgerichtet hat und dieser Vertrag auch in den Bereich dieser Marketingtätigkeit fällt. Die Internetbestellung geht nämlich kausal auf die Internetwerbung zurück. Somit ist Art. 6 I Rom I-VO anzuwenden. Das bedeutet, dass bei fehlender Rechtswahl objektiv an das Aufenthaltsrecht des Verbrauchers anzuknüpfen ist. Da der Verbraucher in Hamburg wohnhaft ist, gilt somit deutsches Recht.

6.8.4 Sonderanknüpfung der Formgültigkeit

Nach Art. 11 IV Rom I-VO bestimmt sich die Formgültigkeit eines Verbrauchervertrages ausschließlich nach dem Recht am gewöhnlichen Aufenthalt des Verbrauchers. Die Sonderregelungen der Abs. 1–3 des Art. 11 Rom I-VO gelten ausdrücklich nicht.

Praxisfall: Dauerbezug
Im gerade genannten Beispiel verpflichtet sich V zur regelmäßigen Abnahme von Wein alle sechs Monate für eine Dauer von zwei Jahren. Ist dafür die Form des § 510 II BGB einzuhalten?

Lösung	Da – wie ausgeführt – ein Verbrauchervertrag mit qualifiziertem Auslandsbezug nach Art. 6 I lit. b Rom I-VO gegeben ist, bestimmt sich nicht nur der Vertrag selbst nach dem Recht des Verbraucherstaates, sondern nach Art. 11 IV Rom I-VO auch die Form dieser Verträge. Das bedeutet, dass auch für die Frage der Form das Recht am gewöhnlichen Aufenthalt des Verbrauchers gilt. Somit ist § 510 II BGB hinsichtlich der Form zu beachten, dh die Schriftform einzuhalten.

6.9 Versicherungsverträge (Art. 7 Rom I-VO)

Das Kollisionsrecht der EU für internationale Versicherungsverträge ist in Art. 7 Rom I-VO nunmehr zusammenfassend, aber höchst komplex neu geregelt. Während einige von einer „Hölle des Kollisionsrechts"[223] sprechen, das „in der Lehre schwer vermittelbar und in der Praxis nur von wenigen Spezialisten durchschaubar" sei, bezeichnen andere es als einen der „verschlungensten Irrgärten des Kollisionsrechts"[224]. Dabei erhellen nur zwei Lichtblicke das düstere Bild: Früher war es noch viel schlimmer, weil bis dato das Kollisionsrecht in zahlreichen europäischen Richtlinien zerfasert war und Art. 1 III EVÜ bzw. Art. 37 S. 1 Nr. 4 EGBGB ausdrücklich Versicherungsverträge (außer Rückversicherungsverträge), die Risiken innerhalb der EWG oder des Europäischen Wirtschaftsraums betrafen, von der Geltung des Abkommens ausklammerten. Zum anderen soll die jetzt gefundene Regelung einer Überprüfung unterzogen werden, da der Rat nach Art. 27 I lit. a) Rom I-VO bis zum 17.6.2013 eine Untersuchung über das auf Versicherungsverträge anzuwendende Recht und eine Abschätzung der Folgen etwaiger einzuführender Bestimmungen vorzulegen hat. Damit wird die Hoffnung verbunden, dass es dann zu einer „durchgreifenden Reform dieses dunklen Kapitels des Internationalen Vertragsrechts"[225] kommt.

6.9.1 Überblick

Art. 7 Rom I-VO enthält für alle privatrechtlichen Versicherungsverträge außer den Rückversicherungsverträgen spezielle Kollisionsnormen, die den allgemeinen Regelungen der Art. 3, 4 und 6 Rom I-VO vorgehen. Mit Inkrafttreten der Rom I-VO

---

[223] *Leible/Lehmann* RIW 2008, 538.
[224] *Kindler* Einführung IPR 51.
[225] *Magnus* IPrax 2010, 40.

sind die bislang in Deutschland bestehenden Regelungen des Internationalen Versicherungsvertragsrechts in Art. 7 ff. EGVVG weggefallen.

Art. 7 Rom I-VO unterscheidet drei verschiedene Arten von Versicherungsverträgen und erlaubt den Vertragsparteien je nachdem unterschiedlich weitgehende Rechtswahlmöglichkeiten. Die relevanten Vertragstypen sind:

- Großrisikoverträge (Abs. 2),
- Massenrisikoverträge (Abs. 3),
- Pflichtversicherungsverträge (Abs. 4).

Die übrigen Absätze regeln die Anwendbarkeit der Vorschrift (Abs. 1) und das Thema der Risikobelegenheit (Abs. 5 und 6). Die Gliederung der umfangreichen Vorschrift stellt sich folglich so dar:

Bild 5: Aufbau von Art. 7 Rom I-VO

Abs. 1	Abs. 2	Abs. 3	Abs. 4	Abs. 5 und 6
Anwendbarkeit von Art. 7 Rom I-VO	Versicherungsverträge für Großrisiken	Versicherungsverträge für Massenrisiken	Pflichtversicherungsverträge	Risikobelegenheit

6.9.2 Anwendbarkeit

Art. 7 Rom I-VO gilt nach seinem Abs. 1 für alle Versicherungsverträge außer Rückversicherungsverträge. Diese unterliegen der allgemeinen Regelung von Art. 3 und 4 Rom I-VO.

Ferner ist einschränkend zu beachten, dass Verträge über Massenrisiken nur erfasst sind, soweit diese im Gebiet der Mitgliedstaaten belegen sind, Art. 7 I 1 Rom I-VO. Liegt das Risiko außerhalb dieses Gebiets, so gelten die allgemeinen Regelungen der Art. 3, 4 und 6 Rom I-VO.[226] Es kommt also zu einer sog. Statutenspaltung: Nur wenn das Risiko in einem Mitgliedstaat belegen ist, kommt Art. 7 Rom I-VO für Massenrisiken zur Anwendung. Sonst ist die Vorschrift nicht anwendbar, sondern die allgemeinen Anknüpfungsregeln der Art. 3, 4 und 6 Rom I-VO gelten.

Bei den Großrisiken ist diese kritisch zu bewertende Statutenspaltung[227] dagegen überwunden:

Art. 7 I 1 Rom I-VO ordnet die Anwendbarkeit der Vorschrift für alle Großrisiken an, unabhängig davon, ob das gedeckte Risiko in einem Mitgliedstaat belegen ist oder nicht.

---

[226] *Leible/Lehmann* RIW 2008, 528 (539), insb. zur Anwendbarkeit von Art. 6 in diesen Fällen, die eigentlich mit Erwägungsgrund 32 in Konflikt kommt.

[227] PWW/*Ehling* Rom I-VO Art. 7 Rn. 7.

Bild 6: Anwendbarkeit von Art. 7 Rom I-VO

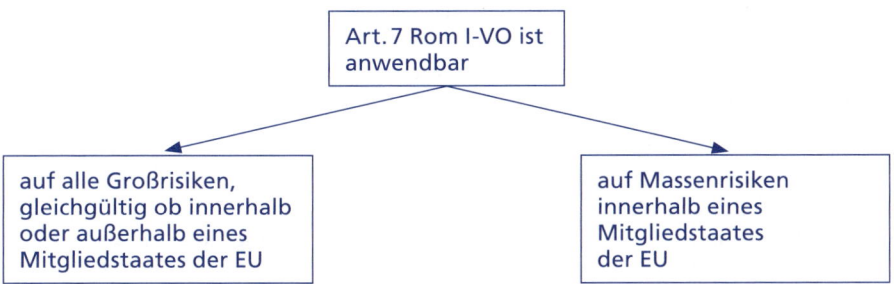

6.9.3 Rückversicherungsverträge

Rückversicherungsverträge unterstehen nach der Ausnahmeregelung von Art. 7 I 2 Rom I-VO den allgemeinen Kollisionsnormen der Art. 3 und 4 Rom I-VO.[228] Die Parteien können und werden im Regelfall nach Art. 3 Rom I-VO eine Rechtswahl darüber treffen, welches Recht für ihren Rückversicherungsvertrag anwendbar sein soll. Sie sind darin in jeder Weise frei. Rechtswahlbeschränkungen gibt es nicht. Falls es zu keiner Rechtswahl kommen sollte, gilt Art. 4 Rom I-VO. Da eine Rückversicherung eine Dienstleistung darstellt, ist nach Art. 4 I lit. b) Rom I-VO an den gewöhnlichen Aufenthalt des Dienstleisters anzuknüpfen. Maßgebend ist demnach der gewöhnliche Aufenthalt des Rückversicherers.[229]

6.9.4 Versicherungsverträge über Großrisiken

Was unter einem Großrisiko zu verstehen ist, bestimmt sich nach Art. 5 lit. d). der ersten Direktversicherungsrichtlinie v. 24.7.1973.[230] Es handelt sich um:

- bestimmte Versicherungszweige, nämlich Schienenfahrzeugkasko, Luftfahrzeugkasko, See-, Binnensee- und Flussschifffahrtkasko, Transportgüterversicherung, Luftfahrzeughaftpflicht sowie See-, Binnensee- und Flussschifffahrtshaftpflicht oder
- Kredit- und Kautionsversicherungen im Zusammenhang mit einer gewerblichen oder freiberuflichen Tätigkeit oder
- bestimmte Schadensversicherungen (zB Kfz-Kasko, Feuer- und Elementarschäden-Versicherungen) von Unternehmen, die mindestens 2 von 3 der nachfolgenden Kriterien erfüllen:
  Bilanzsumme: 6,2 Mio. EUR
  Nettoumsatz: 12,8 Mio. EUR
  Durchschnittliche Beschäftigtenzahl im Verlauf des Wirtschaftsjahres: 250.

Gleichgültig, ob diese Risiken innerhalb oder außerhalb der EU belegen sind, unterliegen die betreffenden Versicherungsverträge dem von den Parteien nach Art. 3

---

[228] Palandt/*Thorn* Rom I-VO Art. 7 Rn. 3; *Magnus* IPRax 2010, 39; *Leible/Lehmann* RIW 2008, 528 (539).

[229] Palandt/*Thorn* Rom I-VO Art. 7 Rn. 3; *Leible/Lehmann* RIW 2008, 528 (539); str.

[230] 1. RL 73/239/EWG des Rates v. 24.7.1973 zur Koordinierung der Rechts- und Verwaltungsvorschriften betreffend die Aufnahme und Ausübung der Tätigkeit der Direktversicherung (mit Ausnahme der Lebensversicherung).

Rom I-VO gewählten Recht, Art.7 II UAbs.1 Rom I-VO. Bei fehlender Rechtswahl unterliegen derartige Versicherungsverträge dem Recht des Staates, in dem der Versicherer seinen gewöhnlichen Aufenthalt hat, Art.7 II UAbs.2 S.1 Rom I-VO. Bei offensichtlich engerer Verbindung zu einem anderen Staat ist das Recht dieses anderen Staates anzuwenden, Art.7 II UAbs.2 S.2 Rom I-VO.

Praxisfall:
Der polnische Binnenschiffer B mit Wohnsitz in Warschau schließt für sein Schiff bei Generali mit Hauptverwaltungssitz in Rom eine Flussschifffahrtversicherung ab. Welches Recht gilt für den Versicherungsvertrag?
Lösung Da es sich angesichts des versicherten Risikos um eine Großrisikoversicherung handelt (Ziffer 6 des Anhangs A zur 1. DirektversicherungsRL), ist Art.7 II Rom I-VO einschlägig. Der Vertrag unterliegt demzufolge dem von den Parteien gewählten Recht (zB Polen oder Italien). Fehlt es daran, ist der gewöhnliche Aufenthalt des Versicherers maßgebend: Da dies Rom ist, gilt bei fehlender Rechtswahl italienisches Recht.

6.9.5 Versicherungsverträge über Massenrisiken

Für Versicherungsverträge, die keine Großrisiken betreffen, gelten die komplizierten Regelungen von Art.7 III Rom I-VO. Diese Verträge werden als Massenrisiken bezeichnet. Damit sind vor allem Versicherungsverträge mit Verbrauchern erfasst, aber auch Versicherungsverträge mit mittleren und kleineren Unternehmen, die zB nicht die nach Abs.2 erforderliche Betriebsgröße oder Umsätze aufweisen. Zu denken ist bei Letzteren vor allem an alle Arten von Schadensversicherungen. Bei Versicherungen mit Verbrauchern kommt das gesamte Spektrum von Personen- und Schadensversicherungen in Betracht.

Art.7 III Rom I-VO verfolgt das Ziel, den Versicherungsnehmer – also besonders Verbraucher sowie kleinere und mittelgroße Unternehmer – kollisionsrechtlich zu schützen. Zu diesem Zweck wird in UAbs.1 die Rechtswahlfreiheit eingeschränkt und in UAbs.3 bei fehlender Rechtswahl auf die Risikobelegenheit abgestellt.

6.9.5.1 Rechtswahlbeschränkung

Durch die Rechtswahlbeschränkung soll in besonderer Weise der strukturell unterlegene Versicherungsnehmer, der insbesondere als Verbraucher versicherungsrechtlich häufig unerfahren ist, vor der Wahl eines für ihn nicht vorhersehbaren Sachrechts bewahrt werden.[231]

Deshalb erlaubt Art.7 III UAbs.1 Rom I-VO nur eine beschränkte Rechtswahl. Wählbar sind:

---

[231] PWW/*Ehling* Rom I-VO Art.7 Rn.10.

1. Das Recht des Orts der Risikobelegenheit, lit. a)

Dieser Ort wird gemäß Abs. 6 auf der Grundlage der 2. Schadensversicherungs-richtlinie 88/357/EWG des Rates v. 22.6.1988 und der Lebensversicherungsrichtlinie 2002/83/EG des Europäischen Parlaments und des Rates v. 5.11.2002 bestimmt. Danach sind

- für Immobiliarversicherungen der **Lageort,**
- für Fahrzeugversicherungen der **Zulassungsort,**
- bei Reise- und Ferienversicherungen mit einer Laufzeit bis zu vier Monaten der **Abschlussort** und
- bei Lebensversicherungen und in allen anderen Fällen der gewöhnliche Aufenthalt des Versicherungsnehmers maßgebend.

Sind die Risiken in mehreren Mitgliedstaaten belegen, wird der Vertrag nach Abs. 5 fiktiv in mehrere Verträge aufgespalten und jeweils selbstständig angeknüpft.

2. Das Aufenthaltsrecht des Versicherungsnehmers, lit. b)

Maßgebend ist das Recht am gewöhnlichen Aufenthalt des Versicherungsnehmers. Eine solche Rechtswahl kommt dem Versicherungsnehmer regelmäßig am meisten entgegen.

3. Bei Lebensversicherungsverträgen das Recht des Mitgliedstaates, dessen Staatsangehörigkeit der Versicherungsnehmer besitzt, lit. c)

Praxisfall:
Ein englischer Lebensversicherer bietet weltweit per Internet den Abschluss von Risikolebensversicherungen an. Der in Hamburg wohnhafte Deutsche A überlegt einen Abschluss. Welches Recht könnte gewählt werden?

Lösung	Grundsätzlich besteht für Massenrisiken nach Art. 7 III Rom I-VO nur eine begrenzte Rechtswahlfreiheit:
	Wählbar sind danach:
	1. das Recht des Staates, in dem das versicherte Risiko belegen ist (lit. a)
	2. das Recht des gewöhnlichen Aufenthalts des Versicherungsnehmers (lit. b)
	3. bei Lebensversicherungen das Heimatrecht des Versicherungsnehmers (lit. c)
	Das versicherte Risiko ist in Deutschland belegen, ebenso liegt dort der gewöhnliche Aufenthalt des Versicherungsnehmers. Daher kann nach lit. a) und b) deutsches Recht gewählt werden. Das nach lit. c) maßgebliche Heimatrecht ist für den deutschen Staatsangehörigen A ebenfalls Deutschland.
	Ergebnis: Die Rechtswahl ist auf deutsches Recht beschränkt.

4. Bei Schadensfällen, die ausschließlich in einem anderen Staat eintreten können als dem Staat, in dem das Risiko belegen ist, das Recht des Schadenseintrittsortes, lit. d).

Als Beispiel wird in der Literatur eine Haftpflichtpolice für grenzüberschreitende Umweltschäden genannt:[232] Hier können nur Schadensfälle außerhalb des Orts der Risikobelegenheit auftreten. Dann ist die Wahl des Rechts des Schadenseintrittsortes erlaubt.

5. Bei Versicherungsverträgen, die mindestens zwei in unterschiedlichen Mitgliedstaaten belegene Risiken aus gewerblicher, industrieller oder freiberuflicher Tätigkeit abdecken, das Recht eines betroffenen Mitgliedstaates oder des gewöhnlichen Aufenthalts des Versicherungsnehmers, lit. e).

Die nachfolgende Öffnungsklausel des Art. 7 III UAbs. 2 Rom I-VO entwertet freilich die vorbezeichnete Rechtswahlbeschränkung.[233] Danach dürfen die Mitgliedstaaten in den Fällen der Buchstaben a), b) oder e) nämlich durch nationale Gesetze den Parteien eine größere Rechtswahlfreiheit einräumen. Damit wird erneut eine europäische Rechtszersplitterung in Kauf genommen. Anzumerken ist, dass die Mitgliedstaaten von dem Optionsrecht in unterschiedlichem Maße Gebrauch machen.[234]

6.9.5.2 Objektive Anknüpfung

Soweit die Parteien keine Rechtswahl getroffen haben, unterliegt der Vertrag nach Art. 7 III UAbs. 3 Rom I-VO dem Recht des Mitgliedstaates, in dem im Zeitpunkt des Vertragsschlusses das Risiko belegen ist.

Praxisfall: Ausländische Versicherung

Ferienhausbesitzer F aus Bielefeld schließt bei der spanischen Versicherung V, Hauptverwaltung Madrid, für seine Immobilie auf Mallorca eine Gebäudeversicherung ab. Welches Recht gilt für das Versicherungsverhältnis?

Lösung

Die Parteien können nach für den Vertrag, der kein Großrisiko betrifft und mithin als Massenrisikovertrag unter die Regelung von Art. 7 III Rom I-VO fällt, grundsätzlich eine Rechtswahl treffen, die allerdings eingeschränkt ist. Hier wäre nach UAbs. 1 lit. a) das Recht der Risikobelegenheit wählbar, also das Recht Spaniens, oder nach lit. b) das Recht des Staates, in dem der Versicherungsnehmer seinen gewöhnlichen Aufenthalt hat, also das Recht Deutschlands.

Falls keine Rechtswahl getroffen wird, gilt nach Art. 7 III UAbs. 3 Rom I-VO das Recht des Mitgliedstaates, in dem zum Zeitpunkt des Vertragsschlusses das Risiko belegen ist. Da es um eine Gebäudeversicherung für eine in Spanien gelegene Immobilie geht, wäre somit spanisches Recht auf den Versicherungsvertrag anzuwenden.

---

[232] Palandt/*Thorn* Rom I-VO Art. 7 Rn. 7.

[233] *Magnus* IPRax 2010, 40: „*Diesen Schutz nimmt Art. 7 Abs. 3 aber sogleich weitgehend zurück, indem er den Mitgliedstaaten gestattet, größere … Wahlfreiheit einzuräumen.*"

[234] Palandt/*Thorn* Rom I-VO Art. 7 Rn. 7 mwN; positiv dagegen *Clausnitzer/Woopen* BB 2008, 1804: die Neuregelung sei „erfreulicherweise auf eine weitergehende Öffnung der Wahlmöglichkeiten hin angelegt, für die sich die Versicherungswirtschaft bereits während der Verhandlungen eingesetzt hatte."

6.9.6 Pflichtversicherungen

Versicherungsverträge, für die ein Mitgliedstaat eine Versicherungspflicht vorschreibt, unterliegen je nach Risikotyp dem Art. 7 II Rom I-VO bei Großrisiken und dem Art. 7 III Rom I-VO bei Massenrisiken. Zusätzlich ist Abs. 4 zu beachten. Das bedeutet:

Ein Mitgliedstaat kann abweichend von den Abs. 2 und 3 vorschreiben, dass auf den Versicherungsvertrag das Recht des Mitgliedstaates anzuwenden ist, der die Versicherungspflicht vorschreibt. Damit wird ein Gleichlauf von Versicherungspflicht und dem auf den Vertrag anzuwendenden Recht erreicht. Von dieser Möglichkeit hat Deutschland in Art. 46c II EG BGB Gebrauch gemacht und bestimmt, dass ein über eine Pflichtversicherung abgeschlossener Vertrag deutschem Recht unterliegt, wenn die gesetzliche Pflicht zu seinem Abschluss auf deutschem Recht beruht. Eine anderweitige Rechtswahl ist unzulässig.

Praxisfall: Ausländische Kfz-Versicherung

A, wohnhaft in Athen, ist Halter eines Kfz, das in der Bundesrepublik Deutschland zugelassen werden und dort auch seinen regelmäßigen Standort haben soll. Er schließt mit dem griechischen Versicherer V eine Kfz-Haftpflichtversicherung ab, die griechischem Recht unterstehen soll. Zulässig?

Lösung: Nach Art. 7 III UAbs. 1 lit. b) Rom I-VO könnte an sich griechisches Recht gewählt werden, weil das Recht des Staates wählbar ist, in dem der Versicherungsnehmer seinen gewöhnlichen Aufenthalt (hier Athen) hat. Da das Kfz jedoch in Deutschland zugelassen werden soll und in Deutschland seinen regelmäßigen Standort haben soll, unterliegt A der Pflicht, eine entsprechende Haftpflichtversicherung nach § 1 Pflichtversicherungsgesetz abzuschließen. Gemäß Art. 7 IV lit. b) Rom I-VO in Verbindung mit Art. 46c EGBGB hat dies zur Folge, dass der Vertrag zwingend dem deutschen Recht unterliegt. Eine anderweitige Rechtswahl ist unzulässig und unwirksam.[235]

Noch ein **Hinweis**:

Falls umgekehrt ein anderer Mitgliedstaat der EU oder des EWR eine Versicherungspflicht vorschreibt, so unterliegt der Vertrag nach Art. 46c I EGBGB dem Recht dieses Staates, sofern dieser den Vertrag zwingend dem eigenen Recht unterwirft. Der betreffende ausländische Anwendungsanspruch würde dann also auch von Deutschland respektiert.

6.10 Individualarbeitsverträge (Art. 8 Rom I-VO)

Für Individualarbeitsverträge, die ab dem 17.12.2009 geschlossen werden, gilt Art. 8 Rom I-VO. Er löst die bis dahin bestehenden Vorschriften von Art. 6 EVÜ/Art. 30 EGBGB ab, ohne dass damit größere inhaltliche Neuerungen verbunden wären.

---

[235] Palandt/*Thorn* EGBGB Art. 46c.

6.10.1 Überblick

Art. 8 I Rom I-VO erlaubt auch bei Arbeitsverträgen eine freie Rechtswahl. Diese darf aber nicht dazu führen, dass dem Arbeitnehmer der Schutz entzogen wird, der ihm durch Bestimmungen gewährt wird, die ohne Rechtswahl zur Anwendung kämen und von denen nicht durch Vereinbarung abgewichen werden kann. Insoweit ist ein Günstigkeitsvergleich mit den aufgrund objektiver Anknüpfung nach Art. 8 II-IV Rom I-VO zur Anwendung kommenden zwingenden Arbeitnehmerschutzregelungen durchzuführen (ähnlich wie bei Verbraucherverträgen nach Art. 6 II Rom I-VO).

Bei fehlender Rechtswahl wird nach Art. 8 II Rom I-VO objektiv an den gewöhnlichen Arbeitsort angeknüpft, wobei ein vorübergehender Wechsel in einen anderen Staat ohne Bedeutung ist. Kann eine Bestimmung nach Abs. 2 nicht vorgenommen werden, entscheidet das Recht des Staates, in dem sich die Niederlassung befindet, die den Arbeitnehmer eingestellt hat, Art. 8 III Rom I-VO.

Nach der Ausweichregel von Art. 8 IV Rom I-VO ist bei einer engeren Verbindung zum Recht eines anderen Staates dessen Recht anwendbar.

Bild 7: Aufbau von Art. 8 Rom I-VO

Art. 8 I Rom I-VO	Art. 8 II Rom I-VO	Art. 8 III Rom I-VO	Art. 8 IV Rom I-VO
Freie Rechtswahl, aber Günstigkeitsvergleich	Objektive Anknüpfung an das Recht des Arbeitsortes	Mangels Bestimmbarkeit nach Abs. 2 Anknüpfung an das Recht der einstellenden Niederlassung	Ausweichklausel. Bei engerer Verbindung zum Recht eines anderen Staates gilt dieses.

6.10.2 Anwendbarkeit

Art. 8 Rom I-VO ist nur auf Individualarbeitsverträge anzuwenden. Zum Begriff des Individualvertrages hat sich der EuGH[236] wie folgt geäußert:

„Das wesentliche Merkmal des Arbeitsverhältnisses besteht darin, dass jemand während einer bestimmten Zeit einem anderen nach dessen Weisung Leistungen erbringt, für die er als Gegenleistung eine Vergütung erhält."

Mit anderen Worten sind nur unselbstständige Dienstverträge zwischen Arbeitgeber und Arbeitnehmer, die eine weisungsgebundene Tätigkeit gegen Entgelt zum Gegenstand haben,[237] einschlägig.

Daraus folgt, dass freie Handelsvertreter mangels Weisungsgebundenheit nicht Art. 8 Rom I-VO unterliegen, Art. 1 II HandelsvertreterRL.[238] Dagegen gilt die Bestimmung für Scheinselbstständige und Fremdgeschäftsführer einer GmbH.[239] Auch faktische Arbeitsverhältnisse sind erfasst.[240]

---

[236] EuGH NJW 1987, 1138; ihm zu Recht folgend *Kindler* Einführung IPR 52.
[237] Leible/Ferrari/*Mankowski*, Rome I Regulation 177/202; Palandt/*Thorn* Rom I-VO Art. 8 Rn. 3.
[238] RL 86/653/EWG v. 18.12.1986.
[239] Palandt/*Thorn* Rom I-VO Art. 8 Rn. 3 mwN.
[240] Palandt/*Thorn* Rom I-VO Art. 8 Rn. 3 mwN.

Praxisfall: Ausländischer Schwarzarbeiter
A lässt den ausländischen Mitarbeiter M, der keine Arbeitserlaubnis besitzt, schwarz für sich in Deutschland arbeiten.
Lösung Auch wenn das Arbeitsverhältnis wegen fehlender Arbeitserlaubnis und Verstoß gegen steuerliche und sozialversicherungsrechtliche Abgabepflichten nichtig ist, wird es, soweit es in Vollzug gesetzt wurde, wie ein fehlerfreies Arbeitsverhältnis behandelt, sog. faktisches Arbeitsverhältnis. Das bedeutet, dass nach Art. 8 II Rom I-VO bei fehlender Rechtswahl an den gewöhnlichen Arbeitsort anzuknüpfen ist. Es gilt folglich deutsches Recht.

6.10.3 Kollektives Arbeitsrecht

Wie Überschrift und Text belegen, gilt Art. 8 I Rom I-VO nicht für das kollektive Arbeitsrecht.[241] Für diesen Bereich gibt es je nach einschlägigem Rechtsgebiet unterschiedliche Regelungen: So ist das Betriebsverfassungsrecht unabhängig vom jeweiligen Arbeitsvertragsstatut auf alle im Inland gelegenen Betriebe inländischer und ausländischer Unternehmen anzuwenden.[242] Gewöhnlicher Aufenthalt von Arbeitgeber und Arbeitnehmer sind gleichgültig. Auf internationale Tarifverträge sind Art. 3 und 4 Rom I-VO anzuwenden. Es gilt also freie Rechtswahl bzw. bei fehlender Rechtswahl das Recht der engsten Verbindung nach Art. 4 IV Rom I-VO, was insbesondere nach dem räumlichen Schwerpunkt des Tarifvertrages zu beantworten ist.[243]

6.10.4 Freie Rechtswahl

Im Grundsatz ist nach Art. 8 I Rom I-VO eine freie Rechtswahl möglich, die jedoch dahingehend eingeschränkt wird, dass dem Arbeitnehmer nicht der Schutz des über Art. 8 II-IV Rom I-VO sonst anwendbaren zwingenden Rechts entzogen werden darf. Damit soll die Abwahl eines Rechts mit hohem Schutzniveau zulasten des Arbeitnehmers verhindert werden.

Im Einzelfall ist daher ein **Günstigkeitsvergleich** durchzuführen. Die Rechtsordnung mit dem besseren Schutzniveau für den Arbeitnehmer setzt sich durch (Rosinentheorie). Das kann die gewählte Rechtsordnung sein, die dann gilt, wenn es dem Arbeitnehmer genau so viel oder größeren Schutz bietet, wie auch das nach Art. 8 II-IV Rom I-VO anwendbare Recht. Bietet die gewählte Rechtsordnung dem Arbeitnehmer einen geringeren Schutz, so gilt bezüglich der zu entscheidenden Einzelfrage die von den Parteien im konkreten Fall abgewählte Rechtsordnung. Sie behauptet sich dann bei besserem Schutzniveau für den Arbeitnehmer gegen die Abwahl. Im Einzelfall kann es so zu einem „Mosaik"[244] zwingender Schutzvorschriften verschiedener Staaten kommen.

---

[241] Allgemeine Meinung, statt aller PWW/*Lingemann* Rom I-VO Art. 8 Rn. 4.
[242] BAG NZA 2000, 1119; Palandt/*Thorn* Rom I-VO Art. 8 Rn. 5.
[243] *Junker* IPrax 1994, 21.
[244] Palandt/*Thorn* Rom I-VO Art. 8 Rn. 8.

Praxisfall: Arbeitsvertrag mit Rechtswahl

Landwirt L beschäftigt in seiner niedersächsischen Landwirtschaft osteuropäische Mitarbeiter. Im Arbeitsvertrag mit dem ukrainischen Mitarbeiter M steht ausdrücklich, dass ukrainisches Recht gilt. Das sieht im Falle der Erkrankung eine deutlich schlechtere Lohnfortzahlung als nach deutschem Recht vor. Welches Recht gilt?

Lösung

Die getroffene Rechtswahl für den Individualarbeitsvertrag ist nach Art. 8 I Rom I-VO grundsätzlich zulässig. Es ist aber im Einzelfall durch Rechtsvergleich zu ermitteln, ob in dem betreffenden Teilbereich dem Arbeitnehmer der Schutz des zwingenden Rechts entzogen wird, das ohne die Rechtswahl sonst anwendbar wäre. Bei fehlender Rechtswahl würde Art. 8 II Rom I-VO zur Anwendung kommen. Dann würde das Recht am gewöhnlichen Arbeitsort des Arbeitnehmers gelten. Da der gewöhnliche Arbeitsort in Niedersachsen liegt, käme bei objektiver Anknüpfung deutsches Recht zur Anwendung. Bei einem Günstigkeitsvergleich zwischen deutschem Entgeltfortzahlungsgesetz und vergleichbaren Regelungen des ukrainischen Rechts schneidet das deutsche Recht mit seiner singulären sechswöchigen vollen Lohnfortzahlung besser ab. Im Falle einer Erkrankung des M wäre es folglich für die Lohnfortzahlungsansprüche von M gegen L maßgebend.

6.10.5 Objektive Anknüpfung

Soweit die Parteien das auf den Arbeitsvertrag anzuwendende Recht nicht durch Rechtswahl bestimmt haben, unterliegt der Arbeitsvertrag nach Art. 8 II Rom I-VO dem Recht des Staates, in dem oder andernfalls von dem aus der Arbeitnehmer in Erfüllung des Vertrags gewöhnlich seine Arbeit verrichtet.

Praxisfall: Arbeitsvertrag ohne Rechtswahl

Ein lothringischer Arbeitnehmer, Wohnsitz Metz, hat eine Anstellung bei einem Saarbrücker Autohaus, wo er als Verkäufer eingesetzt ist. Im Arbeitsvertrag fehlt eine Rechtswahl. Welches Recht gilt?

Lösung

Nach Art. 8 II Rom I-VO ist eine objektive Anknüpfung vorzunehmen, da keine Rechtswahl für den Arbeitsvertrag vorgenommen wurde. Maßgebend ist das Recht des Staates, in dem der Arbeitnehmer in Erfüllung des Arbeitsvertrags gewöhnlich seine Arbeit verrichtet. Dieser Arbeitsort ist hier Saarbrücken. Daher unterliegt der Vertrag dem deutschen Recht.

Unter dem **gewöhnlichen Arbeitsort** ist der Ort zu verstehen, der den tatsächlichen Mittelpunkt der Berufstätigkeit des Arbeitnehmers darstellt.[245] Wer häufig Auslandsreisen unternimmt oder als Außendienstmitarbeiter tätig ist, verliert dadurch seinen gewöhnlichen Arbeitsort nicht. Dieser ist dort, wohin er immer wieder als Mittelpunkt seiner Tätigkeit zurückkehrt.[246]

---

[245] EuGH IPRax 1999, 365; PWW/*Lingemann* Rom I-VO Art. 8 Rn. 10; Palandt/*Thorn* Rom I-VO Art. 8 Rn. 10.

[246] PWW/*Lingemann* Rom I-VO Art. 8 Rn. 10.

Es existieren allerdings auch Tätigkeiten, bei denen man kaum einen beruflichen Mittelpunkt feststellen kann. Dies ist zB bei Piloten, Flugbegleiterinnen oder Ingenieuren mit ständig wechselndem Einsatzort der Fall. In diesen Fällen stellt nunmehr Art. 8 II 1 2. Alt. Rom I-VO auf den **Ort der Einsatzbasis** ab. Dann gilt das Recht des betreffenden Staates, von dem aus der Arbeitnehmer in Erfüllung seines Vertrages gewöhnlich seine Arbeit verrichtet.

Praxisfall: Wechselnde Einsatzorte

Wartungsingenieur I startet für seine wechselnden Einsätze für eine französische Firma innerhalb Frankreichs und Deutschland von Frankfurt/Main aus. Dorthin kehrt er auch regelmäßig zurück und bricht von da aus zu neuen Einsätzen auf.

Lösung Ort der Einsatzbasis ist hier Frankfurt aM, von wo aus I gewöhnlich seine Arbeit verrichtet. Von dort aus ist er im Dienst. Daher ist nach Art. 8 II 1 2. Alt. Rom I-VO auf den Ort dieser Einsatzbasis abzustellen. Es gilt daher bei fehlender Rechtswahl deutsches Recht.

Art. 8 II 2 Rom I-VO stellt klar, dass der Staat, in dem die Arbeit gewöhnlich verrichtet wird, nicht wechselt, wenn der Arbeitnehmer seine Arbeit **vorübergehend** in einem anderen Staat verrichtet. Nach Erwägungsgrund 36 S. 1 sollte die Erbringung der Arbeitsleistung in einem anderen Staat dann als vorübergehend gelten, wenn von dem Arbeitnehmer erwartet wird, dass er nach seinem Arbeitseinsatz im Ausland seine Arbeit im Herkunftsstaat wieder aufnimmt. Eine feste Zeitgrenze lässt sich dafür nicht unbedingt festlegen.[247] Der Auslandseinsatz darf aber nicht endgültig sein, wie bei einer echten Versetzung. Dann kommt es zu einem Statutenwechsel.

Praxisfall: Halbjährige Entsendung ins Ausland

Bauingenieur B aus Hanau wird von seinem britischen Arbeitgeber seit Jahren an einem deutschen Arbeitsplatz beschäftigt. Wegen eines Großprojekts wird er für sechs Monate nach Dubai entsendet und soll danach wieder in Deutschland tätig werden. Welches Recht gilt für das Arbeitsverhältnis bei fehlender Rechtswahl?

Lösung Es könnte Art. 8 II Rom I-VO gelten. Es liegt ein internationaler Arbeitsvertrag ohne Rechtswahl vor. Gewöhnlicher Arbeitsort von Arbeitnehmer B ist Deutschland. Damit ist deutsches Recht anwendbar. Die Tatsache, dass B für sechs Monate außerhalb Deutschlands beschäftigt wird, führt nicht zu einem Wechsel des anwendbaren Rechts, da B nur für eine begrenzte Zeit von sechs Monaten seinen Arbeitsort wechselt und danach wieder an seinem ursprünglichen Arbeitsort tätig wird.

Wenn das anzuwendende Recht nicht nach Abs. 2 bestimmt werden kann, unterliegt der Arbeitsvertrag nach Abs. 3 dem Recht des Staates, in dem sich die **Niederlassung** befindet, die den Arbeitnehmer eingestellt hat. Hier ist an international tätige Arbeitnehmer mit ständig wechselnden Einsatzorten zu denken, deren Einsatzbasis so stark wechselt, dass weder von einem gewöhnlichen Arbeitsort noch einer ge-

---

[247] ZT wird verlangt, der Auslandseinsatz müsse kürzer als 2–3 Jahre dauern, *Kraushaar* BB 1989, 2124; vgl. zum Diskussionsstand näher Palandt/*Thorn* Rom I-VO Art. 8 Rn. 11.

wöhnlichen Einsatzbasis die Rede sein kann. Das kann zB bei Flugpersonal oder bei Besatzungen in der Hochseeschifffahrt infrage kommen.

Praxisfall:[248] Flugbegleiter
Eine finnische Flugbegleiterin F wird von einer spanischen Fluggesellschaft E beschäftigt, wobei die Einsatzbasis für F teilweise in Frankfurt und teilweise in Madrid liegt. Sie ist schwerpunktmäßig auf Transatlantik-Flügen eingesetzt. Die Niederlassung von E, die F eingestellt hat, befindet sich in Frankfurt/Main. Welches Recht gilt für den Arbeitsvertrag bei fehlender Rechtswahl?
Lösung: Hier könnte Art. 8 II Rom I-VO zur Anwendung kommen. Es liegt ein Arbeitsvertrag ohne Rechtswahl vor. Fraglich ist, ob ein gewöhnlicher Arbeitsort in einem Staat feststellbar ist. Das ist zu verneinen, da F ihre Arbeit auf Transatlantik-Flügen verrichtet und sich eine eindeutige Zuordnung zu einem bestimmten Staat daher nicht vornehmen lässt. Sodann wäre zu fragen, ob sich ein Ort feststellen lässt, von wo aus F in Erfüllung des Vertrags gewöhnlich ihre Arbeit verrichtet. Auch dies ist nicht eindeutig lokalisierbar, da Einsatzbasis teilweise Frankfurt und teilweise Madrid ist. Da somit das anzuwendende Recht nicht nach Abs. 2 bestimmt werden kann, ist nach Abs. 3 auf die Niederlassung abzustellen, die den Arbeitnehmer eingestellt hat. Die einstellende Niederlassung der spanischen Fluggesellschaft ist hier in Frankfurt/M. angesiedelt. Auf den Vertrag mit F ist daher deutsches Recht anzuwenden.

Die Anknüpfungen nach Abs. 2 an den gewöhnlichen Arbeitsort und nach Abs. 3 an den Ort der einstellenden Niederlassung sind nicht als starre Regeln zu verstehen. Vielmehr ist nach Art. 8 IV Rom I-VO ein Ausweichen auf das Recht eines anderen Staates vorzunehmen, wenn der Arbeitsvertrag nach der Gesamtheit der Umstände eine **engere Verbindung** zu diesem anderen Staat aufweist. Als Beispiele für die Anwendbarkeit deutschen Rechts werden Arbeitsverträge deutscher Ortskräfte deutscher Auslandsvertretungen oder deutscher Fernsehanstalten genannt.[249]

6.10.6 EG-Entsende-Richtlinie

Aufgrund der Entsende-RL 96/71/EG v. 16.12.1996 ist in Deutschland das Arbeitnehmer-Entsendegesetz ergangen, das auf bestimmten Gebieten des Bausektors auch für ausländische Arbeitgeber verbindliche Regelungen für Höchstarbeitszeiten, Mindestruhezeiten, Mindestjahresurlaub, Mindestlohn, Leiharbeit, Arbeitssicherheit, Mutter- und Jugendschutz sowie für Gleichbehandlung enthält, § 7 AEntG. Dieses Gesetz bestimmt, dass die betreffenden deutschen Rechtsnormen (§ 7 I AEntG) sowie die Normen eines für allgemein verbindlich erklärten Tarifvertrages (§ 7 II AEntG) auch für die Arbeitsverhältnisse zwischen einem Arbeitgeber mit Sitz im Ausland und seinem in Deutschland bzw. im räumlichen Geltungsbereich des Tarifvertrages beschäftigten Arbeitnehmer zwingend gelten. Diese Sonderkollisionsnormen sind als Eingriffsnormen nach Art. 9 II Rom I-VO zu werten. Über die EG-Entsende-RL ist damit eine Sonderanknüpfung unabhängig vom Arbeitsver-

---

[248] In Anlehnung an *Kindler* Einführung IPR 59.
[249] Palandt/*Thorn* Rom I-VO Art. 8 Rn. 13 mwN.

tragsstatut geschaffen, die nach Art. 23 Rom I-VO ausdrücklich unberührt bleibt. Die entsprechenden Umsetzungsnormen überlagern Art. 8 Rom I-VO und gehen ihm partiell vor.[250]

6.11 Geltungsbereich des Vertragsstatuts (Art. 10–12 Rom I-VO)

Welche Rechtsfragen das Vertragsstatut abdeckt, wird in den Art. 10 ff. Rom I-VO bestimmt, die unverändert aus dem EVÜ übernommen wurden. Hierbei geht es um

- das formelle Zustandekommen und die materielle Wirksamkeit von Verträgen, Art. 10 Rom I-VO,
- die Form von Verträgen, Art. 11 Rom I-VO,
- Auslegung, Erfüllung, Nichterfüllung von Verträgen, Erlöschen und Verjährung von Vertragspflichten und die Folgen der Nichtigkeit von Verträgen, Art. 12 Rom I-VO,
- Rechts-, Geschäfts- und Handlungsunfähigkeit, Art. 13 Rom I-VO.

6.11.1 Zustandekommen und Wirksamkeit von Verträgen (Art. 10 Rom I-VO)

6.11.1.1 Vertragsstatut

Gemäß Art. 10 I Rom I-VO beurteilen sich das Zustandekommen und die Wirksamkeit des Vertrags oder einer seiner Bestimmungen nach dem Recht, das anzuwenden wäre, wenn der Vertrag oder die Bestimmung wirksam wäre (hypothetisches Vertragsstatut)[251]. Nur wenn es den Umständen nach nicht gerechtfertigt wäre, die Wirkung des Verhaltens einer Partei nach diesem Recht zu bestimmen, kann sich die Partei für die Behauptung, sie habe dem Vertrag nach dem Recht ihres gewöhnlichen Aufenthalts nicht zugestimmt, auf dieses Recht berufen, Art. 10 II Rom I-VO.

Nach dem Vertragsstatut ist demnach grundsätzlich zu beurteilen, ob ein Vertrag zustande gekommen ist und ob er insgesamt oder Teile davon wirksam sind oder nicht. Folgende Fragen sind auf diese Weise, also nach dem Vertragsstatut, zu beantworten:[252]

- Vertragsschluss durch Angebot und Annahme,
- Zugang von Erklärungen,
- Vertragsumdeutung,
- Dissens,
- Bedingungen,
- Willensmängel,
- Stellvertretung,
- Widerrufsrechte,
- Nichtigkeit wegen Gesetzes- oder Sittenverstoß,
- Einbeziehung und Wirksamkeit von Allgemeinen Geschäftsbedingungen.

---

[250] Palandt/*Thorn* Rom I-VO Art. 8 Rn. 6; PWW/*Lingemann* Rom I-VO Art. 8 Rn. 5.
[251] Reithmann/Martiny/*Martiny* Rn. 266.
[252] Auflistung bei Palandt/*Thorn* Rom I-VO Art. 10 Rn. 3.

Praxisfall:

Geschäftsmann G aus Köln bestellt bei einem ausländischen Hotel H eine Übernachtung, die ihm zugesagt und freigehalten wird. G hatte dort schon früher übernachtet und kannte die AGB von H. Einen Tag vor seiner Ankunft widerruft G die Bestellung. Hotel H berechnet ihm darauf unter Hinweis auf seine AGB Stornogebühren. G verweigert die Bezahlung, weil die AGB nach deutschem Recht nicht wirksam vereinbart seien. Gilt deutsches oder ausländisches Recht?

Lösung

Da es um die Frage der Einbeziehung von Vertragsbestimmungen geht, die sich in AGB befinden, ist wegen des darauf anzuwendenden Rechts gemäß Art. 10 I Rom I-VO nach dem hypothetischen Vertragsstatut anzuknüpfen. Es ist also zu fragen, welches Recht Anwendung fände, wenn der Vertrag und seine Vertragsbestimmungen wirksam wären. Da hier kein Verbrauchervertrag (Art. 6 Rom I-VO) ansteht – G hat nicht als Verbraucher, sondern als Geschäftsmann gehandelt –, sind zur Bestimmung des Vertragsstatuts die allgemeinen Anknüpfungsregeln der Art. 3 und 4 Rom I-VO zugrunde zu legen. Mangels Rechtswahl untersteht der Vertrag Art. 4 Rom I-VO. Die Bestellung eines Hotelzimmers betrifft eine Dienstleistung nach Abs. 1 lit. b), sodass an den gewöhnlichen Aufenthaltsort des Dienstleisters anzuknüpfen ist. Dies führt dazu, dass hier nicht deutsches Recht (§§ 305 ff. BGB), sondern ausländisches Recht zur Anwendung kommt. Eine Sonderanknüpfung nach Abs. 2 scheidet aus, da G mit den AGB von H vertraut war und von daher kein besonderes Schutzbedürfnis vorliegt, das die Anwendung deutschen Rechts erforderte.

6.11.1.2 Sonderanknüpfung an den gewöhnlichen Aufenthalt

Ausnahmsweise kann sich eine Partei bezüglich der Frage, ob es überhaupt zu einem Vertragsschluss gekommen ist, nach Maßgabe von Art. 10 II Rom I-VO auf das Recht ihres gewöhnlichen Aufenthalts berufen. Dazu müssen Umstände vorliegen, die es als nicht gerechtfertigt erscheinen lassen, die Wirkung des Verhaltens der Partei nach dem Recht des Hauptvertrages zu beurteilen. Es muss demzufolge nach den gesamten Umständen des Einzelfalls unbillig erscheinen, das Vorliegen der Zustimmung einer Partei ausschließlich an dem ihm fremden Vertragsstatut zu messen.[253] Das kann beispielsweise beim Schweigen auf ein kaufmännisches Bestätigungsschreiben, beim Schweigen auf ein Angebot oder beim Schweigen auf nicht beigefügte AGB der Fall sein.

Praxisfall:

Ein britischer Veranstalter V beauftragt für die Tournee eines britischen Rockstars den örtlichen Veranstalter U mit Hauptniederlassung in Bielefeld mit der örtlichen Durchführung der Veranstaltungen. Alle wesentlichen Fragen und Termine sind telefonisch vereinbart. V hat dabei auf die Bedeutung der durchgegebenen Termine und ihre unbedingte exakte Einhaltung besonders hingewiesen. Danach bestätigt U noch einmal der „guten Ordnung halber" in schriftlicher Form die getroffenen Vereinbarungen und gibt dabei Termine durch, die nicht mit den besprochenen übereinstimmen. V kontrolliert diese Angaben nicht mehr.

---

[253] Palandt/*Thorn* Rom I-VO Art. 10 Rn. 4.

Später kommt es wegen der Termine zum Streit. U beruft sich darauf, dass nach den deutschen Rechtsgrundsätzen zum kaufmännischen Bestätigungsschreiben die bestätigten Termine durch Schweigen von V verbindlich geworden seien. V hält insoweit nicht deutsches, sondern englisches Recht für anwendbar. Welches Recht gilt?

Lösung

Nach Art. 10 I Rom I-VO bestimmt sich die Frage des Zustandekommens des Vertrages über die örtliche Durchführung der Veranstaltungen nach dem hypothetischen Vertragsstatut. Wäre der Vertrag wirksam zustande gekommen, so würde auf ihn Art. 4 I lit. b) Rom I-VO Anwendung finden. Eine Rechtswahl war nicht erfolgt. Die Beauftragung als örtlicher Veranstalter beinhaltet eine Dienstleistung, nämlich die Organisation und Durchführung der Rockkonzerte in Deutschland. Damit ist die Voraussetzung für die Anwendung des Aufenthaltsrechts des Dienstleisters erfüllt.

Da U die Dienstleistung erbringen sollte, ist das Recht an seinem gewöhnlichen Aufenthalt maßgebend. Das ist hier der Ort der Hauptniederlassung, Art. 19 I UAbs. 2. Damit ist deutsches Recht anwendbar.

Folglich sind nach Art. 10 I Rom I-VO auch die deutschen Rechtsgrundsätze, die für kaufmännische Bestätigungsschreiben entwickelt wurden, auf den Vertrag anwendbar.

Allerdings könnte sich V hier ggf. nach Art. 10 II Rom I-VO auf sein Heimatrecht berufen. Unter Berücksichtigung der geführten Verhandlungen und der besonderen Bedeutung, die V insbesondere den avisierten Terminen beigelegt hat, erscheint es im vorliegenden Fall unbillig, den V die Folgen falscher Terminbestätigungen tragen zu lassen mit dem Argument, bei Schweigen auf ein kaufmännisches Bestätigungsschreiben müsse der Empfänger grundsätzlich die Konsequenzen fehlerhafter Terminbestätigungen gegen sich gelten lassen. Man wird deshalb V für berechtigt ansehen dürfen, sich in dieser Frage auf sein Heimatrecht zu berufen. Ob ein wirksamer Vertrag zustande gekommen ist, muss daher gemäß Art. 10 II Rom I-VO unter Beachtung englischen Rechts beurteilt werden.

6.11.2 Form von Verträgen und einseitigen Rechtsgeschäften (Art. 11 Rom I-VO)

Art. 11 Rom I-VO regelt die Form von internationalen Verträgen sowie vertragsbezogenen einseitigen Rechtsgeschäften. Zunächst wird danach unterschieden, ob sich die Vertragsparteien oder ihre Vertreter beim Vertragsschluss in demselben Staat befinden – sog. Platzgeschäfte nach Abs. 1 – oder in verschiedenen Staaten – sog. Distanzgeschäfte nach Abs. 2 –.

Sodann regelt Abs. 3 die Form einseitiger Rechtsgeschäfte, die sich auf einen geschlossenen oder zu schließenden Vertrag beziehen.

Abs. 4 regelt abweichend von den vorhergehenden Absätzen die Form bei Verbraucherverträgen iSv Art. 6 Rom I-VO.

Schuldrechtliche Grundstücksverträge werden exklusiv in Abs. 5 behandelt.

Art. 11 Rom I-VO stellt – mit Ausnahme der Verbraucherverträge und in gewissem Maße der Grundstücksgeschäfte – eine große Fülle anwendbarer Rechtsordnungen zur Verfügung, um die Wirksamkeit von Verträgen nicht an Formfragen scheitern zu lassen, sog. favor negotii. So sind bei Platzgeschäften nach Abs. 1 zwei alternative

Bild 8: Aufbau von Art. 11 Rom I-VO

Abs. 1	Abs. 2	Abs. 3	Abs. 4	Abs. 5
Platz-geschäfte (Vertrags-schluss in demselben Staat)	Distanz-geschäfte (Vertrags-schluss an Orten in verschiede-nen Staaten)	Einseitige Rechts-geschäfte (Angebot, Annahme, Kündigung etc.)	Verbraucher-verträge (vgl. Art. 6 Rom I-VO)	Schuldver-träge über Grundstücke (Kauf, Tausch, Schenkung, Miete, Pacht eines Grund-stücks und Ähnliches)

Anknüpfungen, bei Distanzgeschäften nach Abs. 2 drei alternative Anknüpfungen und bei Einschaltung von Vertretern sogar noch zwei weitere Anknüpfungen vorgesehen, theoretisch also bis zu sieben[254] verschiedene Rechtsordnungen anwendbar. Dazu im Einzelnen:

6.11.2.1 Platzgeschäfte

Wenn sich die Vertragsschließenden oder ihre Vertreter beim Abschluss des Vertrages **in demselben Staat befinden**, ist der Vertrag gemäß Art. 11 I Rom I-VO formgültig, wenn er

- die Formerfordernisse des auf ihn – also den Vertrag selbst – anzuwendenden materiellen Rechts erfüllt **(Geschäftsrecht oder lex causae)** oder
- die Formerfordernisse des Rechts des Staates erfüllt, in dem er geschlossen wird, also in dem sich die beiden Parteien bzw. ihre jeweiligen Vertreter beim Vertragsschluss gerade befinden **(Ortsrecht oder lex loci contractus)**.

Mit anderen Worten: Das Formstatut hängt alternativ am Vertragsstatut oder am Ortsrecht. In der ersten Alternative bestimmt das auf den Vertrag materiell anzuwendende Recht gleichzeitig, ob der Vertrag auch in formeller Hinsicht den nach diesen Rechtsnormen vorgesehenen Formerfordernissen genügt. Die Einhaltung der Formerfordernisse des Vertragsstatuts ist danach für die Formgültigkeit maßgeblich und genügt grundsätzlich.[255] Alternativ ist es aber auch ausreichend, wenn der Vertrag dem Recht vor Ort entspricht. Wenn die Parteien beim Vertragsschluss bzgl. der Form das beachten, was vor Ort gilt, so ist der Vertrag formell gültig. Dies stellt eine Verbeugung vor den Gepflogenheiten vor Ort dar und soll den Abschluss von Verträgen begünstigen (Günstigkeitsprinzip). Fast in allen IPR-Kodifikationen der Welt wird die Maßgeblichkeit des Ortsrechts neben dem Geschäftsrecht anerkannt.[256]

---

[254] PWW/*Brödermann/Wegen/Mördorf-Schulte* Rom I-VO Art. 11 Rn. 9 sprechen sogar von neun – allerdings nicht nachvollziehbaren – Varianten.

[255] Palandt/*Thorn* Rom I-VO Art. 11 Rn. 5.

[256] *Kindler* Einführung IPR 59.

Praxisfall: Handschriftlicher Grundstücksverkauf
Ein deutsches Ehepaar E mit Wohnsitz auf Teneriffa (Kanarische Inseln) trennt sich von einem Grundstück in Deutschland und verkauft dieses an den Schweizer Touristen T, der gerade seinen Urlaub auf Teneriffa verbringt. Der Vertrag wird handschriftlich erstellt und von beiden Seiten unterzeichnet. Ist er formgültig?

Lösung

In der Frage der Formwirksamkeit könnte auf Art. 11 I Rom I-VO abzustellen sein.

Erste Voraussetzung ist, dass sich die Vertragsschließenden oder ihre Vertreter zum Zeitpunkt des Vertragsschlusses in demselben Staat befanden. Das ist zu bejahen, da der Kaufvertrag auf Teneriffa abgeschlossen wurde und sich sowohl das deutsche Verkäuferehepaar E als auch der Schweizer Käufer T beim Kaufabschluss auf Teneriffa befanden.

Als zweites wäre zu fragen, ob der Vertrag den Formerfordernissen des auf den Vertrag anzuwendenden materiellen Recht entspricht. Auf den Kaufvertrag ist nach Art. 4 I lit. c) Rom I-VO mangels Rechtswahl deutsches Recht anzuwenden. Mithin gilt bezüglich der Form entsprechend dem Geschäftsrecht § 311b BGB. Da der Vertrag nicht notariell beurkundet worden ist, sondern nur handschriftlich erstellt und unterzeichnet wurde, entspricht er nicht dem Formerfordernis von § 311b BGB. Es würde aber nach der 2. Alternative von Art. 11 I Rom I-VO ausreichen, dass der Vertrag den Formerfordernissen des Staates entsprach, in dem er geschlossen wurde. Der Vertrag wurde in Spanien geschlossen. Nach dem spanischen Ortsrecht (Art. 1279 Código civil) bedarf ein Grundstückskauf keiner notariellen Beurkundung.[257] Der Vertrag ist daher formlos gültig. Art. 11 V Rom I-VO führt zu keinem anderen Ergebnis, da das Grundstück zwar in Deutschland belegen ist, aber § 311b BGB nach herrschender Meinung[258] keine ausschließliche Geltung beansprucht.

6.11.2.2 Distanzgeschäfte

Befinden sich die Vertragspartner oder ihre Vertreter im Zeitpunkt des Vertragsschlusses **in verschiedenen Staaten**, so ist der Vertrag nach Art. 11 II Rom I-VO formgültig, wenn er

- die Formerfordernisse des auf ihn anzuwendenden materiellen Rechts erfüllt **(Geschäftsrecht),**
- oder die Formerfordernisse eines der Staaten erfüllt, in dem sich eine der Vertragsparteien oder ihr Vertreter zum Zeitpunkt des Vertragsabschlusses befindet **(Ortsrecht des schlichten Aufenthalts einer Partei),**
- oder eine der Parteien zu diesem Zeitpunkt ihren gewöhnlichen Aufenthalt hat **(Ortsrecht des gewöhnlichen Aufenthalts).**

---

[257] Nach Art. 1280 Código civil (c.c.) wird bei Grundstücksgeschäften zwar an sich eine öffentliche Urkunde verlangt. Liegt aber eine formlose Willensübereinstimmung vor, so besteht nach Art. 1279 c.c. trotz des Formmangels ein Anspruch auf Erfüllung. Somit ist der Grundstückskaufvertrag in Spanien formlos gültig, vgl. Reithmann/Martiny/*Limmer* Rn. 1643.

[258] Palandt/*Thorn* Rom I-VO Art. 11 Rn. 16; *Kindler* Einführung IPR 59.

Praxisfall:

Im vorgenannten Beispiel übersenden Eheleute E brieflich ein Kaufangebot an T in Luzern. Dieser lässt über seinen Vater V, der über eine entsprechende Abschlussvollmacht verfügt und in Luzern lebt, postwendend antworten, dass er das Kaufangebot annehme. Liegt ein formgültiger Grundstückskauf vor?

Lösung

Die Frage ist nach Art. 11 II Rom I-VO zu beantworten. Die Vertragsparteien bzw. ihre Vertreter befinden sich beim Vertragsabschluss in verschiedenen Staaten. E befindet sich in Spanien, V als Vertreter von T in der Schweiz. Der Vertrag entspricht zwar auch hier nicht dem über Art. 4 I lit. c) Rom I-VO anzuwendenden deutschen (Geschäfts-)Recht, da § 311b BGB nicht beachtet wurde. Es reicht aber aus, wenn der Vertrag hinsichtlich der Formerfordernisse dem Ortsrecht des schlichten Aufenthalts einer der Vertragsparteien oder ihres Vertreters entsprach oder dem Ortsrecht des gewöhnlichen Aufenthalts einer der Parteien. Bzgl. des Käufers trifft dies zwar nicht zu, da das Schweizer Recht in Art. 216 Obligationenrecht die öffentliche Beurkundung des Grundstückskaufvertrages vorschreibt und diese hier nicht vorgenommen wurde. Aber aufseiten der Verkäufer E erlaubt das Ortsrecht Spaniens einen formlosen Grundstückskauf (Art. 1279 c.c.). Gleichgültig, ob E in Spanien bei Vertragsschluss nur ihren schlichten oder ihren gewöhnlichen Aufenthalt haben, ist damit nach dem maßgeblichen spanischen Ortsrecht (2. und 3. Variante von Art. 11 II Rom I-VO) ein formwirksamer Vertragsschluss erfolgt.

6.11.2.3 Einseitige vertragsbezogene Rechtsgeschäfte

Bei einseitigen Rechtsgeschäften, die sich auf einen geschlossenen oder abzuschließenden Vertrag beziehen, reicht nach Art. 11 III Rom I-VO das Formerfordernis des betreffenden materiellen Rechts (Vertragsstatut), des Vornahmeorts des betreffenden Rechtsgeschäfts oder des Rechts am gewöhnlichen Aufenthaltsort der das Rechtsgeschäft vornehmenden Partei aus. Vornahmeort ist bei einseitigen Rechtsgeschäften der Ort, an dem die Erklärung abgegeben worden ist.[259]

Einseitige vertragsbezogene Rechtsgeschäfte können etwa Angebote, Annahmeerklärungen, Widerrufs-, Anfechtungserklärungen oder Kündigungen sein.

Praxisfall: Option per E-Mail

Eheleute E bieten im obigen Beispiel von Teneriffa aus dem T in Luzern per E-Mail den Abschluss eines Optionsvertrages über ihr deutsches Grundstück an. Ist die Option formgültig?

Lösung

Da es sich bei dem Angebot um ein einseitiges vertragsbezogenes Rechtsgeschäft handelt, ist bezüglich der Formbedürftigkeit Art. 11 III Rom I-VO anzuwenden. Hier ist die Option in Spanien erklärt worden, sodass Spanien als Vornahmeort anzusehen ist. Es gilt daher spanisches Recht. Nach diesem sind Optionen über Grundstückskäufe ebenso wie Grundstücksverkäufe formlos gültig (Art. 1279 c.c.).

---

[259] Palandt/*Thorn* Rom I-VO Art. 11 Rn. 14.

6.11.2.4 Verbraucherverträge

Art. 11 IV Rom I-VO bestimmt, dass Verbraucherverträge nach Art. 6 Rom I-VO nicht den alternativen Anknüpfungen gemäß Abs. 1–3 unterliegen. Für die Form dieser Verträge ist ausschließlich das Recht des Staates maßgebend, in dem der Verbraucher seinen gewöhnlichen Aufenthalt hat.

Praxisfall[260]: Grenzüberschreitender Autokauf

Ein französischer Verbraucher V mit gewöhnlichem Aufenthalt in Lille schließt bei der Autofirma A aus Aachen mit Zweigniederlassung in Lille einen Kaufvertrag über ein Sportcoupé ab. Es wird ausdrücklich deutsches Recht gewählt. Welches Recht gilt bezüglich des Vertrages und seiner Form?

Lösung	Da ein Verbrauchervertrag iSv Art. 6 Rom I-VO vorliegt und A eine gewerbliche Tätigkeit im Aufenthaltsstaat des Verbrauchers ausgeübt hat, ist hier über Abs. 2 der Grundsatz der freien Rechtswahl maßgebend. Das bedeutet, dass die Wahl deutschen Rechts zulässig war. Dem Verbraucher darf im Einzelfall aber nicht der Schutz des ihm günstigeren Rechts genommen werden. Dies wäre durch einen Günstigkeitsvergleich zu ermitteln.
	Was die Form des Vertrages angeht, so ist zu beachten, dass hier nach der Sonderregel von Art. 11 IV Rom I-VO in jedem Fall das Recht des Staates zur Anwendung kommt, in dem der Verbraucher seinen gewöhnlichen Aufenthalt hat. Da V seinen gewöhnlichen Aufenthalt in Lille hat, kommt insoweit französisches Recht zur Anwendung. Das bedeutet unter anderem, dass das französische Sprachschutzgesetz der Loi-Toubon zu beachten ist: Danach sind Verbraucherverträge, die in Frankreich geschlossen werden und nicht in französischer Sprache verfasst sind, nichtig.[261] Daraus folgt, dass A den grenzüberschreitenden Kaufvertrag mit dem französischen Verbraucher V in französischer Sprache abschließen müsste.

6.11.2.5 Grundstücksverträge

Die Formgültigkeit von Immobiliengeschäften unterliegt in besonderen Fällen der Regelung von Art. 11 V Rom I-VO. Erfasst werden schuldrechtliche Verträge über Grundstücke, wie Kauf, Tausch, Schenkung, Miete oder Pacht, nicht jedoch die sachenrechtlichen Vollzugsgeschäfte. Für Letztere gilt in Deutschland Art. 43 EGBGB.

Für die schuldrechtlichen Grundstücksverträge gilt hinsichtlich der Form grundsätzlich das Recht der belegenen Sache. Voraussetzung dafür ist nach Art. 11 V Rom I-VO, dass die Formvorschriften nach dem Recht dieses Staates (der belegenen Sache)

„a) unabhängig davon gelten, in welchem Staat der Vertrag geschlossen wird oder welchem Recht dieser Vertrag unterliegt, **und**

b) von ihnen nicht durch Vereinbarung abgewichen werden darf."

---

[260] Angelehnt an *Clausnitzer/Woopen* BB 2008, 1805.

[261] Vgl. Art. 5 und 6 der Loi no. 94–665 du 4 aout 1994 (in Textsammlung Code Civil, LexisNexis). Für Nichtigkeit bei Verstoß *Clausnitzer/Woopen* BB 2008, 1805 Fn. 72 sowie *Kindler* Einführung IPR 60 (str.).

Ob eine solche ausschließliche Wirkung anzunehmen ist, muss nach dem Belegenheitsrecht entschieden werden.[262] Wie bereits oben[263] ausgeführt, erhebt das deutsche Recht diesen Anspruch für Grundstückskaufverträge über deutsche Grundstücke nicht.[264] § 311b BGB ist daher keine international zwingende Vorschrift.[265]

Zwingenden Charakter können dagegen mieter- und pächterschützende Formvorschriften haben.[266]

6.11.3 Reichweite des anzuwendenden Rechts (Art. 12 Rom I-VO)

Art. 12 Rom I-VO bestimmt die inhaltliche Reichweite des anzuwendenden Rechts, trifft also Aussagen darüber, welche Fragen durch das nach der Rom I-VO zu ermittelnde Recht inhaltlich abgedeckt werden. Die Regelung entspricht bis auf kleine Formulierungsabweichungen wörtlich und inhaltlich der Vorgängerregelung von Art. 10 EVÜ/Art. 32 EGBGB. Ziel ist eine möglichst einheitliche Regelung aller mit dem Vertrag zusammenhängenden Fragen iSd Anwendung eines einzigen Rechts, also die Einheit des Vertragsstatuts[267] für alle vertragsrelevanten Fragen.

Art. 12 Rom I-VO führt Regelbeispiele für die Reichweite des durch die Rom I-VO berufenen materiellen Rechts auf und benennt:

lit. a): die Auslegung des Vertrags

lit. b): die Erfüllung der Vertragspflichten

lit. c): die Folgen der vollständigen oder teilweisen Nichterfüllung der Vertragspflichten

lit. d): das Erlöschen der Vertragspflichten, außer durch Aufrechnung, die in Art. 17 Rom I-VO speziell geregelt wird, sowie Verjährung und andere Rechtsverluste aus dem Ablauf einer Frist

lit. e): die Folgen der Nichtigkeit des Vertrages.

Fragen des Zustandekommens und der materiellen Wirksamkeit des Vertrages sind nicht in Art. 12 Rom I-VO, sondern speziell in Art. 10 Rom I-VO geregelt. Ebenso unterliegt die Frage der Formwirksamkeit von Verträgen nicht Art. 12 Rom I-VO, sondern der speziellen Regelung von Art. 11 Rom I-VO.

---

[262] ZB OLG Brandenburg RIW 1997, 424.
[263] BGHZ 57, 337; 73, 391; Palandt/*Thorn* Rom I-VO Art. 3 Rn. 9.
[264] Begr. RegE BT-Drs. 10/504, 49; Erman/*Hohloch* EGBGB Art. 11 Rn. 32; Palandt/*Thorn* Rom I-VO Art. 11 Rn. 16.
[265] *Kindler* Einführung IPR 60.
[266] Erman/*Hohloch* EGBGB Art. 11 Rn. 32.
[267] PWW/*Brödermann/Wegen/Mörsdorf-Schulte* Rom I-VO Art. 12 Rn. 5.

Die Reichweite des Vertragsstatuts beurteilt sich mithin wie folgt:

Bild 9: Reichweite des Vertragsstatuts

nach Art. 10 Rom I-VO	nach Art. 11 Rom I-VO	nach Art. 17 Rom I-VO	nach Art. 12 Rom I-VO	außer nach Art. 9 Rom I-VO
bzgl. des Zustandekommens und der materiellen Wirksamkeit des Vertrages	bzgl. der Formgültigkeit	bzgl. der Aufrechnung	bzgl. aller sonstigen Vertragsfragen, z. B. hins. der Auslegung, der Erfüllung oder Nichterfüllung	bzgl. Eingriffsnormen

Erhebliche praktische Bedeutung kommt vor allem den Fragen der Erfüllung, Nichterfüllung und des Erlöschens von Vertragspflichten zu, die gemäß Art. 12 Rom I-VO nach dem Vertragsstatut zu beurteilen sind. Hier sind zu nennen[268]

- bzgl. der Erfüllung: Leistungszeit (Fälligkeit) und Leistungsort (Hol-, Bring- oder Schickschuld), Zulässigkeit von Teilleistungen, Erfüllung durch Dritte;
- bzgl. der Nichterfüllung: Recht der Leistungsstörungen (Verzug, Unmöglichkeit, allgemeine Pflichtverletzungen, Gewährleistung, Störung der Geschäftsgrundlage), Vertragsstrafen, Schadenspauschalen, Haftung für Erfüllungsgehilfen;
- bzgl. des Erlöschens, der Verjährung und sonstiger Rechtsverluste aus Fristablauf: Erfüllung und Erfüllungssurrogate, Rücktritt, Kündigung, Verjährung einschließlich Hemmung und Neubeginn der Verjährung, Verwirkung.

Praxisfall: Beschäftigung eines ausländischen Handwerkers

Ein Hausbesitzer H aus Bad Bentheim bestellt für Sanierungsarbeiten ein Unternehmen U aus dem grenznahen Oldenzaal (Niederlande). In dem Vertrag ist ausdrücklich deutsches Recht vereinbart. Da U zu dem vorgesehenen Termin nicht kommt, fragt sich H, wie er weiter vorgehen soll und welches Recht dabei zu berücksichtigen ist.

Lösung: Da die Vertragsparteien ausdrücklich die Geltung deutschen Rechts vereinbart haben, gilt dieses nach Art. 3 Rom I-VO. Deutsches Recht gilt über Art. 12 I lit. c) Rom I-VO auch hinsichtlich der Frage der Nichterfüllung von Vertragspflichten und ihrer Folgen. Dementsprechend ist nach § 323 BGB die Frage eines evtl. Rücktritts zu entscheiden. Nach Abs. 1 wäre dem H daher zu raten, dem U eine angemessene Frist zur Leistung der Sanierungsarbeiten zu setzen. Wegen der Geltendmachung eines evtl. Verzugsschadens wäre gleichfalls deutsches Recht nach dem Vertragsstatut anwendbar. Das bedeutet, dass gemäß § 286 I BGB grundsätzlich eine Mahnung erforderlich wäre, wenn nicht für die Arbeiten vertraglich eine Leistung nach dem Kalender bestimmt war.

Das Vertragsstatut gilt nach Art. 12 I lit. e) Rom I-VO auch für die Folgen nichtiger Verträge. Die sich daraus ergebenden Rückabwicklungsansprüche, insbesondere aus ungerechtfertigter Bereicherung, unterliegen damit dem gleichen Recht wie der

---

[268] Einzelheiten bei Palandt/*Thorn* Rom I-VO Art. 12 Rn. 5 ff.

Vertrag selbst, wenn er wirksam gewesen wäre. Das Vertragsstatut nach Art. 12 I lit. c) Rom I-VO geht insoweit dem Bereicherungsstatut nach Art. 10 Rom II-VO vor,[269] wie sich aus Art. 27 Rom II-VO entnehmen lässt. Für Fälle der Leistungskondiktion bedeutet dies, dass regelmäßig an den gewöhnlichen Aufenthalt des Leistenden, nicht des Leistungsempfängers anzuknüpfen ist.

Praxisfall: Schwarzarbeit im Ausland

R aus Recklinghausen erteilt dem luxemburgischen Unternehmer U einen Bauauftrag für Schwarzarbeit in Spanien, wo U seit kurzem seinen gewöhnlichen Aufenthalt hat. Dieser führt den Auftrag aus und verlangt Bezahlung. Welches Recht gilt?

Lösung

Falls keine Rechtswahl getroffen wurde, unterliegt ein wirksamer Bauauftrag nach Art. 4 I lit. b) Rom I-VO dem Recht des Staates, in dem der Dienstleister seinen gewöhnlichen Aufenthalt hat. Da dieser in Spanien liegt, wäre spanisches Recht anwendbar. Nichts anderes gilt für den hier vorliegenden nichtigen Bauauftrag, der in Schwarzarbeit durchgeführt worden ist, weil nach Art. 12 I lit. e) Rom I-VO auch die Folgen eines nichtigen Vertrages nach dem Recht des auf den Vertrag anzuwendenden Rechts zu beurteilen sind. Rückabwicklungsansprüche aus ungerechtfertigter Bereicherung unterliegen somit ebenfalls dem spanischen Recht.

Nach Art. 12 II Rom I-VO ist in Bezug auf die Art und Weise der Erfüllung und der vom Gläubiger bei mangelhafter Erfüllung zu treffenden Maßnahmen ergänzend auf das Recht des Staates abzustellen, in dem die Erfüllung erfolgt. Daraus können sich dann ggf. Einschränkungen oder Erweiterungen der Pflichten der Parteien bei der Abwicklung der Erfüllung ergeben.[270]

6.12 Rechts-, Geschäfts- und Handlungsfähigkeit (Art. 13 Rom I-VO)

Art. 13 Rom I-VO trifft keine kollisionsrechtliche Aussage, nach welchem Recht die Fragen der Rechts-, Geschäfts- und Handlungsfähigkeit bei einem internationalem Bezug zu beantworten sind. Diese Fragen werden innerhalb der EU weiterhin nach nationalem Recht beurteilt. In Deutschland bestimmt Art. 7 EGBGB dazu, dass es insoweit auf die Staatsangehörigkeit der betreffenden Person ankommt. Art. 13 Rom I-VO korrigiert diese Aussage im Interesse des Verkehrsschutzes dahingehend, dass eine natürliche Person sich unter bestimmten Voraussetzungen nicht auf fehlende Rechts-, Geschäfts- oder Handlungsfähigkeit berufen kann. Zum einen müssen sich die Personen zur Zeit des Vertragsabschlusses in demselben Staat befunden haben. Zum anderen muss nach dem Recht dieses Staates Rechts-, Geschäfts- und Handlungsfähigkeit zu bejahen sein. Schließlich darf der andere Vertragspartner die Rechts-, Geschäfts- und Handlungsunfähigkeit weder gekannt noch infolge Fahrlässigkeit nicht gekannt haben. Dieser europarechtliche Kollisionsschutz kann vor allem bei Geschäften mit 18-Jährigen von Bedeutung sein, die nach ihrem Heimatrecht noch nicht volljährig sind.

---

[269] *Kindler* Einführung IPR 61.
[270] Palandt/*Thorn* Rom I-VO Art. 12 Rn. 7.

Praxisfall: Minderjähriger Vertragspartner

Ein in seinem Heimatstaat noch nicht voll geschäftsfähiger 18-jähriger Kunde schließt in Deutschland einen Wohnungsmietvertrag mit einer Wohnungsbaugesellschaft. Nachdem er sein Interesse daran verloren hat, beruft er sich auf die Unwirksamkeit wegen fehlender Geschäftsfähigkeit. Mit Erfolg?

Lösung

Dieser Einwand hilft nicht, da in Deutschland bei einem 18-Jährigen bereits die volle Geschäftsfähigkeit gegeben ist und der Mietvertrag in Deutschland geschlossen wurde, wo der Vertrag dann gültig wäre, es sei denn, die Wohnungsbaugesellschaft hätte positiv die fehlende Geschäftsfähigkeit des Kunden gekannt oder diese wäre ihr infolge Fahrlässigkeit unbekannt geblieben, Art. 13 Rom I-VO. Dazu würde es aber nicht ausreichen, dass der Vertragspartner wusste, dass er mit einem Ausländer abschloss. Das rechtfertigt nämlich im Allgemeinen nicht den Vorwurf fahrlässiger Unkenntnis der fehlenden Geschäftsfähigkeit,[271] weil für das Ausland nicht regelmäßig von einem höheren Volljährigkeitsalter ausgegangen werden kann und zudem eine allgemeine Erkundigungspflicht eine unzumutbare Belastung für den Vertragspartner darstellen würde.

Eine Anwendung von Art. 13 Rom I-VO ist ausdrücklich auf natürliche Personen beschränkt. Trotzdem wird von der herrschenden Meinung eine analoge Anwendung auf juristische Personen, etwa auf eine nach deutschem Recht nicht rechtsfähige ausländische Gesellschaft, befürwortet.[272] Die Gegenmeinung[273] kann sich allerdings neben dem klaren Wortlaut auf Sinn und Zweck der Regelung berufen, die zum Schutz natürlicher Personen ergangen ist. Sie verdient daher den Vorzug.

6.13 Sonderregeln für einzelne Rechtsinstitute (Art. 14–17 Rom I-VO)

Die Rom I-VO trifft für einige Rechtsinstitute spezielle Anknüpfungsregelungen. Sie betreffen:

- die (rechtsgeschäftliche) Übertragung der Forderung, Art. 14 Rom I-VO
- den gesetzlichen Forderungsübergang, Art. 15 Rom I-VO
- die mehrfache Haftung, Art. 16 Rom I-VO sowie
- die Aufrechnung, Art. 17 Rom I-VO.

6.13.1 Übertragung der Forderung (Art. 14 Rom I-VO)

Bei der rechtsgeschäftlichen Übertragung einer Forderung sind drei Rechtsverhältnisse zu unterscheiden:

- **Das ursprüngliche Schuldverhältnis** zwischen dem bisherigen Gläubiger (Zedent) und Schuldner.

---

[271] *Liessem* NJW 1989, 501; Palandt/*Thorn* Rom I-VO Art. 13 Rn. 3; Reithmann/Martiny/*Hausmann* Rn. 6247, aber anders bei formbedürftigen Grundstücksverträgen und Verträgen mit erheblichem wirtschaftlichen Gewicht, für die eine Erkundigungspflicht des Geschäftspartners postuliert wird.

[272] BGH NJW 1998, 2452; LG München ZIP 1999, 1680; Reithmann/Martiny/*Hausmann* Rn. 5201 mit zahlreichen Nachweisen in Fn. 2.

[273] Palandt/*Thorn* Rom I-VO Art. 13 Rn. 2.

- **Das Rechtsverhältnis zwischen bisherigem Gläubiger (Zedent) und neuem Gläubiger (Zessionar).** Das regelt Art. 14 I Rom I-VO.
- **Das Rechtsverhältnis zwischen Zessionar und Schuldner.** Hierfür gilt Art. 14 II Rom I-VO.

Grafisch stellt sich dies so dar:

Bild 10: Forderungsübertragung (Art. 14 Rom I-VO)

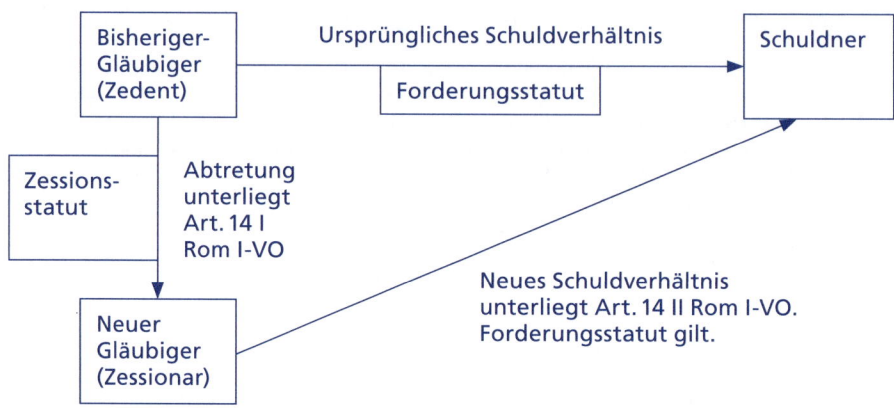

Zu 1): Das ursprüngliche Schuldverhältnis

Dieses kann jedwedes Schuldverhältnis sein wie zB Kauf, Miete, Darlehen, Werkvertrag, unerlaubte Handlung,[274] aus dem die Forderung eines Gläubigers gegen einen Schuldner resultiert.

Beispiele:
- Kaufpreisforderung
- Rückzahlungsanspruch aus Darlehen
- Mietzinsforderung
- Schadensersatzforderung aus unerlaubter Handlung

Dieses Rechtsverhältnis wird durch Art. 14 Rom I-VO nicht berührt. Es unterliegt – soweit es grenzüberschreitenden Charakter besitzt – den Kollisionsregeln der Art. 3 ff. Rom I-VO. Das auf diese Forderung anwendbare Recht (Forderungsstatut) entspricht somit dem Vertragsstatut, das je nach Vertragstyp durch eine mehr oder weniger weitreichende Rechtswahl[275] oder durch objektive Anknüpfung bestimmt wird. Soweit es um eine deliktische Forderung geht, entspricht das Forderungsstatut dem Deliktsstatut.

---

[274] Art. 14 Rom I-VO erstreckt sich – wie sein Wortlaut belegt – auf jedwede Forderung, unabhängig vom zugrundeliegenden Rechtsgrund, also auch auf gesetzliche Ansprüche, Palandt/*Thorn* Rom I-VO Art. 14 Rn. 3.

[275] Stark eingeschränkte Rechtswahl gilt zB bei Beförderungsverträgen (Art. 5 Rom I-VO), Verbraucherverträgen (Art. 6 Rom I-VO), Versicherungsverträgen (Art. 7 Rom I-VO) und Arbeitsverträgen (Art. 8 Rom I-VO). Davon abgesehen gilt der Grundsatz der freien Rechtswahl (Art. 3 Rom I-VO).

Praxisfall: Schwarzarbeit im Ausland
Ein Geschäftsmann G aus Lingen schuldet einer niederländischen Bank NL 10.000 EUR aus einem Darlehen, für das niederländisches Recht vereinbart war.
Lösung   Das Forderungsstatut entspricht dem Vertragsstatut. Infolge Rechtswahl gilt daher nach Art. 3 I Rom I-VO niederländisches Recht.

Zu 2): Das Übertragungsverhältnis (Zessionsstatut)

Durch die rechtsgeschäftliche Übertragung von dem bisherigen Gläubiger auf den neuen Gläubiger entsteht ein weiteres Rechtsverhältnis zwischen dem Altgläubiger (Zedent) und dem Neugläubiger (Zessionar). Dieses untersteht nach Art. 14 I Rom I-VO dem Recht, das nach den Regeln der Rom I-VO auf den Vertrag zwischen Zedent und Zessionar anwendbar ist. Das Vertragsstatut des zugrundeliegenden Kausalgeschäfts bestimmt somit das Rechtsverhältnis zwischen Zedent und Zessionar.[276] Im Falle einer grenzüberschreitenden Forderungsabtretung bestimmt sich dieses Vertragsstatut nach den Art. 3 ff. Rom I-VO. Für die Forderungsabtretung gilt demzufolge im Sinne eines Gleichklangs das gleiche Recht wie für das zugrundeliegende Kausalverhältnis. Das bedeutet: Wird für den Kauf der Forderung ein bestimmtes Recht vereinbart, so gilt dieses auch für die Forderungsübertragung als solche.

Praxisfall:
Im obigen Beispiel überträgt die niederländische Bank NL die Darlehensforderung auf die amerikanische Bank AB. Grundlage ist ein Kaufvertrag zwischen NL und AB, mit der die Forderung von AB für 8.000 EUR aufgekauft wird. Für diesen Vertrag wird die Geltung kalifornischen Rechts vereinbart. Was gilt hinsichtlich der Forderungsübertragung?
Lösung   Die Forderungsübertragung untersteht Art. 14 I Rom I-VO. Welches Recht dafür gilt, hängt davon ab, welches Recht auf das zugrundeliegende Kausalgeschäft, also den Verkauf der Forderung anwendbar ist. Die Parteien hatten für den Kaufvertrag ausdrücklich die Geltung kalifornischen Rechts gemäß Art. 3 Rom I-VO vereinbart. Für die Forderungsabtretung gilt demzufolge im Sinne eines Gleichklangs das gleiche Recht.   Es sei noch darauf hingewiesen, dass nicht nur die schuldrechtlichen Aspekte der Forderungsabtretung dem Vertragsstatut unterliegen. Wie Erwägungsgrund 38 verdeutlicht, soll durch die Verwendung des Begriffs „Verhältnis" in Art. 14 I Rom I-VO klargestellt werden, dass damit ebenso die dinglichen Aspekte des Vertrags zwischen Zedent und Zessionar erfasst werden. Auch sie unterliegen dem Vertragsstatut.

Zu 3): Das Rechtsverhältnis zwischen Zessionar und Schuldner

In dem Rechtsverhältnis zwischen dem neuen Gläubiger und dem Schuldner gilt Art. 14 II Rom I-VO. Dieser will den Schuldner der abgetretenen Forderung vor ei-

---

[276] In dieser Deutlichkeit Palandt/*Thorn* Rom I-VO Art. 14 Rn. 3.

nem fremden Zessionsstatut bewahren, das er nicht mitbestimmt hat und mit dem er nicht rechnen musste.[277] Daher gilt weiterhin das bisherige Forderungsstatut im Verhältnis zwischen Zessionar und Schuldner. Bei einer Forderung aus Vertrag ist also zB das Vertragsstatut, bei einer Forderung aus Delikt das Deliktsstatut maßgebend. Dieses Recht entscheidet auch über die Übertragbarkeit der Forderung, ferner über die Voraussetzungen, unter denen die Übertragung dem Schuldner entgegengehalten werden kann, sowie über die befreiende Wirkung einer Leistung durch den Schuldner.

Praxisfall:

Im obigen Beispiel soll das Darlehensgeschäft deutschem Recht unterstellt worden sein und dem G die Abtretung der Forderung an die amerikanische Bank nicht mitgeteilt worden sein. Was gilt, wenn G das Darlehen mit Zinsen an NL zurückzahlt und AB das nicht gegen sich gelten lassen möchte?

Lösung

Hier wäre zu fragen, welches Recht zur Anwendung kommt. Da es um das Verhältnis zwischen Zessionar und Schuldner geht, ist diese Frage nach Art. 14 II Rom I-VO zu beantworten. Danach unterliegt dieses Rechtsverhältnis dem gleichen Recht wie die ursprüngliche Darlehensforderung. Für diese war hier ausdrücklich gemäß Art. 3 Rom I-VO deutsches Recht bestimmt worden. Dabei bleibt es dann auch im Verhältnis zu dem neuen Gläubiger. G kann sich dementsprechend auf deutsches Recht berufen, auch was die befreiende Wirkung seiner Zahlung angeht. Nach § 407 BGB muss daher die AB als neue Gläubigerin die Leistung von G an die bisherige Gläubigerin NL gegen sich gelten lassen, weil der Schuldner G bei der Leistung die Abtretung die Forderung nicht kannte. Er hat also mit Schuld befreiender Wirkung gezahlt.

Ob Art. 14 II Rom I-VO auch im Verhältnis des Zessionars zu Dritten (zB zu seinen eigenen Gläubigern) gilt, ist nicht ausdrücklich geregelt worden. Diese Frage war schon nach bisherigem Recht umstritten und wird bei einer Revision nach Art. 27 II Rom I-VO zu klären sein. Nach bislang herrschender Meinung soll auch im Verhältnis des Zessionars zu Dritten das Recht der abgetretenen Forderung maßgebend sein.[278]

Art. 14 III Rom I-VO stellt klar, dass unter einer Übertragung nicht allein die Vollübertragung der Forderung zu verstehen ist, sondern auch die Übertragung zu Sicherungszwecken sowie die Übertragung von Pfandrechten und anderen Sicherungsrechten an Forderungen. Damit ist etwa die Sicherungsabtretung ebenso erfasst wie die Forderungsverpfändung.

6.13.2 Gesetzlicher Forderungsübergang (Art. 15 Rom I-VO)

Art. 15 Rom I-VO regelt den gesetzlichen Forderungsübergang bei vertraglichen Forderungen, wenn ein Dritter subsidiär zur Leistung verpflichtet ist und es um dessen Regress gegen den vorrangig verpflichteten Schuldner geht. Nicht geregelt ist dort allerdings der Forderungsübergang bei außervertraglichen Ansprüchen, zB aus unerlaubter Handlung. Er ist in Art. 19 II Rom II-VO bestimmt.

---

[277] *Rauscher* IPR Rn. 1229.
[278] BGH NJW 1991, 637; 1999, 940; Palandt/*Thorn* Rom I-VO Art. 14 Rn. 6 mwN.

Denkbare Fälle für Art. 15 Rom I-VO sind der Regress des Bürgen gegen den Hauptschuldner (vgl. § 774 BGB) oder des Schadensversicherers des Gläubigers gegen den Schuldner nach § 86 VVG, der dem Gläubiger aufgrund einer Pflichtverletzung (§ 280 BGB) haftet.

Ob ein Forderungsübergang stattgefunden hat und in welcher Höhe, entscheidet sich gemäß Art. 15 Rom I-VO nach dem Recht, auf dem die Verpflichtung des Dritten beruht. Letzteres wird als **Zessionsgrundstatut** bezeichnet. Hat sich zB ein Bürge nach deutschem Recht gegenüber dem Gläubiger verbürgt, so entscheidet deutsches Recht, ob und in welchem Umfang bei Leistung des Bürgen die Hauptforderung des Gläubigers gegen den Schuldner auf den Bürgen übergeht (vgl. dazu § 774 BGB).

Dagegen entscheidet sich die Frage, welchen Inhalt die übergegangene Forderung selbst hat, nach dem **Forderungsstatut** als solchem. Dieses bestimmt darüber, ob die Forderung selbst dem Grunde und der Höhe nach wirksam besteht und ob sie von dem Dritten gegen den Schuldner durchgesetzt werden kann. Unterliegt zB die verbürgte Forderung (zB auf Zahlung des Kaufpreises) ausländischem Recht, so entscheidet dieses darüber, ob und in welcher Höhe die Hauptschuld und somit auch die Regressforderung besteht.

Praxisfall:

V aus Paris hat aufgrund einer Lieferung aus Kaufvertrag einen Zahlungsanspruch in Höhe von 10.000 EUR gegen K in Essen. Für den Vertrag sollte ausdrücklich französisches Recht unter Ausschluss des UN-Kaufrechts gelten. Wegen dieses Anspruchs hatte sich B, Wohnsitz Deutschland, selbstschuldnerisch verbürgt. B zahlt auf Anforderung die 10.000 EUR und verlangt von K Rückerstattung. Welches Recht gilt?

Lösung

Bezüglich der Frage eines Forderungsübergangs ist nach Art. 15 Rom I-VO an das Recht anzuknüpfen, auf dem die Verpflichtung des Dritten beruht. Diese besteht hier aufgrund einer Bürgschaft. Für die Bürgschaft gilt nach Art. 4 II Rom I-VO das Recht am gewöhnlichen Aufenthalt des Bürgen, da dieser die vertragscharakteristische Leistung erbringt. Weil K in Deutschland wohnhaft ist, gilt deutsches Recht für die Bürgschaft. Dieses gilt als Zessionsgrundstatut auch für den Forderungsübergang. Das bedeutet, dass nach § 774 BGB zu entscheiden ist, ob die verbürgte Hauptforderung auf B übergegangen ist. Da B den Gläubiger V befriedigt hat, ist dies zu bejahen.

Ob die Hauptforderung besteht und in welchem Umfang dies der Fall ist, beurteilt sich nach dem Forderungsstatut. Hier geht es um eine Kaufpreisforderung. Für den Kaufvertrag war ausdrücklich französisches Recht vereinbart worden. Dieses ist daher für die Frage maßgebend, ob und in welchem Umfang die Kaufpreisforderung besteht. Falls danach der Kaufpreisanspruch iHv 10.000 EUR besteht, kann B den K auf Rückerstattung der gezahlten 10.000 EUR in Anspruch nehmen.

Grafisch lässt sich die Situation bei gesetzlichem Forderungsübergang so verdeutlichen:

Bild 11: Gesetzlicher Forderungsübergang (Art. 15 Rom I-VO)

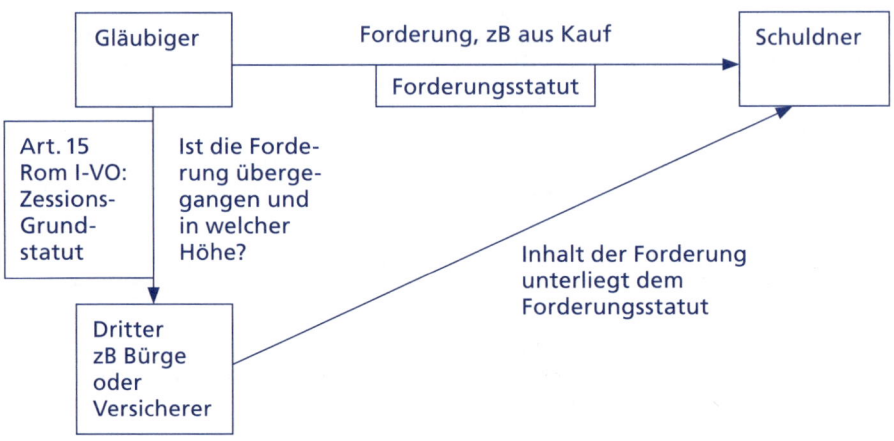

Praxisfall: Regress eines ausländischen Versicherers

Käufer K aus Osnabrück kauft bei einem Besuch in Mailand von einer italienischen Firma V mit Hauptniederlassung in Mailand Sanitärobjekte zu privaten Zwecken für sein Haus in Osnabrück. Es wird deutsches Recht vereinbart. Eine Badewanne stellt sich kurz nach dem Einbau als undicht heraus. Dadurch kommt es zu einer Überschwemmung, die Schäden von 5.000 EUR am Haus des K verursacht. Die Gebäudeversicherung G, Hauptverwaltung Zürich, reguliert den Schaden und verlangt im Regressweg von V Ersatz der gezahlten 5.000 EUR. Welches Recht gilt?

Lösung

Für die Frage, ob und in welcher Höhe auf die Versicherung G eventuelle Schadensersatzansprüche von K gegen V kraft Gesetzes übergegangen sind, ist wegen des grenzüberschreitenden Charakters Art. 15 Rom I-VO maßgebend. Danach bestimmt das **Zessionsgrundstatut**, welches Recht für die Verpflichtung des Dritten maßgebend ist. Die Verpflichtung von G beruht auf der abgeschlossenen Gebäudeversicherung. Es ist also zu fragen, welchem Recht diese untersteht. Dafür ist Art. 7 Rom I-VO heranzuziehen. Da es sich um ein Massenrisiko nach Abs. 3 handelt, darf nur eine beschränkte Rechtswahl nach der Belegenheit des Risikos oder nach dem gewöhnlichen Aufenthalt des Versicherungsnehmers getroffen werden, Art. 7 III UAbs. 1 lit. a) und lit. b). Wegen der Belegenheit und des Wohnsitzes in Deutschland dürfte nur deutsches Recht gewählt werden. Dieses würde auch bei fehlender Rechtswahl nach UAbs. 3 zur Anwendung kommen. Zessionsgrundstatut ist somit in jedem Fall deutsches Recht. Was den Forderungsübergang und seine Höhe angeht, wäre somit § 86 VVG anwendbar. Soweit der Versicherer G den Schaden ersetzt, würde danach ein evtl. Ersatzanspruch des Versicherungsnehmers auf ihn übergehen.

Welchen Inhalt der betreffende Ersatzanspruch hat, unterliegt dagegen dem **Forderungsstatut**, das für das Verhältnis zwischen Gläubiger und Schuldner maßgebend ist. Hier geht es um einen Verbraucherkauf mit mangelhafter Leistung seitens V. Dieser unterliegt wegen fehlendem Inlandsbezug Art. 6 III Rom I-VO, sodass Art. 3 und 4 Rom I-VO Anwendung finden. Da deutsches Recht gewählt wurde, ist dieses nach Art. 3 Rom I-VO maßgebend. Das deutsche Recht sieht bei zu vertretender mangelhafter Lieferung gemäß

§§ 437 Nr. 3, 280 BGB einen Schadensersatzanspruch des Käufers vor. Da V eine mangelhafte, nämlich undichte Wanne geliefert hat, besitzt K gegen V einen entsprechenden Schadensersatzanspruch. Dieser umfasst auch den Mangelfolgeschaden, der hier durch die kausal verursachte Überschwemmung entstanden ist und einen Umfang von 5.000 EUR hat.

Im Ergebnis kann G daher im Regressweg zu Recht die gezahlten Versicherungsleistungen iHv 5.000 EUR von V ersetzt verlangen.

6.13.3 Mehrfache Haftung (Art. 16 Rom I-VO)

Während Art. 15 Rom I-VO den Ausgleich unter mehreren Schuldnern bei Nachrangigkeit der Haftung betrifft, regelt Art. 16 Rom I-VO den internen Ausgleich zwischen gleichrangig haftenden Schuldnern.[279] Bisher war das IPR des Gesamtschuldnerausgleichs in Art. 13 II EVÜ bzw. Art. 33 III 2 EG BGB nur teilweise geregelt,[280] wobei der Grundgedanke jedoch übernommen und weiterentwickelt wurde. Der Grundgedanke ist, dass für den internen Ausgleich der Gesamtschuldner kollisionsrechtlich das Recht gilt, das auf die Verpflichtung des zuerst leistenden Schuldners gegenüber dem Gläubiger anzuwenden ist. Es wird also an das **Vertragsstatut der getilgten Forderung** angeknüpft.[281]

Praxisfall:

Student A aus Atlanta und Student B aus Berlin mieten in Mexiko für eine gemeinsame 14-tägige Rundreise bei der Autovermietung V mit Zweigniederlassung in Merida ein Auto. Da A momentan nicht flüssig ist, zahlt B den gesamten Mietpreis an V und verlangt später von A hälftige Erstattung der verauslagten Miete. Welches Recht ist anzuwenden?

Lösung

Fraglich ist bereits, ob die Rom I-VO überhaupt anwendbar ist, da es hier um Rechtsbeziehungen zu Personen aus Nicht-EU-Ländern geht und möglicherweise das Recht eines Nichtmitgliedstaates anzuwenden ist. Art. 2 Rom I-VO ordnet aber eine universelle Anwendung an und bestimmt, dass die VO auch dann gilt, wenn das berufene Recht nicht das Recht eines Mitgliedstaates ist.

Damit kann Art. 16 S. 1 Rom I-VO angewendet werden. Erste Voraussetzung ist, dass ein Gläubiger eine Forderung gegen mehrere (gleichrangig) für dieselbe Forderung haftende Schuldner hat. Dies trifft zu, da die Studenten A und B gemeinsam das Auto von V angemietet haben und daher für die Mietschulden gemeinsam haften. Weiter müsste V von einem der Schuldner befriedigt worden sein. Auch das ist zu bejahen, weil B die gesamte Miete für das Fahrzeug an V bezahlt hat.

Rechtsfolge ist, dass sich das Recht des B, von dem A Ausgleich zu verlangen, nach dem Recht bestimmt, welches für die Verpflichtung des B gegenüber dem Gläubiger V maßgebend ist. Für die Autovermietung ist angesichts fehlender Rechtswahl nach Art. 4 II Rom I-VO auf den gewöhnlichen Aufenthalt der Partei abzustellen, die die charakteristische Leistung zu erbringen hat. Hier erbringt V als Vermieter die charakteristische Leistung durch die Gebrauchsüberlassung. Gewöhnlicher Aufenthalt ist nach Art. 19 II Rom I-VO

---

[279] Palandt/*Thorn* Rom I-VO Art. 16 Rn. 2.
[280] PWW/*Brödermann/Wegen* Rom I-VO Art. 16 Rn. 1.
[281] PWW/*Brödermann/Wegen* Rom I-VO Art. 16 Rn. 2.

> der Ort der Zweigniederlassung in Merida, da der Vertrag im Rahmen des Betriebs der Zweigniederlassung geschlossen wurde. Dementsprechend gilt mexikanisches Recht für den Mietvertrag. Da die Verpflichtung von B auf mexikanischem Recht beruht, ist dieses auch für den Ausgleichsanspruch gegen den amerikanischen Mitreisenden und Mitmieter maßgebend.
>
> **Ergebnis:** Der Ausgleichsanspruch von B gegen A unterliegt dem Recht Mexikos.

Grafisch lässt sich der Ausgleich unter gleichrangig Haftenden nach Art. 16 Rom I-VO so darstellen:

Bild 12: Mehrfache Haftung (Art. 16 Rom I-VO)

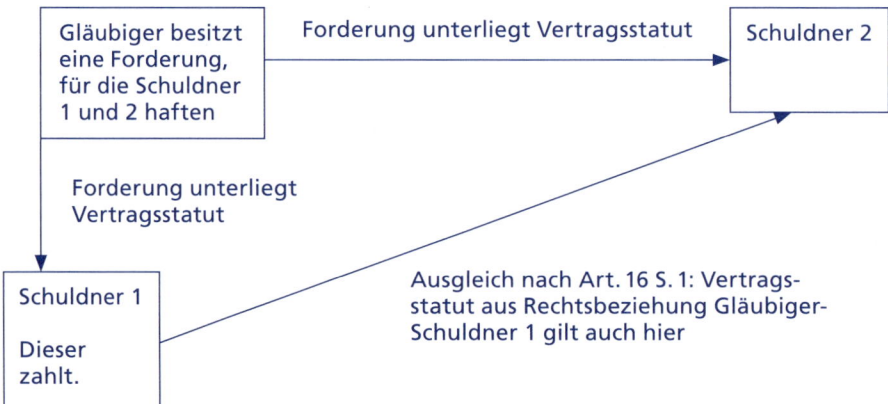

Es ist selbstverständlich denkbar, dass die Forderungen gegen die Gesamtschuldner unterschiedlichem Recht unterliegen. Als Beispiel wird der Fall einer gesamtschuldnerischen Haftung von Dienstleistern aus verschiedenen Staaten genannt, die gemeinsam und ohne Rechtswahlklausel im Vertrag ein gemeinsames Projekt entwickeln.[282] Dann kommt das Schuldstatut des zuerst leistenden Schuldners zur Anwendung. Der rechtstreu leistende Gesamtschuldner wird in diesem Fall bevorzugt und sozusagen mit der Anwendung seines Schuldstatuts „belohnt", wenn es um den anschließenden Regress gegen den anderen Gesamtschuldner geht.[283]

Praxisfall: Fehlerhafte Projektentwicklung

Ingenieur I aus Deutschland und Techniker T aus Japan sind selbstständig als gemeinsame Projektentwickler für ein Projekt in Dubai tätig. In dem gemeinsamen Vertrag mit der Projektfirma P aus Dubai ist keine Rechtswahlklausel getroffen. Wegen eines gemeinsam zu verantwortenden Rechenfehlers werden sie von P vertraglich auf Schadensersatz in Anspruch genommen. I zahlt und fragt, welches Recht für einen möglichen Regress gegen T anwendbar ist.

---

[282] PWW/*Brödermann/Wegen* Rom I-VO Art. 16 Rn. 1.

[283] PWW/*Brödermann/Wegen* Rom I-VO Art. 16 Rn. 3; sehr plastisch Palandt/*Thorn* Rom I-VO Art. 16 Rn. 4.

Lösung

Das anwendbare Recht könnte sich nach Art. 16 S. 1 Rom I-VO bestimmen. Das Zessionsstatut folgt danach dem Vertragsstatut, das auf die getilgte Forderung anwendbar ist. Die Verpflichtungen der Gesamtschuldner I und T gegenüber P beruhten hier auf unterschiedlichen Rechtsordnungen: Da keine Rechtswahl getroffen wurde, waren für die Dienstleistungen nach Art. 4 I lit. b) Rom I-VO die Rechtsordnungen am gewöhnlichen Aufenthalt des jeweiligen Dienstleisters maßgebend, also für I Deutschland und für T Japan. Vertragliche Schadensersatzansprüche wegen der Rechenfehler unterlagen daher bzgl. I deutschem und bzgl. T japanischem Recht. Da I seiner Schadensersatzpflicht nachgekommen ist, gilt für seinen Regress gegen T demzufolge deutsches Recht (insbesondere § 426 BGB).

Umgekehrt: Hätte T als erster gezahlt, käme japanisches Recht für den Regress gegen I zur Anwendung.

Art. 16 S. 2 Rom I-VO bestimmt, dass die übrigen Regressschuldner berechtigt sind, dem Rückgriffsanspruch des leistenden Gesamtschuldners sämtliche Verteidigungsmittel entgegen zu halten, die ihnen nach dem für ihre Verpflichtungen gegenüber dem ursprünglichen Gläubiger maßgebenden Recht zustanden. Für diese Einwendungen gilt also das **Geschäftsstatut** aus dem Vertrag zwischen ursprünglichem Gläubiger und dem nunmehr in Regress genommenen Gesamtschuldner.[284]

6.13.4 Aufrechnung (Art. 17 Rom I-VO)

Art. 17 Rom I-VO schafft eine neue ausdrückliche Regelung für das auf eine Aufrechnung anzuwendende Recht und bestimmt in klarer und einfacher Weise, dass für die Aufrechnung bei fehlender vertraglicher Regelung das Recht gilt, das für die (Haupt-)Forderung selbst gilt. Maßgebend ist also das **Vertragsstatut der Hauptforderung**.

Diese Regelung dient dem Schutz des Aufrechnungsgegners. Er soll vor einem fremden Vertragsstatut bewahrt werden. Die Einheitlichkeit des Vertragsstatuts soll für Hauptforderung und Aufrechnung gelten.

Bild 13: Aufrechnung (Art. 17 Rom I-VO)

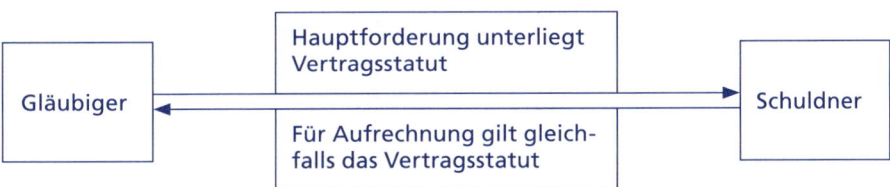

Wie Art. 17 Rom I-VO zu entnehmen ist, muss zunächst gefragt werden, ob das Recht zur Aufrechnung, insbesondere das Aufrechnungsstatut vertraglich vereinbart wurde. Insoweit gilt vollständige Rechtswahlfreiheit gemäß Art. 3 Rom I-VO. Die Parteien können mithin eigenständig das Recht wählen, nach dem aufgerechnet werden darf. Wenn insoweit Vertragsfreiheit besteht, ist erst recht anzuer-

---

[284] Palandt/*Thorn* Rom I-VO Art. 16 Rn. 5.

kennen, dass die Parteien die Aufrechnung auch materiell-rechtlich ausschließen dürfen.[285]

Wurden keine vertraglichen Abreden über das Aufrechnungsrecht getroffen, so gilt – wie die herrschende Meinung bereits zum alten Recht annahm[286] – das Vertragsstatut der Hauptforderung auch für die Aufrechnung. Betroffen sind insoweit die Fragen, unter welchen Voraussetzungen aufgerechnet werden kann (wie zB Gegenseitigkeit und Gleichartigkeit), ob und welche Erklärungen abzugeben sind[287] oder ob Aufrechnungsverbote bestehen.[288]

Praxisfall: Aufrechnung oder Barzahlung

Ein indischer Teelieferant T verkauft dem deutschen Importeur I eine Partie Darjeeling Tee, First Flush Ernte 2012, zum Preis von 10.000 EUR. Der Kaufvertrag enthält keine Rechtswahl hinsichtlich des anzuwendenden Rechts. Die vereinbarten Zahlungsbedingungen sehen vor: „cash on delivery". I rechnet bei Anlieferung dennoch mit einem angeblichen Schadensersatzanspruch aus einer früheren mangelhaften Lieferung iHv 10.000 EUR auf. Welches Recht gilt für Lieferung und Aufrechnung?

Lösung

Für die Warenlieferung könnte UN-Kaufrecht zur Anwendung kommen. Zwar ist Deutschland Vertragsstaat, nicht jedoch Indien. Daher ist das Abkommen nach Art. 1 I lit. a) CISG nicht anwendbar. Es könnte aber über lit. b) zur Anwendung kommen, wenn die Regeln des IPR zur Anwendung des Rechts eines Vertragsstaates – in diesem Fall also Deutschlands – führen würden. Auf den Kaufvertrag ist angesichts fehlender Rechtswahl nach Art. 4 I lit. a) Rom I-VO das Recht des Staates anzuwenden, in dem der Verkäufer seinen gewöhnlichen Aufenthalt hat. T hat seinen gewöhnlichen Aufenthalt in Indien, sodass das Recht Indiens anzuwenden ist. Damit führt das nach IPR anzuwendende Recht nicht zum Recht eines Vertragsstaates des CISG. Der Kaufvertrag unterliegt folglich ausschließlich indischem Recht.

In der Frage des auf die Aufrechnung anzuwendenden Rechts ist nach Art. 17 Rom I-VO auf das Recht abzustellen, dem die Hauptforderung unterliegt. Das bedeutet, dass wegen der Zulässigkeit der Aufrechnung ebenfalls indisches Recht gilt. Nach indischem Recht wäre folglich zu beurteilen, ob die Klausel „cash on delivery" ein vertragliches Aufrechnungsverbot enthält (wie dies nach deutschem Recht der Fall ist)[289].

Von Art. 17 Rom I-VO wird dagegen nicht die Frage erfasst, ob die zur Aufrechnung gestellte Gegenforderung tatsächlich besteht und ob sie fällig ist. Dies sind Vorfragen, über die das Statut der aufzurechnenden Forderung entscheidet.[290]

---

[285] PWW/*Brödermann/Wegen* Rom I-VO Art. 17 Rn. 1.

[286] BGH NJW 1994, 1413 (1416); 2006, 3631.

[287] In Deutschland ist zB nach § 388 BGB eine entsprechende Erklärung nötig, in Frankreich geht die Forderung nach Art. 1290 C.c. automatisch unter, ebenso in Italien. In England ist ein Richterspruch nötig, vgl. PWW/*Brödermann/Wegen* Rom I-VO Art. 17 Rn. 5.

[288] In Deutschland zB keine Aufrechnung mit einredebehafteter Forderung, § 390 BGB und keine Aufrechnung gegen Forderung aus vorsätzlich begangener unerlaubter Handlung, § 393 BGB oder gegen eine unpfändbare Forderung, § 394 BGB.

[289] BGH NJW 1976, 852.

[290] PWW/*Brödermann/Wegen* Rom I-VO Art. 17 Rn. 7; Palandt/*Thorn* Rom I-VO Art. 17 Rn. 2.

> **Beispiel:** Ob in dem obigen Praxisfall überhaupt eine Gegenforderung wegen
> mangelhafter Lieferung besteht, wäre – unterstellt, eine Aufrechnung wäre statt-
> haft – eine Vorfrage, die nicht nach Art. 17 Rom I-VO zu beurteilen ist, sondern
> nach dem Statut für diese Gegenforderung. Es wäre also im Einzelfall zu ermit-
> teln, ob für die frühere Lieferung ebenfalls indisches Recht anzuwenden war und
> ob dies auch für Schadensersatzansprüche gilt.

Ob sowohl die Hauptforderung als auch die Gegenforderung aus einem vertraglichen Schuldverhältnis stammen müssen, wird durch Art. 17 Rom I-VO nicht eindeutig beantwortet („die Forderung"). Die Rom II-VO enthält auch keine Vorschrift
zur Aufrechnung hinsichtlich außervertraglicher Ansprüche. Eine im Vordringen
befindliche Meinung spricht sich insoweit für eine großzügige Interpretation aus
und hält Art. 17 Rom I-VO auf die Aufrechnung jeder Art von Forderungen für
anwendbar, auch wenn diese auf Gesetz beruhen.[291]

6.14 Eingriffsnormen (Art. 9 Rom I-VO) und ordre public (Art. 21 Rom I-VO)

Eingriffsnormen und ordre public begrenzen die Anwendbarkeit des nach Art. 3 ff.
Rom I-VO berufenen Rechts und lassen dieses im Einzelfall zurücktreten. Gründe
des öffentlichen Interesses, vor allem elementare Ordnungsinteressen der Staaten
rechtfertigen es, dass die mitgliedstaatlichen Gerichte unter außergewöhnlichen
Umständen den Normen des eigenen Staates Vorrang einräumen dürfen.[292] Die Art. 9
(Eingriffsnormen) und Art. 21 Rom I-VO (Vorbehalt des ordre public) gestatten unter
speziellen Voraussetzungen entsprechende Korrekturen an den kollisionsrechtlichen
Entscheidungen.

6.14.1 Eingriffsnormen (Art. 9 Rom I-VO)

Die Vorschrift besteht aus drei Absätzen, die Folgendes regeln:
* Abs. 1: Definition der Eingriffsnorm,
* Abs. 2: Inländische Eingriffsnormen,
* Abs. 3: Ausländische Eingriffsnormen.

6.14.1.1 Definition

Art. 9 I Rom I-VO bezeichnet eine Eingriffsnorm als eine
* **zwingende Vorschrift** eines Staates,
* deren Einhaltung von einem Staat als so **entscheidend für die Wahrung seines öffentlichen Interesses, insbesondere seiner politischen, sozialen oder wirt-schaftlichen Organisation** angesehen wird,
* **dass sie** ungeachtet des nach der Rom I-VO an sich maßgebenden Rechts **anzu-wenden ist**.

---

[291] *Leible/Lehmann* RIW 2008, 528 (542); Ferrari/Leible/*Magnus*, Ein neues internationales
Vertragsrecht für Europa, 2007, 201 (208); offen gelassen in Palandt/*Thorn* Rom I-VO Art. 17
Rn. 1.
[292] Vgl. Erwägungsgrund 37.

Charakteristisch für eine Eingriffsnorm sind also

1. **die zwingende Natur der Regelung und ihr internationaler Geltungsanspruch,**[293] die sich aus ihrem Wortlaut,[294] dem Zusammenspiel mit einer Kollisionsregel oder ihrem Zweck erschließen,
2. **die überindividuelle, am Gemeinwohl eines Staates orientierte Zielsetzung der Norm** im Unterschied zu einer Norm, die nur den Ausgleich privater Interessen verfolgt, sowie
3. **ein aus der Zielsetzung abzuleitender, vorrangiger Anwendungsbefehl.**

Die Definition in Art. 9 I Rom I-VO folgt der Arblade-Entscheidung des EuGH[295] und stellt eine Fortentwicklung der früheren Art. 7 EVÜ/Art. 34 EG BGB dar. Im Kern ist maßgeblich darauf abzustellen, ob sich die fragliche Norm zwingend gegen ein an sich geltendes Recht durchsetzen will und ob sie primär überindividuelle Gemeinwohlzwecke von erheblichem Rang verfolgt.[296]

Im Einzelfall kann es durchaus fraglich sein, ob eine Norm als Eingriffsnorm zu werten ist. Insoweit haben die Mitgliedstaaten einen erheblichen Beurteilungsspielraum, wieweit sie mit ihren Normen nur Privatinteressen ausgleichen wollen (dann keine Eingriffsnorm) oder zumindest auch überindividuelle Zielsetzungen verfolgen (dann Eingriffsnorm). Letzteres ist zB vom EuGH hinsichtlich des Ausgleichsanspruchs des Handelsvertreters bejaht worden.[297] Mit dem Vorrecht der Mitgliedstaaten, ihre nationalen Vorschriften als Eingriffsnormen zu charakterisieren, haben sie es in gewisser Weise in der Hand, Vorschriften ihres Rechts „IPR-fest" auszugestalten.[298] Einem missbräuchlichen Vorgehen wird insoweit der EuGH zu begegnen haben, dem eine Missbrauchskontrolle zukommt.[299] Der Vereinheitlichungszweck der Rom I-VO sollte überdies – ähnlich wie bereits bei Art. 34 EGBGB gefordert – auch im Rahmen von Art. 9 Rom I-VO nur eine enge Auslegung erlauben.[300]

6.14.1.2 Inländische Eingriffsnormen

Art. 9 II Rom I-VO bestimmt, dass die Verordnung nicht die Anwendung der Eingriffsnormen des angerufenen Gerichts berührt. Das bedeutet, dass anstelle des über Art. 3 ff. Rom I-VO ermittelten Vertragsstatuts die inländischen Eingriffsnormen des Rechts des Gerichtsstaates (lex fori) zur Anwendung kommen. Sie setzen sich als vorrangige Sonderregelung gegenüber dem Vertragsstatut durch.

Als Eingriffsnormen kommen in erster Linie **öffentlich-rechtliche Vorschriften** in Betracht. Denn öffentliches Recht ist per definitionem darauf ausgerichtet, öffentliche Interessen zu fördern. Die betreffenden Vorschriften verfolgen daher die für Eingriffsnormen notwendige überindividuelle, am Gemeinwohl orientierte Zielsetzung.

---

[293] Palandt/*Thorn* Rom I-VO Art. 9 Rn. 5: die bloße Unabdingbarkeit nach materiellem, einfach zwingendem Recht für sich reicht nicht.
[294] ZB Wettbewerbsschutz nach § 130 II GWB oder Urheberrechtsschutz nach § 32b UrhG.
[295] EuGH Rs. C-369/96, Slg 1999, I 8453.
[296] *Magnus* IPRax 2010, 27 (41); ähnlich Palandt/*Thorn* Rom I-VO Art. 9 Rn. 5.
[297] Ingmar-Entscheidung EuGH Rs. C-381/98, Slg. 2000, I-9325.
[298] So plastisch *Magnus* IPRax 2010, 27 (41).
[299] Palandt/*Thorn* Rom I-VO Art. 9 Rn. 5.
[300] Palandt/*Thorn* Rom I-VO Art. 9 Rn. 5.

In Deutschland sind zB als öffentlich-rechtliche Eingriffsnormen zu nennen:[301]

- Vorschriften des Außenwirtschaftsrechts,
- Embargobestimmungen,
- Devisenbewirtschaftungsrecht,
- Kapitalmarktrecht,
- Berufs- und Gewerberecht,
- Gesetz zur Bekämpfung der Schwarzarbeit,
- Bestimmungen des Sozialrechts,
- Regelungen des Grundstücksverkehrs.

Praxisfall: Gemeindliches Vorkaufsrecht

Der bekannte deutsche Buchautor J siedelt nach Teneriffa über und verkauft dort anschließend sein in München gelegenes Einfamilienhaus an seinen Münchener Lektor L unter Vereinbarung spanischen Rechts. Als die Stadt München von dem Verkauf erfährt, macht sie von ihrem gemeindlichen Vorkaufsrecht Gebrauch. Die Vertragsparteien halten dieses aufgrund ihrer getroffenen Rechtswahl für spanisches Recht für unanwendbar. Die Stadt München verlangt von J, der mittlerweile wieder nach München gezogen ist, unter Berufung auf ihr ausgeübtes Vorkaufsrecht die Erfüllung des Kaufvertrages zu den Konditionen des mit L geschlossenen Vertrages.

Lösung

Die getroffene Rechtswahl führt nach Art. 3 Rom I-VO bezüglich des geschlossenen Immobilien-Kaufvertrages an sich zur Anwendung spanischen Rechts. Über Art. 9 II Rom I-VO könnte jedoch evtl. deutsches Recht gelten mit der Folge, dass der Stadt München das Vorkaufsrecht zustünde. Gemeindliche Vorkaufsrechte nach §§ 24 ff. BauGB stellen zwingende Vorschriften über den Grundstücksverkehr dar und besitzen einen internationalen Geltungsanspruch, da sie unabhängig davon, welchem Recht ein Immobilienkauf unterliegt, eine ordnungspolitische Steuerung des Bodenverkehrs von in Deutschland belegenen Immobilien erreichen wollen.[302]

Zielsetzung ist insbesondere eine gemeindlichen und damit öffentlichen Interessen entsprechende gesunde Aufteilung von Grund und Boden. Dass die Wahrung öffentlicher Interessen im Vordergrund steht, kommt in § 24 III BauGB klar zum Ausdruck. Danach darf das Vorkaufsrecht nur ausgeübt werden, wenn das Wohl der Allgemeinheit dies rechtfertigt.

Dass auch Immobilienverkäufe erfasst sein sollen, die ausländischen Recht unterstellt sind, zeigt § 24 I BauGB, der keine Einschränkung enthält, dass es sich um den Kauf einer Immobilie nach deutschem Recht handeln müsste.

Vielmehr wird nur der Kauf eines im Inland belegenen Grundstücks vorausgesetzt, das sich im Gebiet eines Bebauungsplans oÄ befindet. Die §§ 24 ff. BauGB lassen somit einen unbedingten Anwendungswillen erkennen, der sich auch gegen die Wahl eines ausländischen Rechts durchsetzen soll.

Daraus folgt, dass es sich um Eingriffsnormen handelt, die nach Art. 9 II Rom I-VO vorrangig vor einem abweichenden Schuldstatut zur Anwendung kommen.[303] Zu Recht beansprucht daher die Stadt München im Wege ihres gesetzlichen Vorkaufsrechts den Eintritt in den bestehenden Kaufvertrag entsprechend § 464 II BGB.

---

[301] Gute Übersicht bei Palandt/*Thorn* Rom I-VO Art. 9 Rn. 7–10.
[302] Reithmann/Martiny/*Freitag* Rn. 566.
[303] So ausdrücklich Reithmann/Martiny/*Limmer* Rn. 1522.

Ob auch **Zivilrechtsnormen**, die besondere Schutzziele verfolgen, als Eingriffsnormen zu bewerten sind, erscheint fraglich. Denn insoweit geht es jedenfalls primär um einen Ausgleich individueller Interessen und gerade nicht um die Wahrung öffentlicher Interessen. Diskutiert wird die Anwendung von Art. 9 Rom I-VO immerhin in gewissen Bereichen des Verbraucherschutzes und des Arbeitnehmerschutzes, sofern die Bestimmungen zumindest auch Gemeinwohlinteressen dienen.[304] Hier ist vorab zu bedenken, dass der kollisionsrechtliche Verbraucherschutz in Art. 6 Rom I-VO und der entsprechende Arbeitnehmerschutz in Art. 8 Rom I-VO verankert sind. Soweit diese Bestimmungen eingreifen, ist für die Anwendung von Art. 9 Rom I-VO daher kein Raum. Innerhalb des sachlichen Anwendungsbereichs von Art. 6 und 8 Rom I-VO handelt es sich vielmehr um eine **abschließende Regelung**.[305]

Aber auch soweit sie nicht eingreifen, ist Vorsicht geboten. Würde man zB trotz Nichtanwendbarkeit von Art. 6 Rom I-VO dann doch über Art. 9 Rom I-VO **verbraucherschützende Normen** anwenden, würde dies den Wertungen von Art. 6 Rom I-VO entgegenlaufen. Scheitert zB die Anwendung von Art. 6 Rom I-VO an dem in Abs. 1 geforderten qualifizierten Auslandsbezug, so kann eine inländische Verbraucherschutznorm gerade nicht über den Umweg von Art. 9 Rom I-VO doch zur Anwendung gebracht werden. Das würde zu einem umfangreicheren Verbraucherschutz führen als bei einer unmittelbaren Anwendung des spezifisch auf den Verbraucherschutz zugeschnittenen Art. 6 Rom I-VO.[306] Um Normenkonflikte zu vermeiden, sollte daher in jedem Fall ein besonderes Näheverhältnis analog Art. 6 I lit. a) oder b) Rom I-VO gefordert werden.[307] Im Übrigen verbleiben angesichts des weitreichenden Anwendungsbereichs von Art. 6 Rom I-VO und Art. 46 lit. b EGBGB nur noch einige Restfragen,[308] die ggf. Art. 9 Rom I-VO unterstehen. Dabei geht es vor allem um die Komplexe Haustürgeschäfte (§ 312 BGB), Gewinnzusagen (§ 661a BGB) sowie den Fernunterricht.

Im Einzelnen:

- **Haustürgeschäfte**, die unter den Voraussetzungen von § 312 BGB abgeschlossen worden sind, unterliegen Art. 9 Rom I-VO allenfalls dann, wenn ein entsprechender Inlandsbezug feststellbar ist. Dementsprechend ist vom BGH[309] ein Widerrufsrecht für einen 1994 geschlossenen[310] Teilzeitwohnrechtevertrag an einer spanischen Immobilie, für den das Recht der Isle of Man vereinbart worden war und zu dessen Abschluss deutsche Urlauber auf Gran Canaria von Werbern auf der Straße unter Übergabe eines Gutscheins für eine Flasche Sekt und zwei T-Shirts

---

[304] Vgl. Palandt/*Thorn* Rom I-VO Art. 9 Rn. 8; Erman/*Hohloch* EGBGB Art. 34 Rn. 15.

[305] Reithmann/Martiny/*Freitag* Rn. 515: „… stellt das nationale Verbrauchervertragsrecht … kein Eingriffsrecht dar", Rn. 517: Art. 6 stellt im Bereich des kollisionsrechtlichen Verbraucherschutzrechts „eine spezielle und abschließende Regelung dar"; im gleichen Sinne Palandt/*Thorn* Rom I-VO Art. 9 Rn. 8 und 9.

[306] *Kindler* Einführung IPR 66 f.

[307] *Kindler* Einführung IPR 66; ähnlich bereits BGH IPRax 1998, 285 zu dem früheren Art. 34 EGBGB.

[308] Reithmann/Martiny/*Freitag* Rn. 516 und 597.

[309] BGH IPRax 1998, 285 mit Besprechung von *Ebke*, Schuldrechtliche Teilzeitwohnrecht an Immobilien im Ausland und kein Widerrufsrecht, IPRax 1998, 263.

[310] Also vor Geltung des Teilzeitwohnrechtegesetzes v. 20.12.1996, das für Verträge ab 1.1.1997 ein spezielles Widerrufsrecht einführte.

animiert wurden, abgelehnt worden. Eine Sonderanknüpfung iSd damaligen Art. 34 EGBGB sei ausgeschlossen, wenn es an dem in Art. 29 I Nr. 1–3 EGBGB aF vorausgesetzten Inlandsbezug fehle. Im Übrigen ließ der BGH ausdrücklich offen, ob es sich bei den Regelungen über den Widerruf von Haustürgeschäften nach dem damaligen Haustürwiderrufsgesetz überhaupt um eine zwingende Regelung handelte.

Diese Frage dürfte durch den inzwischen erfolgten Ausbau des Verbraucherschutzes, insbesondere das TeilzeitwohnrechteG seine praktische Bedeutung verloren haben.

- **Gewinnzusagen**, die in Deutschland gemacht werden, sind nach § 661a BGB verbindlich und können eingeklagt werden. Die Frage ist, ob dies auch für Gewinnzusagen gilt, die aus dem Ausland nach Deutschland verschickt werden und ausdrücklich einem Recht unterstellt werden, das eine vergleichbare Rechtsverbindlichkeit nicht kennt.

Praxisfall:

Ein deutscher Rentner erhält einen Werbebrief mit folgender Botschaft:

„Herzlichen Glückwunsch! Sie sind der glückliche Hauptgewinner einer Verlosung und erhalten garantiert den Betrag von 10.000 EUR. Um Ihnen diesen Betrag auszahlen zu können, bitten wir Sie um Ausfüllung einiger Angaben. Sobald wir diese erhalten haben, zahlen wir Ihnen den Gewinn sofort auf das von Ihnen angegebene Konto aus." Im folgenden Text wird dann eine einmalige Verwaltungsgebühr von 50 EUR angefordert.

Der Brief stammt aus einem Land außerhalb der EU, das für Gewinnzusagen keine dem § 661a BGB entsprechende gesetzliche Regelung kennt. Gilt die deutsche Regelung ggf. als Eingriffsnorm nach Art. 9 Rom I-VO?

Lösung

Erste Voraussetzung ist, dass die Rom I-VO überhaupt anwendbar ist. Sie gilt nach Art. 1 I Rom I-VO für vertragliche Schuldverhältnisse. Ob durch Gewinnzusagen ein vertragliches oder ein deliktisches Schuldverhältnis begründet wird, ist fraglich. Der EuGH[311] hat bei isolierten Gewinnzusagen das Vorliegen eines Vertrages bejaht und dabei maßgeblich auf die Freiwilligkeit der Verpflichtung abgestellt. Der BGH befürwortete vor Inkrafttreten der Rom I-VO ein gesetzliches Schuldverhältnis durch geschäftsähnliche Handlung des Mitteilenden[312] und qualifizierte § 661a BGB als Eingriffsnorm, die sich gemäß Art. 34 EGBGB auch bei Geltung abweichenden ausländischen Rechts durchsetze. Dem wird zT „auch und erst recht unter der Geltung der Rom I-VO" zugestimmt und betont, § 661a BGB sei als international zwingende Vorschrift mit allgemein ordnungspolitischer Zielsetzung als Eingriffsnorm nach Art. 9 Rom I-VO einzustufen.[313] Nach Inkrafttreten der Rom I-VO dürfte es allerdings näher liegen, ein Verbrauchergeschäft nach Art. 6 Rom I-VO anzunehmen und den Verbraucherschutz über diese Norm sicherzustellen.[314] Des Rückgriffs auf eine Eingriffsnorm bedarf es dann nicht. Eine Anwendung von Art. 9 Rom I-VO scheidet daher angesichts der vorrangigen und abschließenden Regelung durch Art. 6 Rom I-VO aus.

---

[311] EuGH 2005 I 481 (Tz 55).
[312] BGH NJW-RR 2008, 1006; Palandt/*Sprau* § 661a Rn. 1 und 2.
[313] Reithmann/Martiny/*Freitag* Rn. 599.
[314] Palandt/*Thorn* Rom I-VO Art. 9 Rn. 8.

- **Fernunterrichtsverträge** unterliegen den Bestimmungen des FernUSG v. 24.8.1976. Nachdem § 11 FernUSG, der die zwingende internationale Durchsetzung der Verbraucherschutzvorschriften des FernUSG regelte, inzwischen durch Gesetz v. 29.5.1999 ersatzlos gestrichen worden ist, fehlt es an der notwendigen internationalen Regelung. Der Charakter als Eingriffsnorm ist damit entfallen.[315]

6.14.1.3 Ausländische Eingriffsnormen

Nach bisherigem Recht waren ausländische Eingriffsnormen von deutschen Gerichten nicht zu beachten. Zwar sah Art. 7 I EVÜ vor, dass den zwingenden Bestimmungen des Rechts eines anderen Staates, mit dem der Sachverhalt eine enge Verbindung aufweist, Wirkung verliehen werden konnte. Deutschland hatte aber ebenso wie das Vereinigte Königreich, Irland, Lettland, Luxemburg, Portugal und Slowenien von der Vorbehaltsklausel in Art. 22 lit. a) EVÜ Gebrauch gemacht[316] und damit die Anwendung ausländischer Eingriffsnormen ausgeschlossen.

Nach der neuen Regelung in Art. 9 III Rom I-VO[317] ist dies anders. Dieser erlaubt es nunmehr auch den deutschen Gerichten, den Eingriffsnormen anderer Staaten unter gewissen Bedingungen Geltung zu verleihen. Diese Regelung gilt jetzt in allen Mitgliedstaaten ohne Vorbehalt. Allerdings kommen nicht alle ausländischen Eingriffsnormen einer x-beliebigen Rechtsordnung zur Anwendung, sondern nur diejenigen des Staates, in dem die durch den Vertrag begründeten Verpflichtungen erfüllt werden sollen oder erfüllt worden sind. Damit findet eine Eingrenzung auf das **Recht am Erfüllungsort** statt. Fraglich ist, ob dabei auf den rechtlichen Erfüllungsort oder den tatsächlichen Erfüllungsort abzustellen ist.[318] Für Ersteres spricht die Konkordanz mit Art. 5 EuGVO, hat aber den gravierenden Nachteil, dass damit eine Fülle denkbarer Erfüllungsorte infrage kommt und somit eine Vervielfältigung ausländischer Rechtsordnungen und ihrer jeweiligen Eingriffsnormen einhergeht.[319] Zudem kann es im Einzelfall zu erheblichen Problemen der rechtlichen Einordnung und Abgrenzung der Erfüllungsorte kommen. Bei der Entscheidung der Frage sollte vor allem der Zweck von Art. 9 III Rom I-VO bedacht werden. Regelungszweck ist, denjenigen ausländischen Vorschriften Rechnung zu tragen, die zu realen Erfüllungshindernissen führen können.[320] Soweit ein ausländischer Staat tatsächlich in der Lage ist, die Erfüllung eines Vertrages durch seine Rechtsnormen zu verhindern, muss dies kollisionsrechtlich berücksichtigt werden (Konzept der Machttheorie).[321] Daher sollte auf den Ort der tatsächlichen Leistungserbringung und die Eingriffsnormen dieses faktischen Erfüllungsorts abgestellt werden.[322]

---

[315] Reithmann/Martiny/*Freitag* Rn. 600; aA Staudinger/*Magnus* EGBGB Art. 34 Rn. 92, der – zu Unrecht – von einem gesetzgeberischen Versehen spricht.

[316] *Jayme/Hausmann* EVÜ Art. 22 Fn. 12.

[317] Reithmann/Martiny/*Freitag* Rn. 631 zählt die Vorschrift zu den „rechtspolitisch umstrittensten und redaktionell unklarsten der gesamten Rom I-VO". Dem ist zuzustimmen. Auch einem vorgebildeten Juristen dürfte es schwerfallen, die Vorschrift aus sich heraus zu erfassen.

[318] Dazu Palandt/*Thorn* Rom I-VO Art. 9 Rn. 12.

[319] Vgl. *Leible/Lehmann* RIW 2008, 529 (543).

[320] *Magnus* IPRax 2010, 27 (41).

[321] Reithmann/Martiny/*Freitag* Rn. 632; *Freitag* IPRax 2009, 109 (116); *Mankowski* IHR 2008, 133 (148).

[322] *Magnus* IPRax 2010, 27 (41); *Pfeiffer* EuZW 2008, 622 (628); Palandt/*Thorn* Rom I-VO Art. 9 Rn. 12; Reithmann/Martiny/*Freitag* Rn. 643; zurückhaltend *Kindler* Einführung IPR 69, der

Nach Art. 9 III Rom I-VO kann ausländischen Eingriffsnormen nur dann Wirkung verliehen werden, wenn sie die Erfüllung des Vertrages **unrechtmäßig** werden lassen. Damit sind vor allem ausländische Verbotsnormen angesprochen, deren Verletzung den Vertrag ganz oder teilweise unwirksam machen.[323] Zu denken ist etwa[324] an die Verletzung von

- ausländischen Bodenverkehrsvorschriften,
- Vorschriften über die Aufnahme und Ausübung einer Berufstätigkeit,
- Regelungen des Börsenverkehrs und des Anlegerschutzes,
- ausländische Vorschriften zum Schutz der eigenen Kulturgüter.

In der Rechtsprechung wurden in der Vergangenheit gelegentlich auch dann ausländische Normen berücksichtigt, wenn nach eigenem Verständnis des Gerichts ein Verstoß gegen die guten Sitten (§ 138 BGB), eine Unmöglichkeit der Leistungserbringung (§§ 275, 311a BGB) oder eine Störung der Geschäftsgrundlage vorlagen.[325] Insoweit kam es dann auf sachrechtlicher Ebene zu einer **faktischen Berücksichtigung** der ausländischen Eingriffsnormen.[326] So wurde vom BGH[327] etwa ein dem deutschen Recht unterliegender Vergleich wegen Störung der Geschäftsgrundlage angepasst, der wegen eines iranischen Alkoholeinfuhrverbots nicht mehr erfüllt werden konnte.

Praxisfall: Alkoholeinfuhrverbot

Eine deutsche Brauerei lieferte im August 1977 eine größere Menge Bier zum Preise von 184.320 DM an eine iranische Importfirma. Da fast 40 % der Lieferung beschädigt und unbrauchbar war, schlossen die Parteien am 7.11.1978 einen Vergleich, wonach dem Käufer zunächst 20.000 DM Kaufpreis erstattet und bei weiteren Bestellungen zum Vorzugspreis weitere 20.000 DM zurückgezahlt werden sollten. Nachdem die Brauerei die erste Rückerstattung geleistet hatte, konnten infolge der Machtergreifung von Ayatollah Khomeini keine Bierlieferungen mehr erfolgen, da im Iran ein absolutes Alkoholverbot unter Androhung von Todesstrafe verhängt wurde. Der iranische Importeur verlangte nun Zahlung der 2. Tranche der Rückerstattung und des Werts des eingeräumten Vorzugspreises, insg. eine Summe von 53.728 DM.

Lösung

Der BGH gab der Klage im Umfang von 37.000 DM statt und passte den geschlossenen Vergleich nach den Grundsätzen des Wegfalls der Geschäftsgrundlage der veränderten Situation an. Der Vergleich sei nach § 779 BGB nicht unwirksam. Der zugrunde gelegte Sachverhalt habe durchaus der Wirklichkeit entsprochen, die Parteien hätten sich jedoch falsche Vorstellungen über die künftige Entwicklung der politischen Lage im Iran gemacht. Dies sei ein Fall des Wegfalls der Geschäftsgrundlage. Für den Vergleich sei die gemeinsame Geschäftsgrundlage die Möglichkeit der weiteren Zusammenarbeit gewesen. Diese Geschäftsgrundlage sei entfallen, da der Handel mit

---

grundsätzlich an den rechtlichen Erfüllungsort anknüpfen will, es sei denn, dass tatsächlich an einem anderen Ort erfüllt worden ist.

[323] Reithmann/Martiny/*Freitag* Rn. 634.
[324] Reithmann/Martiny/*Freitag* Rn. 654 ff.
[325] *Kindler* Einführung IPR 68 f. mit Nachweisen in Fn. 213–215.
[326] Palandt/*Thorn* Rom I-VO Art. 9 Rn. 13.
[327] BGH NJW 1984, 1746.

> Alkohol im Iran nach der Machtergreifung Khomeinis verboten worden sei. Ein Festhalten an dem Vergleich würde zu untragbaren Ergebnissen und für den Importeur nicht zumutbaren Folgen führen. Der Vergleich müsse daher an die veränderte Situation angepasst werden. Das bedeute, dass dem Importeur der Gewinn zugesprochen werden müsse, den er aus dem geschlossenen Vergleich gezogen hätte. Praktisch wird somit die ausländische Eingriffsnorm – das Verbot des Handels mit Alkohol im Iran – anerkannt und der dem deutschen Recht unterliegende Vergleich entsprechend angepasst.

Wie der Wortlaut („kann") von Art. 9 III Rom I-VO erkennen lässt, besteht bezüglich der Anwendung ausländischer Eingriffsnormen ein diskretionäres Ermessen, von dem die Gerichte jedenfalls dann Gebrauch machen sollten, wenn die ausländischen Eingriffsnormen mit den Grundwertungen der lex fori übereinstimmen (sog. shared values approach)[328]. Der eingeräumte Ermessensspielraum birgt zwar eine gewisse Schwäche und ein gewisses Maß an Rechtsunsicherheit,[329] verschafft andererseits aber den Vorteil einer flexiblen Handhabung. Bei der Entscheidung, ob den ausländischen Eingriffsnormen Wirkung zu verleihen ist, hat das Gericht nach Art. 9 III 2 Rom I-VO Art und Zweck dieser Normen und die Folgen einer Anwendung bzw. Nichtanwendung zu berücksichtigen.

6.14.2 Ordre public (Art. 21 Rom I-VO)

Die Anwendung einer Vorschrift des nach der Rom I-VO maßgeblichen Rechts kann nur versagt werden, wenn ihre Anwendung mit der **öffentlichen Ordnung** („ordre public") des Staates des angerufenen Gerichts offensichtlich unvereinbar ist. Wie sich aus dem Wort „offensichtlich" und dem Erwägungsgrund 37 ergibt, darf von der Vorbehaltsklausel nur „unter außergewöhnlichen Umständen" Gebrauch gemacht werden. Das angerufene Gericht kann also nur im absoluten Ausnahmefall[330] die Anwendung fremden Rechts verweigern, wenn dies zu einem Ergebnis führen würde, das mit wesentlichen Grundsätzen der lex fori offensichtlich unvereinbar ist (vgl. Art. 6 EGBGB, dessen Maßstäbe vorsichtig übernommen werden können[331]). Es muss sich um nationale Vorschriften handeln, die den Kernbestand der Rechtsordnung des Gerichtsortes („Grundwertebestand") bilden. Der ordre public ist verletzt, wenn die tragenden Grundlagen des staatlichen, wirtschaftlichen oder sozialen Lebens angegriffen werden[332] bzw. das Ergebnis der Rechtsanwendung zu den Grundgedanken der nationalen Rechtsordnung und der in ihr liegenden Gerechtigkeitsvorstellungen in so starkem Widerspruch steht, dass es untragbar erscheint.[333] Dabei können auch die Wertungen in der Verfassung relevant sein. Führte die Anwendung fremden Rechts zu einem Ergebnis, das mit den Grundrechten unvereinbar ist, so ist es unanwendbar (vgl. Art. 6 S. 2 EGBGB).

---

[328] *Kindler* Einführung IPR 69; *Pfeiffer* EuZW 2008, 622 (628); nach Meinung von Reithmann/ Martiny/*Kindler* Rn. 649 soll dies sogar eine stillschweigende Voraussetzung für die Anwendung von Art. 9 III sein.

[329] *Pfeiffer* EuZW 2008, 622 (628).

[330] *Leible/Lehmann* RIW 2008, 528 (543).

[331] Auch wenn er von Art. 21 Rom I-VO verdrängt wird, bestehen keine inhaltlichen Abweichungen, Palandt/*Thorn* Rom I-VO Art. 21 Rn. 3.

[332] BGHZ 28, 376 (385).

[333] BGHZ 50, 370 (375).

Offensichtlich ist die Unvereinbarkeit, wenn sie eklatant, unzweifelhaft ist und sozusagen auf der Hand liegt.[334]

Die praktische Relevanz des ordre public Vorbehalts dürfte im Bereich des Vertragsrechts allerdings gering sein.[335] Das liegt zum einen darin begründet, dass die Rom I-VO in den Art. 5 ff. ein ausgeklügeltes Verbraucherschutzrecht verwirklicht hat, das den Schutz des Schwächeren sicherstellt. Zum anderen gewährleistet Art. 9 Rom I-VO, dass zwingende Vorschriften der lex fori, deren Einhaltung als entscheidend für die Wahrung des öffentlichen Interesses, insbesondere der politischen, sozialen oder wirtschaftlichen Organisation des Forumstaates angesehen wird, als Eingriffsnormen sowieso vorrangig[336] anzuwenden sind.

Beispiele zum ordre public aus der Rechtsprechung:[337]

- **Verbindlichkeit von Spielschulden nach ausländischem Recht**
  Laut OLG Hamm NJW-RR 1997, 1007 sowie LG Mönchengladbach IPRspr 1994, Nr. 6 ist hier ein Verstoß gegen den ordre public anzunehmen.
- **pauschale vertragliche Haftung des Fahrzeughalters für Parkplatzbenutzung**
  Laut AG Leverkusen IPRspr 1995 Nr. 5 wird ein Verstoß gegen den ordre public bejaht.
- **Herabsetzbarkeit übermäßiger Vertragsstrafen**
  Laut OLG Hamburg OLG 6, 231 liegt ein Verstoß gegen den ordre public vor.
- **Inanspruchnahme eines Bürgen nach § 765 BGB** nach entschädigungsloser Enteignung seiner Anteile am Hauptschuldner durch einen ausländischen Staat, der den Bürgschaftsgläubiger beherrscht:
  Laut BGH 104, 240 ist darin ein Verstoß gegen den ordre public zu erblicken.
- **Formfreiheit** bei Grundstückskauf nach ausländischem Recht
  Laut RG 63, 18 und RG 121, 154 liegt kein Verstoß gegen den ordre public vor, egal ob es sich um ein ausländisches oder inländisches Grundstück handelt. Nach ausländischem Recht formfrei abgeschlossenen Grundstückskaufverträgen wurde mithin nicht die Wirksamkeit versagt.
- **Vereinbarung eines Erfolgshonorars** mit ausländischem Rechtsanwalt
  Wird vom BGH unterschiedlich behandelt: kein Verstoß gegen den ordre public in den Fällen BGHZ 22, 162; 44, 183 (190); BGH NJW 1992, 3096 (3101); für Verstoß in BGHZ 51, 290.

6.15 Ausschluss der Rück- und Weiterverweisung (Art. 20 Rom I-VO)

Nach Art. 20 Rom I-VO sind – wie bereits nach Art. 15 EVÜ – unter dem nach der VO anzuwendenden Recht eines Staates nur die in diesem Staat geltenden Sachnormen zu verstehen (Grundsatz der Sachnormverweisung). Das anzuwendende Recht umfasst nicht die Kollisionsnormen dieser Rechtsordnung. Damit sind in dem Bereich des Vertragsrechts Rück- und Weiterverweisungen ausgeschlossen, soweit die VO

---

[334] *Hüßtege/Ganz* IPR 90.
[335] *Magnus* IPRax 2010, 27 (42) prophezeit dem ordre public ein reines Schattendasein; im Ergebnis ebenso *Leible/Lehmann* RIW 2008, 528 (543).
[336] Für Vorrangigkeit der Eingriffsnormen gegenüber dem ordre public Erman/*Hohloch* EGBGB Art. 34 Rn. 9.
[337] Beispiele von Palandt/*Thorn* Rom I-VO Art. 21 Rn. 5.

nichts anderes bestimmt. Art. 4 EGBGB gilt insoweit für vertragliche Schuldverhältnisse nicht. Zweck dieser Regelung ist es, der von den Parteien getroffenen Rechtswahl bzw. dem nach objektiven Voraussetzungen ermittelten Recht zur Anwendung zu verhelfen.[338] Damit wird zugleich eine Rechtsvereinheitlichung erreicht.[339] Ferner wird die Bestimmung des anwendbaren Rechts nicht mit der Untersuchung fremden Kollisionsrechts überfrachtet.[340]

6.16 Verweisung auf Teilrechtsordnungen (Art. 22 Rom I-VO)

Für Staaten ohne einheitliche Rechtsnormen bestimmt Art. 22 I Rom I-VO, dass für die Bestimmung des nach der VO anzuwendenden Rechts jede Gebietseinheit als Staat gilt. Verweisungen auf das Recht eines Staates mit mehreren Gebietseinheiten, von denen jede eigene Rechtsnormen für vertragliche Schuldverhältnisse hat, beziehen sich damit unmittelbar auf die betreffende Teilrechtsordnung dieses Staates. Hier ist vor allem an Großbritannien und die USA zu denken, die derartige Teilrechtsordnungen aufweisen.

Praxisfall: Whisky Import	
Kaufvertrag eines deutschen Importeurs mit einer schottischen Whisky-Firma über die Lieferung von Whisky. Welches Recht gilt?	
Lösung	Einheitliches UN-Kaufrecht gilt nicht, da Großbritannien kein Mitgliedstaat des CISG ist und das IPR auch nicht zum Recht eines Mitgliedstaates hinführt. Art. 1 I CISG.
	Der Vertrag unterliegt bei fehlender Rechtswahl nach Art. 4 I lit. a) Rom I-VO als Kaufvertrag über bewegliche Sachen dem Recht des Staates, in dem der Verkäufer seinen gewöhnlichen Aufenthalt hat. Das ist hier Schottland. Damit findet das dortige Recht als Teilrechtsordnung von Großbritannien über Art. 22 Rom I-VO unmittelbar Anwendung.

Wie interlokale Konflikte in Staaten mit Teilrechtsordnungen gelöst werden, überlässt Art. 22 II Rom I-VO der Gesetzgebungskompetenz dieser Länder. Sie sind nicht verpflichtet, auf Kollisionen zwischen den Rechtsordnungen ihrer Gebietseinheiten die Rom I-VO anzuwenden, sondern können eigenes interlokales Kollisionsrecht schaffen. Dies ermöglicht zB dem Vereinigten Königreich, auf interlokale Sachverhalte andere als die Kollisionsregeln der Rom I-VO anzuwenden.[341]

Kontrollfragen und Aufgaben

1. Nennen Sie die bisherigen und die heutigen Rechtsquellen des Kollisionsrechts für grenzüberschreitende Verträge.

---

[338] *Kindler* Einführung IPR 70.
[339] Palandt/*Thorn* Rom I-VO Art. 20 Rn. 1.
[340] MüKoBGB/*Martiny*, 4. Aufl. 2006, EGBGB Art. 35 Rn. 1 f.; *Clausnitzer/Woopen* BB 2008, 1806.
[341] Palandt/*Thorn* Rom I-VO Art. 22 Rn. 4.

2. Nennen Sie den sachlichen Anwendungsbereich der Rom I-VO.
3. Beschreiben Sie den sachlichen Anwendungsbereich der Rom I-VO.
4. Beschreiben Sie den Grundsatz und die Schranken der freien Rechtswahl.
5. Nennen Sie Indizien für eine stillschweigende Rechtswahl.
6. Wie erfolgt die objektive Anknüpfung
   a) bei Kaufverträgen
   b) bei Dienstleistungsverträgen
   c) bei Grundstücksverträgen
   d) bei Mietverträgen?
   e) bei Darlehensverträgen?
7. Wie erfolgt die Anknüpfung bei Beförderungsverträgen?
8. Wie erfolgt die Anknüpfung bei Verbraucherverträgen?
9. Welche Bedeutung hat der qualifizierte Auslandsbezug bei Verbraucherverträgen?
10. Welches Recht gilt bei internationalen Versicherungsverträgen?
11. Welches Recht gilt bei internationalen Arbeitsverträgen?
12. Nach welchem Recht beurteilt sich die Form von Rechtsgeschäften?
13. Nach welchem Recht beurteilen sich die Rechts-, Geschäfts- und Handlungsfähigkeit?
14. Nach welchem Recht ist das Rechtsverhältnis zwischen Zessionar und Schuldner zu beurteilen?
15. Welches Recht gilt für den Gesamtschuldnerausgleich?
16. Welches Recht gilt bei der Aufrechnung?
17. Was versteht man unter Eingriffsnormen? Nennen Sie Beispiele.
18. Sind auch ausländische Eingriffsnormen zu berücksichtigen?
19. Welche Bedeutung hat der ordre public im internationalen Vertragsrecht?
20. Sind Rück-, Weiter- oder Teilverweisung im Internationalen Vertragsrecht zu berücksichtigen?

▶ **Aufgabe 1:**

Der deutsche Urlauber U erkrankt im Urlaub an der italienischen Adria und lässt sich in Alassio von dem Internisten I privat behandeln. Welches Recht gilt für den Behandlungsvertrag?

Lösungshinweise:

Es könnte Art. 4 I Rom I-VO zur Anwendung kommen.

Das setzt ihre generelle Anwendbarkeit voraus. Diese könnte sich aus Art. 1 I Rom I-VO ergeben. Es müsste sich danach um ein vertragliches Schuldverhältnis in einer Zivil- oder Handelssache handeln, die eine Verbindung zum Recht verschiedener Staaten aufweist. Das Behandlungsverhältnis stellt ein vertragliches Schuldverhältnis zivilrechtlicher Art dar, da vertraglich eine private ärztliche Behandlung vereinbart war. Die Verbindung zum Recht verschiedener Staaten ist dadurch gegeben, dass U als deutscher Urlauber sich in Italien in die Behandlung eines italienischen Arztes begeben hat. Art. 1 I Rom I-VO ist somit erfüllt.

Da Anwendungsausnahmen nach Art. 1 II Rom I-VO nicht gegeben sind, ist die Rom I-VO anwendbar.

Das anzuwendende Recht könnte sich aus Art. 4 I lit. b) Rom I-VO ergeben. Dann müsste ein Dienstleistungsvertrag gegeben sein. Das trifft zu, da I selbstständig gegen Bezahlung eine ärztliche Tätigkeit ausüben sollte.

Daraus folgt, dass der Dienstleistungsvertrag dem Recht des Staates unterliegt, in dem der Dienstleister seinen gewöhnlichen Aufenthalt hat. Das ist hier nach Art. 19 I UAbs. 2 Rom I-VO der Praxissitz in Alassio (Italien).

Ergebnis: Der Behandlungsvertrag untersteht italienischem Recht.

Aufgabe 2:

Ein tschechischer Treckingausrüster T mit Firmensitz in Pilsen bewirbt auf seiner Internetseite Treckingartikel und bietet diese auch Privatleuten zur Bestellung im Internet an. Ein deutscher Privatkunde K aus Coburg bestellt darauf per Internet diverse Artikel im Umfang von insgesamt 598 EUR. Welches Recht gilt für den Kauf?

Lösungshinweise:

UN-Kaufrecht scheidet als anwendbares Recht aus, da es sich um einen Kauf für den persönlichen Gebrauch handelt, auf den nach Art. 2 lit. a) CISG das UN-Kaufrecht keine Anwendung findet.

Das anzuwendende Recht könnte sich aus Art. 6 I lit. b) Rom I-VO ergeben.

Das setzt ihre generelle Anwendbarkeit nach Art. 1 I Rom I-VO voraus. Es müsste sich somit zuerst um ein vertragliches Schuldverhältnis in einer Zivil- oder Handelssache handeln. Das trifft zu, da es um einen zivilrechtlichen Kaufvertrag geht. Ferner müsste das Schuldverhältnis eine Verbindung zum Recht verschiedener Staaten aufweisen. Auch das ist der Fall, weil der Kaufvertrag zwischen einem Kunden aus Deutschland und einem Unternehmen aus Tschechien abgeschlossen wurde. Somit ist die Rom I-VO anwendbar.

Art. 6 I lit. b) Rom I-VO setzt speziell Folgendes voraus:

1. einen Verbrauchervertrag,
2. Ausrichtung der beruflichen oder gewerblichen Tätigkeit auf den Verbraucherstaat,
3. Kausalität zwischen Ausrichten der Tätigkeit und dem Vertragsschluss.

Zu 1): Ein Verbrauchervertrag liegt vor, wenn der eine Vertragspartner in Ausübung einer beruflichen oder gewerblichen Tätigkeit und der andere als natürliche Person zu nicht beruflichen oder gewerblichen Zwecken gehandelt haben. Hier hat T als Treckingausrüster den Vertrag in Ausübung seiner gewerblichen Tätigkeit abgeschlossen. K ist seinerseits eine natürliche Person, die beim Abschluss des Vertrages weder zu gewerblichen noch zu beruflichen Zwecken gehandelt hat. Ein Verbrauchervertrag liegt daher vor.

Zu 2): Ein Ausrichten der gewerblichen Tätigkeit auf den Verbraucherstaat liegt vor, weil T als Gewerbetreibender eine Internetwerbung von Tschechien aus auf internationale Märkte vorgenommen hat und K als deutscher Kunde Gelegenheit hatte, im Internet einen entsprechenden Kaufvertrag zu schließen.

Zu 3): Der Vertragsschluss müsste auf die entfaltete Tätigkeit zurückzuführen sein. Das ist dann der Fall, wenn die Internetwerbung zum Vertragsschluss im Fernabsatz aufruft und dementsprechend zu einem Vertragsschluss geführt hat. Mit seiner Werbung fordert T im Internet zum weltweiten Vertragsschluss auf. K hat aufgrund dieser Maßnahme die Treckingartikel per Internet geordert. Die erforderliche Kausalität liegt somit vor.

Da alle Voraussetzungen der Bestimmung gegeben sind, bestimmt sich das anzuwendende Recht nach dem gewöhnlichen Aufenthalt des Verbrauchers. K hatte seinen gewöhnlichen Aufenthalt in Coburg. Folglich unterliegt der Kaufvertrag dem deutschen Recht.

Ergebnis: Für den Kauf gilt deutsches Recht.

Aufgabe 3:

Der Berliner IT-Konzern B stellt aufgrund eines entsprechenden Arbeitsvertrages den indischen Computerspezialisten C mit Wohnsitz in Delhi für die Dauer von einem Jahr für Tätigkeiten in seinem Unternehmen in Berlin ein. C verfügt über eine besondere Arbeitserlaubnis. Der Vertrag enthält keine Klausel zum anwendbaren Recht. Welches Recht gilt für ihn?

Lösungshinweise:

Das anzuwendende Recht könnte nach Art. 8 II Rom I-VO zu ermitteln sein.

Das setzt zunächst die generelle Anwendbarkeit der Rom I-VO voraus. Diese könnte sich aus Art. 1 I Rom I-VO ergeben. Ein vertragliches Schuldverhältnis zivilrechtlicher Art liegt aufgrund des Arbeitsvertrages vor. Die Verbindung zum Recht verschiedener Staaten ergibt sich daraus, dass C als Inder mit Wohnsitz in Indien für eine Berliner Unternehmung in Berlin tätig werden soll. Die Rom I-VO ist daher anwendbar.

Art. 8 II Rom I-VO stellt folgende Voraussetzungen auf:

1. Individualarbeitsvertrag
2. Fehlende Rechtswahl
3. gewöhnlicher Arbeitsort

Zu 1): Ein individueller Arbeitsvertrag liegt vor, da C auf vertraglicher Grundlage für B eine abhängige Beschäftigung gegen Entgelt ausüben sollte.

Zu 2): Eine Rechtswahl wurde nicht getroffen.

Zu 3): Da C in Erfüllung seines Vertrages seine Arbeit gewöhnlich in Berlin ausüben sollte, liegt der gewöhnliche Arbeitsort in Deutschland.

Ergebnis: Für den Arbeitsvertrag gilt das deutsche Recht als Recht des gewöhnlichen Arbeitsortes.

Aufgabe 4:

Die flotte Rentnerin R aus Lotte löst ein Busticket für die Strecke von Osnabrück nach Paris bei dem französischen Busreiseunternehmen B für 80 EUR. Welches Recht gilt bei fehlender Rechtswahl?

Lösungshinweise:

Das anzuwendende Recht könnte nach Art. 5 II Rom I-VO zu ermitteln sein.

Das setzt zunächst die generelle Anwendbarkeit der Rom I-VO voraus. Diese bestimmt sich nach Art. 1 I Rom I-VO. Erste Voraussetzung ist ein vertragliches Schuldverhältnis in einer Zivil- oder Handelssache. Das trifft zu, da ein zivilrechtlicher Personenbeförderungsvertrag zugrunde liegt. Zweite Voraussetzung ist eine Verbindung zum Recht verschiedener Staaten. Auch diese ist gegeben, da eine grenzüberschreitende Beförderung von Deutschland nach Frankreich durchgeführt werden soll. Die Rom I-VO ist daher anwendbar. Ein Vorrang internationaler Abkommen nach Art. 25 ist nicht ersichtlich.

Der somit anzuwendende Art. 5 II Rom I-VO stellt folgende Voraussetzungen auf:

1. Personenbeförderungsvertrag
2. fehlende Rechtswahl

3. Abgangsort oder Bestimmungsort im gleichen Staat wie der gewöhnliche Aufenthaltsort der zu befördernden Person

Zu 1): Ein individueller Personenbeförderungsvertrag liegt vor, da R ohne zusätzliche weitere Reiseleistungen im Sinne eines Pauschalreisevertrages von Osnabrück nach Paris befördert werden sollte.

Zu 2): Eine Rechtswahl über das anwendbare Recht wurde nicht getroffen.

Zu 3): Der Abgangsort (Osnabrück) liegt im gleichen Staat wie der gewöhnliche Aufenthaltsort von R (Lotte).

Ergebnis: Es gilt das Recht des Staates, in dem die zu befördernde Person ihren gewöhnlichen Aufenthalt hat, mithin das Recht Deutschlands.

7 Internationales Deliktsrecht (Überblick)

7.1 Das anzuwendende Kollisionsrecht

Bis zum 10.1.2009 war das deutsche Kollisionsrecht für außervertragliche Schuldverhältnisse in den Art. 38–42 EGBGB geregelt, wobei das Deliktsrecht in den Art. 40–42 EGBGB niedergelegt war. Diese Regelungen sind ab 11.1.2009 durch europäisches Gemeinschaftsrecht großenteils, wenngleich nicht vollständig ersetzt worden. Nunmehr bestimmt die Verordnung (EG) Nr. 864/2007 (sog. Rom II-VO) das auf außervertragliche Schuldverhältnisse in Zivil- und Handelssachen anzuwendende Recht unmittelbar und zwingend in allen EU-Staaten außer Dänemark.

7.2 Geltungsbereich der Rom II-VO

Die Rom II-VO gilt für alle Neufälle, die seit dem 11.1.2009 auftreten. Ausgenommen sind nach Art. 1 I und II Rom II-VO diverse Einzelbereiche, über die keine Einigung zu erzielen war. Dazu zählen namentlich:

- Die Haftung des Staates bei Ausübung hoheitlicher Gewalt (Art. 1 I 2),
- Die Haftung für Schäden durch Kernenergie (Art. 1 II lit. f),
- Die Haftung wegen Verletzung der Privatsphäre und der Persönlichkeitsrechte (Art. 1 II lit. g).

Umgekehrt bleibt daher für die Art. 40–42 EGBGB nur noch Raum für Altfälle, also schadensbegründende Ereignisse vor dem 11.1.2009 sowie die Ausnahmetatbestände, die in dem soeben angesprochenen Ausnahmekatalog enthalten sind.

Zu betonen ist, dass die Rom II-VO nicht nur im Verhältnis der Mitgliedstaaten zueinander Anwendung findet, sondern auch dann, wenn auf das Recht eines Nicht-Mitgliedstaates verwiesen wird. Nach Art. 3 Rom II-VO ist nämlich gleichgültig, ob das berufene Recht das eines Mitgliedstaates oder eines Drittstaates ist. Es findet in jedem Fall eine **universelle Anwendung** der Rom II-Regelungen statt. Die Rom II-VO ist loi uniforme.

> **Beispiel:** Einem russischen Dissidenten wird im Juli 2009 in Deutschland heimlich eine giftige Polonium-Spritze beigebracht, an der er lebensgefährlich erkrankt. Für die Frage, ob deutsches oder russisches Deliktsrecht gilt, ist die Rom II-VO maßgeblich. Aufgrund ihres universellen Anwendungsbereichs (Art. 3 Rom II-VO) gilt sie auch im Verhältnis zu Russland.

7.3 Deliktsstatut nach Art. 4 Rom II-VO

7.3.1 Grundsatz des Erfolgsorts (Art. 4 I Rom II-VO)

Die zentrale Kollisionsnorm des Art. 4 I Rom II-VO bestimmt für Fälle aus unerlaubter Handlung nunmehr, dass grundsätzlich das Recht des Staates anzuwenden ist, in dem der Schaden eintritt. Es entscheidet also der **Erfolgsort (lex loci damni)** und nicht mehr – wie bisher nach Art. 40 EGBGB – der Tatort. Beide werden häufig übereinstimmen, können aber im Einzelfall auch auseinanderfallen. Das zeigen vor allem die bekannten Distanzdelikte, die allerdings selten der Lebenswirklichkeit als juristischer Phantasie entspringen. Beliebt sind hier insbesondere grenzüberschreitende Jagdunfälle.

Praxisfall:

Im deutsch-schweizerischen Grenzgebiet feuert Jäger A von Deutschland aus auf ein vermeintliches Tier und trifft versehentlich den Förster F auf schweizerischem Gebiet. Gilt für Schadensersatzansprüche deutsches oder Schweizer Recht?

Lösung

Die Antwort ist heute klar, da nach Art. 4 I Rom II-VO nicht auf den Tatort in Deutschland, sondern den Erfolgsort in der Schweiz abzustellen ist. Hier ist der Schaden eingetreten und dementsprechend soll der Schadensausgleich nach dem Recht dieses Ortes erfolgen, das dem Geschädigten „näher" liegt als das fernere Recht, von dem aus die Tat begangen wurde.

Unter **Erfolgsort** ist nach Art. 4 I Rom II-VO und Erwägungsgrund 17 der Ort zu verstehen, an dem der Schaden, genauer gesagt der Primärschaden eingetreten ist. Dagegen kommt es weder auf das schadensbegründende Ereignis noch auf indirekte Schadensfolgen an.

> **Beispiel:** Wenn dem russischen Dissidenten bereits in Russland die Giftspritze zugefügt wurde, er aber erst in Deutschland erkrankt wäre, so wäre Erfolgsort Deutschland, sodass deutsches Recht, also insbesondere § 823 BGB zur Anwendung käme.

Erwägungsgrund 16 der Rom II-VO betont, dass die Anknüpfung an den Ort des Schadenseintritts einen gerechten Ausgleich zwischen Schädiger und Geschädigtem schaffe und der modernen Konzeption der zivilrechtlichen Haftung und der Entwicklung der Gefährdungshaftung entspreche. Die Fokussierung auf den Erfolgsort kommt den Interessen des Geschädigten entgegen, da Ort des Schadenseintritts und gewöhnlicher Aufenthalt zumeist übereinstimmen und der Geschädigte auf diese Weise die Geltung „seines" einheimischen Rechts beanspruchen kann.

Andererseits muss der Haftpflichtige zurückstecken. Indem auf den Ort des Schadenseintritts abgestellt wird, muss der potentielle Schädiger die eventuell schärferen Anforderungen am Erfolgsort in seine Handlungsanforderungen einbeziehen. Dies wird vor allem bei Gefährdungshaftungtatbeständen relevant, die es am Handlungsort womöglich nicht gibt, die aber am Erfolgsort existieren. Insoweit sei darauf verwiesen, dass die Rom II-VO sich nach Erwägungsgrund 11 auch auf Gefährdungtatbestände bezieht.

7.3.2 Gemeinsamer gewöhnlicher Aufenthalt der Parteien (Art. 4 II Rom II-VO)

Nach Art. 4 II Rom II-VO ist bei gleichem gewöhnlichen Aufenthalt von Ersatzpflichtigem und Geschädigtem – wie bereits in Art. 40 II EGBGB geregelt – stets das dort – also am gewöhnlichen Aufenthalt beider Parteien – geltende Recht der unerlaubten Handlung maßgeblich.

Praxisfall:

Ein griechischer Autofahrer, der in Osnabrück lebt, stößt an der Adria-Uferstraße bei Rijeka aufgrund überhöhter Geschwindigkeit mit dem in Berlin lebenden deutschen Autofahrer zusammen, dessen Auto Totalschaden erleidet.

Lösung

Beide Parteien haben ihren gewöhnlichen Aufenthalt in Deutschland. Daher gilt nach Art. 4 II Rom II-VO abweichend von der Grundregel des Abs. 1 nicht das Recht des Schadenseintritts, sondern des gemeinsamen gewöhnlichen Aufenthalts. Demzufolge findet auf die Schadensersatzansprüche des Geschädigten gegen den Ersatzpflichtigen nicht kroatisches Recht, sondern deutsches Haftungsrecht Anwendung, mithin §§ 7 ff. StVG sowie §§ 823 ff. BGB.

Art. 4 II Rom II-VO bringt den Gedanken zum Ausdruck, dass der gemeinsame gewöhnliche Aufenthalt das stärkere Band darstellt als der Ort des Schadenseintritts. Am gewöhnlichen Aufenthalt liegt der Daseinsmittelpunkt der Parteien, wohingegen der Ort des Schadenseintritts eher ein kurzfristiges, vorübergehendes Ereignis beschreibt.

Hauptanwendungsfälle von Art. 4 II Rom II-VO stellen internationale Verkehrsunfälle dar.

7.3.3 Ausweichklausel (Art. 4 III Rom II-VO)

Ergibt sich aus der Gesamtheit der Umstände, dass die unerlaubte Handlung eine offensichtlich engere Verbindung mit einem anderen als dem in den Abs. 1 und 2 bezeichneten Staat aufweist, so ist nach Art. 4 III 1 Rom II-VO das Recht dieses anderen Staates anzuwenden. Das kann – wie Satz 2 beispielhaft aufführt – insbesondere dann der Fall sein, wenn zwischen den Parteien ein Vertrag oder ein sonstiges Rechtsverhältnis besteht. Resultiert ein schadenstiftendes Ereignis aus einem derartigen Schuldverhältnis, so muss der Schadensausgleich im Interesse der Parteien einer einheitlichen Rechtsordnung unterstellt werden und es darf zwischen Vertrags- und Deliktsstatut zu keinen Wertungswidersprüchen infolge von verschiedenen Rechtsordnungen kommen.[342] Vielmehr ist dann eine vertragsakzessorische Anknüpfung vorzunehmen.

Praxisfall:

Reisender R aus Greifswald unternimmt eine Busreise mit dem polnischen Reiseunternehmen P. Ausgangsort ist Stettin, Zielort Nizza. Infolge von Übermüdung des Busfahrers („Sekundenschlaf") kommt es in der Nähe von Lyon zu einem schweren Verkehrsunfall, bei dem R lebensgefährlich verletzt wird. Welchem Recht unterliegen etwaige Schadensersatzansprüche des R gegen P?

Lösung

Hier kommen vertragliche sowie deliktische Ansprüche in Betracht. Vertragliche Ansprüche aus Pflichtverletzung unterliegen dem Vertragsstatut. Dieses bestimmt sich für den Personenbeförderungsvertrag nach Art. 5 II Rom I-VO. Bei fehlender Rechtswahl käme das Aufenthaltsrecht der zu befördernden Person in Betracht, falls deren gewöhnlicher Aufenthalt in dem gleichen

---

[342] Palandt/*Thorn* Rom II-VO Art. 4 Rn. 11.

Staat wie Abgangsort oder Bestimmungsort liegen würde (Art. 5 II 1). Das trifft aber nicht zu, da R seinen gewöhnlichen Aufenthalt in Greifswald (Deutschland) hat, jedoch der Abgangsort (Stettin) in Polen und auch der Bestimmungsort (Nizza) außerhalb Deutschlands liegen. Nach Art. 5 II UAbs. 1 S. 2 Rom I-VO ist daher auf den gewöhnlichen Aufenthalt des Beförderers abzustellen. Es gilt daher für den Vertrag und Ansprüche aus dem Vertrag polnisches Recht.

Für deliktische Ansprüche käme nach Art. 4 I Rom II-VO das Recht des Staates zur Anwendung, in dem der Schaden eintritt. Da sich R seine lebensgefährlichen Verletzungen in der Nähe von Lyon bei dem Busunfall zugezogen hat, wäre folglich französisches Recht auf die Deliktsansprüche anwendbar. Nach Art. 4 III Rom II-VO ergibt sich jedoch eine offensichtlich engere Verbindung zu dem geschlossenen Beförderungsvertrag, weil das Schaden stiftende Ereignis (Busunfall) mit dem Beförderungsvertrag in einem inneren Zusammenhang steht. Ohne den Beförderungsvertrag wäre es nicht zu dem Schadensereignis gekommen. Daher hat eine vertragsakzessorische Anknüpfung stattzufinden. Folglich ist auch auf die deliktischen Ansprüche im Einklang mit dem Vertragsstatut polnisches Recht anwendbar.

7.3.4 Prüfungsreihenfolge nach Art. 4 Rom II-VO

Bei der Ermittlung des Deliktsstatuts ist wie folgt zu verfahren:

1. Allgemeiner sachlicher Anwendungsbereich nach Art. 1 Rom II-VO gegeben?

   1.1 **außervertragliches Schuldverhältnis in einer Zivil- oder Handelssache mit einer Verbindung zum Recht verschiedener Staaten gemäß Abs. 1?** Falls nein, ist Rom II-VO nicht anwendbar; sonst ist weiter zu prüfen.

   1.2 **Ausnahme nach Abs. 2?** Falls Ausnahme zutrifft, ist Rom II-VO nicht anwendbar. Sonst ist weiter zu prüfen.

2. Zeitlicher Anwendungsbereich nach Art. 32 Rom II-VO: Schadenseintritt muss **zeitlich nach dem 10.1.2009** liegen. Falls ein früherer Schadenseintritt vorliegt, gilt nicht die Rom II-VO, sondern Art. 40 ff. EGBGB. Bei Schadenseintritt ab 11.1.2009 ist nach Rom II-VO weiter zu prüfen.

3. **Vorrangige Rechtswahl** nach Art. 14 Rom II-VO getroffen? Falls ja, gilt diese. Falls nein, ist weiter zu prüfen.

4. **Sonderanknüpfung nach Art. 5–9 Rom II-VO?** Liegen die dort bezeichneten besonderen Deliktstatbestände vor? Falls ja, gelten diese. Falls nein, ist weiter zu prüfen:

5. **Gemeinsamer gewöhnlicher Aufenthalt** von Haftendem und Geschädigtem nach Art. 4 II Rom II-VO? Falls ja, gilt das Recht des gewöhnlichen Aufenthalts. Falls nein, ist weiter zu prüfen.

6. **Ort des Schadenseintritts** infolge unerlaubter Handlung nach Art. 4 I Rom II-VO ermitteln. Dann gilt das Recht dieses Staates. Zur Kontrolle:

7. **Engere Verbindung** der unerlaubten Handlung zum Recht eines anderen Staates nach Art. 4 III Rom II-VO? Falls ja, gilt das betr. Recht. Sonst bleibt es bei der Regel nach Art. 4 II Rom II-VO.

7.3.5 Sonderregeln nach Art. 5–9 Rom II-VO

Die Rom II-VO kennt für einige außervertragliche Haftungstatbestände Sonderregeln. Diese betreffen:

- die Produkthaftung gemäß Art. 5,
- den unlauteren Wettbewerb und das den freien Wettbewerb einschränkende Verhalten gemäß Art. 6,
- die Umweltschädigung gemäß Art. 7,
- die Verletzung von Rechten des geistigen Eigentums gemäß Art. 8 sowie
- Arbeitskampfmaßnahmen gemäß Art. 9.

Zum Thema **Produkthaftung** einige Hinweise:

Hier soll die Kollisionsnorm des Art. 5 Rom II-VO nach Erwägungsgrund 20 für eine gerechte Verteilung der Risiken sorgen, die Gesundheit der Verbraucher schützen, Innovationsanreize geben, einen unverfälschten Wettbewerb gewährleisten und den Handel erleichtern. Dementsprechend wird eine dreistufige[343] Anknüpfungsleiter aufgestellt. Als erstes Element ist das Recht des Staates anzuwenden, in dem die geschädigte Person beim Eintritt des Schadens ihren gewöhnlichen Aufenthalt hatte, sofern das Produkt in diesem Staat in Verkehr gebracht wurde, Art. 5 I lit. a) Rom II-VO.

> **Beispiel:** Ein Kind aus Düsseldorf erkrankt in Spanien an chinesischem Spielzeug, das mit giftigem Lack behandelt wurde und das China nach Deutschland exportiert hatte.

Hier gilt nach Art. 5 I lit. a) Rom II-VO deutsches Recht, da das Kind beim Schadenseintritt – Ausbruch der Erkrankung – seinen gewöhnlichen Aufenthalt in Deutschland und das Spielzeug (Produkt) hier in den Verkehr gebracht worden war.

Sofern das Produkt nicht in diesem Staat in Verkehr gebracht wurde, gilt in der zweiten Leiterstufe das Recht des Staates, in dem das Produkt erworben wurde (lit. b), falls das Produkt auch dort in den Verkehr gebracht wurde. Trifft das nicht zu, gilt in der 3. Stufe das Recht des Staates, in dem der Schaden eingetreten ist (lit. c).

> **Beispiel:** Das kontaminierte chinesische Spielzeug wurde nach Spanien exportiert, wo die Eltern es für ihr Kind kauften. Unabhängig von dem gewöhnlichen Aufenthalt gilt hier nach Art. 5 lit. b) Rom II-VO spanisches Recht für Ansprüche aus Produkthaftung.

Die dreistufige Anknüpfungsleiter kommt aber dann nicht zum Zuge, wenn der Haftpflichtige das In-Verkehr-bringen des Produkts in den Staat, dessen Recht über die Anknüpfungsleiter zum Zuge käme, vernünftigerweise nicht voraussehen konnte, Art. 5 I 2 Rom II-VO. Dann gilt das Recht seines gewöhnlichen Aufenthalts.

Bei offensichtlich engerer Verbindung der unerlaubten Handlung mit einem anderen Staat gilt allerdings dieses Recht (Art. 5 II Rom II-VO).

---

[343] Ebenso *Kindler* Einführung IPR 144; nach Palandt/*Thorn* Rom II-VO Art. 5 Rn. 4 soll es sich sogar um eine siebensprossige Anknüpfungsleiter handeln.

Nach dem Vorstehenden ergibt sich folgende **Prüfungsreihenfolge** für die Internationale Produkthaftung nach Art. 5 Rom II-VO:

1. **Vorrangige Rechtswahl** getroffen nach Art. 14 Rom II-VO? Dann gilt das gewählte Recht. Sonst fragt sich:

2. **Gemeinsamer gewöhnlicher Aufenthalt** von Haftpflichtigem und Geschädigten nach Art. 5 I 1, 4 II Rom II-VO? Dann gilt das Recht des gemeinsamen gewöhnlichen Aufenthalts. Sonst fragt sich:

3. **Gewöhnlicher Aufenthalt des Geschädigten**, sofern das Produkt von dem Haftpflichtigen in diesem Staat in den Verkehr gebracht wurde, Art. 5 I 1 lit. a) Rom II-VO? Dann gilt das Recht dieses Staates. Sonst fragt sich:

4. **Erwerbsort des Produktes**, sofern das Produkt dort auch in den Verkehr gebracht wurde, Art. 5 I lit. b) Rom II-VO? Dann gilt das Recht dieses Staates. Andernfalls fragt sich:

5. **Ort des Schadenseintritts**, sofern das Produkt dort auch in den Verkehr gebracht wurde, Art. 5 I lit. c) Rom II-VO? Dann gilt das Recht dieses Staates. Andernfalls fragt sich:

6. **Gewöhnlicher Aufenthalt des Haftpflichtigen**, sofern das in Verkehr bringen in den nach lit. a)–c) ermittelten Staat nicht voraussehbar war, Art. 5 I 2 Rom II-VO? Dann gilt das Recht dieses Staates.

7. In den Fällen der Nr. 3–5 ist stets zu überprüfen: **Offensichtlich engere** Verbindung zum Recht eines anderen Staates, Art. 5 II Rom II-VO? Dann gilt das Recht dieses Staates vorrangig.

Weitere Sonderregeln gelten für unlauteren Wettbewerb (Art. 6 Rom II-VO), wo auf das Recht des umkämpften Marktes abgestellt wird, für Umweltschädigungen (Art. 7 Rom II-VO) – hier zählt der Ort des Schadenseintritts – für Verletzung des geistigen Eigentums (Art. 8 Rom II-VO) – hier gilt das Schutzlandprinzip – sowie bei Arbeitskampfmaßnahmen (Art. 9 Rom II-VO), wo der betreffende Ort maßgebend ist.

Stets können die Parteien im Rahmen des Art. 14 Rom II-VO nach dem Schadenseintritt eine freie Rechtswahl hinsichtlich des anwendbaren Rechts treffen, wonach ein anderes als das sonst berufene Recht gelten soll.

7.4 Deliktsstatut nach EGBGB

7.4.1 Verbleibender Anwendungsbereich

Für die Anwendung der Art. 40–42 EGBGB verbleiben:

- Altfälle vor dem 11.1.2009
- Alle Fälle, die außerhalb des sachlichen Anwendungsbereichs der Rom II-VO liegen. Dies sind nach Art. 1 II Rom II-VO:
  a) außervertragliche Schuldverhältnisse aus einem Familienverhältnis oder vergleichbaren Verhältnis,
  b) außervertragliche Schuldverhältnisse aus ehelichen Güterständen,

c) außervertragliche Schuldverhältnisse aus Wechseln, Schecks oder anderen handelbaren Wertpapieren,

d) außervertragliche Schuldverhältnisse aus Gesellschafts- und Vereinsrecht sowie dem Recht juristischer Personen,

e) außervertragliche Beziehungen zwischen den an einem Trust beteiligten Personen,

f) außervertragliche Ansprüche aus Schäden durch Kernenergie,

g) außervertragliche Ansprüche aus der Verletzung der Privatsphäre oder des Rechts der Persönlichkeitssphäre.

7.4.2 Allgemeine Regelung nach Art. 40 EGBGB

Das für unerlaubte Handlungen geltende Recht ist in der Regel das Recht des Staates, in dem der Ersatzpflichtige gehandelt hat **(Recht des Tatorts)**, Art. 40 I EGBGB. Dieses Deliktsstatut kann aber durch nachträgliche Rechtswahl der Parteien geändert werden, Art. 42 EGBGB. Außerdem gilt bei gemeinsamem gewöhnlichem Aufenthalt der Parteien in einem anderen Land das Recht dieses Landes, Art. 40 II 1 EGBGB. Bei wesentlich engerer Verbindung zu einem anderen Land gilt nach Art. 41 I EGBGB dessen Recht anstelle von Art. 40 I oder II EGBGB.

Praxisfall: Skiunfall im Ausland
Ein deutscher Skiläufer aus Thüringen fährt Silvester 2008/2009 in den österreichischen Alpen mit voller Wucht aus der Talfahrt in Richtung eines gegenüberliegenden aufsteigenden Berghangs und stößt mit einer abfahrenden Skiläuferin aus der Slovakei so unglücklich zusammen, dass diese noch am Unfallort verstirbt. Er wird von einem Hinterbliebenen vor einem deutschen Gericht auf Schadensersatz verklagt. Welches Recht gilt?
Lösung — Das deutsche Gericht prüft zunächst, welches Kollisionsrecht am Gerichtsort zur Anwendung kommt. Das könnte Art. 40 EGBGB oder Art. 4 Rom II-VO sein. Letztere gilt nach Art. 31 Rom II-VO nur für Schadensereignisse ab dem 11.1.2009. Für den hier zu beurteilenden Altfall gilt daher Art. 40 EGBGB. Danach ist auf das Recht des Staates abzustellen, in dem der Ersatzpflichtige gehandelt hat. Da der Tatort in den österreichischen Alpen lag, wäre nach Art. 40 I EGBGB von dem deutschen Gericht österreichisches Recht anzuwenden.

Noch ein abschließender **Hinweis:**

Die Art. 40 ff. EGBGB gelten über den Wortlaut hinaus nicht nur für die unerlaubten Handlungen, sondern auch für Fälle der Gefährdungshaftung oder der Aufopferungshaftung.[344]

---

[344] Erman/*Hohloch* EGBGB Art. 40 Rn. 3 und 57; BGH NJW 1976, 1588; BGHZ 80, 1 (3).

Kontrollfragen und Aufgaben

1. Wo war und wo ist jetzt das internationale Deliktsrecht geregelt?
2. Wie ist das Deliktsstatut zu ermitteln?
3. Wie unterscheiden sich der Erfolgsort und der Handlungsort?
4. Welche Prüfungsreihenfolge gilt bei Art. 4 Rom II-VO?
5. Wie ist bei der Produkthaftung kollisionsrechtlich anzuknüpfen?

 Übungsfall 1: Fußballspiel

Bei einem Freundschaftsspiel in Norditalien verletzt der österreichische Hobby-Fußballer F aus Linz im Sommer 2010 den bayrischen Gegenspieler G aus Rosenheim bei einem groben Foul so sehr, dass dieser einen Kapselriss am Fuß erleidet und sich in Rosenheim einer komplizierten Operation unterziehen muss. Wegen eines Kunstfehlers des Chirurgen trägt G eine dauernde Behinderung davon. G fragt, nach welchem Recht er Ansprüche gegen F geltend machen kann.

Lösungshinweise:

G könnte gegen F wegen der zugefügten Verletzung ggf. Schadensersatzansprüche aus Delikt haben. Fraglich ist, welches Recht dafür maßgebend ist. Das Deliktsstatut ist nach der Rom II-VO zu ermitteln, wenn folgende Voraussetzungen vorliegen:

1. Allgemeiner sachlicher Anwendungsbereich der Rom II-VO nach Art. 1

1.1 Zunächst müsste es gegenständlich um die Beurteilung eines außervertraglichen Schuldverhältnisses in einer Zivil- oder Handelssache mit Verbindung zum Recht verschiedener Staaten gehen, Art. 1 I.

   Das von F begangene Foul kann zu einer außervertraglichen Haftung führen. Dabei geht es um einen Sachverhalt aus dem Zivilrecht. Er hat eine Verbindung zum Recht verschiedener Staaten, da die Verletzung von einem Spieler aus Linz in Norditalien begangen wurde und der Verletzte seinen Aufenthalt in Rosenheim hat.

   Art. 1 I Rom II-VO ist daher erfüllt.

1.2 Es darf kein Ausnahmetatbestand nach Art. 1 II Rom II-VO bestehen.

   Keiner der dort bezeichneten Ausnahmetatbestände liegt vor.

   Damit ist die Rom II-VO sachlich anwendbar.

2. Zeitlicher Anwendungsbereich nach Art. 32 Rom II-VO

   Der Schadenseintritt müsste nach dem 10.1.2009 erfolgt sein. Das trifft zu, da der Kapselriss bei dem Fußballspiel im Sommer 2010 eintrat.

   Somit ist die Rom II-VO auch zeitlich anwendbar.

3. Vorrangige Rechtswahl nach Art. 14 Rom II-VO

   Möglich wäre eine Rechtswahl nach Art. 14 I lit. a) Rom II-VO, die nach Eintritt des schadensbegründenden Ereignisses getroffen werden kann. Diese scheidet hier aber ersichtlich aus.

4. Sonderanknüpfung nach Art. 5–9 Rom II-VO

   Da keiner der dort bezeichneten besonderen Deliktstatbestände vorliegt, scheidet eine Sonderanknüpfung nach Art. 5–9 aus.

5. Gemeinsamer gewöhnlicher Aufenthalt der Parteien nach Art. 4 II Rom II-VO

   Ein solcher ist nicht gegeben, da F seinen gewöhnlichen Aufenthalt in Österreich und G den seinen in Deutschland hat.

6. Ort des Schadenseintritts nach Art. 4 I Rom II-VO

   Der Ort des Schadenseintritts, der nach dieser allgemeinen Kollisionsnorm maßgebend ist, befindet sich in Norditalien. Die Tatsache, dass G durch den bei der OP in Rosenheim begangenen Kunstfehler einen weiteren Schaden davon trägt, ist kollisionsrechtlich ohne Belang, da derartige indirekte Schadensfolgen nach Art. 4 I Rom II-VO keine Rolle spielen.

7. Engere Verbindung zum Recht eines anderen Staates nach Art. 4 III Rom II-VO

   Hier ist keine engere Verbindung zum Recht eines anderen Staates ersichtlich.

Ergebnis: Die begangene unerlaubte Handlung untersteht dem Recht Italiens.

▶ **Übungsfall 2: Hängematte**

Der in Baden-Baden wohnhafte Käufer K erwirbt dort im Frühjahr 2010 von Verkäufer V eine mexikanische Hängematte, die von der Herstellerfirma H in Merida (Mexiko) hergestellt und in Deutschland auf den Markt gebracht worden ist. Die importierten Hängematten weisen Materialmängel auf, die nicht ohne Weiteres erkennbar sind. Bei einem Probeliegen stürzt K auf den harten Untergrund, nachdem die Hängematte plötzlich eingerissen war. K wird verletzt und trägt auch Sachschäden an seiner Kleidung und Uhr davon. Er fragt an, nach welchem Recht ggf. eine Produzentenhaftung infrage kommt.

Lösungshinweise:

Das anzuwendende Recht könnte sich nach Art. 5 Rom II-VO bestimmen, wenn folgende Voraussetzungen gegeben sind:

1. Allgemeiner sachlicher Anwendungsbereich der Rom II-VO nach Art. 1 Rom II-VO

1.1 Zunächst müsste es um ein außervertragliches Schuldverhältnis in einer Zivil- oder Handelssache mit Verbindung zum Recht verschiedener Staaten nach Art. 1 I Rom II-VO gehen.

Das trifft zu, da eine Inanspruchnahme des Herstellers infrage steht, mit dem der Käufer in keiner Vertragsbeziehung steht und eine Verbindung zum Recht verschiedener Staaten daraus resultiert, dass der Schadenseintritt in Baden-Baden stattfand, der Hersteller seinen Sitz jedoch in Mexiko hat.

1.2 Fehlender Ausnahmetatbestand nach Art. 1 II Rom II-VO
    Ein Ausnahmetatbestand ist nicht gegeben.
    Somit ist die Rom II-VO grundsätzlich sachlich anwendbar.

2. Zeitlicher Anwendungsbereich nach Art. 32 Rom II-VO
   Der Schadenseintritt müsste nach dem 10.1.2009 erfolgt sein. Das trifft zu, da sich der Unglücksfall im Frühjahr 2010 ereignete.

   Zwischenergebnis: Die Rom II-VO ist sachlich und zeitlich anwendbar.

Nunmehr sind die speziellen Prüfungsvoraussetzungen nach Art. 5 Rom II-VO zu überprüfen:

1. Vorrangige Rechtswahl nach Art. 14 Rom II-VO
   Eine nachträgliche Rechtswahl wurde nicht getroffen.

2. Gemeinsamer gewöhnlicher Aufenthalt der Parteien nach Art. 5 I iVm Art. 4 II Rom II-VO

Dies trifft nicht zu, da K in Deutschland und H in Mexiko ihren gewöhnlichen Aufenthalt haben.

3. Gewöhnlicher Aufenthalt des Geschädigten, sofern das Produkt von dem Haftpflichtigem in diesem Staat in den Verkehr gebracht worden ist, Art. 5 I lit. a) Rom II-VO

Die Hängematten sind von dem Hersteller H in Deutschland auf den Markt gebracht worden. Dort hat der Geschädigte K auch seinen gewöhnlichen Aufenthalt. Auch diese Voraussetzung trifft zu.

Ergebnis: Ansprüche aus Produzentenhaftung richten sich nach dem Recht des gewöhnlichen Aufenthalts des Geschädigten, also nach dem deutschen Recht. Einschlägig wären also das deutsche Produkthaftungsgesetz sowie §§ 823 ff. BGB.

8 Internationales Sachenrecht (Überblick)

Zum Sachenrecht existiert keine europäische Verordnung und ist vorerst auch nicht zu erwarten,[345] sodass nationales Recht Anwendung findet. In Deutschland sind Art. 43–46 EGBGB relevant.

8.1 Grundanknüpfung nach Art. 43 EGBGB

Sowohl für bewegliche Sachen als auch für Grundstücke gilt nach Art. 43 EGBGB das Belegenheitsprinzip. Es ist also das Recht des Staates anzuwenden, in dem sich die Sache befindet. Diese sog. lex rei sitae gilt seit alters her und dient den Interessen an klaren und sichtbaren Verhältnissen. Die Regelung ist durch Parteivereinbarung nicht abänderbar, sondern gilt aus Gründen des Verkehrs- und Gläubigerschutzes zwingend.[346] Der Grund ist, dass eine etwaige Parteivereinbarung für Dritte nicht erkennbar ist.[347]

Stets geht es um die dinglichen Rechte an einer Sache, nicht dagegen um den schuldrechtlichen Kauf- oder Schenkungsvertrag. Diese unterliegen der freien Rechtswahl nach Art. 3 Rom I-VO. Mangels Rechtswahl ist nach Art. 4 Rom I-VO objektiv anzuknüpfen.

Damit kann es bezüglich der schuldrechtlichen und der sachenrechtlichen Seite eines Immobiliengeschäfts im Falle einer anderweitigen Rechtswahl zu einer Spaltung des anwendbaren Rechts kommen.

Praxisfall:
V aus Köln veräußert seine spanische Immobilie an ein Schweizer Ehepaar aus Zürich. Für den Kauf wird die Geltung deutschen Rechts vereinbart.

Lösung

Die getroffene Rechtswahl ist nach Art. 3 I Rom I-VO ohne Weiteres gültig. Dementsprechend unterliegt der Kaufvertrag dem deutschen Recht. Die Folge ist eine notarielle Beurkundungspflicht nach § 311b BGB.

Das Verfügungsgeschäft unterliegt demgegenüber zwingend nach Art. 43 EGBGB dem spanischen Recht. Die Folge ist, dass die Übertragung nach Art. 1279 c.c. formfrei gültig ist.

Sollte im Einzelfall für das schuldrechtliche Immobiliengeschäft keine Rechtswahl getroffen sein, unterliegt es nach Art. 4 I lit. c) Rom I-VO dem Recht des Staates, in dem die Immobilie belegen ist. Dann besteht ein Gleichklang mit dem dinglichen Vollzugsgeschäft.

Die Belegenheitsregel des Art. 43 EGBGB gilt für den gesamten Bereich des Sachenrechts, insbesondere was die Begründung, die Änderung, die Übertragung, den Untergang und den Inhalt dinglicher Rechte betrifft.[348] Sie ist vor allem maßgebend

---

[345] *Martiny* IPRax 2012, 119 (124).
[346] BT-Drs. 14/343, 16.
[347] Palandt/*Thorn* EGBGB Vorb. zu Art. 43 Rn. 2; Erman/*Hohloch* EGBGB Art. 43 Rn. 6.
[348] Palandt/*Thorn* EGBGB Art. 43 Rn. 3.

- für die Begründung eines dinglichen Rechts, zB einer Hypothek,
- die Übertragung eines dinglichen Rechts, zB Übertragung des Grundstückseigentums,
- für Herausgabeansprüche aus Eigentum und Besitz,
- für Abwehransprüche aus Eigentum und Besitz,[349]
- für Ansprüche wegen Nutzung oder Verwendung einer Sache.

Praxisfall:

V aus Mailand veräußert seine Villa am Gardasee an den Deutschen K. Nach welchem Recht bestimmt sich der Eigentumswechsel?

Lösung

Sofern ein deutsches Gericht diese Frage zu beantworten hätte, würde es Art. 43 EGBGB anwenden. Danach unterliegen Rechte an einer Sache dem Recht des Staates, in dem die Sache belegen ist. Die Frage des Eigentumswechsels beurteilt sich daher nach italienischem Recht.

Falls ein italienisches Gericht zur Entscheidung berufen wäre, würde es nach Art. 51 italienisches IPRG vorgehen. Dieses bestimmt[350]:

(1) Der Besitz, das Eigentum und die übrigen dinglichen Rechte an beweglichen und unbeweglichen Sachen unterliegen dem Recht des Staates, in dem die Sachen belegen sind.

(2) Diesem Recht unterliegen auch der Erwerb und der Verlust mit Ausnahme der Erbfolge …

Auch das italienisches IPR stellt somit – wie die meisten Rechtsordnungen[351] – auf die Belegenheit der Sache ab. Da sich die Immobilie am Gardasee befindet, wäre daher die Grundstücksübertragung nach italienischem Recht zu beurteilen.

8.2 Grenzüberschreitende Immissionen nach Art. 44 EGBGB

Das Recht der **grenzüberschreitenden Grundstücksimmissionen** unterliegt nach Art. 44 EGBGB der Rom II-VO und damit dem Deliktsstatut. Was im Einzelnen unter „beeinträchtigenden Einwirkungen, die von einem Grundstück ausgehen", gemeint ist, wird nicht definiert. In Anlehnung an § 906 BGB fallen darunter in erster Linie Immissionen in Form von Lärm, Luftverschmutzung, Belästigungen durch Gerüche, Dämpfe, Gase oder Erschütterungen, Rauch und Ruß, also die Zuführung von unwägbaren Stoffen. Ob darunter auch Grobimmissionen (Steinschlag aus Steinbruch) und negative Einwirkungen (zB Lichtentzug) und immaterielle Einwirkungen (Anblick eines Schrottplatzes) fallen, ist fraglich. Insoweit verzichtet Art. 44 EGBGB auf eine eindeutige Abgrenzung. Daher wird zT eine weiterreichende Interpretation befürwortet.[352]

---

[349] BGHZ 108, 353 (355); auch der Besitz ist kollisionsrechtlich als Recht an einer Sache zu behandeln, LG München I WM 1963, 1355; PWW/*Brinkmann* EGBGB Art. 43 Rn. 12.

[350] Nach *Fuchs/Hau/Thorn*, Fälle zum Internationalen Privatrecht, 4. Aufl. 2009, 83.

[351] Vgl. etwa für das spanische Recht art. 10 Zif. 1 c.c., der ebenfalls auf den Ort der belegenen Sache abstellt („la posesión, la propiedad y las demás derechos sobre bienes inmuebles, así como su publicidad, se regirán por la ley del lugar donde se hallen.").

[352] Palandt/*Thorn* EGBGB Art. 44 Rn. 1.

Durch die Bezugnahme auf die Rom II-VO unterstehen grenzüberschreitende Grundstücksimmissionen nach Art. 4 Rom II-VO grundsätzlich dem Ort des Schadenseintritts.

Praxisfall: Störender Disco-Lärm

D (Geschäftssitz Rom) betreibt in München eine Diskothek und nervt über Wochen mit extrem lauter Musik die umliegende Nachbarschaft bis in die frühen Morgenstunden. Ein Nachbar fragt, nach welchem Recht die Störungen zu bekämpfen sind.

Lösung

Die Lärmeinwirkungen sind beeinträchtigende Einwirkungen, die von einem Grundstück ausgehen, und unterstehen daher, da sie von einem Verursacher mit Geschäftssitz im Ausland verursacht werden, kollisionsrechtlich dem Art. 44 EGBGB. Die Vorschrift verweist wegen der Ansprüche aus solchen beeinträchtigenden Einwirkungen auf die Rom II-VO. Da somit insbesondere auf das internationale Deliktsrecht verwiesen wird, kommt Art. 4 Rom II-VO zur Anwendung. Danach ist das Recht des Staates anzuwenden, in dem der Schaden auftritt. Die Lärmbeeinträchtigungen führen bei den Nachbarn der Discothek in München zu nachteiligen Folgen. Daher gilt deutsches Recht für etwaige Abwehransprüche.

Soweit es nicht bloß um Beeinträchtigungen im Nachbarschaftsbereich geht, für die in erster Linie Art. 4 Rom II-VO maßgebend ist, sondern Umweltschädigungen auftreten, ist Art. 7 Rom II-VO maßgebend, der wiederum auf Art. 4 I Rom II-VO Bezug nimmt und daher gleichfalls auf den Ort des Schadenseintritts abstellt. Allerdings kann der Geschädigte in solchen Fällen auch für das Recht des Handlungsortes (= Ort des „schadensbegründenden Ereignisses") optieren.[353] Da die Emissionen zumeist aus industriellen oder gewerblichen Anlagen stammen, bedeutet dies praktisch ein Wahlrecht zugunsten des Rechts am Standort der Anlage.

Praxisfall: Beeinträchtigungen durch Umweltschäden

Landwirt E in Aachen erleidet durch Luftverunreinigungen, die aus einem belgischen Chemiewerk stammen, Sachschäden an seinen Pflanzen. Diese gehen ein. E fragt an, nach welchem Recht er sich dagegen zur Wehr setzen kann.

Lösung

Da es sich um eine grenzüberschreitende Immission handelt, ist Art. 44 EGBGB anwendbar. Damit ist die Rom II-VO in Bezug genommen und insbesondere Art. 7 Rom II-VO. Laut Sachverhalt geht der Sachschaden, den E erlitten hat, auf eine Umweltschädigung zurück. Die Voraussetzungen des Art. 7 Rom II-VO liegen danach vor. Das anwendbare Recht bestimmt sich demzufolge nach Art. 4 I Rom II-VO: danach ist der Ort des Schadenseintritts maßgebend. Da dieser in Aachen liegt, kommt deutsches Recht zur Anwendung.

Allerdings könnte E sich nach Art. 7 Rom II-VO auch dazu entscheiden, seinen Anspruch auf das Recht des Staates zu stützen, in dem das schadensbegründende Ereignis eingetreten ist. Die Umweltschädigung trat am Standort des belgischen Industrieunternehmens ein. Daher könnte E auch für belgisches Recht optieren.

---

[353] So auch Palandt/*Thorn* EGBGB Art. 44 Rn. 2.

8.3 Ausweichklausel

Das Prinzip des Rechts des Belegenheitsortes wird im Einzelfall gemäß Art. 46 EGBGB für den gesamten Bereich des internationalen Sachenrechts durchbrochen. Diese Ausweichklausel ermöglicht die Anwendung einer anderen Rechtsordnung, wenn zu dieser eine „wesentlich engere Verbindung" als mit dem Recht besteht, das nach den Art. 43 und 45 EGBGB anzuwenden wäre. Es besteht Einigkeit darüber, dass von dieser Ausweichklausel sehr zurückhaltend Gebrauch zu machen ist, und zwar noch mehr als in anderen Rechtsgebieten, weil das Sachenrecht klare und einfache Grundsätze benötigt, die den Interessen der Parteien und auch der Allgemeinheit an zuverlässiger Ermittlung der maßgeblichen Rechtsordnung dient.[354] Erst wenn die Anwendung der allgemeinen Regeln zur Anwendung „extrem sachferner Rechtsordnungen" führt, wird Art. 46 EGBGB als Korrektiv zur Anwendung kommen.[355] Bei Grundstücken kommt dies kaum in Betracht. Bei beweglichen Sachen sind klare Formeln nicht zu finden und es wird stark auf den Einzelfall ankommen.[356]

Kontrollfragen und Aufgaben

1. In welcher Weise wird im internationalen Sachenrecht das anwendbare Recht bestimmt?
2. Welche Rechtsfragen werden vom Sachenrechtsstatut erfasst?
3. Welches Recht gilt für grenzüberschreitende Grundstücksimmissionen?
4. Nach welchem Recht werden Länder überschreitende Umweltschäden beurteilt?

Aufgabe 1:

Die Holländer A und B sind Grundstücksnachbarn in Winterberg (Sauerland). B, Wohnsitz Winterberg, parkt ohne Zustimmung von A (Wohnsitz Amsterdam) seine Fahrzeuge auf dessen Parkplatz. A möchte das unterbinden und verklagt B vor dem Amtsgericht in Winterberg. Welches Recht käme zur Anwendung?

Lösungshinweise:

Das AG Winterberg, das nach Art. 22 Nr. 1 Brüssel I-VO für dingliche Klagen ausschließlich zuständig ist, müsste als Forumgericht nach dem IPR der lex fori entscheiden, welches Recht zur Anwendung kommt.

Die Frage des anwendbaren Rechts könnte sich gemäß Art. 3 EGBGB nach deutschem IPR, insbesondere nach Art. 43 EGBGB richten, wenn ein Sachverhalt mit einer Verbindung zum Recht eines ausländischen Staates vorliegen würde. Ein derartiger Bezug wird hier zwar nicht durch die ausländische Staatsangehörigkeit, wohl aber dadurch hergestellt, dass das Grundstück im Inland liegt und eine der Parteien (A) ihren Wohnsitz im Ausland (Niederlande), die andere (B) dagegen im Inland hat.

Ein Vorrang völkerrechtlicher Vereinbarungen kommt nicht in Betracht. Allerdings könnte europäisches Gemeinschaftsrecht, insbesondere die Rom I-VO oder die

---

[354] Palandt/*Thorn* EGBGB Art. 46 Rn. 2.
[355] BT-Drs. 14/343, 18 f.
[356] Palandt/*Thorn* EGBGB Art. 46 Rn. 3.

Rom II-VO zur Anwendung kommen. Die Anwendung der Rom I-VO entfällt, da es sich nicht um ein vertragliches Schuldverhältnis handelt. Auch die Rom II-VO ist nicht anwendbar, weil es nicht um ein außervertragliches Schuldverhältnis geht, sondern sachenrechtliche Abwehransprüche aus Eigentum infrage stehen. Da kein europäisches Gemeinschaftsrecht zum internationalen Sachenrecht besteht, ist auf nationales Kollisionsrecht, hier also deutsches Kollisionsrecht abzustellen. Hier könnte Art. 43 EGBGB einschlägig sein. Dann müsste das Rechtsverhältnis auf Rechte an einer Sache bezogen sein. Darunter fällt der gesamte Bereich des Sachenrechts, insbesondere Entstehung, Änderung, Übergang, Untergang sowie Inhalt dinglicher Rechte. Hier könnte es um den Inhalt dinglicher Rechte gehen. Mit der unbefugten Nutzung des fremden Parkplatzes greift B in das Eigentum von A ein. A möchte sich dagegen zur Wehr setzen und Störungsbeseitigungsansprüche aus Eigentum geltend machen. Das betrifft den Inhalt seines Eigentumsrechts an dem Grundstück. Es geht also um das Recht an einer Sache.

Etwaige Störungsbeseitigungsansprüche unterliegen daher nach Art. 43 EGBGB dem Recht des Staates, in dem sich die Sache befindet. Da der Parkplatz in Deutschland liegt, kommt deutsches Recht, insbesondere also § 1004 BGB zur Anwendung.

▶ Aufgabe 2:

Der in Deutschland wohnhafte Hauseigentümer H möchte seine portugiesische Immobilie mit einer Hypothek zugunsten eines deutschen Kreditinstituts K belasten. Welches Recht gilt?

Lösungshinweise:

Das anwendbare Recht könnte sich aus Art. 43 EGBGB ergeben. Die beabsichtigte Hypothekenbestellung verschafft dem Kreditinstitut K ein beschränktes dingliches Recht. Daher ist nach Art. 43 EGBGB das Recht des Lageortes maßgebend, sodass portugiesisches Recht zur Anwendung kommt. Fraglich ist, ob hier ausnahmsweise nach Art. 46 EGBGB eine wesentlich engere Verbindung zum deutschen Recht besteht. Allein die Tatsache, dass der Wohnsitzstaat beider Vertragsparteien in Deutschland liegt, reicht jedoch nicht aus, weil Immobilien aus Gründen der Klarheit und Gleichbehandlung einheitlich dem Recht des Belegenheitsorts unterliegen müssen und Grundstücksrechte kollisionsrechtlich nicht vom Wohnsitz der Beteiligten abhängen dürfen mit der Folge, dass sie ggf. verschiedenen Rechtsordnungen unterstehen.

Ergebnis: Die Hypothekenbestellung unterliegt ausschließlich dem Belegenheitsprinzip und damit dem portugiesischen Recht.

9 UN-Kaufrecht (CISG)

9.1 Einleitung

9.1.1 Entstehungsgeschichte

Das CISG („Convention on Contracts for the International Sale of Goods") oder Wiener Übereinkommen der Vereinten Nationen v. 11.4.1980 über Verträge über den internationalen Warenkauf, kurz auch UN-Kaufrecht genannt,[357] ist das Ergebnis einer von den Vereinten Nationen durchgeführten internationalen Konferenz, die vom 10.3. bis 11.4.1980 in Wien stattgefunden hat und an der 62 Staaten teilgenommen haben.[358] Basis der Beratungen waren die 1977/1978 vorgelegten Kaufrechtsentwürfe der UNCITRAL, einer ständigen UN-Kommission für internationales Handelsrecht. Das nach den nur einmonatigen Beratungen beschlossene Wiener Übereinkommen ist am 11.4.1980 in der Schlussakte der Konferenz feierlich unterzeichnet worden und gemäß Art. 99 CISG nach Hinterlegung der 10. Ratifikationsurkunde am 1.1.1988 in Kraft getreten. Aufgrund des entsprechenden Zustimmungsgesetzes v. 5.7.1989,[359] das vom Bundesrat und Bundestag gebilligt wurde, ist das CISG in Deutschland seit dem 1.1.1991 als Bundesgesetz in Kraft getreten[360] und damit gültiges nationales Recht im Bereich des Internationalen Warenkaufs. Durch das Zustimmungsgesetz ist das CISG nicht – wie sonst zumeist bei völkerrechtlichen Verträgen – durch besondere innerstaatliche Regelungen umgesetzt worden, sondern es ist als solches in Kraft gesetzt worden und dementsprechend aus sich selbst heraus zu verstehen (sog. autonome Anwendung).[361]

Vorläufer des CISG waren die Haager Kaufgesetze, die auf der Haager Konferenz von 1964 beschlossen wurden und die in der Bundesrepublik Deutschland als Einheitliches Gesetz über den Abschluss von internationalen Kaufverträgen über bewegliche Sachen (EAG) sowie Einheitliches Gesetz über den internationalen Kauf beweglicher Sachen (EKG) in Geltung gesetzt wurden. Da insgesamt nur neun Staaten das Haager Einheitliche Kaufrecht in Kraft setzten, war die internationale Akzeptanz indes gering. Die Verbreitung des CISG ist dagegen (erfreulicherweise) groß: ihm sind mittlerweile 80 Staaten beigetreten, darunter die wichtigsten Außenhandelspartner Deutschlands. Damit ist den Pionierarbeiten des großen deutschen

---

[357] Weitere geläufige Bezeichnungen sind Internationales UN-Kaufrecht, Einheitliches UN-Kaufrecht, UNCITRAL-Kaufrecht oder Wiener Kaufrechtsübereinkommen. Weltweit hat sich die Bezeichnung CISG am meisten durchgesetzt. Nachstehend werden die Bezeichnungen UN-Kaufrecht und CISG verwendet.

[358] Staudinger/*Magnus* (2002) Einl. zum CISG Rn. 26. Näheres zum Ablauf der Konferenz bei *Schlechtriem* UN-KaufR Rn. 1 ff., der selbst Teilnehmer war. In der Schlussabstimmung votierten danach 42 Staaten für die Annahme des Übereinkommens, 10 Staaten enthielten sich.

[359] BGBl. 1989 II 588, berichtigt BGBl. 1990 II 1699.

[360] Bekanntmachung v. 23.10.1990, BGBl. II 1477.

[361] Staudinger/*Ferrari* (2002) CISG Art. 1 Rn. 85; *Schillo*, UN-Kaufrecht oder BGB? – Die Qual der Wahl beim internationalen Warenkaufvertrag. Vergleichende Hinweise zur Rechtswahl beim Abschluss von Verträgen, IHR 2003, 257 f.

Rechtsvergleichers *Ernst Rabel*, der sich seit den 1920er Jahren für eine Vereinheitlichung des internationalen Warenkaufs eingesetzt hatte und 1929 dem Präsidenten des Internationalen Instituts für die Vereinheitlichung des Privatrechts (UNIDROIT) in Rom entsprechende Vorschläge für ein einheitliches Recht für grenzüberschreitende Warenkäufe vorgelegt hatte,[362] ein großer nachträglicher Erfolg zuteil geworden. Denn eine große Anzahl seiner Ideen hat in dem „Einheitlichen Haager Kaufrecht" und jetzt in dem „Wiener Übereinkommen über Verträge über den Internationalen Warenkauf" Eingang gefunden. *Ernst Rabel* wird daher allgemein als deren geistiger Vater angesehen („mastermind").[363]

9.1.2 Aufbau und Grundzüge des CISG

Das CISG gliedert sich in vier Teile:

Teil I:	Anwendungsbereich und allgemeine Bestimmungen	(Art. 1–13 CISG)
Teil II:	Abschluss des Vertrages	(Art. 14–24 CISG)
Teil III:	Warenkauf	(Art. 25–88 CISG)
Teil IV:	Schlussbestimmungen	(Art. 89–101 CISG)

Bild 14: Gliederung des CISG

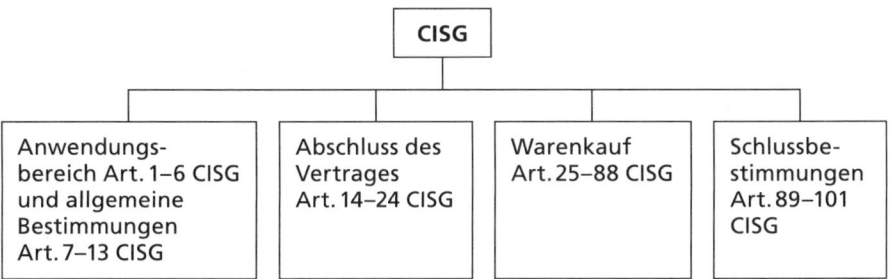

Im Einzelnen behandeln die 4 Teile des CISG folgende Themen:

Teil I: Anwendungsbereich und allgemeine Bestimmungen (Art. 1–13 CISG)

In Kap. 1 (Art. 1–6 CISG) wird der Anwendungsbereich des CISG geregelt.

In Kap. 2 (Art. 7–13 CISG) werden allgemeine Bestimmungen zu folgenden Themen getroffen:

• Auslegung des Übereinkommens und Lückenfüllung	(Art. 7 CISG)
• Auslegung von Erklärungen und Verhalten einer Partei	(Art. 8 CISG)
– entspricht thematisch den §§ 133, 157 BGB	
• Handelsbräuche und Gepflogenheiten	(Art. 9 CISG)
– entspricht thematisch § 346 HGB	
• Begriff der Niederlassung	(Art. 10 CISG)
• Form von Kaufverträgen	(Art. 11–13 CISG)
– entspricht thematisch den §§ 126–129 BGB	

---

[362] Hervorzuheben ist *Rabels* zweibändiges Werk „Recht des Warenkaufs".
[363] *Schlechtriem* UN-KaufR Rn. 2; GK-HGB/*Achilles* Anhang nach § 382. Präambel zu CISG Rn. 1; *v. Sachsen Gessaphe* IPR 88.

Bild 15: Feingliederung Teil I

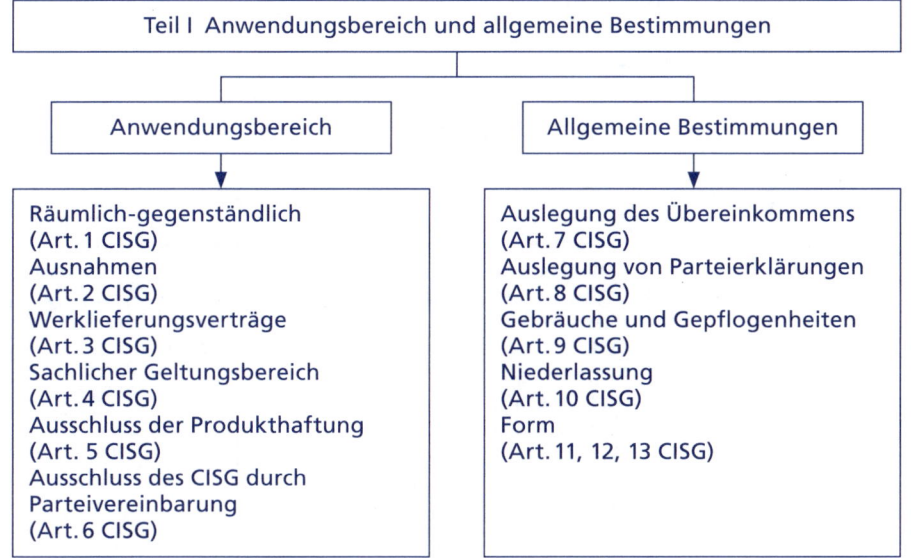

Teil II: Abschluss des Vertrages (Art. 14–24 CISG)

Hier werden wichtige **Abschlussmodalitäten** für den internationalen Warenkauf geregelt, und zwar konkret die Themen Angebot, Annahme, Wirksamwerden und Widerruf von Willenserklärungen. Es geht also um die rechtlichen Materien der Rechtsgeschäfte und des allgemeinen Vertragsrechts, die im deutschen Recht in den §§ 130 ff. und 145 ff. BGB abgehandelt werden. Im Einzelnen sind im CISG geregelt:

- Begriff des Angebots   (Art. 14 CISG)
- Wirksamwerden des Angebots, Rücknahme   (Art. 15 CISG)
  – entspricht thematisch § 130 BGB
- Widerruf des Angebots   (Art. 16 CISG)
  – entspricht thematisch dem § 145 BGB, wenngleich anders geregelt
- Erlöschen des Angebots   (Art. 17 CISG)
  – entspricht thematisch dem § 146 BGB
- Begriff der Annahme   (Art. 18 CISG)
  – entspricht thematisch den §§ 147–152 BGB
- Ergänzungen, Einschränkungen und sonstige Änderungen
  zum Angebot   (Art. 19 CISG)
  – entspricht thematisch § 150 BGB
- Annahmefrist   (Art. 20 CISG)
  – entspricht thematisch deutscher Rechtspraxis zu § 148 BGB
- Verspätete Annahme   (Art. 21 CISG)
  – entspricht thematisch §§ 149, 150 BGB
- Rücknahme der Annahme   (Art. 22 CISG)
  – entspricht thematisch dem § 130 BGB
- Zeitpunkt des Vertragsschlusses   (Art. 23 CISG)
  – entspricht thematisch dem § 151 BGB

- Begriff des Zugangs (Art. 24 CISG)
  – entspricht thematisch dem § 130 BGB

Bild 16: Feingliederung Teil II

```
                    ┌───────────────────────────────┐
                    │    Abschluss des Vertrages    │
                    └───────────────────────────────┘
```

| Angebot (Art. 14 CISG) Wirksamwerden (Art. 15 CISG) Widerruf (Art. 16 CISG) Erlöschen (Art. 17 CISG) | Annahme (Art. 18 CISG) Ergänzungen, Einschränkungen, sonstige Änderungen (Art. 19 CISG) Annahmefrist (Art. 20 CISG) Verspätete Annahme (Art. 21 CISG) Rücknahme der Annahme (Art. 22) | Zeitpunkt des Vertragsschlusses (Art. 23 CISG) Begriff des Zugangs (Art. 24 CISG) |

Teil III Warenkauf (Art. 25–88 CISG)

Dieser Teil behandelt Kernstücke des einheitlichen materiellen Kaufrechts, nämlich insbesondere Rechte und Pflichten der Kaufvertragsparteien, die Rechtsbehelfe bei Vertragsverletzungen und die Gefahrtragung.

- **Kapitel I: Allgemeine Bestimmungen (Art. 25–29 CISG)**, insbesondere Definition der wesentlichen Vertragsverletzung (Art. 25 CISG)
- **Kapitel II: Pflichten des Verkäufers (Art. 30–52 CISG):**
  Zunächst Auflistung der Pflichten (insbesondere zur vertragsgemäßen Lieferung, Übergabe der Warendokumente und Eigentumsverschaffung, zur Vertragsmäßigkeit der Ware und zur Freiheit von Rechten Dritter) in den Art. 30–44 CISG.
  Sodann Folgen von Pflichtverletzungen, dh einer Vertragsverletzung seitens des Verkäufers (Art. 45–52 CISG). Hierzu zählen insbesondere Erfüllung und Nacherfüllung, Schadensersatz (dazu näher Art. 74 ff. CISG) sowie Vertragsaufhebung (dazu näher Art. 81 ff. CISG) und Kaufpreisminderung.
- **Kapitel III: Pflichten des Käufers (Art. 53–65 CISG):**
  Zunächst Auflistung der Pflichten des Käufers zur Bezahlung und Abnahme (Art. 53–60 CISG).
  Sodann Beschreibung der Rechtsbehelfe des Verkäufers bei Verletzung dieser Pflichten, dh einer Vertragsverletzung durch den Käufer (Art. 61–65 CISG). Dies sind insbesondere Erfüllungsansprüche auf Zahlung und Abnahme, Schadensersatz (dazu näher Art. 74 ff. CISG), Ansprüche auf Zinsen (Art. 78 CISG) sowie Vertragsaufhebung.
- **Kapitel IV: Regeln zum Gefahrübergang (Art. 66–70 CISG)**
- **Kapitel V: Gemeinsame Bestimmungen über die Pflichten des Verkäufers und des Käufers (Art. 71–88 CISG)**

Themen sind:

Abschnitt I:	Vorweggenommene Vertragsverletzung und Verträge über aufeinander folgende Lieferungen	(Art. 71–73 CISG)
Abschnitt II:	Schadensersatz	(Art. 74–77 CISG)
Abschnitt III:	Zinsen	(Art. 78 CISG)
Abschnitt IV:	Befreiungen	(Art. 79–80 CISG)
Abschnitt V:	Wirkungen der Aufhebung	(Art. 81–84 CISG)
Abschnitt VI:	Erhaltung der Ware	(Art. 85–88 CISG)

Bild 17: Feingliederung Teil III

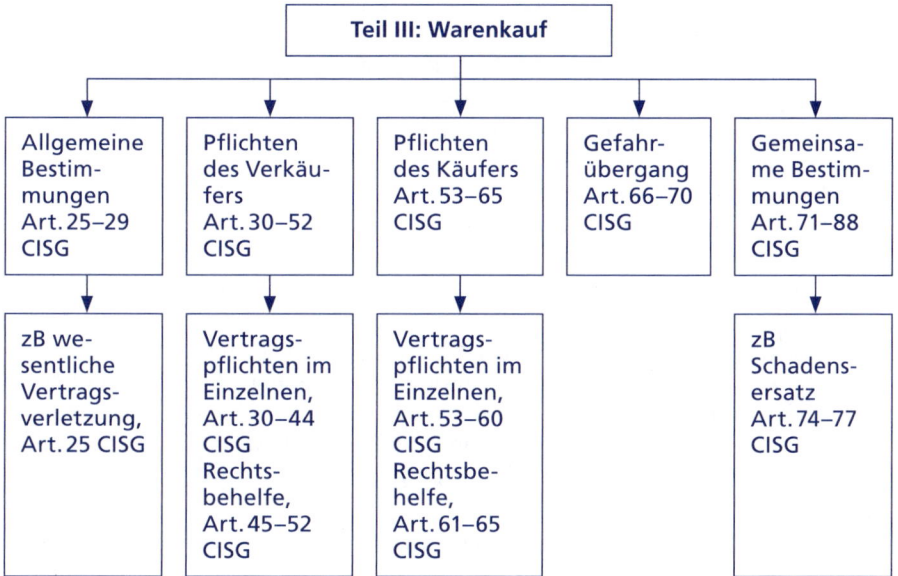

Teil IV: Völkerrechtliche Schlussbestimmungen (Art. 89–101 CISG)

Insbesonders erlaubt Art. 92 CISG eine teilweise Ratifikation, die Teil II oder Teil III ausklammert. So hatten die skandinavischen Länder Teil II (Vertragsschluss) ausgeklammert und nur Teil I, III und IV in Kraft gesetzt. Bis auf Norwegen haben sie inzwischen jedoch ihren diesbezüglichen Vorbehalt zurückgenommen.[364] Norwegen plant dies gleichfalls.

Ferner ist als völkerrechtliche Bestimmung das Inkrafttreten des Übereinkommens in den einzelnen Vertragsstaaten zu erwähnen (Art. 99 CISG).

9.1.3 Regelungslücken

Das UN-Kaufrecht weist eine Reihe von Regelungslücken auf, die teils auf einer bewussten Entscheidung, teils aus der Unfähigkeit zu einer Verständigung der Dele-

---

[364] *Magnus* ZEuP 2013, 114.

gierten bei der Wiener Konferenz resultieren. Sie sind ein Spiegelbild der normierten Materien und lassen sich im Wesentlichen wie folgt zusammenfassen.

Keine Regelungen wurden getroffen zu den Themen:

- **Konsumentenkauf, Art. 2 lit. a) CISG:**
  Die Ausklammerung der B2C-Warenkäufe beruht auf einer bewussten Abstinenz, weil sich Anfang der 80er Jahre abzuzeichnen begann, dass der Verbrauchsgüterkauf einer gesonderten, kundenfreundlichen Regelung bedurfte und die Entwicklung hier erst am Anfang stand.[365]

- **Produkthaftung, Art. 5 CISG**
  Ähnliches gilt für die weitgehende Ausblendung des Themas Produkthaftung, die sich allerdings nur auf Personenschäden, nicht jedoch auf Sach- und Vermögensschäden bezieht. Auch hier war die Entwicklung in den nationalen Gesetzgebungen noch in vollem Gang.[366] Die Tendenz ging dabei ersichtlich zu spezialrechtlichen Regelungen außerhalb des allgemeinen Kaufrechts.

- **Eigentumserwerb, Art. 4 S. 2 lit. b) CISG**
  Art. 30 CISG fasst nur die Verkäuferpflichten dahingehend zusammen, dass er verpflichtet ist,
  1. die Ware zu liefern,
  2. die Dokumente zu übergeben und
  3. das Eigentum an der Ware zu übertragen.

  Wie die sachenrechtliche Übereignung erfolgt, ist nicht geregelt und bleibt den nationalen Gesetzgebungen überlassen, Art. 4 S. 2 lit. b) CISG. Das bedeutet, dass in den Rechtsordnungen, die auf dem Konsensualprinzip beruhen, wie zB Frankreich, grundsätzlich bereits mit dem Kauf das Eigentum auf den Käufer übergeht, während in Rechtsordnungen wie der deutschen, in denen das strikte Trennungsprinzip zwischen Kauf und Übereignung herrscht, erst infolge eines gesonderten sachenrechtlichen Verfügungsgeschäfts ein Eigentumsübergang stattfindet.

- **Fragen der Irrtumsanfechtung, Anfechtung wegen arglistiger Täuschung oder Drohung, Art. 4 S. 2 lit. a) CISG**
  Auch diese Fragen werden der über die Regeln des IPR anwendbaren nationalen Rechtsordnung überlassen.

- **Nichtigkeit von Kaufverträgen wegen Verstoß gegen das Gesetz oder die guten Sitten, Art. 4 S. 2 lit. a) CISG**
  Über diese Fragen entscheidet gleichfalls dasjenige nationale Recht, das über das IPR zur Anwendung berufen ist.

- **Verjährungsfristen**
  Generell trifft das CISG keine Aussage zu Verjährungsfristen. So ist nicht geregelt, wann der Anspruch auf Bezahlung des Kaufpreises verjährt. Es fällt besonders auf, dass auch keine Regelung zur Verjährung der Gewährleistungsansprüche getroffen ist. Art. 39 II CISG trifft dazu keine Aussage, sondern behandelt nur die Folgen einer unterlassenen Mängelanzeige. Wird diese nicht spätestens innerhalb von zwei Jahren seit Übergabe der Ware vorgenommen, so kann sich

---

[365] Vgl. Schlechtriem/Schwenzer/*Schwenzer* Einleitung II.
[366] Das deutsche Produkthaftungsgesetz datiert zB erst vom 15.12.1989.

der Käufer nicht mehr auf eine Vertragswidrigkeit der Ware berufen. Die Verjährung der Gewährleistung unterliegt damit dem zur Anwendung berufenen nationalen Recht, sofern nicht das UN-Übereinkommen über die Verjährung beim internationalen Warenkauf v. 13.6.1974 eingreift.[367] Dieses ist am 1.8.1988 in Kraft getreten und gilt derzeit in 30 Vertragsstaaten wie zB in den USA und einigen EU-Ländern (Belgien, Polen, Rumänien, Slowakei, Slowenien und Ungarn. Deutschland gehört nicht dazu.[368]

- **Bestimmung der Höhe von Verzugszinsen**
  Art. 78 CISG bestimmt nur, dass bei Nichtzahlung des Kaufpreises oder sonst fälliger Beträge ein Anspruch auf Zinsen besteht, beziffert aber nicht dessen konkrete Höhe. Maßgebend sind dafür dann der Vertrag, ansonsten kaufmännische Gebräuche und Gepflogenheiten nach Art. 9 CISG und bei deren Fehlen die nationalen Regelungen des Staates, dessen Recht über das IPR zur Anwendung berufen ist.

- **Stellvertretung**

- **Dissens**

- **Wirksamkeit von AGB**

- **Bedingungen und Befristungen**

- **Aufrechnung**

- **Abtretung**

Im Ergebnis bestehen danach erhebliche Regelungslücken, die in der nachstehenden Übersicht zusammen gefasst sind.

Bild 18: Übersicht über die Regelungslücken des CISG

> - **Konsumentenkauf (B2C)**
> - **Produkthaftung**
> - **Eigentumsübertragung**
> - **Anfechtung wegen Irrtums, arglistiger Täuschung oder Drohung**
> - **Nichtigkeit wegen Verstoß gegen Gesetze oder gute Sitten**
> - **Verjährungsfristen**
> - **Höhe der Verzugszinsen**
> - **Stellvertretung**
> - **Dissens**
> - **AGB**
> - **Bedingungen, Befristungen**
> - **Abtretung**
> - **Aufrechnung**

---

[367] Abgedruckt bei Staudinger/*Magnus* (2002) Anhang II zum CISG Rn. 31.
[368] *Jayme/Hausmann* Text Nr. 77 (CISG) Fn. 3. Englische Fassung des UN-Übereinkommens unter http://www.uncitral.org, deutsche Übersetzung bei Staudinger/*Magnus* (2002) Anh. II zum CISG Rn. 31.

Alle diese Themen sind nicht geregelt, wobei vor allem die Abstinenz beim Thema AGB ins Gewicht fällt. Aus dem Schweigen kann aber in keiner Weise die Unzulässigkeit dieser Rechtsinstitute abgeleitet werden.

Bei der Lückenfüllung ist grundsätzlich folgendermaßen vorzugehen:[369]

Auf Grund des Grundsatzes der Vertragsfreiheit, der zB in Art. 6 und 8 CISG zum Ausdruck kommt, gilt der Primat der Parteivereinbarung.

Lassen sich solche nicht feststellen, so muss nach den zur Anwendung berufenen Regeln des IPR auf das im Einzelfall maßgebliche nationale Recht zurückgegriffen werden.

Bei fehlender Vereinbarung ist auf die internationalen Handelsbräuche und Gepflogenheiten abzustellen, Art. 9 CISG.

9.1.4 Wirtschaftliche Bedeutung und Akzeptanz des CISG

Das CISG gilt mittlerweile in 80 Staaten (Stand 15.10.2013), zu denen die wichtigsten Außenhandelspartner der Bundesrepublik Deutschland zählen.[370] Rund 80 % des deutschen Exportvolumens entfällt auf die Vertragsstaaten des CISG. Man schätzt, dass mittlerweile 2/3 des gesamten Welthandels zwischen Unternehmen in Ländern stattfinden, die Vertragsstaaten des CISG sind.[371] Daraus resultiert eine hohe wirtschaftliche Bedeutung des CISG, dessen Akzeptanz trotz gewisser Vorbehalte in der Beratungspraxis und in manchen Rechtsabteilungen deutscher Unternehmen zugenommen hat und infolge guter wissenschaftlicher Durchdringung, Fortbildungsmaßnahmen und Empfehlungen seitens der IHK an Wertschätzung gewonnen hat.[372] Schon im Jahre 1996 hob *Piltz* hervor, dass so wichtige Handelspartner wie die USA, die Volksrepublik China, Australien und Russland zu den Vertragsstaaten gehörten und dass das CISG sowohl in hoch industrialisierten Staaten wie auch in Schwellen- und Entwicklungsländern gelte und „auf dem besten Wege" sei, „das Recht des Warenkaufs weltweit zu werden".[373] Dieser Trend ist ungebrochen. Auf der anderen Seite zeigen empirische Untersuchungen eine nach wie vor bestehende

---

[369] Vgl. näher *Schlechtriem* UN-KaufR Rn. 45 ff.

[370] Siehe unten Kap. 9.2.2, S. 152 ff.

[371] Vgl. *Verweyen/Foerster/Toufar* HdB UN-KaufR 39.

[372] Besonders *Schlechtriem* nahm sich schon frühzeitig dieses Themas mit wegweisenden Publikationen in der Wissenschaft an (zB mit seinem 1995 erstmals erschienenen Buch: Internationales UN-Kaufrecht). *Piltz* machte für die Praxis gleichfalls schon Anfang der 1990er Jahre Gestaltungsvorschläge für Export- und Importverträge auf der Basis des UN-Kaufrechts (Titel: UN-Kaufrecht, Gestaltung von Export- und Importverträgen). Der Deutsche Industrie- und Handelskammertag ließ 2008 einen Praxisleitfaden für internationale Verträge erstellen und empfiehlt seinen Mitgliedern die Verwendung des CISG. 2011 hat er diese Empfehlung in der lesenswerten Broschüre „Vertragsgestaltung im Exportgeschäft" erneuert.

[373] UN-Kaufrecht, Rn. 2.

Zurückhaltung in den Unternehmen, die lieber auf „ihre" AGB vertrauen als auf ein ihnen „fremdes Recht".[374] Diese Ignoranz ist umso unverständlicher, als es sich in Wirklichkeit keineswegs um fremdes, sondern geltendes deutsches Recht handelt und hinzukommt, dass das CISG den Bedürfnissen des internationalen Warenverkehrs in besonderem Maße Rechnung trägt. Letztlich handelt es sich um ein Kommunikationsproblem, das nur durch permanente und intensive Aufklärungsarbeit zu überwinden ist. Statistische Zahlen, die angeblich eine hohe Quote der Abwahl des CISG belegen sollen, sind in diesem Kontext jedenfalls nicht zielführend. Zumeist dürfte die Abwahl – wie noch zu zeigen sein wird – den Eigeninteressen des Unternehmens widersprechen.

9.1.5 Vor- und Nachteile

Nach Art. 6 CISG können die Parteien die Anwendung des Übereinkommens ausschließen, von seinen Bestimmungen abweichen oder deren Wirkung ändern.[375] Die Regeln des CISG sind demzufolge dispositiv und unterliegen der Parteivereinbarung. Demzufolge stellt sich die Frage, welche Vor- und Nachteile mit der Anwendung bzw. dem Ausschluss des CISG verbunden sind. Den Parteien steht es grundsätzlich frei, sich für die Anwendung einer anderen Rechtsordnung zu entscheiden (Art. 3 Rom I-VO). Es liegt nahe, dass jeder Vertragspartner zur Anwendung seiner eigenen Rechtsordnung tendieren wird und sein heimisches Recht zur Anwendung kommen lassen möchte. So wird ein deutscher Exporteur für eine Warenlieferung nach Mexiko naheliegender Weise deutsches Recht bevorzugen, der mexikanische Importeur dagegen sein heimisches mexikanisches Recht. Bei den Verhandlungen über das anwendbare Recht wird es daher vielfach Divergenzen geben. Der Ausweg, dann das Recht eines „neutralen" Drittlandes zu wählen, zB der Schweiz oder Schwedens ist zwar durchaus verständlich, dürfte aber oft weitere Schwierigkeiten hervorrufen. Das Recht des Drittlandes ist den Parteien zumeist fremd. Nicht selten steht der Vertragsgestalter oder ein Rechtsanwender bereits vor erheblichen Sprachproblemen, die ihm den Zugang zu diesem fremden Recht erschweren. Hinzu kommen die Besonderheiten fremden Rechts, die sich erst durch Kenntnis der einschlägigen Literatur und besonders der Gerichtspraxis erschließen. Um diese Hindernisse zu überwinden, bedarf es regelmäßig der Einschaltung international tätiger Kanzleien, was wiederum mit zusätzlichem Aufwand und insbesondere hohen Transaktionskosten verbunden ist. In dieser Situation zeigt sich die Stärke des UN-Kaufrechts. Es ist in sechs Weltsprachen verfasst. Offizielle und gleichberechtigte Texte existieren in englischer, französischer, spanischer, russischer, chinesischer und arabischer Sprache. Durch Übersetzungskonferenzen und Implementation in anderssprachige Rechtsordnungen liegen – zB für Deutschland – amtliche und leicht zugängliche Textversionen in den meisten relevanten Sprachen vor. Damit entfallen lästige Sprachprobleme. In inhaltlicher Hinsicht stellt sich das UN-Kaufrecht als ein insgesamt gelungener Kompromiss zwischen anglo-amerikanischen und kontinental-europäischen Rechtstraditionen dar.[376]

---

[374] So das Ergebnis von Umfragen bei Unternehmen im Raum Osnabrück im Jahre 2009, die im Rahmen einer vom Verf. betreuten Diplomarbeit unternommen wurden.

[375] Zur Abwägung der Vor- und Nachteile und andere: *Schillo* IHR 2003, 259 ff.; *Regula/Kannowski* IHR 2004, 45 ff.; *Gildeggen/Willburger* IntHandelsG 27 f.; *Piltz* Exportverträge 404 f.

[376] *Gildeggen/Willburger* IntHandelsG 27.

Das UN-Kaufrecht ist zudem wissenschaftlich hervorragend erschlossen und es existieren schnell zugängliche Datenbanken zu den Gerichtsentscheidungen.[377] Damit entfallen viele der oben beschriebenen Transaktionskosten für Rechtsberatung.

Durch die Mitwirkung zahlreicher unterschiedlicher Staaten bei der Ausarbeitung des Übereinkommens ist sichergestellt, dass es nicht einseitig die Interessen von Export- oder Importnationen, von Verkäufer- oder Käuferinteressen zum Ausdruck bringt, sondern eine neutrale und universelle Position wahrnimmt.

Für den deutschen Vertragspartner kommt als Vorteil hinzu, dass das UN-Kaufrecht in der Ausgestaltung der Mängelhaftung und anderer Bereiche des Leistungsstörungsrechts dem deutschen BGB stark ähnelt, weil sich das Schuldrechtsmodernisierungsgesetz maßgeblich von den Vorgaben des UN-Kaufrechts hat leiten lassen. Es ist für den deutschen Vertragspartner gerade kein fremdes, sondern vertrautes Recht und bietet – worauf im Einzelnen noch einzugehen sein wird – in einzelnen Rechtsgestaltungen sogar Vorteile für den Exporteur.

Somit ergibt sich eine Summe von Vorteilen, die die Vertragsverhandlungen deutlich verkürzen können, indem beide Parteien nicht mehr mit Macht für die Durchsetzung ihres „eigenen" Rechts kämpfen müssen, sondern sich auf das sachlich überzeugende, einheitliche und universell verbreitete UN-Kaufrecht einlassen können.

Nachteile sind zum einen, dass das UN-Kaufrecht teilweise lückenhaft ist und auf unbestimmte Rechtsbegriffe zurückgreift, wie es etwa bei dem Begriff der wesentlichen Vertragsverletzung der Fall ist. Andererseits sind diese Begriffe aber durch die reichhaltige Rechtsprechung zu einem großen Teil geklärt. Schließlich ist zu erwähnen, dass es kein internationales Gericht gibt, dass das UN-Kaufrecht einheitlich anwendet und auslegt. Das bedeutet, dass es in den einzelnen Ländern zu unterschiedlichen Auslegungen durch die nationalen Gerichte kommen kann. Dem wirken allerdings die gut zugänglichen Datenbanken entgegen, mithilfe derer die Entscheidungen anderer Gerichte schnell und einfach zugänglich sind.[378]

Insgesamt überwiegen daher eindeutig die Vorteile zugunsten des UN-Kaufrechts.[379] Mit Hilfe maßgeschneiderter Verträge ist es außerdem in der Lage, spezifische Besonderheiten im Einzelfall zu berücksichtigen. Denn den Parteien ist es freigestellt, zusätzliche Regeln, auch auf dem Wege über AGB, in den Vertrag einzuführen. Das UN-Kaufrecht gibt daher den Parteien einerseits einen ausgewogenen Rechtsrahmen an die Hand und gestattet ihnen andererseits Sonderregelungen für den Einzelfall, mithin die nötige Flexibilität. Folgerichtig ist das UN-Kaufrecht inzwischen auch in der anwaltlichen Beratungspraxis angekommen und stößt keineswegs mehr auf die früher verbreitete Ablehnungsfront. Hinzu kommt, dass die deutschsprachigen Gerichte dem deutschen Einheitskaufrecht durchweg positiv gegenüberstehen, indem sie zB Anwendungsausschlüsse an strenge Voraussetzungen knüpfen. All

---

[377] Hervorzuheben ist die Datenbank der Universität Basel unter www.cisg-online.ch. Sie verzeichnet mittlerweile 2.325 frei zugängliche Entscheidungen zum CISG, so *Magnus* ZEuP 2013, 115.

[378] Hervorzuheben ist die Datenbank der Universität Basel unter www.cisg-online.ch.

[379] Ebenso *Schlechtriem/Schroeter* UN-KaufR Rn. 16 ff.; *Callies/Clausnitzer/Maurer* UN-Kaufrecht, Praxisleitfaden für internationale Verträge, Deutscher Industrie- und Handelskammertag, 2008, 14 f.; *Handorn* ZFA 2007, 18.

dies zeigt, dass das UN-Kaufrecht in der Praxis an Bedeutung gewonnen und eine positive Entwicklung gemacht hat.[380]

9.1.6 Konkurrenz zum CISG

Das CISG erhält zum einen auf dem afrikanischen Kontinent Konkurrenz durch den Beschluss der OHADA (Organisation pour l' Harmonisation en Afrique du Droit des Affaires), für ihre 17 Mitgliedstaaten ein eigenes Kaufrecht einzuführen, das bereits in einer Textfassung vorliegt.[381] Vorbild war ursprünglich das CISG, von dem es sich allerdings inzwischen textlich stärker entfernt hat.

Zum anderen erwächst dem CISG in Europa Konkurrenz durch den Entwurf des Gemeinsamen Europäischen Kaufrechts v. 11.10.2011, den die Kommission vorgelegt hat.[382] Dieses sog. CESL soll in der EU nach Wahl der Parteien gelten und zwar anstelle des CISG, mit dem es freilich wichtige Grundstrukturen teilt. Anders als dieses regelt es aber auch die Fragen von Willensmängeln, unfairen AGB und die Verjährung. Es soll gleichermaßen für Handelskäufe (BtB) und für Privatkäufe (BtC und CtC) gelten. Ob es für ein eigenes europäisches Kaufrecht überhaupt ein Bedürfnis gibt und ob es sich politisch durchsetzen lässt, wird derzeit eher skeptisch beurteilt.[383] Meines Erachtens ist ein einheitliches europäisches Kaufgesetz allenfalls für den Bereich der Verbraucherverträge wünschenswert, nicht jedoch für Handelskäufe, wo sich das UN-Kaufrecht als weltweites Einheitsrecht gut etabliert hat und es keiner weiteren europäischer Sondernormen bedarf.

9.2 Die Anwendungsvoraussetzungen und der Anwendungsbereich

Das UN-Kaufrecht gilt für den grenzüberschreitenden Warenverkauf. Ihm unterliegen Kaufverträge über Waren zwischen Vertragsparteien mit Niederlassungen in verschiedenen Staaten, wenn diese Vertragsstaaten sind oder wenn das IPR zur Anwendung des Rechts eines Vertragstaates führt. Neben diesen gegenständlichen Voraussetzungen (Warenkauf) und räumlichen Voraussetzungen (Vertragsstaat) kommt es darauf an, dass die Ware nicht für den persönlichen Gebrauch bestimmt ist (persönliche Voraussetzung) und der Kaufvertrag nach Inkrafttreten des Übereinkommens in dem betreffenden Vertragsstaat geschlossen wurde (zeitliche Voraussetzung). Diese Anwendungsvoraussetzungen sind in Art. 1–3 und 100 CISG näher definiert. Liegen die betreffenden gegenständlichen, räumlichen, persönlichen und zeitlichen Voraussetzungen vor, so gilt das Übereinkommen für die Parteien automatisch. Sie müssen also keine besondere Wahl zugunsten des UN-Kaufrechts treffen. Allerdings steht es ihnen frei, die Geltung des UN-Kaufrechts nach Art. 6 CISG vertraglich auszuschließen (sog. Opt-out-Lösung).

---

[380] Im gleichen Sinne *Schlechtriem/Schroeter* UN-KaufR Rn. 16.
[381] Sog. „Acte uniforme portant sur le Droit commercial général" vom 15.12.2010; dazu *Magnus* ZEuP 2013, 112.
[382] Siehe oben S. 11; Text des Vorschlags abgedruckt bei *Jayme/Hausmann* Nr. 81.
[383] Zum Vorstehenden näher und zu Recht kritisch *Magnus* ZEuP 2013, 112 ff.; ebenso *Schlechtriem/Schroeter* UN-KaufR Rn. 22 f.

9.2.1 Die gegenständlichen Anwendungsvoraussetzungen

UN-Kaufrecht gilt gegenständlich für Kaufverträge und bestimmte Werklieferungsverträge, Art. 1 und 3 CISG. Voraussetzung ist, dass es sich um bewegliche Sachen handelt. Darunter fallen etwa Lebensmittel, Maschinen, Stahl, Autos, Schuhe, Bekleidung.[384]

Immobilien scheiden aus, ebenso Rechtskäufe, etwa über Patente oder Urheberrechte. Unternehmenskäufe unterliegen gleichfalls nicht dem UN-Kaufrecht, da es sich dabei um eine Mischform von Sach- und vorwiegend Rechtskauf handelt.[385] Käufe über Tiere unterstehen gegenständlich dem UN-Kaufrecht.[386]

Aus der Beschränkung auf Kauf- und bestimmte Werklieferungsverträge folgt, dass andere Vertragstypen wie Mietverträge, Werk- oder Dienstverträge nicht erfasst sind. Dementsprechend scheiden etwa Leasing- oder Franchiseverträge ebenso aus wie reine Montageverträge. Soweit allerdings die Montage nur eine untergeordnete Dienstleistung gegenüber dem Verkauf ist, findet das UN-Kaufrecht Anwendung (Umkehrschluss aus Art. 3 II CISG). Auch bei anderen gemischten Verträgen, bei denen zum Kauf gewisse Dienstleistungen hinzutreten, ist nach dem Schwerpunkt des Vertrages zu fragen: Liegt dieser primär in der Eigentums- und Besitzverschaffung an einer beweglichen Sache, so ist UN-Kaufrecht einschlägig.

Gleichgültig ist, ob die Ware bei Abschluss des Kaufvertrages bereits produziert wurde oder noch herzustellen ist. Art. 3 I CISG stellt den Kaufverträgen nämlich Verträge über die Lieferung herzustellender oder zu erzeugender Ware gleich (sog. Werklieferungsverträge). Allerdings darf der Besteller nach dem Vertrag nicht seinerseits einen wesentlichen Teil der zur Herstellung oder Erzeugung notwendigen Stoffe stellen müssen. Ist das der Fall, gilt UN-Kaufrecht nicht. Stellt dagegen der Verkäufer die Stoffe oder machen die Beistellungen des Bestellers nicht mehr als 50 % aus, ist UN-Kaufrecht auf solche Werklieferungsverträge anwendbar.[387]

Nach Art. 2 CISG werden bestimmte Waren von der Geltung des CISG ausgeschlossen:

a) Konsumentenkäufe,
b) Ware bei Versteigerungen,
c) Ware aufgrund von Zwangsvollstreckungs- oder anderen gerichtlichen Maßnahmen,
d) Wertpapiere und Zahlungsmittel,
e) Seeschiffe, Binnenschiffe, Luftkissenfahrzeuge, Luftfahrzeuge,
f) Elektrische Energie.

9.2.2 Die räumlichen Anwendungsvoraussetzungen

Das CISG findet räumlich nach Art. 1 I CISG nur unter zwei Voraussetzungen Anwendung:

1. Die Niederlassungen von Verkäufer und Käufer müssen sich in „verschiedenen" Staaten befinden (**grenzüberschreitender Charakter**).

---

[384] Beispiele aus der Rechtsprechung zum CISG, zu finden unter CISG-online.de.
[385] MüKoBGB/*H.P.Westermann* CISG vor Art. 1 Rn. 6.
[386] Cour d'appel de Paris v. 14.1.1998, CISG-online Nr. 347 betr. Elefanten.
[387] Schlechtriem/Schwenzer/*Ferrari* CISG Art. 3 Rn. 15.

2. Die betreffenden Staaten müssen entweder beide Vertragsstaaten sein oder jedenfalls muss das IPR zur Anwendung des Rechts eines Vertragsstaates führen **(Vertragsstaaten-Charakter)**.

Zu 1: Nur wenn die Vertragsparteien ihre Niederlassung in verschiedenen Staaten haben, kommt das UN-Kaufrecht zur Anwendung. Ein innerstaatlicher Warenkauf unterliegt nicht dem CISG, sondern dem einschlägigen nationalen Kaufrecht.

> **Beispiel:** Die Niederlassung einer französischen Firma mit Sitz in Frankfurt kauft von einer bayrischen Molkerei Milch für die Käseherstellung.

Es handelt sich um einen Inlandsfall, der einen Kaufvertrag unter Parteien mit Niederlassungen im gleichen Staat betrifft. Mangels grenzüberschreitenden Charakters kommt nicht CISG, sondern unvereinheitlichtes Kaufrecht des BGB zur Anwendung.

Maßgeblich für den grenzüberschreitenden Charakter ist nicht, dass die Ware tatsächlich eine Grenze überschreitet, sondern dass die Parteien ihre Niederlassung in verschiedenen Staaten haben. Dabei muss der Auslandsbezug erkennbar gewesen sein in dem Sinne, dass sich die Verschiedenheit der Niederlassung aus dem Vertrag, aus früheren Geschäftsbeziehungen oder aus ihren Verhandlungen oder Auskünften vor oder bei Vertragsschluss ergibt, Art. 1 II CISG. Hat eine Partei mehrere Niederlassungen, so kommt es nach Art. 10 lit. a) CISG auf die Niederlassung an, die die engste Beziehung zum Vertrag und seiner Erfüllung hat.

Zu 2: Weitere Voraussetzung ist, dass die Parteien des Kaufvertrages ihre Niederlassung in zwei Vertragsstaaten haben, Art. 1 I lit. a) CISG – sog. autonome Anwendungsvoraussetzung – oder aber das IPR das Recht eines Vertragsstaates für anwendbar erklärt, Art. 1 I lit. b) CISG – Anwendung aufgrund kollisionsrechtlicher Verweisung.

Vertragsstaaten des CISG sind derzeit nach dem Stand v. 15.10.2013:

Bild 19: Aktuelle Vertragsstaaten des UN-Kaufrechts 2013

Staat	Unterschrift	Ratifizierung, Beitritt, Anerkennung,	Inkrafttreten
Ägypten		06.12.1982	01.01.1988
Albanien		13.05.2009	01.06.2010
Argentinien		19.07.1983	01.01.1988
Armenien		02.12.2008	01.01.2010
Australien		17.03.1988	01.04.1989
Bahrain		25.09.2013	01.10.2014
Belgien		31.10.1996	01.11.1997
Benin		29.07.2011	01.08.2012
Bosnien-Herzegowina		12.01.1994	06.03.1992

Staat	Unterschrift	Ratifizierung, Beitritt, Anerkennung,	Inkraft-treten
Brasilien		04.03.2013	01.04.2014
Bulgarien		09.07.1990	01.08.1991
Burundi		04.09.1998	01.10.1999
Chile	11.04.1980	07.02.1990	01.03.1991
China	30.09.1981	11.12.1986	01.01.1988
Dänemark	26.05.1981	14.02.1989	01.03.1990
Deutschland	26.05.1981	21.12.1989	01.01.1991
Dominikanische Republik		07.06.2010	01.08.2011
Ehemalige Jugoslawische Republik Mazedonien		22.11.2006	17.11.1991
Ecuador		27.01.1992	01.02.1993
El Salvador		27.11.2006	01.12.2007
Estland		20.09.1993	01.10.1994
Finnland	26.05.1981	15.12.1987	01.01.1989
Frankreich	27.08.1981	06.08.1982	01.01.1988
Gabun		15.12.2004	01.01.2006
Georgien		16.08.1994	01.09.1995
Griechenland		12.01.1998	01.02.1999
Guinea		23.01.1991	01.02.1992
Honduras		10.10.2002	01.11.2003
Irak		05.03.1990	01.04.1991
Island		10.05.2001	01.06.2002
Israel		22.01.2002	01.02.2003
Italien	30.09.1981	11.12.1986	01.01.1988
Japan		01.07.2008	01.08.2009
Kanada		23.04.1991	01.05.1992
Kirgisische Republik		11.05.1999	01.06.2000
Kolumbien		10.07.2001	01.08.2002
Kroatien		08.06.1998	08.10.1991

Staat	Unterschrift	Ratifizierung, Beitritt, Anerkennung,	Inkraft-treten
Kuba		02.11.1994	01.12.1995
Lesotho	18.06.1981	18.06.1981	01.01.1988
Lettland		31.07.1997	01.08.1998
Libanon		21.11.2008	01.12.2009
Liberia		16.09.2005	01.10.2006
Litauen		18.01.1995	01.02.1996
Luxemburg		30.01.1997	01.02.1998
Mauretanien		20.08.1999	01.09.2000
Mexiko		29.12.1987	01.01.1989
Moldawien		13.10.1994	01.11.1995
Mongolei		31.12.1997	01.01.1999
Montenegro		23.10.2006	03.06.2006
Neuseeland		22.09.1994	01.10.1995
Niederlande	29.05.1981	13.12.1990	01.01.1992
Norwegen	26.05.1981	20.07.1988	01.08.1989
Österreich	11.04.1980	29.12.1987	01.01.1989
Paraguay		13.01.2006	01.02.2007
Peru		25.03.1999	01.04.2000
Polen	28.09.1981	19.05.1995	01.06.1996
Republik von Korea		17.02.2004	01.03.2005
Rumänien		22.05.1991	01.06.1992
Russische Föderation		16.08.1990	01.09.1991
Saint Vincent and the Grenadines		12.09.2000	01.10.2001
Sambia		06.06.1986	01.01.1988
San Marino		22.02.2012	01.03.2013
Schweden	26.05.1981	15.12.1987	01.01.1989
Schweiz		21.02.1990	01.03.1991
Serbien		12.03.2001	27.04.1992
Singapur	11.04.1980	16.02.1995	01.03.1996

Staat	Unterschrift	Ratifizierung, Beitritt, Anerkennung,	Inkraft-treten
Slowakei		28.05.1993	01.01.1993
Slowenien		07.01.1994	25.06.1991
Spanien		24.07.1990	01.08.1991
Syrien Arabische Republik		19.10.1982	01.01.1988
Tschechische Republik		30.09.1993	01.01.1993
Türkei		07.07.2010	01.08.2011
Uganda		12.02.1992	01.03.1993
Ukraine		03.01.1990	01.02.1991
Ungarn	11.04.1980	16.06.1983	01.01.1988
Uruguay		25.01.1999	01.02.2000
Usbekistan		27.11.1996	01.12.1997
Vereinigte Staaten von Amerika	31.08.1981	11.12.1986	01.01.1988
Weißrussland		09.10.1989	01.11.1990
Zypern		07.03.2005	01.04.2006

Quelle: Homepage der UNCITRAL: http://www.uncitral.org/uncitral/en/ uncitral_texts/sale_goods/1980CISG_status.html

Zusammenfassend lässt sich sagen, dass die wichtigsten Außenhandelspartner Deutschlands Mitgliedsstaaten des CISG sind, nämlich:

- Europa (außer Großbritannien, Irland, Malta und Portugal),
- USA, Kanada und Mexiko (also Nordamerika),
- Russland und die Nachfolgestaaten der früheren Sowjetunion,
- die Volksrepublik China,
- Australien und Neuseeland,
- seit dem Beitritt Brasiliens in 2014 die meisten südamerikanischen Staaten sowie Kuba,
- sowie einige wenige afrikanische Staaten (wie Ägypten, Guinea).

Kontinental betrachtet, lässt sich feststellen:

- Die Kontinente Europa, Nordamerika und Australien sind fast vollständig vertreten.
- Südamerika ist großenteils vertreten.
- Es fehlen vollständig Mittelamerika, die Karibik (außer Kuba) und großenteils Afrika (zB Südafrika). In Asien sind wichtige Länder vertreten wie China, Japan, die asiatischen Gebiete Russlands und die Nachfolgestaaten der Sowjetunion. Es

fehlen aber wichtige Länder des vorderen, mittleren und fernen Ostens (Indien, Iran, Indonesien).

Wie bereits oben dargelegt, ist das CISG aufgrund autonomer Regelung in Art. 1 I lit. a) unmittelbar anwendbar, wenn sich die Niederlassung der Parteien in verschiedenen Staaten befinden, falls diese beiderseits Vertragsstaaten sind.

Beispiel: Ein deutscher Exporteur mit Sitz in Osnabrück liefert im Jahre 2010 Fotopapier an eine französische Firma mit Sitz in Bordeaux.

Da Frankreich und Deutschland im Jahre 2010 Vertragsstaaten des UN-Kaufrechts sind, ist das CISG räumlich und zeitlich auf diesen Handelskauf anwendbar.

Nach Art. 1 I lit. b) findet das CISG aber auch mittelbar dann Anwendung, wenn nur einer der beiden Staaten dem UN-Kaufrecht angehört, aber das Recht dieses Vertragsstaates nach IPR zur Anwendung berufen ist.

Beispiel: Ein englischer Süßwarenhersteller mit Sitz in Birmingham kauft bei einem deutschen Verpackungsmaschinenhersteller mit Sitz in Lengerich eine Verpackungsmaschine zum Preis von 350.000 EUR.

Deutschland ist Vertragsstaat des UN-Kaufrechts, England aber nicht. Eine direkte Anwendung des CISG nach Art. 1 I lit. a) CISG scheidet daher aus. Fraglich ist, ob eine mittelbare Anwendung über das IPR nach lit. b) zum Zuge kommt.

Über Art. 4 I lit. a) Rom I-VO ist bei fehlender Rechtswahl das Recht des Verkäuferwohnsitzes maßgebend. Die maßgebliche Niederlassung des Verkäufers befindet sich in Deutschland. Da Deutschland Vertragsstaat ist und die Regeln des IPR zur Anwendung deutschen Rechts führen, ist damit auch das CISG nach Art. 1 I lit. b) CISG mittelbar zur Anwendung berufen. Für die Rechtsbeziehungen der Parteien gilt damit weder BGB bzw. HGB noch englisches Recht, sondern CISG.

Nach Art. 95 CISG kann jeder Staat bei der Hinterlegung seiner Beitrittsurkunde bestimmen, dass Art. 1 I lit. b) CISG, der bei den Verhandlungen in Wien äußerst umstritten war, für ihn nicht verbindlich ist. Von dieser Möglichkeit haben die USA, China, Armenien, Singapur, Tschechien und die Slowakei Gebrauch gemacht.[388] Das bedeutet, dass bei einem solchen Vorbehalt die mittelbare Anwendung des CISG ausgeschlossen ist.

Beispiel: Eine chinesische Firma mit Sitz in Shanghai exportiert Spielzeug an eine portugiesische Firma mit Sitz in Lissabon. Es kommt wegen einer Mängelrüge Ende 2012 zu einem Prozess in Lissabon.

Das portugiesische Gericht müsste aufgrund von Art. 4 Rom I-VO chinesisches Recht anwenden. Da China Vertragsstaat des CISG ist, würde das CISG eigentlich über Art. 1 I lit. b) mittelbar zur Anwendung gelangen. Wegen des von China gemachten Vorbehalts gegen eine solche mittelbare Wirkung des CISG trifft dies jedoch nicht zu und es verbleibt bei der Anwendung internen chinesischen Kaufrechts. Es ist allerdings umstritten, ob auch ein fremder Richter einen solchen Vorbehalt zu be-

---

[388] *Jayme/Hausmann* Nr. 77, Fn. 16.

rücksichtigen hat. Dies wird man aber im Interesse einer einheitlichen Auslegung des CISG (Art. 7 CISG) bejahen müssen.[389] Im Ergebnis kommt daher nicht CISG, sondern internes chinesisches Recht zur Anwendung.

9.2.3 Persönliche Anwendungsvoraussetzungen

Nach Art. 1 III CISG spielen für die Anwendbarkeit des CISG folgende Kriterien ausdrücklich keine Rolle:

- die Staatsangehörigkeit der Parteien,
- die Tatsache, ob die Parteien Kaufleute oder Nichtkaufleute sind,
- die Tatsache, ob der Vertrag handelsrechtlicher oder bürgerlich-rechtlicher Art ist.

Zu beachten ist allerdings nach Art. 2 lit. a) CISG, dass Ware, die für den persönlichen Gebrauch oder den Gebrauch in der Familie oder im Haushalt gekauft worden ist, nicht unter den Anwendungsbereich des CISG fällt. Derartige Konsumentenkäufe sind ausdrücklich ausgeschlossen, es sei denn, der Verkäufer wusste nicht und hätte auch nicht wissen müssen, dass die Ware für den persönlichen Gebrauch gekauft wurde. Damit scheiden der B2C und der C2C-Verkauf weitgehend für die Anwendbarkeit des UN-Kaufrechts aus.

> **Beispiel:** Ein Käufer aus Deutschland bestellt für seinen persönlichen Gebrauch ein Auto bei einem Citroen-Händler in Straßburg

Das CISG findet wegen Art. 2 lit. a) keine Anwendung, da es um einen Verkauf für den persönlichen Gebrauch geht. Ein solcher Konsumentenkauf (B2C) ist ausdrücklich ausgenommen. Es gilt nach den Regeln des IPR (Art. 4 I lit. a) Rom I-VO) bei fehlender Rechtswahl französisches Kaufrecht. Für den Käufer hat dies keine gravierende Nachteile, da das französische Recht infolge der Verbrauchsgüter-Richtlinie[390] einen vergleichbaren Schutzstandard für Verbraucher wie das deutsche Recht aufweist.

> **Beispiel:** Ein Importeur in Deutschland bestellt bei einem Lieferanten in Straßburg eine Partie Autos vom Typ Citroen.

Das CISG findet nach den gegenständlichen und persönlichen Voraussetzungen der Art. 1 und 2 Anwendung. Ein solcher B2B Kauf ist einschlägig.

9.2.4 Zeitliche Anwendungsvoraussetzungen

Nach Art. 100 I CISG sind die Vorschriften zum Abschluss des Vertrages (Art. 14 ff. CISG) nur dann anwendbar, wenn das CISG bei Angebotsabgabe in beiden Vertragsstaaten bereits galt oder bei IPR-rechtlicher Verweisung auf das Recht eines Vertragsstaates in diesem Vertragstaat galt.

Die übrigen materiell-rechtlichen Vorschriften zum Warenkauf gelten nur dann, wenn bei Vertragsschluss entweder in beiden Vertragstaaten das CISG bereits in

---

[389] *Schlechtriem* UN-KaufR 14 Fn. 17 mit Darstellung des Meinungsstandes. Anders jetzt wohl *Schlechtriem/Schroeter* UN-KaufR Rn. 43 f.

[390] Die Europäische Verbrauchsgüterkauf-Richtlinie v. 25.5.1999 (RL 1999/44/EG) sorgt EU-weit für einen hohen, verbraucherfreundlichen Standard beim Konsumentenkauf.

Kraft getreten war oder bei IPR-Verweisung jedenfalls in diesem Vertragsstaat, Art. 100 II CISG.

> **Beispiel:** Ein deutscher Importeur kauft im Jahr 2005 von einem ägyptischen Lieferanten Baumwolle im Umfang von 98.000 EUR.

Ägypten und Deutschland sind Vertragsstaaten des CISG, sodass dieses nach Art. 1 I lit. a) CISG räumlich zur Anwendung kommt. Es wäre zu prüfen, ob der Kaufvertrag in beiden Staaten nach Inkrafttreten des CISG geschlossen wurde. In Ägypten gilt das CISG seit dem 1.1.1988, in Deutschland seit dem 1.1.1991. Der im Jahr 2005 geschlossene Kaufvertrag unterliegt damit auch zeitlich dem CISG (Art. 100 I u. II CISG).

Praxisfall:
Ein deutscher Exporteur mit Hauptniederlassung in Hannover liefert 1990 aufgrund eines entsprechenden Kaufvertrages Autos an einen türkischen Importeur.
Lösung — Deutschland ist Vertragsstaat des CISG, die Türkei war es 1990 nicht. Bei fehlender Rechtswahl kommt das CISG dennoch räumlich zur Anwendung, wenn das IPR zur Anwendung deutschen Rechts und damit auch des CISG führte, Art. 1 I lit. b) CISG. Dies ist der Fall, da bei fehlender Rechtswahl nach Art. 4 I lit. a) Rom I-VO auf das Recht am Wohnsitz des Verkäufers abzustellen ist. Als Wohnsitz ist nach Art. 19 I UAbs. 2 Rom I-VO die Hauptniederlassung des Verkäufers maßgeblich. Da sich diese in Hannover befindet, ist deutsches Recht anwendbar. Da Deutschland Vertragsstaat ist, würde das CISG über Art. 1 I lit. b) räumlich anwendbar sein. Fraglich, ob das CISG zeitlich anwendbar ist. Da der Vertrag 1990 abgeschlossen wurde, das Abkommen aber erst am 1.1.1991 in Deutschland in Kraft getreten ist, scheitert eine Anwendung des CISG an Art. 100 I und II CISG. Für die Rechtsbeziehungen der Kaufvertragsparteien gilt vielmehr BGB und HGB.

9.2.5 Ausschluss des UN-Kaufrechts (opt-out)

Falls die Anwendungsvoraussetzungen des CISG vorliegen, gilt dieses ohne Weiteres für die Vertragsparteien. Eine Vereinbarung, dass das CISG für den Vertrag gelten soll, ist nicht erforderlich. Wünschen die Parteien eine Abwahl des CISG, so ist dies nach Art. 6 CISG zulässig, bedarf jedoch einer entsprechenden vertraglichen Vereinbarung. Nach Art. 6 CISG können die Vertragsparteien das CISG gänzlich oder partiell abwählen. Damit wird das Prinzip der Parteiautonomie anerkannt. Ein solcher Anwendungsausschluss (sog. opt-out) kann ausdrücklich oder stillschweigend erfolgen, muss aber stets einen entsprechenden übereinstimmenden Willen erkennen lassen. Einen ausdrücklichen Ausschluss in Kombination mit der Wahl des stattdessen anwendbaren Rechts enthält zB folgende Klausel:

„Der Vertrag unterliegt deutschem Recht mit Ausnahme des UN-Kaufrechts."

Auch ein isolierter Ausschluss des CISG ohne Benennung des dann anwendbaren Rechts ist zulässig, etwa durch folgende Klausel:

„Der Vertrag unterliegt insgesamt nicht dem UN-Kaufrecht"

Nicht ausreichend wäre dagegen die Klausel:[391]

> „Der Vertrag unterliegt deutschem Recht"

Denn die Wahl deutschen Rechts beinhaltet das gesamte deutsche Recht, zu dem auch das CISG gehört. Es fehlt eine Klarstellung, dass das CISG nicht gelten soll.

Allerdings kommt der Wille, das CISG auszuschließen und nur das interne Kaufrecht zum Zuge kommen zu lassen, mit der nachfolgenden Klausel hinreichend deutlich zum Ausdruck:[392]

> „Es gilt deutsches Recht, insbesondere gelten die Vorschriften
> der §§ 434 ff. BGB zur Mängelhaftung"

Auch in der Vereinbarung abweichender materiell-rechtlicher Regelungen in AGB, zB zur Mängelhaftung, kann ein konkludenter Ausschluss des CISG liegen, wobei im Einzelfall fraglich sein kann, ob damit ein vollständiger oder nur partieller Ausschluss des CISG verbunden sein soll. Da es gerade in der Frage einer stillschweigenden Abwahl des CISG nicht selten später zu Streit kommt, empfiehlt sich unbedingt, eine klare und ausdrückliche Abwahl im Kaufvertrag unter gleichzeitiger Bestimmung des Vertragsstatuts vorzunehmen.[393]

Das beweist zB ein Schiedsspruch zu der Klauselvereinbarung

> „Swiss international law".

Diese wurde nicht als stillschweigender Ausschluss des CISG gewertet, da dieses in der Schweiz „international and not foreign law" darstelle.[394]

Art. 6 CISG erlaubt nicht nur die vollständige Abwahl, sondern auch partielle Abwahl und Abänderung. Insbesonders auf der Grundlage von Incoterms lassen sich beispielsweise Änderungen über den Erfüllungsort (Art. 31 CISG) vornehmen. Ebenso lassen sich die Rügeobliegenheiten der Art. 38–40 CISG durch abweichende AGB verschärfen oder abmildern. Auch diese Optionen sind Ausdruck der Parteiautonomie und ermöglichen passgenaue individuelle Vertragsgestaltungen. Sie spiegeln den weitgehend dispositiven Charakter des Übereinkommens wider.

9.2.6 Einbeziehung des UN-Kaufrechts (opt-in)

Ebenso wie eine Abwahl, erlaubt das Prinzip der Parteiautonomie umgekehrt auch eine vertragliche Rechtswahl des UN-Kaufrechts, wenn dessen Anwendungsvoraussetzungen nicht erfüllt sind. Allerdings ist diese Frage – im Unterschied zur Abwahl – nicht ausdrücklich im CISG geregelt. Es ist aber anerkannt, dass jedenfalls eine materiell-rechtliche Einbeziehung des CISG bei grenzüberschreitenden Verträgen möglich ist. Die Zulässigkeit der Wählbarkeit des CISG bestimmt sich in diesen Fällen nicht nach dem CISG selbst, sondern nach dem für den Vertrag geltenden Recht, also dem Vertragsstatut.[395]

---

[391] AllgM, vgl. BGH NJW 1997, 3309 f.; 1999, 1259 f.; *Schlechtriem/Schroeter* UN-KaufR Rn. 51; Staudinger/*Magnus* (2013) CISG Art. 6 Rn. 24 ff.

[392] Schlechtriem/Schwenzer/*Ferrari* CISG Art. 6 Rn. 2; BeckOK BGB/*Saenger*, 29. Ed. 1.8.2013, CISG Art. 6 Rn. 4; MüKoBGB/*Westermann* CISG Art. 6 Rn. 5; OLG Linz v. 23.1.2006, CISG-online Nr. 1377; OLG Celle v. 24.5.1995, CISG-online Nr. 152.

[393] So zu Recht *v. Sachsen Gessaphe* IPR 96.

[394] ICC Arbitration Tribunal, CISG-online Nr. 2143, besprochen von *Magnus* ZEuP 2013, 121.

[395] So *Schlechtriem/Schroeter* UN-KaufR Rn. 58; Staudinger/*Magnus* (2002) CISG Art. 6 Rn. 62 ff.; GK-HGB/*Achilles* nach § 382, CISG Art. 6 Rn. 1; *Siller* IntUN-KaufR 11.

Bild 20: Die Anwendung des CISG

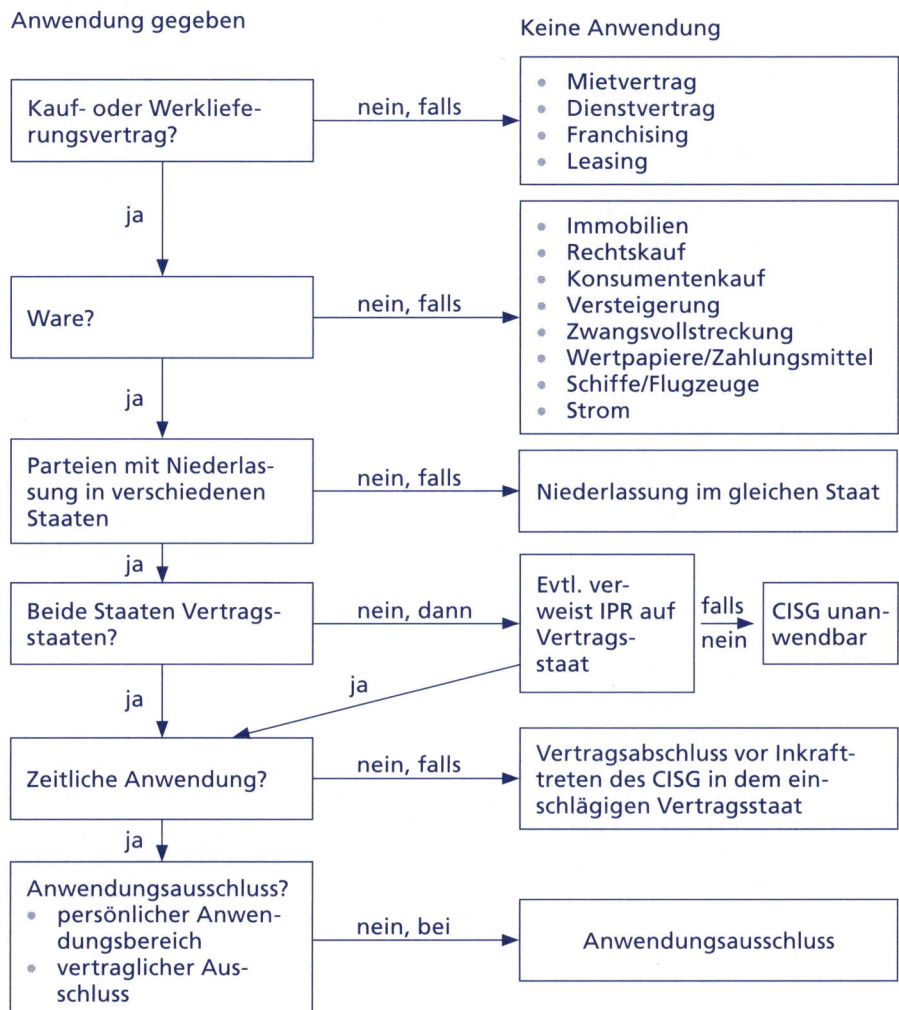

Anwendung gegeben

Keine Anwendung

9.3 Allgemeine Bestimmungen (Art. 7–13 CISG)

Die Art. 7–13 CISG enthalten grundlegende Aussagen zu folgenden Fragen:

- **Auslegung des Übereinkommens (Art. 7 CISG)**
- **Auslegung von Parteierklärungen (Art. 8 CISG)**
- **Gebräuche und Gepflogenheiten (Art. 9 CISG)**
- **Niederlassung (Art. 10 CISG)**
- **Form des Kaufvertrages (Art. 11, 12, 13 CISG)**

Dazu einige kurze Hinweise:

9.3.1 Auslegung des Übereinkommens

Nach Art. 7 I CISG ist bei der Auslegung des Übereinkommens

* sein internationaler Charakter zu berücksichtigen,
* seine einheitliche Anwendung zu fördern und
* die Wahrung des guten Glaubens im internationalen Handel zu fördern.

Die **Internationalität** des Abkommens gebietet eine autonome Auslegung des CISG aus sich selbst heraus und verbietet den Rückgriff des Rechtsanwenders auf Begriffe und Interpretationen in nationalen Gesetzgebungen, insbesondere seines Heimatlandes.[396] So darf der deutsche Rechtsanwender beispielsweise bei der Beurteilung der Untersuchungs- und Anzeigepflicht nach Art. 38 und 39 CISG nicht auf die zu § 377 HGB entwickelten Rechtsgrundsätze zurückgreifen, sondern muss eine eigenständige Interpretation vornehmen, die dem internationalen Charakter des Übereinkommens und den Besonderheiten des internationalen Warenkaufs entspricht.

Das Gebot einer **einheitlichen Anwendung des CISG** ist besonders wichtig, da es keinen obersten Gerichtshof gibt, der definitive Entscheidungen treffen könnte. Dementsprechend muss der Rechtsanwender und insbesondere ein nationales Gericht die Rechtsmeinungen und insbesondere die Gerichtsentscheide ausländischer Gerichte zu bestimmten Fragestellungen des CISG berücksichtigen und sich mit diesen auseinandersetzen. Die vorhandenen Datenbanken[397] bieten insoweit ein hervorragendes Erkenntnismittel.

Die Wahrung und Förderung des **guten Glaubens im internationalen Handel** erfordert besonders die Berücksichtigung internationaler Handelsbräuche und von Regelwerken, wie sie zB in den Incoterms, UNIDROIT-Grundsätzen, Regeln der Internationalen Handelskammer oder allgemein anerkannten Vertragsmustern zu bestimmten Bereichen zum Ausdruck gekommen sind.[398]

Art. 7 II CISG behandelt das Thema der von dem Übereinkommen nicht ausdrücklich geregelten Gegenstände. Die hier gemeinten **internen Lücken** betreffen Fragen, die das Übereinkommen nach seinem Regelungsanspruch in Art. 4 CISG – Abschluss des Kaufvertrages sowie Festlegung von Rechten und Pflichten von Verkäufer und Käufer – eigentlich geregelt wissen wollte, aber tatsächlich nicht geregelt hat. Diese internen Regelungslücken sind nach Art. 7 II CISG in zweistufiger Vorgehensweise zu schließen:

* primär durch Rückgriff auf die im CISG niedergelegten allgemeinen Grundsätze und falls dies nicht gelingt
* durch Rückgriff auf das nach IPR maßgebliche nationale Recht.

Entscheidend sind in erster Linie die **allgemeinen Grundsätze**, die dem Übereinkommen zugrunde liegen (autonome Lückenfüllung). Hierzu zählen etwa die Prinzipien:[399]

* Parteiautonomie,
* Vertragstreue,

---

[396] BGHZ 74, 193 (197).
[397] Zu nennen ist insb. CISG-Online.ch mit einer Fülle von internationalen Urteilen.
[398] *Schlechtriem/Schroeter* UN-KaufR Rn. 102 aE nennt zB die von der Internationalen Handelskammer aufgestellten Regeln für Dokumentenakkreditive.
[399] *Magnus* RabelsZ 59 (1995), 467 ff. mit weiteren Beispielen; vgl. auch die Auflistung von GK-HGB/*Achilles* nach § 382, CISG Art. 7 Rn. 8. Zurückhaltend zu solchen Listen dagegen *Schlechtriem/Schroeter* UN-KaufR Rn. 142.

- Vorrang der Gebräuche,
- Formfreiheit,
- Kooperationspflicht,
- Fälligkeit ohne Mahnung,
- Verzinsung ab Fälligkeit.

Soweit keine allgemeinen Grundsätze erkennbar sind, wie es etwa in der nicht geregelten Frage der Zinshöhe (Art. 78 CISG) bei Zahlungsverzug der Fall ist, muss eine offene Frage nach dem Recht des Landes entschieden werden, das nach den Regeln des IPR zur Anwendung kommt, Art. 7 II CISG. Stets ist beim Auftreten von Lücken zu fragen, ob es sich um bewusst offen gelassene Fragen handelt, bei denen sich eine Lückenfüllung nach allgemeinen Grundsätzen verbietet[400] und dann ggf. nach nationalem Recht zu entscheiden ist oder um Fragen, die einer Lückenfüllung zugänglich sind. In letzterem Fall ist nach den allgemeinen Grundsätzen des Übereinkommens zu entscheiden, ggf. auch im Wege der Rechtsanalogie oder ergänzender Auslegung.

9.3.2 Auslegung von Parteierklärungen

Erklärungen und das sonstige Verhalten einer Partei sind gemäß Art. 8 I CISG nach deren subjektivem, wirklichen Willen auszulegen, wobei aber der Empfängerhorizont entscheidet, Art. 8 II CISG. Das bedeutet, dass etwa eine Erklärung des Verkäufers aus der Sicht eines durchschnittlichen, vernünftigen Käufers heraus zu interpretieren ist und vice versa eine Erklärung des Käufers aus der Sicht eines durchschnittlichen, vernünftigen Verkäufers. Diese Auslegungsgrundsätze gelten nicht nur für Willenserklärungen im engen Sinne, sondern auch für rechtsgeschäftsähnliche Verhaltensweisen, also etwa Mängelrügen oder Fristsetzungen.

9.3.3 Bedeutung von Handelsbräuchen und Gepflogenheiten

Nach Art. 9 I CISG sind die Parteien an die Gebräuche, mit denen sie sich einverstanden erklärt haben, und an die Gepflogenheiten, die zwischen ihnen entstanden sind, gebunden. Einvernehmlich zugrunde gelegte Handelsbräuche und von den Parteien praktizierte Gepflogenheiten sind also für sie verbindlich.

Definition: Unter **Handelsbrauch („Brauch")** ist jedes nicht durch Rechtsnorm vorgeschriebene Verhalten von Kaufleuten zu verstehen, das bei Geschäften der fraglichen Art verbreitet ist und einer anerkannten Übung fast aller Marktteilnehmer entspricht, sodass die Vertragsparteien von ihrer Geltung auch für ihren Vertrag ausgehen mussten.[401]

Definition: Unter **Gepflogenheiten** sind demgegenüber lediglich Verhaltensweisen der Parteien zu verstehen, die von ihnen mit einer gewissen Häufigkeit und Dauer praktiziert werden, sodass man sie als parteiautonome Festlegung ansehen kann.[402]

---

[400] Ebenso *Schlechtriem* UN-KaufR Rn. 46. Abweichend jetzt *Schlechtriem/Schroeter* UN-KaufR Rn. 137.
[401] GK-HGB/*Achilles* nach § 382 HGB, Art. 9 CISG Rn. 2.
[402] GK-HGB/*Achilles* nach § 382 HGB, Art. 9 CISG Rn. 2.

Darunter kann zB ein vom Verkäufer akzeptierter Skontoabzug fallen, den der Käufer seit längerem und wiederholt von Rechnungen des Verkäufers vorgenommen hat.

Abgesehen von solchen der Parteiautonomie unterliegenden Bräuchen und Gepflogenheiten gelten stillschweigend nach Art. 9 II CISG aber auch solche (normativen) Gebräuche, die die Parteien kannten oder kennen mussten und die in dem betreffenden Geschäftszweig weithin bekannt sind und regelmäßig beachtet werden. Dies ist zB für die sog. Tegernseer Gebräuche angenommen worden, die beim Handel mit Rund- und Schnittholz am Tegernsee und im benachbarten Österreich den Handelsbrauch einer 14tägigen schriftlichen Mängelrüge beinhalten. Dementsprechend wurden österreichische Holzwerke, die von einem bayerischen Holzhändler einen Posten Eichenholz bezogen, mit einer erst drei Wochen nach Lieferung erfolgten Mängelrüge, es handele sich um minderwertiges Holz, im nachfolgenden Prozess zurückgewiesen.[403]

Die Frage, ob die in Deutschland anerkannten Grundsätze über das **kaufmännische Bestätigungsschreiben** als normative Bräuche nach Art. 9 II CISG internationale Geltung beanspruchen können, wird verneint,[404] da diese zB in Österreich und Großbritannien nicht anerkannt sind.[405] Allerdings können sie ggf. als Gepflogenheit zwischen den konkreten Parteien stillschweigend vereinbart sein und dann über Art. 9 I CISG Verbindlichkeit erlangen, insbesondere wenn die Parteien ihre Niederlassungen in Ländern haben, in denen diese Grundsätze praktiziert werden.[406]

9.3.4 Niederlassung

Im Wiener Übereinkommen wird der Begriff der Niederlassung an verschiedenen Stellen benutzt, so besonders in Art. 1 I CISG, wonach die Anwendbarkeit des CISG davon abhängt, dass die Vertragsparteien ihre Niederlassung in verschiedenen Staaten haben müssen. Ein weiteres Beispiel ist Art. 57 I CISG, wonach der Kaufpreis mangels vertraglicher Abrede am Ort der Niederlassung des Verkäufers zu zahlen ist. Der Begriff der Niederlassung ist autonom zu bestimmen.

Definition: Unter **Niederlassung** ist jeder Ort zu verstehen, von dem aus in gewisser Selbstständigkeit und Beständigkeit eine nach außen gerichtete Teilnahme am Wirtschaftsverkehr erfolgt.[407]

---

[403] OGH v. 21.3.2000, CISG online Nr. 641.

[404] *Schlechtriem/Schroeter* UN-KaufR Rn. 226; Schlechtriem/Schwenzer/*Schmidt-Kessel* CISG Art. 9 Rn. 23 meint, dass das Vorliegen eines Handelsbrauches nach Art. 9 II CISG jeweils gesondert festgestellt werden müsse und dabei üblicherweise darauf abgestellt werde, dass beide Parteien im räumlichen Anwendungsbereich entsprechender Regeln niedergelassen sind.

[405] *Verweyen/Foerster/Toufar* HdB UN-KaufR 68.

[406] Stadtgericht Basel v. 21.12.1992, CLOUT Case Nr. 95 bzw. CISG-online Nr. 55; zustimmend GK-HGB/*Achilles* nach § 382, Art. 9 Rn. 4.

[407] OGH Wien IPRax 1996, 137; OLG Stuttgart IPRax 2000, 407; GK-HGB/*Achilles* nach § 382 HGB, Art. 10 Rn. 1.

Falls eine Partei mehrere **Niederlassungen** hat, ist nach Art. 10 lit. a) CISG diejenige maßgebend, die die engste Beziehung zum Vertrag und zu seiner Erfüllung hat. Dabei ist auf die den Parteien vor oder bei Vertragsabschluss bekannten oder von ihnen in Betracht gezogenen Umstände abzustellen. Wenn die Verhandlungen von einer Stelle geführt werden, die einen gewissen Grad an Selbstständigkeit und Eigenverantwortlichkeit erkennen lässt, spricht dies für eine Niederlassung. Falls ausnahmsweise keine Niederlassung vorhanden ist, so ist der gewöhnliche Aufenthalt der Partei nach Art. 10 lit. b) CISG maßgebend.

9.3.5 Form

Nach Art. 11 CISG braucht der Kaufvertrag nicht schriftlich abgeschlossen oder nachgewiesen zu werden und unterliegt auch sonst keinen Formvorschriften. Das bedeutet, dass das Prinzip der Formfreiheit gilt. Weder das Angebot noch die Annahme bedürfen der Form. Aber auch nachträgliche Änderungen oder die Aufhebung des Vertrages sind nicht formbedürftig, wie sich aus Art. 11 S. 1 CISG ergibt: „Der Kaufvertrag … unterliegt auch sonst keinen Formvorschriften".

Darüber hinaus ist anerkannt, dass alle Absprachen, Mitteilungen und Parteierklärungen kaufvertraglichen Inhalts formlos gültig sind. Sämtliche nationalen Formvorschriften werden so verdrängt, gleichgültig, wie diese ausgestaltet sind.[408] So sind auch wie Formvorschriften wirkende sonstige Voraussetzungen für einen wirksamen Kaufvertrag wie etwa die im englischen Recht verlangte „consideration", die vom Vertragspartner eine irgendwie geartete Gegenleistung zumindest in der Form eines peppercorns verlangt,[409] obsolet und werden vom Prinzip der Formfreiheit beim grenzüberschreitenden Warenkauf verdrängt.[410]

Allerdings zeigt Art. 29 CISG, dass Parteivereinbarungen zur Form möglich sind und nach dem Prinzip der Parteiautonomie anzuerkennen sind (vgl. Art. 6 CISG). Den Parteien ist es also nicht verwehrt, abweichend von Art. 11 CISG für ihren Vertrag eine schriftliche Form festzulegen.[411]

Die Vorschriften der Art. 11 und 29 CISG gelten jedoch nach Art. 12 CISG unter Umständen nicht. Das setzt gemäß Art. 96 CISG eine Vorbehaltserklärung durch einen Vertragsstaat voraus. Danach ist es zulässig, dass ein Staat eine entsprechende Erklärung zu Art. 12 CISG abgibt, dass die Bestimmungen zur Formfreiheit nach Art. 11 und 29 CISG nicht gelten sollen, wenn eine Partei ihre Niederlassung in diesem Staat hat. Davon haben Argentinien, Chile, China, Lettland, Litauen, Paraguay, Russland, Ungarn und Weißrussland Gebrauch gemacht.[412] Die Folge davon ist aber nicht, dass bei allen Kaufverträgen mit Parteien, deren Niederlassungen sich in diesen Vorbehaltsstaaten befinden, Schriftform zwingend vorgeschrieben wäre. Es entscheidet vielmehr das jeweilige IPR des Forumstaates darüber, ob etwaige Formvorschriften zu beachten sind, und zwar ohne Bindung an die Formvorschriften des Vorbehaltsstaates.[413]

---

[408] GK-HGB/*Achilles* nach § 382, CISG Art. 11 Rn. 1.
[409] Dazu *Wörlen/Balleis/Angress* English Law I 140.
[410] *Schlechtriem/Schroeter* UN-KaufR Rn. 228.
[411] GK-HGB/*Achilles* nach § 382, CISG Art. 11 Rn. 1.
[412] GK-HGB/*Achilles* nach § 382, CISG Art. 96 Rn. 1.
[413] Schlechtriem/Schwenzer/*Schmidt-Kessel* CISG Art. 12 Rn. 2; MüKoBGB/*H.P. Westermann* CISG Art. 12 Rn. 2.

Für deutsche Exporteure nach China würde dies zB in Anwendung von Art. 11 Rom I-VO bedeuten, dass kein Formzwang für den Kaufvertrag besteht. Damit sind alle formlos abgeschlossenen Verträge gültig, die zB mündlich oder fernmündlich abgeschlossen werden. Formzwang ist in derartigen Fällen also nur dann gegeben, wenn das Kollisionsrecht des Forums auf das Recht des Vorbehaltsstaates selbst verweist und dieses dann Formvorschriften vorsieht.

Da jedoch Gerichte aus Vorbehaltsstaaten, zB. Russland[414] davon abweichend eine generelle Formbedürftigkeit annehmen und fälschlich nicht das an sich kollisionsrechtlich anwendbare liberalere ausländische Formrecht anwenden, empfiehlt sich dringend[415] folgender

Praxistipp: Im Verkehr mit Vorbehaltsstaaten sollte unbedingt ein schriftlicher Kaufvertrag abgeschlossen werden, um nicht die Nichtigkeit einer formlosen Vereinbarung zu riskieren.

9.4 Der Vertragsschluss (Art. 14–24 CISG)

Die vom CISG aufgestellten Regeln zum Thema Vertragsschluss (Teil II) sind nicht von allen Vertragsstaaten bei der Ratifikation akzeptiert worden. Sie standen daher unter dem Vorbehalt der Nichtverbindlichkeitserklärung nach Art. 92 CISG und galten – wie bereits oben erwähnt[416] – nicht für die skandinavischen Staaten. Durch Rücknahme des Vorbehalts seitens dieser Staaten außer Norwegen, das diesen Schritt gleichfalls beabsichtigt, ist dieses Thema jedoch weitgehend vom Tisch.

Für den deutschen Juristen bieten die Regeln zum Vertragsschluss außer bzgl. der Widerruflichkeit eines Angebots (Art. 16 CISG) keine größeren Überraschungen und zeigen eine große Übereinstimmung mit den vertrauten Regelungen im allgemeinen Vertragsrecht der §§ 145 ff., 130 BGB. Einige Fragen sind allerdings ungeregelt, wie zB die Anfechtbarkeit oder Ungültigkeit von Willenserklärungen, der elektronische Vertragsschluss oder die Einbeziehung von AGB.

Nach der grundlegenden Aussage von Art. 23 CISG kommt ein Vertrag wie im deutschen Recht durch Annahme eines Angebots zustande. Angebot und Annahme sind also die vertragskonstitutiven Elemente. Sie sind in den Art. 14–24 CISG behandelt, und zwar

- zunächst das Angebot in den Art. 14–17 CISG,
- sodann die Annahme in den Art. 18–23 CISG
- und schließlich die für beide maßgebliche Definition des Zugangs in Art. 24 CISG.

---

[414] Das Oberste Arbitragegericht der Russischen Föderation urteilte in einem Entscheid vom 15.4.2011 (CLOUT Nr. 1106), dass ein russisch-deutscher formlos geschlossener Kaufvertrag nichtig sei, obwohl Deutschland kollisionsrechtlich als Verkäuferstaat berufen war und daher der Vertrag nach BGB formfrei gültig gewesen wäre und obwohl bereits eine erste Teillieferung erfolgt und bezahlt worden war. Dazu *Magnus* ZEuP 2013, 123.
[415] In Einklang mit *Magnus* ZEuP 2013, 123.
[416] Siehe oben Kap. 9.1.2 S. 145.

9.4.1 Angebot

Nach Art. 14 I CISG ist der „Vorschlag zum Abschluss eines Vertrages" unter drei Voraussetzungen als Angebot zu werten. Er muss sich

* an eine oder mehrere bestimmte Personen richten,
* bestimmt genug sein und
* den Willen zum Ausdruck bringen, im Falle der Annahme gebunden zu sein.

Klar definierter Adressatenkreis, Bestimmtheit und Rechtsbindungswillen sind demnach entscheidend.

Richtet sich ein Vorschlag dagegen nicht an eine oder mehrere bestimmte Personen, wie zB bei einer Website, so handelt es sich nicht um ein Angebot, sondern nur um eine Aufforderung an die Interessenten, ihrerseits ein Angebot zu machen, Art. 14 II (sog. invitatio ad offerendum).

Die Bestimmtheit eines Angebots ist nach Art. 14 I 2 CISG gegeben, wenn der Vorschlag

1. die Ware bezeichnet,
2. die Menge und
3. den Preis ausdrücklich oder stillschweigend festsetzt oder seine Festsetzung ermöglicht.

Ist Letzteres der Fall, so kann dennoch ggf. nach Art. 55 CISG ein wirksames Angebot vorliegen. Nach dieser Bestimmung ist zu vermuten, dass die Parteien sich stillschweigend auf den Kaufpreis bezogen haben, der bei Vertragsabschluss allgemein für derartige Ware berechnet wurde, die in dem betreffenden Geschäftszweig unter vergleichbaren Umständen verkauft wurde.

Zur Bestimmtheit bzw. Bestimmbarkeit des Preises hat der österreichische OGH im sog. Chinchilla-Fall geurteilt.[417] Hier hatte ein österreichischer Händler bei einem deutschen Pelztierzüchter Chinchilla-Felle mittlerer bis besserer Qualität bestellt. Die Preisspanne pro Fell lag damals zwischen 35 und 65 DM. Das Gericht stellte darauf ab, wie das Angebot von einer vernünftigen Person der gleichen Art wie dem Empfänger unter den gleichen Umständen aufgefasst worden wäre (Art. 8 II CISG). Dabei müsse insbesondere auf die Verhandlungen der Parteien, auf die zwischen ihnen entstandenen Gepflogenheiten, auf die Gebräuche und auf das spätere Verhalten abgestellt werden, Art. 8 III CISG. Danach hätten die Parteien durch Festlegung des Preisrahmens eine Preisvereinbarung getroffen, die nach Art. 14 I CISG hinreichend bestimmbar sei: nämlich 35 DM pro Fell für mittlere Qualität und 65 DM pro Fell für bessere Qualität. Der Kaufvertrag sei daher aufgrund des bestimmbaren Preises des Angebots wirksam. Der Käufer wurde dementsprechend zur Zahlung des Kaufpreises verurteilt.

Dagegen urteilte das oberste ungarische Gericht im Fall Pratt & Whitney v. Malew, der fragliche Kaufvertrag über Düsentriebwerke enthalte keine exakten, sondern nur vage und nicht zur Preisbestimmung geeignete Angaben und sei daher rechtlich unverbindlich.[418]

---

[417] OHG IPRax 1996, 137 ff.; CISG-online Nr. 117.
[418] Legfelsóbb Birósag v. 25.9.1992, CISG-online Nr. 63.

9.4.1.1 Wirksamkeit

Mit Zugang wird das Angebot wirksam (Art. 15 I CISG). Wenn dem Empfänger vor oder gleichzeitig mit dem Zugang eine Rücknahmeerklärung zugeht, liegt eine wirksame Rücknahme vor (Art. 15 II CISG). Zugang bedeutet nach Art. 24 CISG Folgendes:

Wird eine mündliche Erklärung abgegeben, wie bei gleichzeitiger Anwesenheit der Parteien oder bei einem Telefonat, so ist der Zugang unmittelbar mit der Äußerung erfolgt. Wird die Erklärung auf anderem Weg abgegeben (zB schriftlich, per Fax oder per Mail), so kommt es auf die Zustellung beim Empfänger an. Erst dann wird die Erklärung wirksam. Wird vorher oder gleichzeitig die Rücknahme erklärt, hat die Erklärung keine rechtliche Wirksamkeit.

> **Beispiel:** Der Verkäufer unterbreitet ein schriftliches Kaufangebot. Vor Eintreffen des Briefes erklärt der Verkäufer per Fax die Rücknahme des Angebots. Dieses ist nach Art. 15 II CISG damit rechtlich unwirksam.

9.4.1.2 Widerruflichkeit

Anders als nach BGB kann ein Angebot auch nach Zugang noch widerrufen werden, vorausgesetzt, der Widerruf geht dem Empfänger zu, bevor dieser eine Annahmeerklärung abgesandt hat, Art. 16 I CISG.

> **Beispiel:** Ein spanischer Korkenhersteller (K) macht einem deutschen Weinabfüller (W) per E-Mail ein Angebot zur Lieferung einer bestimmten Menge Korken zu einem bestimmten Preis. W nimmt das Angebot zur Kenntnis, äußert sich aber noch nicht. Nunmehr widerruft K mit einer weiteren E-Mail. Das Angebot war mit dem Zugang auf dem Rechner des W wirksam geworden, ist jedoch nach Art. 16 I CISG wirksam widerrufen worden. Wenn W nunmehr annehmen würde, wäre damit kein wirksamer Kaufvertrag zustande gekommen.

Ein Angebotswiderruf ist jedoch ausgeschlossen, wenn eine Annahmefrist eingeräumt wurde oder auf andere Weise zum Ausdruck gebracht wurde, dass das Angebot unwiderruflich sein sollte (Art. 16 II lit. a) CISG) oder wenn der Empfänger vernünftigerweise darauf vertrauen konnte, dass das Angebot unwiderruflich ist und er im Vertrauen auf das Angebot gehandelt hat (Art. 16 II lit. b) CISG).

> **Beispiel:** Im gerade genannten Beispiel soll K dem W eine Frist von 1 Woche zur Annahme eingeräumt haben. Noch vor Ablauf der Wochenfrist widerruft er jedoch sein Angebot. Ein solcher Widerruf ist nach Art. 16 II lit. a) CISG unwirksam, weil K mit der festen Wochenfrist zur Annahme zum Ausdruck gebracht hat, dass sein Angebot so lange unwiderruflich sein sollte. Würde W das Angebot innerhalb der gesetzten Frist annehmen, wäre der Kaufvertrag wirksam zustande gekommen.

Nach Art. 17 CISG erlischt ein Angebot mit Zugang der Ablehnung. Teilt der Adressat des Angebots dem Anbietenden also mit, dass er das Angebot ablehne, so verliert dieses seine Rechtswirksamkeit.

9.4.2 Annahme

Nach Art. 18 I CISG stellt eine Erklärung oder ein sonstiges Verhalten des Empfängers, das eine Zustimmung zum Angebot ausdrückt, eine Annahme dar. Eine Annahme verlangt demzufolge entweder eine ausdrückliche Erklärung oder ein schlüssiges Verhalten, das auf eine Annahme schließen lässt. Wer zB den Kaufpreis bezahlt, dokumentiert damit, dass er das Kaufangebot annimmt.

9.4.2.1 Rechtzeitigkeit der Annahme

Die Annahme wird mit Zugang beim Anbietenden wirksam. Das setzt voraus, dass die Annahme innerhalb einer gesetzten Frist und bei Fehlen einer solchen Frist innerhalb einer angemessenen Frist zugeht, Art. 18 II CISG. Wird diese Frist, deren Lauf sich nach Art. 20 CISG bestimmt, nicht eingehalten, kommt es grundsätzlich nicht zum Vertragsschluss. Etwas anderes gilt nach Art. 21 CISG, wenn der Anbietende den Annehmenden unverzüglich darüber unterrichtet, dass er die verspätete Annahme akzeptiert oder wenn die Annahme per Brief erfolgte und sich die Briefbeförderung verspätet hat. Im letzteren Fall kann der Anbietende jedoch den Vertragsschluss dadurch verhindern, dass er dem Annehmenden mitteilt, dass er sein Angebot als erloschen betrachte.

> **Beispiel:** W hatte dem K innerhalb der gesetzten Wochenfrist geschrieben, dass er das Angebot annehme. Der rechtzeitig abgesendete Brief kommt infolge Poststreiks erst mit zweiwöchiger Verspätung an. Der Vertrag wäre trotz Verfristung wirksam zustande gekommen. Das gilt aber nicht, wenn K unverzüglich nach Erhalt des Briefes mündlich oder schriftlich davon unterrichten würde, dass er sein Angebot als erloschen betrachte.

9.4.2.2 Schweigen

Ist jemandem ein wirksames Angebot gemacht worden, so stellt Schweigen oder Untätigkeit allein keine Annahme dar, Art. 18 I 2 CISG. Die dem deutschen Recht bekannten Grundsätze zum kaufmännischen Bestätigungsschreiben sind dem UN-Kaufrecht fremd. Schweigen auf ein kaufmännisches Bestätigungsschreiben führt daher grundsätzlich nicht zum Vertragsschluss. Etwas anderes gilt aber, wenn sich zwischen den Vertragsparteien entsprechende Gepflogenheiten herausgebildet haben oder wenn ein entsprechender Handelsbrauch besteht, die dann nach Art. 9 I CISG zu beachten sind.[419]

> **Beispiel:** Die Parteien haben bereits zahlreiche und umfangreiche Geschäfte abgewickelt. Dabei hatte der Verkäufer stets entsprechende Bestellungen seines Vertragspartners bedient, ohne dass zuvor eine ausdrückliche Annahmeerklärung abgegeben wurde. Nunmehr kommt es zu einer erneuten Bestellung, auf die der Verkäufer in keiner Weise reagiert. Der Besteller verlangt Erfüllung, der Verkäufer lehnt diese wegen Fehlens eines Kaufvertrages ab.

Grundsätzlich kommt dem Schweigen und der Untätigkeit des Verkäufers auf die Bestellung seines Kunden keine Bedeutung zu, Art. 18 I 2 CISG. Hier hatte sich indes

---

[419] *Schlechtriem/Schroeter* UN-KaufR Rn. 226.

zwischen den Parteien die Gepflogenheit entwickelt, dass Bestellungen auch ohne ausdrückliche Annahmeerklärung seitens des Verkäufers erfüllt wurden. Es hätte daher bei einer erneuten Bestellung einer Ablehnung bedurft. Aufgrund dieser eingeübten Gepflogenheit ist von einem wirksamen Kaufabschluss auszugehen, Art. 9 I CISG.[420]

9.4.2.3 Annahme unter Abänderungen

Ebenso wie nach deutschem Recht (§ 150 II BGB) stellt eine Annahme unter Ergänzungen, Einschränkungen oder sonstigen Änderungen eine Ablehnung des Angebots dar und ist als Gegenangebot zu werten, Art. 19 I CISG. Ein solches Gegenangebot muss seinerseits angenommen werden, damit es zu einem Vertragsschluss kommt, was allerdings auch durch schlüssiges Verhalten geschehen kann, Art. 18 I 1 CISG.

> **Beispiel:** Der Verkäufer bietet dem Kunden Lieferung von 20 Instrumenten an. Der Kunde ordert 15. Der Verkäufer bringt diese zur Auslieferung.

Die Annahmeerklärung deckt sich mengenmäßig nicht mit dem Angebot des Verkäufers und stellt nach Art. 19 I CISG ein Gegenangebot des Kunden dar. Dieses ist durch Auslieferung der vom Kunden gewünschten Menge seitens des Verkäufers schlüssig angenommen worden. Daher liegt ein wirksamer Vertrag vor.

Unwesentliche Änderungen des Angebots stellen im Unterschied zum BGB allerdings eine Annahme dar, die zum Vertragsschluss zu den geänderten Konditionen führt, wenn dies der Anbietende nicht unverzüglich moniert, Art. 19 II CISG. Da aber Art. 19 III CISG Abänderungen hinsichtlich Preis, Bezahlung, Qualität und Menge der Ware, Ort und Zeit der Lieferung, Umfang der Haftung oder Streitbeilegung als wesentlich qualifiziert, bleibt für unwesentliche Abänderungen nur ein geringer Spielraum.

> **Beispiel:** Im genannten Beispiel stellt die Annahme zur Lieferung von 15 Instrumenten statt der angebotenen 20 Instrumente keine bloß unwesentliche Änderung, sondern infolge der um ein Viertel niedrigeren Warenmenge eine wesentliche Abweichung des Angebots dar, Art. 19 III CISG. Es ist daher als Gegenangebot nach Art. 19 I CISG zu werten.

Der Wunsch des Käufers nach einer anderen Verpackung oder Versendungsart wäre dagegen regelmäßig als unwesentliche Modifikation zu bewerten.

9.4.3 AGB

Das UN-Kaufrecht kennt keine spezifischen Regelungen zu dem Thema allgemeiner Geschäftsbedingungen, also zu vorformulierten Vertragsbedingungen in Form von Einkaufs- und Lieferbedingungen oder Standardverträgen. Diese sind im Ex- und Importgeschäft außerordentlich verbreitet und dienen vor allem den Zwecken der

- Rationalisierung und Standardisierung von Geschäftsabläufen,
- Ausfüllung rechtlicher Regelungslücken und

---

[420] *Piltz* UN-KaufR, 1. Aufl. 1993, Rn. 162; *Verweyen/Foerster/Toufar* HdB UN-KaufR 92; *Schlechtriem/Schroeter* UN-KaufR Rn. 271 mit weiteren Beispielen.

- Wahrung der eigenen Interessen (zB durch Beschränkung der Gewährleistung oder Haftung).

Drei große Themenbereiche sind bei den AGB zu unterscheiden:

1. die Einbeziehung von AGB in den Vertrag,
2. die Auslegung von AGB sowie
3. die Inhaltskontrolle von AGB.

Nach verbreiteter Auffassung beantworten sich die beiden ersten Fragen nach UN-Kaufrecht, während die letzte Frage nach unvereinheitlichtem, nationalem Recht zu beantworten ist.[421]

9.4.3.1 Einbeziehung von AGB

Im Unterschied zum deutschen BGB (§§ 305 ff.) nennt das CISG keine besonderen Voraussetzungen für die Einbeziehung von AGB in den Vertrag. Nach zutreffender Meinung unterliegt die Einbeziehung von AGB den Regeln der Art. 14 ff. CISG,[422] dh den gleichen Voraussetzungen, die auch für die Vereinbarung sonstiger vertraglicher Abreden gelten.

Demzufolge muss für die wirksame Einbeziehung von AGB verlangt werden,[423]

1. dass die AGB ebenso wie die sonstigen Vertragsinhalte bei dem Vertragspartner bis zum Vertragsabschluss tatsächlich vorliegen (**Kenntnisverschaffungspflicht des Verwenders der AGB**),
2. dass dem Vertragspartner bis zum Vertragsschluss verdeutlicht werden muss, dass die AGB Vertragsbestandteil sein sollen (**Hinweispflicht des Verwenders**),
3. das Einverständnis des Vertragspartners in Kenntnis der AGB (**Einverständnis des Gegners**).

Zu 1: Kenntnisverschaffung

Wer ein Kaufangebot unterbreitet, muss nach Art. 14 CISG einen „bestimmten Vorschlag" zu den Konditionen des Vertrages machen und diese auch dem Empfänger zugehen lassen (Art. 15 CISG). Daraus kann abgeleitet werden, dass der Verwender von AGB verpflichtet ist, der anderen Seite **unaufgefordert den vollständigen Text vorzulegen**.[424] Das bedeutet umgekehrt, dass es nicht Sache des Vertragspartners ist, sich nach den AGB zu erkundigen und diese anzufordern. Allerdings wird ein Link in einer E-Mail, der ein Herunterladen der AGB problemlos erlaubt, als ausreichend anzusehen sein.[425] Außerdem müssen die AGB nach richtiger Auffassung[426] der **Verhandlungssprache** der Parteien entsprechen, es sei denn der Vertragspartner verzichtet darauf oder die Sprache folgt dem Handelsbrauch oder den Gepflogenheiten der Parteien.

---

[421] *Verweyen/Foerster/Toufar* HdB UN-KaufR 102; *Magnus* ZEuP 2013, 124 mit Rechtsprechungsnachweisen.
[422] BGH IHR 2002, 14 ff.; OGH IHR 2004, 148 ff.
[423] In Anlehnung an *Piltz* IntKaufR Rn. 3–83.
[424] OLG Frankfurt IHR 2010, 253.
[425] *Magnus* ZEuP 2013, 124.
[426] *Piltz* IntKaufR Rn. 3–86 mit Rechtsprechungsnachweisen in Fn. 166, unter anderem OLG Düsseldorf IHR 2005, 24 ff.

Im Regelfall müssen die AGB dem Vertragspartner **bis zum Zeitpunkt der Annahme** zur Kenntnis gebracht werden. Das Nachschieben von AGB in Rechnungen oder in sonstiger Weise ist grundsätzlich nicht gestattet.[427]

Zu 2: Hinweis

Der Verwender muss in seinem Angebot unmissverständlich darauf hinweisen, dass die AGB integraler Bestandteil seines Angebots sind. Ein solcher Hinweis ist besonders dann nötig, wenn die AGB als separater Text gestaltet sind. Es reicht nicht aus, wenn AGB auf der Rückseite einer Bestellung abgedruckt sind und auf der Vorderseite oder Rückseite kein ausdrücklicher Hinweis auf die Geltung der AGB gegeben wird.[428]

Zu 3: Einverständnis

Der Vertragspartner muss nach Art. 18 CISG durch eine Erklärung oder sein sonstiges zustimmendes Verhalten zum Ausdruck bringen, dass er die AGB akzeptiert.

Dies ist besonders dann fraglich, wenn er seinerseits unter Bezugnahme auf seine eigenen, zumeist inhaltlich abweichenden AGB den Vertrag annimmt. Hier tritt **das Problem widerstreitender AGB** auf. Eine Annahme unter Abänderungen ist nach Art. 19 I CISG als Gegenangebot zu werten, das dann wiederum durch ausdrückliche Erklärung oder schlüssiges Verhalten (zB Auslieferung der Ware) nach Art. 18 I 1 CISG angenommen werden kann. Die Frage ist, ob der ursprüngliche Anbieter dadurch gezwungen ist, durch entsprechende Erklärung auf Geltung seiner AGB zu bestehen. Dies würde dann andererseits wiederum den Vertragspartner, der damit nicht einverstanden ist, zu einer Reaktion zwingen. Diese Fragen sind noch nicht befriedigend gelöst. Vielfach wird in der Tat der Theorie des letzten Worts („last-shot-rule")[429] der Vorzug gegeben, während nach anderer, meines Erachtens zu bevorzugender Meinung („knock-out-rule")[430] darauf abzustellen ist, ob sich die AGB inhaltlich decken. Wenn das zutrifft, ist eine Willensübereinstimmung festzustellen und die AGB gelten. Im anderen Fall fehlt es an einer entsprechenden Willensübereinstimmung, sodass den betreffenden AGB keine Geltung zukommt. Eine einheitliche Rechtsprechung in dieser Frage ist bislang noch nicht erkennbar.

9.4.3.2 Auslegung von AGB

Die Auslegung von AGB ist nach den autonomen Regeln des UN-Kaufrechts vorzunehmen. Dabei gelten die Maßstäbe der Art. 8 und 9 CISG. Das bedeutet, dass besonders dem Parteiwillen sowie Gebräuchen und Gepflogenheiten Rechnung zu tragen ist.

9.4.3.3 Inhaltskontrolle von AGB

Das UN-Kaufrecht enthält keine Regelungen zum Thema der Rechtswirksamkeit von Verträgen. Diese Fragen sind bewusst ausgeklammert worden. Daher lassen sich

---

[427] LG Brandenburg IHR 2006, 26 ff.; Hof Rotterdam NIPR 2000/14; Hof Arnhem NIPR 2001/14.
[428] LG Hannover IHR 2012, 61.
[429] Vgl. OLG Düsseldorf IHR 2005, 24 ff.; OLG Linz IHR 2007, 123 ff. Vorsichtig zustimmend *Piltz* IntKaufR Rn. 3–109 bis 3–313.
[430] *Schlechtriem/Schroeter* UN-KaufR Rn. 288; BeckOK BGB/*Saenger*, 28. Ed. 1.8.2013, CISG Art. 19 Rn. 3; Staudinger/*Magnus* (2013) CISG Art. 19 Rn. 24.

aus dem CISG keine Maßstäbe ableiten, wo die Grenzen vertraglicher Gestaltung liegen. Infolgedessen muss nach dem kollisionsrechtlich zu bestimmenden nationalen Recht eine Beurteilung im Einzelfall erfolgen.[431] Sollte danach das BGB zur Anwendung kommen – wie zumeist bei Exportverträgen deutscher Lieferanten –, so würde die Bewertung anhand der §§ 307 ff. BGB zu erfolgen haben. Allerdings wäre der internationale Charakter der Geschäfte in diesen Fällen besonders zu beachten.

9.5 Vertragsverletzung als Zentralbegriff (Art. 25 CISG)

In Teil III des Übereinkommens ist das materielle Kaufrecht geregelt. Dieses behandelt Rechte und Pflichten der Kaufvertragsparteien sowie die Folgen von Vertragsverletzungen durch die eine oder andere Seite. Der Kern der Regelungen findet sich in Kap. II zum Thema „Pflichten des Verkäufers" und Kap. III zum Thema „Pflichten des Käufers", die jeweils die betreffenden Pflichten und die Rechtsbehelfe bei einem Pflichtenverstoß auflisten.

Bild 21: Übersicht über Rechte und Pflichten sowie Vertragsverletzungen

Pflichten des Verkäufers und Folgen bei Vertragsverletzung (Art. 30–52 CISG)	Pflichten des Käufers und Folgen bei Vertragsverletzung (Art. 53–65 CISG)
Die einzelnen Pflichten des Verkäufers (Art. 30–44 CISG)	Die einzelnen Pflichten des Käufers (Art. 53–60 CISG)
Rechtsbehelfe des Käufers wegen Vertragsverletzung (Art. 45–52; 74 ff. CISG)	Rechtsbehelfe des Verkäufers wegen Vertragsverletzung (Art. 61–65; 74 ff. CISG)

Im Unterschied zum deutschen BGB unterscheidet das UN-Kaufrecht nicht zwischen verschiedenen Arten von Leistungsstörungen. Es wird also nicht differenziert zwischen

- Schuldnerverzug,
- Annahmeverzug,
- Unmöglichkeit,
- Mängelhaftung und
- allgemeiner Pflichtverletzung.

Vielmehr werden alle diese Fälle in Anknüpfung an die angelsächsische Rechtstradition als „breach of contract", zu deutsch Vertragsverletzung verstanden und gleich behandelt. Es wird auch nicht nach Art der verletzten Pflicht unterschieden, also ob es sich um Verletzung von Hauptleistungs- oder Nebenpflichten und ggf. um selbstständige oder unselbstständige Nebenpflichten handelt.

---

[431] LG Frankenthal v. 17.4.1997, CISG-online Nr. 479; *Magnus* ZEuP 2013, 124.

Definition Vertragsverletzung: Vertragsverletzung heißt, dass eine Pflicht aus dem Vertrag oder dem CISG nicht eingehalten worden ist. Dabei kommt es allein auf die objektive Verletzung der Pflicht an. Ein Verschulden ist nicht vorausgesetzt.

Allerdings differenziert das UN-Kaufrecht nach dem Gewicht der Vertragsverletzung. So sind einige Rechtsbehelfe bei jeder Art von Vertragsverletzung gegeben, andere aber nur bei einer wesentlichen Vertragsverletzung. Insbesonders sind bei Lieferung von vertragswidriger Ware Ansprüche auf Ersatzlieferung (Art. 46 II CISG) oder auf Aufhebung des Vertrages (Art. 49 I lit. a) CISG) nur bei einer wesentlichen Vertragsverletzung gegeben, während die übrigen Rechtsbehelfe des Käufers auf Erfüllung und Nachbesserung (Art. 46 I bzw. III CISG), Minderung (Art. 50 CISG) und Schadensersatz (Art. 45 I lit. b), Art. 61 I lit. b) CISG) schon bei einer einfachen Vertragsverletzung greifen.

Vertragsverletzung und Wesentlichkeit einer Vertragsverletzung sind damit die zentralen Begriffe, von denen die einzelnen Rechtsbehelfe maßgeblich abhängen.

Wann eine Vertragsverletzung wesentlich ist, umschreibt Art. 25 CISG nur allgemein, ohne spezifische Fallgruppen zu nennen.

Definition Vertragsverletzung: Die Vertragsverletzung ist wesentlich, wenn sie für die andere Partei einen solchen Nachteil hat, dass ihr im Wesentlichen entgeht, was sie nach dem Vertrag hätte erwarten dürfen (Art. 25 CISG). Die nachteilige Folge muss allerdings für die vertragsbrüchige Partei oder eine vernünftige Person der gleichen Art vorhersehbar gewesen sein.

Es kommt somit auf zwei Aspekte an:

* Wesentlichkeit der Vertragsverletzung und
* Voraussehbarkeit der Folgen.

Beides sind Wertungsbegriffe, die einerseits eine gewisse Flexibilität einräumen, andererseits etwas konturenlos sind. Rechtsprechung und Literatur haben diese Begriffe mittlerweile jedoch mit Leben gefüllt, was sich an den nachfolgenden Beispielen zeigen wird.

9.5.1 Wesentlichkeit

Eine wesentliche Vertragsverletzung liegt vor, wenn die berechtigten Vertragserwartungen der anderen Partei in einem solchen Maße beeinträchtigt werden, dass ihr Interesse an der Durchführung des Vertrages praktisch entfällt.[432] Die betroffene Vertragspartei muss dartun, dass für sie der Vertrag mit der betreffenden Pflicht **„steht oder fällt".**[433] Es entscheidet nicht die Schwere der Verfehlung seitens des

---

[432] Staudinger/*Magnus* CISG Art. 25 Rn. 9, 13; Schlechtriem/Schwenzer/*Schroeter* CISG Art. 25 Rn. 9.

[433] Formulierung von *Schlechtriem/Schroeter* UN-KaufR Rn. 320.

Schuldners, sondern das Gewicht der Auswirkungen auf die sich aus dem Vertrag ergebenden Interessen des Gläubigers.[434] Maßgebend ist nicht so sehr das objektive Ausmaß des Schadens, sondern die Bedeutung der frustrierten Vertragserwartung für den Gläubiger.[435] Die Vertragsverletzung muss die Erwartung des Vertragspartners an den Vertrag im Wesentlichen zunichte gemacht haben. **Ihr Interesse an der Durchführung des Vertrages muss im Wesentlichen entfallen sein.**[436]

Um dies richtig einschätzen zu können, empfehlen sich unbedingt entsprechende Angaben im Vertrag selbst. Andernfalls muss auf die Begleitumstände des Vertrages abgestellt werden und auf die mit dem Vertrag verfolgten Zwecke.[437]

In diesem Kontext ist noch einmal zu betonen, dass die bloße Vertragswidrigkeit der Ware oder die Tatsache, dass die Ware wegen der Vertragswidrigkeit im Rahmen der vorgesehenen Verwendung nicht weiterverkauft werden kann, keineswegs ausreicht. Vielmehr muss ein Weiterverkauf oder eine sonstige Verwendung der Ware generell nicht möglich oder dem Käufer nicht zumutbar sein (zB Lieferung vergammelter Bananen). Erst dann ist eine wesentliche Vertragsverletzung anzunehmen, die dann auch eine Vertragsaufhebung rechtfertigt.[438]

9.5.2 Voraussehbarkeit

Die nachteiligen Folgen müssen für die vertragsbrüchige Partei voraussehbar gewesen sein, was stets dann anzunehmen ist, wenn sich aus dem Vertrag oder den Begleitumständen des Vertrages entnehmen lässt, dass die andere Vertragspartei der betreffenden Pflicht ein besonderes Gewicht beigemessen hat.[439] Die vertragsbrüchige Partei muss die nachteiligen Folgen einer Vertragsverletzung also voraussehen können oder als „vernünftige Person der gleichen Art" um diese hätte wissen müssen. Sind entsprechende Festlegungen bzgl. bestimmter Pflichten im Vertrag klar hervorgehoben, so muss der Partner erkennen, dass es dem anderen entscheidend auf diese Vertragspunkte ankommt und er ihnen entscheidendes Gewicht einräumt.[440]

9.5.3 Fallbeispiele

Unmöglichkeit der Lieferung der Ware ist durchgängig als Fall einer wesentlichen Vertragsverletzung anzusehen, weil dem Käufer mit der Nichtleistung entgeht, was für ihn von entscheidender Bedeutung war – nämlich die Ware zu erhalten – und dies für den Verkäufer auch klar ersichtlich ist.[441]

Ebenso ist bei Terminüberschreitungen im Falle von **Fixgeschäften**, wie etwa der vereinbarten Lieferung von Herbstkollektionen zwischen Juli und September, zu-

---

[434] MüKoHGB/*Benicke* CISG Art. 25 Rn. 5; *Piltz* IntKaufR Rn. 5–10.
[435] *Schlechtriem/Schlechtriem* UN-KaufR Rn. 318 unter Hinweis auf das Votum der Arbeitsgruppe und des Plenums bei der Wiener Konferenz; str., aA Staudinger/*Magnus* (2002) CISG Art. 25 Rn. 13, für den das Ausmaß des erlittenen Schadens ein „wichtiges Indiz" für eine wesentliche Verletzung darstellt.
[436] Staudinger/*Magnus* (2002) CISG Art. 25 Rn. 13 mit zahlreichen Nachweisen.
[437] Staudinger/*Magnus* (2002) CISG Art. 25 Rn. 13.
[438] *Piltz* NJW 2011, 2265.
[439] *Verweyen/Foerster/Toufar* HdB UN-KaufR 143.
[440] *Schlechtriem/Schroeter* UN-KaufR Rn. 320.
[441] *Schlechtriem/Schroeter* UN-KaufR Rn. 321.

meist eine wesentliche Vertragsverletzung anzunehmen, weil voraussehbar ist, dass der Käufer vom Vertrag Abstand nimmt, wenn er zum Ablauf der Herbstsaison beliefert wird.[442]

Bei **mangelhafter Lieferung** wird man dagegen im Regelfall keinen wesentlichen Vertragsbruch annehmen können, wenn der Mangel behebbar ist und eine Nachbesserung innerhalb angemessener Frist zu erwarten ist; denn in einem solchen Fall entfällt regelmäßig nicht das Interesse an der Leistung. Selbst bei nicht nachbesserungsfähiger Ware wird dem Käufer zugemutet, am Vertrag festzuhalten und dann ggf. die Ware mit Verlust (sogar zum Schleuderpreis) zu verramschen. Statt einer Vertragsaufhebung wird er dann auf den Rechtsbehelf des Schadensersatzes verwiesen.[443] Scheitert jedoch ein Weiterverkauf oder eine sonstige Verwendung der gelieferten vertragswidrigen Ware, weil dies nicht möglich oder dem Käufer nicht zuzumuten ist, liegt eine wesentliche Vertragsverletzung vor.[444]

9.6 Pflichten des Verkäufers (Art. 30–44 CISG)

Die Pflichten des Verkäufers sind in Art. 30 CISG zusammengefasst. Danach ist der Verkäufer verpflichtet, nach Maßgabe des Vertrages und des Übereinkommens

- die Ware zu liefern,
- die betreffenden Dokumente zu übergeben und
- das Eigentum zu übertragen.

Dieser Pflichtenkatalog entspricht inhaltlich § 433 I BGB. Die Liefer- und Eigentumsübertragungspflicht nach CISG ist mit der Besitz- und Eigentumsverschaffungspflicht nach BGB gleichzusetzen. Eine Dokumentenübergabepflicht benennt das BGB zwar nicht ausdrücklich, sie ist aber im Einzelfall als Nebenpflicht aus dem Kaufvertrag ableitbar.

Bild 22: Pflichten des Verkäufers (Art. 30 CISG)

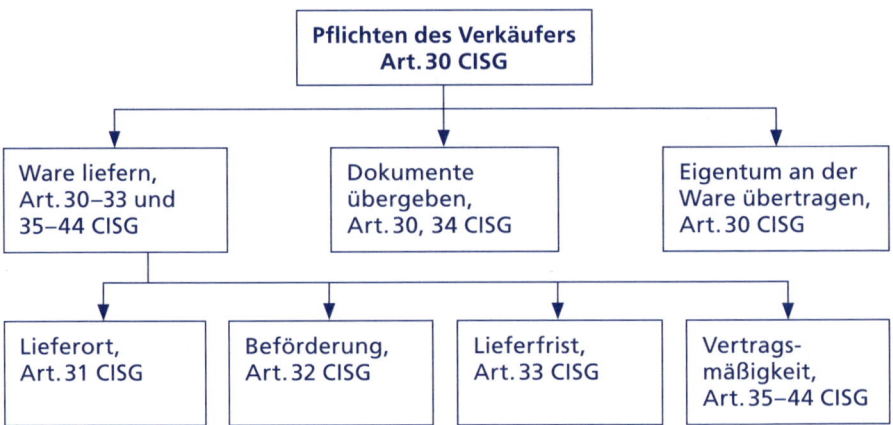

---

[442] Beispiel von *Schlechtriem*/Schroeter UN-KaufR Rn. 322.
[443] Staudinger/*Magnus* (2002) CISG Art. 49 Rn. 14.
[444] BGHZ 132, 290.

In Art. 30 CISG wird ausdrücklich betont, dass der Pflichtenkreis des Verkäufers sich vorrangig nach dem geschlossenen Vertrag richtet („Der Verkäufer ist nach Maßgabe des Vertrages … verpflichtet" …). Der Vertrag ist also die wichtigste und vorrangige Quelle zur Bestimmung der Verkäuferpflichten.[445]

Soweit die Pflichten nicht vertraglich geregelt sind, bestimmen sich die Verkäuferpflichten nach Art. 30 ff. CISG. Im Einzelnen sind folgende Pflichten von Bedeutung.

9.6.1 Die Lieferpflichten

Das CISG regelt die Lieferpflichten des Verkäufers in den Art. 30–33 sowie Art. 35 ff. CISG.

Die Lieferpflichten beinhalten

1. die Pflicht, die Ware an den rechten Ort zu liefern (Art. 31 CISG),
2. die Pflicht, die für die Beförderung notwendigen Handlungen vorzunehmen (Art. 32 CISG),
3. die Pflicht, die Ware zur rechten Zeit zu liefern (Art. 33 CISG),
4. die Pflicht, die Ware in vertragsgemäßer Beschaffenheit und frei von Rechten Dritter zu liefern (Art. 35, 41 CISG).

Es erscheint sinnvoll, die vorbezeichneten Pflichten im Einklang mit der Gliederung des CISG in zwei Kategorien zu unterteilen. Die unter Nr. 1–3 bezeichneten Pflichten betreffen Lieferpflichten im engeren Sinne: Kap. II Abschnitt I des CISG spricht von „Lieferung der Ware und Übergabe der Dokumente". Hier geht es um konkrete **Handlungspflichten** des Verkäufers gegenüber dem Käufer. Die unter Nr. 4 angesprochenen Lieferpflichten sind demgegenüber **Einstandspflichten** bzgl. der Ware selbst. Hier geht es um das zentrale Thema Gewährleistung, das das CISG in dem besonderen Abschnitt II unter der Bezeichnung „Vertragsmäßigkeit der Ware sowie Rechte und Ansprüche Dritter" abhandelt.

9.6.1.1 Lieferort

Für den Lieferort sind in erster Linie die vertraglichen Vereinbarungen maßgebend. Diese werden häufig unter Bezugnahme auf die INCOTERMS (International Commercial Terms) der Internationalen Handelskammer (ICC) in Paris festgelegt. Die INCOTERMS beinhalten standardisierte internationale Vertragsklauseln zu den transportbezogenen Pflichten der Vertragspartner, also insbesondere zu Lieferort, Gefahrübergang sowie Kosten für Transport und Versicherung. Sie haben die Aufgabe, die Kostenverteilung, die Risikoverteilung und die Sorgfaltspflichten zwischen den Vertragspartnern klar und eindeutig festzulegen, sodass Missverständnissen und kostenintensiven Streitigkeiten vorgebeugt wird und das Risiko rechtlicher Streitigkeiten für beide Vertragsparteien vermindert wird.[446] Es handelt sich um Allgemeine Geschäftsbedingungen, die aufgrund einer entsprechenden Vereinbarung zum Inhalt des Kaufvertrages gemacht werden können. Die INCOTERMS eröffnen eine Fülle von Variationsmöglichkeiten zum Lieferort. Die Bandbreite reicht von der Vereinbarung einer Holschuld über Schickschulden diverser Abstufungen

---

[445] So zu Recht *Verweyen/Foerster/Toufar* HdB UN-KaufR 127.
[446] IHK Stuttgart, Incoterms 1.

bis zu Bringschulden. Die heute aktuellen INCOTERMS 2010 der Internationalen Handelskammer unterscheiden elf Klauseln, die entsprechend ihren jeweiligen Anfangsbuchstaben in vier Gruppen aufgeteilt sind.[447] Die INCOTERMS 2010 haben die aus dem Jahre 2000 abgelöst und die Zahl der Klauseln von 13 auf elf reduziert. Sie gelten ab dem 1.1.2011.

Die INCOTERMS lassen sich in zwei Arten des Transports aufteilen[448]:

- Klauseln, die für jede Art des Transportmittels gelten. Dies sind die Klauseln EXW, FCA, CPT, CIP, DAP, DAT, DDP.
- Schiffsklauseln, die nur für den Schiffstransport gelten. Dies sind die Klauseln FAS, FOB, CFR, CIF.

Nach Art der Abwicklung erfolgt eine Einteilung in vier Gruppen:

- Gruppe E betrifft eine Abholklausel (EXW),
- Gruppe F betrifft Absendeklauseln ohne Übernahme der Kosten für den Haupttransport (FCA, FAS, FOB),
- Gruppe C betrifft Absendeklauseln mit Übernahme der Kosten für den Haupttransport durch den Verkäufer (CFR, CIF, CPT, CIP),
- Gruppe D betrifft Ankunftsklauseln (DAP, DAT, DDP).

Bei der E-Gruppe gehen Kosten und Risiken ab der Bereitstellung der Ware am benannten Ort auf den Käufer über.

Bei der F-Gruppe gehen die Kosten des Haupttransports zulasten des Käufers. Die Gefahr geht mit Übergabe der Ware an den Frachtführer des Haupttransports auf den Käufer über.

Bei der D-Gruppe trägt der Verkäufer alle Kosten und Risiken bis zum Eintreffen der Ware am Bestimmungsort.

Nachstehend folgt eine detaillierte Übersicht über die INCOTERMS 2010 mit Angaben darüber, welche Partei für Ausfuhr, Einfuhr, Transport und Kosten zuständig ist, sowie der Angabe des Lieferorts und des Gefahrübergangs.

Bild 23: Übersicht zu Kosten, Lieferort und Gefahrübergang nach INCOTERMS 2010

		Aus-fuhr	Ein-fuhr	Transport-vertrag und Kosten	Lieferort	Gefah-renüber-gang
Gruppe E Abhol-klausel	**EXW –** EX Works (Ab Werk)	Käufer	Käufer	Käufer	Werk des Verkäufers	Lieferort

---

[447] Zur genauen Bedeutung der Klauseln vgl. die Angaben der ICC unter http://www.icc-deutschland.de.; ferner *Piltz* Exportverträge V.1 Nr. 20; *Piltz/Heckeroth/Wiebusch* Vertragsgestaltung 25 ff.
[448] Zum Folgenden IHKStuttgart, Incoterms 2–5.

		Aus-fuhr	Ein-fuhr	Transport-vertrag und Kosten	Lieferort	Gefah-renüber-gang
Gruppe F Haupt-transport vom Verkäu-fer nicht bezahlt	**FCA –** Free Carrier *(Frei Frachtführer)*	Käufer	Käufer	Käufer	Ort der Über-gabe an den Frachtführer	Lieferort
	FAS – Free Alongside Ship *(Frei Längsseite Seeschiff)*	Ver-käufer	Käufer	Käufer	Längsseite Schiff im Ver-schiffungs-hafen	Lieferort
	FOB – Free On Board *(Frei an Bord)*	Ver-käufer	Käufer	Käufer	Schiff im Ver-schiffungs-hafen	Absetzen an Bord
Gruppe C Haupt-transport vom Verkäufer bezahlt	**CFR –** Cost and Freight *(Kosten und Fracht)*	Ver-käufer	Käufer	Verkäufer	Schiff im Ver-schiffungs-hafen	Absetzen an Bord
	CIF – Coast, Insurance and Freight *(Kosten, Versiche-rung und Fracht)*	Ver-käufer	Käufer	Verkäufer	Schiff im Ver-schiffungs-hafen	Absetzen an Bord
	CPT – Carriage Paid To *(Frachtfrei)*	Ver-käufer	Käufer	Verkäufer	Ort der Über-gabe an den 1. Frachtfüh-rer	Lieferort
	CIP – Carriage and Insu-rance Paid To *(Frachtfrei, versi-chert)*	Ver-käufer	Käufer	Verkäufer	Ort der Über-gabe an den 1. Frachtfüh-rer	Lieferort
Gruppe D An-kunfts-klauseln	**DAP –** Delivered at Place *(Geliefert benann-ter Ort)*	Ver-käufer	Käufer	Verkäufer	Benannter Bestim-mungsort	Lieferort
	DAT – Delivered at Terminal *(Geliefert zu Terminal)*	Ver-käufer	Käufer	Verkäufer	Terminal am Bestim-mungsort oder Bestim-mungshafen	Bestim-mungsort oder Bestim-mungs-hafen
	DDP – Delivered Duty Paid *(Geliefert verzollt)*	Ver-käufer	Ver-käufer	Verkäufer	Bestim-mungsort	Bestim-mungsort

Soweit weder über INCOTERMS noch in sonstiger Weise vertragliche Vereinbarungen über den Lieferort bestehen, trifft Art. 31 CISG folgende Regelung:

- **Lit. a):** Erfordert der Kaufvertrag eine Beförderung der Ware, so hat sie der Verkäufer dem ersten Beförderer zur Übermittlung an den Käufer zu übergeben.
  Im Zweifel liegt damit eine Schickschuld (Versendungskauf) vor, da zumeist eine Beförderung der Ware erforderlich ist. Die Gefahr geht dann nach Art. 67 I 1 CISG mit Übergabe an den ersten Beförderer über.

  > **Beispiel:** Ein deutsches Maschinenbauunternehmen übergibt die für China bestimmte Ware einer Transportfirma. Beim Transport verunglückt der eingesetzte Lkw. Die Ware wird zerstört.

  Das Risiko des Untergangs liegt mit Übergabe an die Transportfirma beim chinesischen Käufer (Art. 67 I 1 CISG). Der Lieferort liegt am Ort des Verkäufers. Seine Lieferpflicht erschöpfte sich nach Art. 31 lit. a) CISG in der Übergabe an den ersten Beförderer, hier also die Transportfirma.

- **Lit. b):** Bei anderen Kaufverträgen, die keinen Beförderungskauf darstellen, gilt: Soweit sie sich auf eine bestimmte Ware oder gattungsmäßig bezeichnete Ware aus einem bestimmten Vorrat beziehen oder auf herzustellende oder auf zu erzeugende Ware und die Parteien bei Vertragsschluss den Lage- oder Produktionsort kannten, hat der Verkäufer die Ware dem Käufer an diesem Ort „zur Verfügung zu stellen". Der Lieferort liegt mithin beim Verkäufer. Es liegt eine Holschuld vor.

  > **Beispiel:** Eine nahe Aachen in Belgien niedergelassene Firma kauft bei einer Aachener Firma eine Partie noch herzustellender Printen.

  Soweit keine Beförderung vereinbart war und sich auch weder aus Gebräuchen noch Gepflogenheiten ableiten lässt, hat der Verkäufer am Produktionsstandort die Ware zur Abholung zur Verfügung zu stellen, Art. 31 lit. b) CISG.

- **Lit. c):** In allen übrigen Fällen hat der Verkäufer die Ware am Ort seiner Niederlassung zur Verfügung zu stellen. Auch hier liegt also eine Holschuld vor.

9.6.1.2 Beförderungspflichten

Im Falle eines Versendungskaufs treffen den Verkäufer nach Art. 32 CISG eine Reihe weiterer Verpflichtungen. Im Besonderen hat er nach Abs. 2 die für die Beförderung erforderlichen Verträge abzuschließen und dabei die nach den Umständen angemessenen Beförderungsmittel auszuwählen und die für eine solche Beförderung üblichen Bedingungen auszuhandeln.

> **Beispiel:** Ein deutscher Blumenimporteur schließt mit einem israelischen Unternehmen einen Beförderungskauf über Blumen ab.

Der Verkäufer hat bei einem solchen Versendungskauf nach Art. 32 II CISG die Pflicht zum Abschluss von Beförderungsverträgen, die gewährleisten, dass die Blumen in einem frischen Zustand möglichst rasch den Importeur in Deutschland erreichen. Dazu bietet sich ein Beförderungsvertrag mit Frachtflugzeug zu angemessenen Bedingungen an.

Fraglich ist, ob die Ware zu versichern ist. Eine eindeutige Pflicht zur Versicherung der Ware stellt Art. 32 CISG nicht auf, wie sich aus Abs. 3 entnehmen lässt.[449] Allerdings kann sich eine derartige Pflicht aus dem Vertrag selbst, aus den CIF und CIP-Klauseln der INCOTERMS oder aus den Gebräuchen ergeben.

9.6.1.3 Lieferzeit

Die Lieferzeit hängt vorrangig von der vertraglichen Vereinbarung ab. Ist der Lieferzeitpunkt vereinbart (zB 12.8.2013), so ist zu diesem Zeitpunkt zu liefern, Art. 33 lit. a) CISG. Falls ein Lieferzeitraum vereinbart ist (zB 33. KW), so kann jederzeit innerhalb dieses Zeitraums geliefert werden (also zwischen dem 12. und 17.8.2013). Das gilt nicht, wenn der Käufer den Termin nach den Umständen des Falles zu wählen hat, Art. 33 lit. b) CISG.

Liegt keine Vereinbarung vor, so ist „innerhalb einer angemessenen Frist nach Vertragsschluss" zu liefern, Art. 33 lit. c) CISG. Darin liegt eine Abweichung von § 271 BGB, wonach bei fehlender vertraglicher oder umständegemäßer Bestimmung die Leistung „sofort" vom Gläubiger verlangt werden kann.

Wird die Lieferzeit überschritten, liegt automatisch eine Vertragsverletzung vor, die Rechtsbehelfe des Käufers nach Art. 45 ff. CISG auslöst. Einer besonderen Mahnung oder Fristsetzung bedarf es ebenso wenig wie eines Verschuldens. Die Regelung ist also im Vergleich zum BGB käuferfreundlicher.

9.6.2 Übergabe von Dokumenten

Da es sich um internationale Warenkäufe handelt, wird dem Verkäufer ausdrücklich die Pflicht auferlegt, die die Ware betreffenden Dokumente zu übergeben, Art. 30 CISG. Dies wird in Art. 34 CISG dahingehend präzisiert, dass die Dokumentenübergabe zum vereinbarten Zeitpunkt, an dem vereinbarten Ort und in der vereinbarten Form zu erfolgen hat. Welche Dokumente auszuhändigen sind, hängt von den getroffenen Vereinbarungen, insbesondere auf der Grundlage von INCOTERMS, und den zwischen den Parteien bestehenden Gepflogenheiten und den einschlägigen Gebräuchen ab, Art. 9 CISG. Einen anschaulichen Überblick vermitteln insoweit die Einheitlichen Richtlinien und Gebräuche für Dokumenten-Akkreditive (ERA)[450]. Zu nennen sind etwa:

* Transportdokumente (Seekonnossemente, Lufttransportdokumente, Dokumente des Straßen-, Eisenbahn- oder Binnenschifffahrttransports und Ähnliches),
* Versicherungsdokumente,
* Ursprungszeugnisse, Gewichtsbescheinigungen, Qualitäts- und Prüfungsbescheinigungen,
* Lager- und Lieferscheine,
* Spediteurübernahme- und Transportbescheinigungen.

Verallgemeinernd lässt sich sagen, dass die vom Verkäufer zu stellenden und zu übergebenden Dokumente alle diejenigen Dokumente erfasst, die der Käufer zur Einfuhr, vertragsgemäßen Erlangung und beabsichtigten Verwendung der Ware benötigt und sonst nach den Umständen erlangen soll.[451]

---

[449] *Piltz* IntKaufR Rn. 4–105.
[450] GK-HGB/*Achilles* CISG Art. 34 Rn. 1 sowie GK-HGB/*Achilles* nach § 406 Rn. 634.
[451] GK-HGB/*Achilles* CISG Art. 34 Rn. 1.

9.6.3 Eigentumsverschaffung

Art. 30 CISG nennt neben der Lieferung der Ware und Übergabe der Dokumente als weitere zentrale Pflicht die Pflicht des Verkäufers, dem Käufer das Eigentum an der Ware zu verschaffen. Wie diese Pflicht erfüllt wird, also das Eigentum übertragen wird, regelt das CISG ausdrücklich nicht, Art. 4 S. 2 lit. b) CISG. Hier handelt es sich um eine externe Lücke[452] des Übereinkommens, die nach der jeweils anwendbaren Rechtsordnung zu schließen ist. Das auf die Rechtsbeziehungen der Parteien anwendbare IPR bestimmt im Einzelfall, welches Recht für die Eigentumsübertragung maßgeblich ist. Nach Art. 43 I EGBGB ist grundsätzlich das Recht des Staates zur Anwendung berufen, in dem sich die Sache befindet. Diese lex-rei-sitae-Regel entspricht einem weltweit verbreiteten Rechtsverständnis, sodass sich der allgemeine Grundsatz aufstellen lässt, dass sich regelmäßig die Modalitäten der Eigentumsübertragung nach dem Recht des Staates bestimmen, in dem sich die Sache im Zeitpunkt der Übereignung befindet.[453] Das wird zumeist das Recht des Käuferlandes sein.

> **Beispiel:** Eine in Essen ansässige Firma importiert im Jahre 2013 von einem kubanischen Handelsunternehmen eine Charge 10 Jahre alten kubanischen Rum („Havanna Club").

Auf diesen Handelskauf findet UN-Kaufrecht Anwendung, da es sich um einen Kauf von Ware zwischen Vertragsparteien handelt, die ihre Niederlassung in Vertragsstaaten des UN-Kaufrechts haben. Neben diesen gegenständlich-räumlichen Voraussetzungen sind auch die persönlichen und zeitlichen Voraussetzungen erfüllt, da die Ware nicht für den persönlichen Gebrauch oder Verbrauch bestimmt ist und der Kauf im Jahre 2013 stattfand, also zu einer Zeit, als das UN-Kaufrecht bereits seit langem in beiden Ländern in Kraft gesetzt war.

Dieser Handelskauf verpflichtet den kubanischen Verkäufer nach Art. 30 CISG zur Lieferung vertragsgemäßer Ware zur rechten Zeit, am rechten Ort mitsamt Dokumenten und vorschriftsmäßiger Verpackung. Wie die Übereignungspflicht erfüllt wird, bestimmt Art. 43 I EGBGB, wonach die Rechte an einer Sache dem Recht des Staates unterliegen, in dem sich die Sache befindet. Gelangt die Charge Rum nach entsprechendem Transport an den Bestimmungsort Essen, so ist die Frage des Eigentumserwerbs nach § 929 BGB zu beantworten und zu fragen, ob eine rechtswirksame (unbedingte oder durch Zahlung bedingte) sachenrechtliche Einigung sowie eine Besitzverschaffung stattgefunden haben. Etwas Anderes würde allerdings dann gelten, wenn nach kubanischem Recht bereits mit der Versendung eine Eigentumsübertragung stattgefunden hätte (Art. 43 II EGBGB). Dann hätte die deutsche Firma bereits wirksam Eigentum erworben, auch wenn nach dem Recht des Empfangsstaates (hier: Deutschland) erst mit der Übergabe ein Eigentumserwerb wirksam ist.[454] Dieser Frage soll hier nicht weiter nachgegangen werden.

---

[452] Zum Begriff externer/interner Lücke *Schlechtriem/Schroeter* UN-KaufR Rn. 132 ff.
[453] Dazu näher oben Kap. 8.1. S. 135.
[454] Palandt/*Thorn* EGBGB Art. 43 Rn. 7.

9.6.4 Vertragsmäßigkeit der Ware

Das Thema Vertragsmäßigkeit der Ware betrifft die Fragen von Sach- und Rechtsmängeln und stellt eines der zentralen Themen des UN-Kaufrechts dar. Es ist in Teil III, Kapitel II, Abschnitt II geregelt (Art. 35–44 CISG). Das CISG unterscheidet hier in seiner Terminologie zwischen:

- vertragsgemäßer Beschaffenheit der Ware (Art. 35–37, 40 CISG) sowie diesbezüglichen Untersuchungs- und Anzeigepflichten des Käufers (Art. 38–39, 44 CISG) einerseits und
- Freiheit von Rechtsmängeln (Art. 41 und 42 sowie Art. 43 II CISG) sowie diesbezüglichen Anzeigepflichten des Käufers (Art. 43 I CISG) andererseits.

Korrespondierende, wenngleich inhaltlich nicht völlig übereinstimmende Regelungen finden sich im BGB in den Vorschriften von § 434 (Sachmangel) und § 435 BGB (Rechtsmangel) sowie in § 377 HGB (kaufmännische Untersuchungs- und Rügepflicht).

9.6.4.1 Die vertragsgemäße Beschaffenheit der Ware

Die Ware ist dann von vertragsgemäßer Beschaffenheit, wenn sie in Qualität, Art und Menge sowie hinsichtlich Verpackung oder Behältnis den Anforderungen des Vertrages entspricht, Art. 35 I CISG. Das Anforderungsprofil der Ware bezieht sich also auf vertragskonforme

- Qualität,
- Art,
- Quantität sowie
- Verpackung/Behältnis.

Der Vertrag, also der gemeinsame subjektive Konsens der Parteien und nicht etwa außerhalb liegende objektive Umstände wie Üblichkeit oder Gewöhnlichkeit, liefert die Maßstäbe dafür, ob die gelieferte Ware vertragsgemäß ist oder nicht. Ist sie vertragswidrig, kann der Käufer wegen Vertragsverletzung die ihm über Art. 45 CISG eingeräumten Rechtsbehelfe gegen den Verkäufer geltend machen.

Nach Art. 35 CISG wird kein Unterschied zwischen einer qualitativ mangelhaften Sache und einer **Falschlieferung** (Artabweichung, aliud-Lieferung) gemacht.

> **Beispiel:** Eine deutsche Baumarktkette ordert bei einer chinesischen Exportfirma Plastikweihnachtsbäume, erhält jedoch Lichterketten für Weihnachtsbäume.

Hier wurde ein vollständig anderer Artikel als der bestellte geliefert. Dennoch wird eine solche Falschlieferung wie eine mangelhafte Lieferung behandelt und als vertragswidrige Beschaffenheit iSv Art. 35 I CISG qualifiziert. Dabei spielt es keine Rolle, wie krass die Artabweichung im Einzelfall ist.[455] Dies entspricht auch dem (neueren) autonomen deutschen Recht, § 434 III BGB.

Quantitative Abweichungen und Verpackungsmängel werden gleichfalls wie eine mangelhafte Lieferung eingestuft. Insoweit ist das CISG weitergehender als

---

[455] Str., aber hL zur Diskussion näher MüKoBGB/*Gruber* CISG Art. 35 Rn. 4.

das BGB, das in §434 III BGB nur Zuweniglieferungen erfasst und Verpackungs-mängel[456] als solche nicht erwähnt. Umgekehrt regelt das CISG nicht explizit die Fälle unzutreffender öffentlicher (Werbe- und anderer) Äußerungen (§434 I 3 BGB) oder von Montagefehlern bzw. mangelhaften Montageanleitungen (§434 II BGB).

Nachfolgend werden die Qualitätsmängel näher beleuchtet. Ob solche vorlie-gen, beurteilt sich nach der subjektiven Parteivereinbarung (Art. 35 I CISG), bei fehlender Vereinbarung nach den Maßstäben von Art. 35 II CISG. Dazu im Ein-zelnen:

Bild 24: Vertragsmäßigkeit der Ware (Art. 35 CISG)

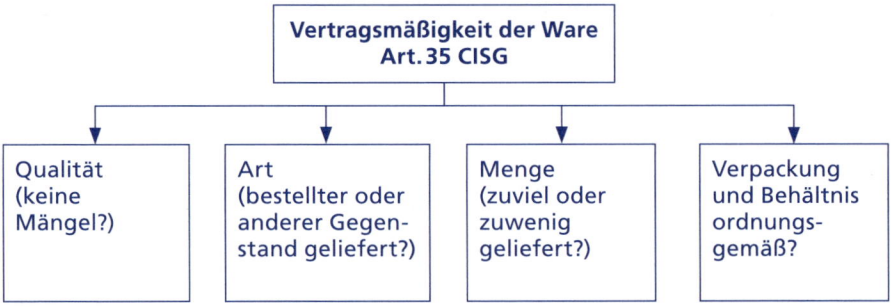

Vertragsmäßigkeit der Ware
Art. 35 CISG

| Qualität (keine Mängel?) | Art (bestellter oder anderer Gegen-stand geliefert?) | Menge (zuviel oder zuwenig geliefert?) | Verpackung und Behältnis ordnungs-gemäß? |

9.6.4.1.1 Vertragsgemäßheit der Ware nach Parteivereinbarung

Wie im autonomen deutschen Recht gilt der subjektive Fehlerbegriff. Die Ware ist vertragsgemäß, wenn sie den Anforderungen des Vertrages entspricht, Art. 35 I CISG. Den Parteien ist es anheim gestellt, die Qualitätsmerkmale der Ware präzise zu bestimmen und zu benennen. Sie werden und sollten diese im Regelfall sorgfältig und genau im Vertrag auflisten, und zwar im Rahmen von Produkt- und Spezifikati-onsbeschreibungen oder Ähnlichem. Im Einzelfall bietet sich auch eine Bezugnahme auf DIN- oder CE-Regelungen an.[457] Dies vermeidet Missverständnisse und schafft klare Vorgaben für die Anforderungen an die Ware. Geht es um ein wichtiges Qua-litätsmerkmal, so sollte dieses im Vertrag entsprechend hervorgehoben werden[458]. Um so eher wird bei einem Fehlen eines solchen Merkmals später die Einstufung als wesentliche Vertragsverletzung ermöglicht, die für einige Rechtsbehelfe des Käufers notwendige Voraussetzung ist.

---

[456] Die Pflicht zur ordnungsgemäßen Verpackung kann sich nach BGB als Nebenpflicht des Verkäufers ergeben, deren Verletzung nach §§280 f. BGB bzw. soweit sie einen Mangel der Ware bewirkt nach §437 Nr. 3 einen Schadensersatzanspruch auslösen kann, vgl. Palandt/ *Weidenkaff* §433 Rn. 22 und Rn. 35 sowie BGHZ 87, 91.

[457] *Verweyen/Foerster/Toufar* HdB UN-KaufR 134.

[458] *Schlechtriem/Schroeter* UN-KaufR Rn. 364.

9.6.4.1.2 Vertragsgemäßheit der Ware nach gesetzlichem Standard

Falls die Vertragsparteien keine Vereinbarung getroffen haben, muss die Ware den gesetzlichen Standards von Art. 35 II CISG entsprechen. Nach dieser Vorschrift muss die Ware

- sich für die gewöhnlichen Gebrauchszwecke eignen (lit. a),
- sich für den dem Verkäufer zur Kenntnis gebrachten bestimmten Zweck eignen (lit. b),
- der vorgelegten Probe oder dem vorgelegten Muster entsprechen (lit. c),
- in einer für ihre Erhaltung und ihren Schutz angemessenen Weise verpackt sein (lit. d).

Angemessene Verpackung und Übereinstimmung mit den Eigenschaften von Probe und Muster verstehen sich von selbst. Die Eignung für gewöhnliche und bestimmte Gebrauchszwecke bedarf näherer Erläuterung. Da den bestimmten Gebrauchszwecken vor den gewöhnlichen Gebrauchszwecken ein logischer Vorrang zukommt, ist die diesbezügliche Regelung in lit. b) in der Reihenfolge vor lit. a) zu prüfen.

9.6.4.1.2.1 Bestimmte erkennbare Verwendungszwecke

Nach Art. 35 II lit. b) CISG muss der Verkäufer für die Eignung zu einem bestimmten Verwendungszweck nur dann einstehen, wenn dieser ihm bei Vertragsschluss zur Kenntnis gebracht wurde. Dem Verkäufer muss der Verwendungszweck positiv bekannt gewesen sein oder er muss ihm bei gehöriger Sorgfalt erkennbar gewesen sein[459]. Eine besondere Vereinbarung ist indes nicht nötig, weil dann bereits eine Beschaffenheitsvereinbarung nach Art. 35 I 1 CISG vorliegen würde und Abs. 2 lit. b) bei einer solchen Interpretation leer liefe. Der Verwendungszweck kann und sollte seitens des Käufers ausdrücklich zur Kenntnis gebracht werden, kann sich aber auch „auf andere Weise" dem Verkäufer offenbaren. So kann sich aus einem dem Verkäufer bekannten Verwendungsort (Arktis, Wüste, Feuchtgebiet, extreme Höhenlage etc.) ergeben, dass der Kaufgegenstand bestimmten Temperatur- oder Feuchtigkeitsbelastungen standhalten muss.

> **Beispiel:** Aus Deutschland exportierte Abdeckfolien für den Gemüseanbau in Saudi Arabien müssen den extremen Temperaturen und Sonneneinstrahlungen des Landes standhalten.

> **Weiteres Beispiel:** Aus den USA nach Südostasien exportierte Steinway-Flügel müssen tropentauglich sein, also insbesondere im Hinblick auf das verarbeitete Holz, den Rahmen, die Saiten und Filze den dortigen feuchtheißen Temperaturen gewachsen sein. Käme es zu Holz- oder Rahmenrissen oder saugten sich die Filze mit Feuchtigkeit voll, so wäre die Ware im Hinblick auf den Verwendungszweck nicht vertragsgemäß.

Eine Einstandspflicht entfällt nach lit. b) aber immer dann, wenn der Käufer auf die Sachkenntnis des Verkäufers nicht vertraut hat oder vernünftigerweise nicht vertrauen konnte. Das wird bei überlegener Sachkunde des Käufers anzunehmen sein.[460] Während dies bei den Abdeckfolien im obigen Beispiel im Einzelfall bei

---

[459] MüKoBGB/*Gruber* CISG Art. 35 Rn. 11 mwN.
[460] MüKoBGB/*Gruber* CISG Art. 35 Rn. 13.

entsprechenden Erfahrungen des Importeurs zutreffen mag, wird dies bei einem Spitzenprodukt des Klavierbaus eher zu verneinen sein, da jahrzehntelange Erfahrungen im Klavierbau hier zumeist einen deutlichen Informationsvorsprung der Herstellerfirma gegenüber einem Importeur bewirken werden.

9.6.4.1.2.2 Gewöhnliche Verwendungszwecke

Falls ein bestimmter Verwendungszweck nicht festzustellen ist, muss auf die Tauglichkeit der Ware zum gewöhnlichen Gebrauch abgestellt werden. Nach Art. 35 II lit. a) CISG muss sich die Ware dann für die Zwecke eignen, für die Ware der gleichen Art gebraucht wird. Da Gegenstand des UN-Kaufrechts vornehmlich Handelskäufe sind, stehen Weiterverkauf und Handelbarkeit der Ware als Gebrauchszwecke im Vordergrund, daneben auch der Eigengebrauch.[461] Dementsprechend ist in der Regel zu erwarten, dass

- die Ware eine gewisse Haltbarkeit hat, insbesondere bei Lebensmitteln
- technischen Waren verständliche Bedienungsanleitungen beigefügt sind
- Nahrungsmittel oder Spielzeug gesundheitlich unbedenklich sind[462]
- die Ware von zumindest durchschnittlicher Qualität ist und
- die Bestimmungsangaben für die Ware (Größe, Leistung, Gewicht) zutreffen.[463]

In der neueren Rechtsprechung wurden als Sachmängel beurteilt[464]:

- Saatkartoffeln mit einem Bakterium, das bei den Früchten zu einer Krankheit führt,[465]
- Radioaktive bestrahlte Paprika,[466]
- Dioxinverseuchte Tonerde, die bei der Herstellung von Lebensmitteln eingesetzt wurde[467] oder
- unangenehm riechende Verpackungsbeutel für Qualitätsschokolade.[468]

Sehr problematisch ist in diesem Zusammenhang die Frage, ob die Ware produktrechtlichen und anderen öffentlich-rechtlichen Standards nur des Herkunftslandes oder auch des Empfängerlandes entsprechen muss. Diese Frage wird insbesondere virulent, wenn die Standards des Exportlandes eingehalten werden, nicht jedoch die strengeren Standards des Import- oder Verwendungslandes.

Praxisfall: Muschelfall

Dürfen neuseeländische Muscheln einen Cadmiumgehalt aufweisen, der zwar neuseeländischen Standards entspricht, aber gegen Vorschriften des deutschen Lebensmittelrechts verstößt? Verkäuferin war im konkreten Fall eine Schweizer Exportfirma, Käuferin eine deutsche Importfirma.

---

[461] GK-HGB/*Achilles* CISG Art. 35 Rn. 4.

[462] Und nicht – wie im Jahre 2009 bei importiertem chinesischen Spielzeug geschehen – Gesundheitsgefahren für Kinder hervorrufen.

[463] Und Kleider-, Anzugs- oder Schuhgrößen nicht etwa – wie häufig anzutreffen – um zwei Nummern von den Angaben abweichen.

[464] Laut Bericht von *Magnus* ZEuP 2013, 125.

[465] Cour de cassation 16.9.2008, www.cisg-france.org.

[466] OGH 14.2.2012, www.cisg.law.pace.edu.

[467] OLG Koblenz 24.2.2011, IHR 2012, 148.

[468] Kantonsgericht Glarus 6.11.2008, IHR 2010, 152.

Lösung

Der BGH hielt in seiner Entscheidung v. 8.3.1995[469] die Ware für vertragskonform mit der Begründung, dass vom Verkäufer die Einhaltung besonderer öffentlich-rechtlicher Vorschriften im Käufer- oder Verwendungsstaat nicht erwartet werden könne.

Auch wenn die Muscheln wegen Verstoß gegen deutsches Lebensmittelrecht in Deutschland weder verkäuflich noch zum Verzehr geeignet waren, käme eine Aufhebung des Kaufvertrages nach Art. 49 I lit. a) CISG mangels wesentlicher Vertragsverletzung nicht in Betracht. Die Muscheln seien vielmehr vertragskonform gewesen. Die Einhaltung besonderer öffentlich-rechtlicher Vorschriften im Käufer- oder Verwendungsstaat könne vom Verkäufer nicht erwartet werden. Es würde eine Überspannung der Anforderungen darstellen, vom Verkäufer zu erwarten, dass er die ihm fremden und schwer zu ermittelnden öffentlich-rechtlichen Bestimmungen und Verwaltungspraktiken im Importland kenne. Das sei vielmehr Sache des Käufers, der diese Vorgaben dann zum Inhalt des Vertrages machen müsse.

Etwas anderes gelte nur in dem Ausnahmefall, dass der Verkäufer sich auf den Export in ein bestimmtes Land spezialisiert habe und die dort geltenden Bestimmungen deshalb kennen müsse.

Zu der gleichen Einschätzung wie der BGH kam der neuseeländische Court of Appeal[470] in einer Entscheidung aus dem Jahre 2011 bzgl. öffentlich-rechtlicher Vorgaben im Empfängerstaat. Er urteilte, dass ein neuseeländischer Autohändler beim Verkauf von Lastwagen nach Australien nicht dafür haftbar gemacht werden könne, dass diese im Empfängerstaat aufgrund öffentlich-rechtlicher Vorgaben nicht für den Verkehr zugelassen wurden. Die Verwendbarkeit der Ware sei das grundsätzliche Risiko des Käufers. Allerdings könne ausnahmsweise der Verkäufer haften, wenn er sich auf den Export in ein bestimmtes Land spezialisiert habe und deshalb die dort geltenden Bestimmungen kennen müsse. Dazu reiche es aber nicht, dass der neuseeländische Verkäufer Werbung in Australien gemacht habe und dorthin früher bereits sieben Lkw verkauft habe.

In ähnliche Richtung geht der nachfolgende Fall.

Praxisfall: Bestückungsautomat

Eine deutsche Exportfirma verkaufte an eine österreichische Importfirma eine tschechische Bestückungsmaschine. Diese lehnte die Bezahlung des Restkaufpreises mit dem Hinweis ab, die Maschine sei ohne die in Österreich vorgeschriebene CE-Kennzeichnung,[471] die die Maschine nicht besaß und in Deutschland damals so nicht vorgeschrieben war, nicht handelbar und daher wertlos.

---

[469] BGH NJW 1995, 2099 = CISG-online Nr. 144.

[470] In dem Rechtsstreit RJ&AM Smallmon v. Transport Sales Ltd. and Grant Alan Miller (2011) Court of Appeal of New Zealand IHR 2012, 117.

[471] Mit dem Anbringen des CE-Zeichens und Ausstellen einer Konformitätserklärung bestätigt der Hersteller, dass das von ihm in Verkehr gebrachte Produkt den grundlegenden Gesundheits- und Sicherheitsanforderungen aller geltenden relevanten europäischen Richtlinien entspricht, vgl. AS Bauer GmbH unter www.asbauer.de/geraete_produktsicherheit_ce_kennzeichnung.php (download 5.7.2010).

Der OGH Österreich verwarf in seinem Urteil v. 13.4.2000[472] diese Argumentation mit dem Hinweis, dass grundsätzlich die Standards im Lande des Verkäufers über die Eignung für die gewöhnlichen Verwendungszwecke entschieden. Die Ware müsse nicht den Sicherheits-, Kennzeichnungs- oder Zusammensetzungsvorschriften des Importlandes genügen. Es könne nicht erwartet werden, dass der Verkäufer die besonderen Vorschriften im Käufer- oder Verwendungsstaat kenne. Auch die Mitteilung des Bestimmungslandes impliziere nicht die Pflicht des Verkäufers, die dort geltenden öffentlich-rechtlichen Bestimmungen einzuhalten. Vielmehr sei es Sache des Käufers, sich um die besonderen öffentlich-rechtlichen Vorschriften im Verwendungsstaat zu kümmern und sie – sei es nach Art. 35 I oder II lit. b) CISG – zum Gegenstand des Vertrages zu machen.

Den Ansatz dieser Rechtsprechung, die von der wohl überwiegenden Literatur geteilt wird,[473] wird man kaum infrage stellen können. Gerade für Exportfirmen, die in zahlreiche unterschiedliche Länder exportieren, wäre es eine Überspannung der Anforderungen, über die komplexen öffentlich-rechtlichen, ggf. sogar religiösen Vorschriften Bescheid zu wissen, die einem Weiterverkauf, Ge- oder Verbrauch der Ware beim Käufer im Wege stehen können. Vielmehr muss der Käufer auf solche Vorgaben hinweisen und möglichst dafür sorgen, dass die betreffenden Standards nach Art. 35 I CISG zum Inhalt des Vertrages gemacht werden. Gelingt eine Vertragsinkorporierung nicht, müsste nach Art. 35 II lit. b) CISG untersucht werden, ob der Käufer die betr. Informationen dem Verkäufer zumindest zur Kenntnis gebracht hat und der Käufer dann auf die Sachkenntnis des Verkäufers vertrauen konnte.

Im Ergebnis ist somit festzuhalten, dass eine Ware in dem einen Staat objektiv mangelfrei und in einem anderen Staat vertragswidrig sein kann, also keine einheitliche „übliche" Beschaffenheit ein und derselben Ware existiert.[474] Entscheidend sind die Umstände außerhalb der Ware. Bezüglich dieser geht es um ein angemessene Verteilung der Informationsrisiken. Insoweit ist der Käufer in erster Linie gefordert. Er ist näher dran, öffentlich-rechtliche Beschränkungen und Vorgaben im Bestimmungsland mitzuteilen, da er diese kennt oder jedenfalls leichter als der Verkäufer ermitteln kann.[475]

9.6.4.2 Maßgeblicher Zeitpunkt für die Vertragsmäßigkeit

Nach Art. 36 I CISG haftet der Verkäufer dafür, dass sich die Ware bei Gefahrübergang in einem vertragsmäßigen Zustand befindet. Eine Vertragswidrigkeit muss sich allerdings zu diesem Zeitpunkt noch nicht offenbart haben. Es reicht also, dass eine Vertragswidrigkeit bei Gefahrübergang erst im Keim vorhanden war und sich danach manifestiert hat, wie es bei versteckten Mängeln der Fall ist.

Der Gefahrübergang hängt in erster Linie von den vertraglichen Vereinbarungen ab, insbesondere auf der Grundlage von INCOTERMS. War zB die INCOTERMS-Klausel

---

[472] OGH v. 13.4.2000, CISG-online Nr. 576.
[473] MüKoBGB/*Gruber* CISG Art. 35 Rn. 22; GK-HGB/*Achilles* CISG Art. 35 Rn. 6; *Piltz* IntKaufR Rn. 5–50; Staudinger/*Magnus* (2002) CISG Art. 35 Rn. 22; *Schlechtriem/Schwenzer/Schwenzer* CISG Art. 35 Rn. 22; kritisch bis ablehnend *Schlechtriem/Schroeter* UN-KaufR Rn. 388, die meinen, man könne großen Exportunternehmen zumuten, „entweder Informationen einzuholen oder ausdrückliche Beschaffenheitsvereinbarungen, die die Standards im Exportland festschreiben, zu verlangen".
[474] MüKoBGB/*Gruber* CISG Art. 35 Rn. 22
[475] So zu Recht MüKo/*Gruber* CISG Art. 35 Rn. 22.

FOB vereinbart, so muss die Ware bei Ankunft an Bord im Verschiffungshafen vertragsgemäß sein. Spätere Verschlechterungen der Ware gehen nicht zulasten des Verkäufers.

Waren keine INCOTERMS verabredet oder sonstige Vereinbarungen getroffen, muss die Ware nach Art. 67 I CISG regelmäßig bei Übergabe an den ersten Beförderer vertragsgemäß sein, da es sich bei internationalen Warenkäufen zumeist um Versendungskäufe handelt, die eine Beförderung erfordern.

Nach Art. 36 II CISG haftet der Verkäufer allerdings auch für eine Vertragswidrigkeit, die nach Gefahrübergang eintritt, falls sie auf eine Pflichtverletzung durch den Verkäufer zurückzuführen ist oder der Verkäufer für das Nichteintreten der Vertragswidrigkeit eine Garantie abgegeben hat.

> **Beispiel für 1. Variante**[478]**:** Die Ware verdirbt nach Gefahrübergang, weil der Verkäufer ein untaugliches Transportmittel eingesetzt hatte (zB Blumentransport mit Lkw ohne Kühlung).

Hier bleibt die Verantwortung des Verkäufers für die Vertragswidrigkeit nach Art. 36 II CISG bestehen, weil er ein für Blumentransporte ungeeignetes Transportmittel gewählt hat, was eine Verletzung seiner Beförderungspflichten aus Art. 32 II CISG darstellt.

> **Beispiel für 2. Variante:** Der Fruchtexporteur aus Neuseeland (Vertragsstaat) hatte für die verkauften Äpfel eine Haltbarkeitsgarantie von zwei Monaten ab Verschiffung im Verschiffungshafen von Neuseeland (Ort des Gefahrübergangs) abgegeben. Bereits einen Monat später war ein Großteil der Äpfel verschimmelt. Der deutsche Importeur beruft sich auf Vertragswidrigkeit der Ware.

Zu Recht. Denn aufgrund der abgegebenen Haltbarkeitsgarantie muss der Verkäufer auch nach dem Gefahrenübergang gemäß Art. 36 II CISG für die Vertragswidrigkeit der Ware einstehen.

9.6.4.3 Untersuchung der Ware und Rüge

Der Käufer muss die gelieferte Ware nach Erhalt auf ihre Vertragsgemäßheit untersuchen und eine Vertragswidrigkeit innerhalb einer angemessenen Frist dem Verkäufer anzeigen, Art. 38, 39 CISG. Sonst verliert er das Recht, sich auf die Vertragswidrigkeit zu berufen. Es handelt sich also nach deutschem Rechtsverständnis um Obliegenheiten, die weder einklagbar noch schadensersatzbewehrt sind, aber den Käufer bei Nichtbeachtung um seine Rechtsbehelfe bringen. Die getroffene Regelung bezweckt – ähnlich wie § 377 HGB – eine schnelle Klärung der Rechtsbeziehungen. Insbesonders soll der Verkäufer eine rasche Information über die Vertragsmäßigkeit seiner Lieferung erhalten, um im Falle einer Mängelanzeige kurzfristig eine

---

[476] MüKoBGB/*Gruber* CISG Art. 36 Rn. 6 nennt als weitere Beispiele für Pflichtverletzungen: Auswahl einer unzuverlässigen Transportperson oder fehlerhafte und fehlende Instruktionen für Aufstellung, Montage oder Gebrauch. Fehlerhafte Verpackung fällt dagegen richtigerweise bereits unter CISG Art. 36 I, ist also eine Vertragswidrigkeit bei Gefahrübergang, weil der Verkäufer nach Art. 35 II lit. d) CISG für eine angemessene Verpackung zu sorgen hat.

Vertragswidrigkeit beseitigen und den Schaden möglichst gering halten zu können; ferner soll er Verhandlungen mit dem Käufer vorbereiten und etwaiges Beweismaterial (auch für zukünftige streitige Auseinandersetzungen) sichern können.[477] Er soll schließlich Gewissheit bekommen, ob und welche Rechnungsposten er in seine Bücher aufnehmen muss und ob er ggf. gegen seine Vorlieferanten vorgehen kann.[478]

9.6.4.3.1 Untersuchungsobliegenheit

Art. 38 CISG regelt die Untersuchungsobliegenheiten des Käufers in der Weise, dass er die Ware innerhalb einer so kurzen Zeit zu untersuchen oder untersuchen zu lassen hat, „wie es die Umstände erlauben". Dies stellt eine bewusste Abkehr von der Vorgängerregelung des Art. 38 EKG dar, der sich an § 377 HGB orientierte. Insbesonders den Entwicklungsländern mit zT unbekannten oder schwer realisierbaren Untersuchungsmöglichkeiten sollte mit diesem flexiblen, weniger strengen Maßstab entgegengekommen werden.[479]

Gegenständlich bezieht sich die Untersuchungsobliegenheit auf alle Vertragswidrigkeiten der Ware iSv Art. 35 CISG, also insbesondere auf Qualitätsmängel, aber auch auf Falschlieferungen, nicht ordnungsgemäße Verpackung sowie nach hM auf fehlerhafte Dokumente.[480] Nicht nur die ursprüngliche Lieferung, sondern auch Nach- und Ersatzlieferungen sowie Nachbesserungen sind zu untersuchen.[481]

Art, Umfang und Tiefe der Untersuchung können und sollten von den Parteien selbst vereinbart werden, zB hinsichtlich der Zahl der Stichproben. Sonst ist auf die Gepflogenheiten und Handelsbräuche abzustellen (Art. 9 CISG). Dabei ist stets auf den vorrangigen Zweck der Untersuchung abzustellen, der darin besteht, dass der Käufer sich rasch einen zuverlässigen Eindruck vom Zustand der gelieferten Ware verschafft[482] und eine Grundlage für eine evtl. Mängelrüge erhält. Die Untersuchung ist insoweit Vorstufe der Mängelanzeige.

Welche **Anforderungen an die Untersuchung im Einzelnen** zu stellen sind, hängt vornehmlich von der Art der Ware ab. Allgemein gültige Maßstäbe lassen sich wegen der Vielfalt von Waren und ihrer Verwendung kaum aufstellen. Erforderlich ist eine den Umständen und der Ware entsprechende handelsübliche und fachmännische Untersuchung.[483] Je komplexer die Ware und ihre Verwendungsart, desto mehr erfordert sie an Untersuchungsaufwand. Ggf. sind dabei auch technische und sachverständige Prüfverfahren erforderlich. Auch die Gefahrenintensität einer Ware kann intensivere Untersuchungsanforderungen etwa im Hinblick auf sicherheitsrelevante Mängel notwendig machen, um den Eintritt von Mangelfolgeschäden zu vermeiden.[484] Ferner wird man um so eher eine Untersuchung erwarten können je wahrscheinlicher ein Schadenseintritt ist.[485] Dies trifft zB auf verderbliche Ware zu.

---

[477] BGH v. 4.12.1996, CISG-online Nr. 260.

[478] Zu diesen Zwecken ausgezeichnet MüKoBGB/*Gruber* CISG Art. 38 Rn. 2.

[479] Schlechtriem/Schwenzer/*Schwenzer* CISG Art. 38 Rn. 1.

[480] OLG München NJW 2003, 849; Staudinger/*Magnus* (2002) CISG Art. 34 Rn. 13.

[481] LG Oldenburg v. 9.11.1994, CISG-online Nr. 114; Schlechtriem/Schwenzer/*Schwenzer* CISG Art. 38 Rn. 9.

[482] GK-HGB/*Achilles* CISG Art. 38 Rn. 3.

[483] *Verweyen/Foerster/Toufar* HdB UN-KaufR 149.

[484] MüKoBGB/*Gruber* CISG Art. 38 Rn. 26.

[485] MüKoBGB/*Gruber* CISG Art. 38 Rn. 26.

Schließlich wird man den Aufwand auch in ein vernünftiges Verhältnis zu dem zu erwartenden Ertrag zu setzen haben.

Im Regelfall ist eine **sensorische Prüfung** der Ware vorzunehmen.[486] Das heißt: Die Ware ist in Augenschein zu nehmen, zu befühlen, zu schmecken, zu riechen, ggf. auch zu hören. Ferner ist sie zu zählen, messen oder zu wiegen. Soweit es auf spezifische stoffliche, physikalische oder chemische Zusammensetzungen ankommt, sind entsprechende sachverständige Prüfverfahren oder Laboruntersuchungen nötig. Diese müssen sich aber nicht auf alle möglichen Vertragswidrigkeiten beziehen, sondern auf die wesentlichen Eigenschaften.

Im Einzelfall können auch **Probeverarbeitungen oder Probeläufe** nötig werden. Bei größeren Warenmengen kann sich die Untersuchung auf Stichproben beschränken. Dies gilt auch bei originalverpackter Ware oder Konserven. Insoweit ist der Käufer zur stichprobenartigen Öffnung und Untersuchung verpflichtet. Wegen der damit verbundenen Unverkäuflichkeit ist dies jedoch auf eine verhältnismäßig geringe Anzahl von Proben begrenzt.

Bei den zu berücksichtigenden „Umständen" iSv Art. 38 I CISG kann es auch eine Rolle spielen, dass die Warenlieferung in ein Entwicklungsland oder in ein Schwellenland geht, wo die technischen Untersuchungsmöglichkeiten begrenzt sind oder dem Käufer eine ausreichende Sachkunde fehlt. Insoweit treten zu den beschriebenen objektiven Maßstäben auch subjektive Elemente,[487] wenn es um die Beurteilung der ordnungsgemäßen Untersuchung geht.

Die **Untersuchungsfrist** ist nach Art. 38 I CISG kurz bemessen. Sie richtet sich insbesondere nach der Größe des Unternehmens des Käufers, nach der Art der Ware, ihrer Komplexität, ihrer Verderblichkeit oder ihres Charakters als Saisonware, der infrage kommenden Menge und der Aufwändigkeit der Untersuchung.[488] Der Fristbeginn wird nach Art. 38 II und III CISG in bestimmten Fällen hinausgeschoben: Bei Beförderung der Ware (Regelfall) beginnt die Frist erst mit Eintreffen am Bestimmungsort, Art. 38 II CISG. Wird die Ware vom Käufer umgeleitet oder von ihm weiter versandt, beginnt die Untersuchungsfrist ebenfalls erst mit Eintreffen am neuen Bestimmungsort, wenn der Käufer zuvor keine ausreichende Gelegenheit zur Untersuchung hatte und der Verkäufer bei Vertragsabschluss von der Möglichkeit der Umleitung oder Weiterversendung Kenntnis hatte oder hätte haben müssen, Art. 38 III CISG.

Die Frage ordnungsgemäßer Untersuchung soll abschließend an einem Beispiel[489] aus der Rechtsprechung beleuchtet werden.

Praxisfall: Klappernde Schachtabdeckungen

Ein deutscher Baustoffhändler kaufte von einem italienischen Hersteller Schachtabdeckungen mit zugehörigen Rahmen für Straßenbeläge. Nach Lieferung nahm der Käufer die Ware in Augenschein und entdeckte keine Auffälligkeiten. Nach mehreren Wochen wurden die Abdeckungen eingebaut und dabei mit den da zugehörigen Rahmen verschraubt. Bei Belastung im Straßenverkehr stellten sich

---

[486] Zum Nachfolgenden GK-HGB/*Achilles* CISG Art. 38 Rn. 3 ff.
[487] Zu Recht MüKoBGB/*Gruber* CISG Art. 38 Rn. 23.
[488] OGH v. 27.8.1999 CISG-online Nr. 485, S. 4.
[489] Vgl. *Siller* IntUN-KaufR Nr. 138 mit weiteren ausgewählten Beispielen aus der Rechtsprechung.

anschließend Klappergeräusche heraus. Der Käufer verlangte wegen Vertragswidrigkeit der Ware Schadensersatz und Minderung.

Lösung

Zu Unrecht, wie das OLG Dresden[490] befand. Der Käufer sei seinen Untersuchungspflichten nach Art. 38 I CISG nicht rechtzeitig nachgekommen und habe wegen verspäteter Anzeige das Recht verloren, sich auf die Vertragswidrigkeit der Ware zu berufen (Art. 39 I CISG).

Die vom Käufer durchgeführte visuelle Überprüfung habe nicht ausgereicht. Er habe vielmehr stichprobenartig Abdeckungen und Rahmen zusammensetzen, verschrauben und belasten müssen. Eine Überprüfung auf Mängel erfordere, dass die Ware in den vertraglich geschuldeten Zustand versetzt werde. Kanaldeckel und Rahmen seien als Einheit anzusehen. Bei der gebotenen Zusammensetzung wären die Klappergeräusche bereits bei einfacher Druckbelastung zutage getreten, ohne dass es eines Einbaus in Straßen oder eines aufwändigen Testverfahrens bedurft hätte.

9.6.4.3.2 Rügeobliegenheit

Der Käufer muss dem Verkäufer die Vertragswidrigkeit innerhalb einer angemessenen Frist nach dem Zeitpunkt, in dem er sie festgestellt hat oder hätte feststellen müssen, anzeigen und dabei die Vertragswidrigkeit genau bezeichnen. Sonst verliert er das Recht, sich auf die Vertragswidrigkeit der Ware zu berufen, Art. 39 I CISG.

Gegenstand der Anzeigeobliegenheit ist der Gleiche wie bei der Untersuchungsobliegenheit, also die Qualität, Art, Menge und Verpackung der gelieferten Ware und der sie betreffenden Dokumente.[491] Beanstandungen sind genau zu spezifizieren. Es reicht also nicht, seine Unzufriedenheit mit der Sendung zum Ausdruck zu bringen oder dass sie nicht den Erwartungen entspreche.[492] Auch die allgemeine Rüge „schlechter Verarbeitung und Passform" wurde in der Rechtsprechung nicht als ausreichend angesehen.[493] Die aufgetretene Vertragswidrigkeit ist vielmehr genau mitzuteilen, zB dass der gelieferte Pkw Startschwierigkeiten habe, die Stummschaltung beim Keyboard nicht funktioniere, der tiefgekühlte Fisch entgegen der Bestellung nicht Thunfisch, sondern Kabeljau sei oder die gelieferten Mountainbikes statt bestellter 28 Gänge nur 21 Gänge besäßen.

Bei mehreren Lieferungen ist die beanstandete Lieferung genau zu bezeichnen. Auf die Ursachen einer Vertragswidrigkeit muss der Käufer nicht eingehen, es genügt die Angabe der Symptome. Der Käufer muss auch nicht angeben, welchen Rechtsbehelf er wahrnehmen will.[494]

Zeitlich muss die Anzeige innerhalb einer angemessenen Frist nach der Feststellung oder Feststellbarkeit der Vertragswidrigkeit erfolgen. Was unter einer **angemessenen Frist** zu verstehen ist, ist noch nicht endgültig geklärt. Die Rechtsprechung in den einzelnen Vertragsstaaten ist insoweit unterschiedlich.[495] Angesichts der vielfältigen

---

[490] OLG Dresden v. 8.11.2007 CISG-online Nr. 1624.
[491] Schlechtriem/Schwenzer/*Schwenzer* CISG Art. 38 Rn. 7 sowie CISG Art. 39 Rn. 5.
[492] MüKoBGB/*Gruber* CISG Art. 39 Rn. 12 mit zahlreichen Nachweisen der Rechtsprechung.
[493] LG München v. 3.7.1989, CISG-online Nr. 4.
[494] MüKoBGB/*Gruber* CISG Art. 39 Rn. 14.
[495] So verweist MüKoBGB/*Gruber* CISG Art. 39 Rn. 33 darauf, dass die US-amerikanische und französische Rechtsprechung weitaus großzügigere Fristen als die deutsche Rechtsprechung einräume.

unterschiedlichen Mängel und Umstände im Einzelfall erscheint eine Festlegung auf eine einheitliche Frist kaum möglich. Allenfalls lassen sich grobe Richtwerte herausarbeiten, die dann nach den Umständen unter- bzw. überschritten werden können. In Deutschland tendiert der BGH[496] und ein Teil der Literatur[497] zu einer Frist von einem Monat, die sich an die zur Untersuchung benötigte Frist anschließt. Der österreichische OGH[498] hat bislang eine wesentlich kürzere Frist von 14 Tagen für die Untersuchung und die Anzeige zusammengenommen statuiert, während andere ausländische Gerichte offenbar noch keinen eindeutigen Richtwert entwickelt haben.[499] Eine gewisse Tendenz scheint allerdings dahin zu gehen, den **Richtwert von einem Monat** für die Anzeige auch außerhalb Deutschlands zu akzeptieren, ohne diesen allerdings als absolute Obergrenze zu betrachten.[500] Selbst wenn sich diese Tendenz weiter verfestigt, ist zu betonen, dass die Umstände des Einzelfalls vielfach Abweichungen erforderlich machen. So ist nach allgemeiner Meinung bei verderblicher Ware ein weitaus kürzerer Wert anzusetzen. Bei Schnittblumen wurde eine Anzeigefrist von einem Tag, bei Obst und Gemüse eine Anzeigefrist von wenigen Tagen judiziert.[501] Bei Saisonartikeln oder zu verarbeitender Ware sind gleichfalls deutlich kürzere Fristen angezeigt. Bei unverderblicher Ware hat die Rechtsprechung in Deutschland eine Rüge nach mehr als sieben Wochen[502] oder drei Monaten[503] als verspätet angesehen.

Zu beachten bleibt, dass sich die Anzeigefrist stets an die Untersuchungsfrist anschließt. Ob man beide Fristen zu einer Gesamtfrist (wie der OGH) zusammenfassen sollte, ist fraglich. Der BGH betont, dass beide Fristen auseinander zu halten seien.[504] Auch wenn dies aus logischen Gründen zu befürworten ist, lässt sich nicht verkennen, dass eine solche Betrachtung im Ergebnis in der Summe zu deutlich längeren Fristen führt.

Dazu ein bekannter Fall, der vom BGH mit Urteil v. 3.11.1999[505] entschieden wurde.

Praxisfall: Mahlgarnitur

Eine Schweizer Papierherstellerin (T. Papierfabrik AG) bestellte am 31.3.1993 von einem deutschen Unternehmen einen Satz Mahlgarnituren für Papiermaschinen. Die am 7.4.1993 gelieferte Mahlgarnitur wurde am 13.4.1993 in die Papiermaschine der Käuferin eingesetzt und am 17.4.1993 in Betrieb genommen. Die Mahlgarnituren kamen bei der Herstellung von Halbfertigmaterial für Hygiene-

---

[496] BGHZ 129, 75 (85 f.); BGH v. 3.11.1999, CISG-online Nr. 475.
[497] BeckOK BGB/*Saenger*, 29. Ed. 1.5.2013, CISG Art. 39 Rn. 8; Schlechtriem/Schwenzer/*Schwenzer* CISG Art. 39 Rn. 17; GK-HGB/*Achilles* CISG Art. 39 Rn. 11; str., aA Staudinger/*Magnus* (2013) CISG Art. 39 Rn. 49; *Thiele* IHR 2001, 111 f.; OLG Saarbrücken v. 14.2.2001, CISG-online Nr. 610, die für eine Gesamtfrist für Untersuchung und Anzeige von etwa 14 Tagen plädieren.
[498] OGH v. 27.8.1999, CISG-online Nr. 485.
[499] MüKoBGB/*Gruber* CISG Art. 39 Rn. 34 mwN.
[500] GK-HGB/*Achilles* CISG Art. 39 Rn. 11.
[501] MüKoBGB/*Gruber* CISG Art. 39 Rn. 35 mit Rechtsprechungsnachweisen.
[502] OLG Hamm 30.11.2010, CISG-online Nr. 2291.
[503] LG Stuttgart 15.10.2009, IHR 2010, 207 f.
[504] BGH v. 3.11.1999, CISG-online Nr. 475; ebenso *Schlechtriem/Schroeter* UN-KaufR Rn. 415: „Untersuchungs- und Rügefrist sind strikt zu unterscheiden und können nicht zu einer Einheitsfrist zusammengezogen werden. Aber sie können sich beeinflussen."
[505] BGH v. 3.11.1999, CISG-online Nr. 475.

Feuchttücher zum Einsatz. Am 25. und 26.4.1993 trat bei der Käuferin Total-schaden an den Mahlgarnituren ein. Das zuvor produzierte Halbfertigmaterial wurde im April und Mai 1993 an die Firma H. geliefert, die daraus ca. 121 Tonnen Hygiene-Feuchttücher produzierte, die wegen Rostflecken unbrauchbar waren. Diese waren auf Mängel des gelieferten Halbfertigmaterials zurückzuführen. Am 17.5.1993 teilte die Firma H. dem Schweizer Papierhersteller mit, dass Rostflecken aufgetreten seien, worauf dieser die Firma P. am 27.5.1993 mit der Untersuchung der Rostflecken und der Mahlgarnitur beauftragte. Nach Eingang des Prüfbe-richts am 11.6.1993 wandte sich der Schweizer Papierhersteller an den deutschen Lieferanten der Mahlgarnituren und machte diesen wegen des entstandenen Schadens insbesondere im Hinblick auf die Hygiene-Feuchttücher haftbar. Der deutsche Lieferant hielt die Mängelrüge für verspätet, weil diese erst zehn Wochen nach Lieferung und sieben Wochen nach dem Totalschaden erfolgt sei.

Lösung	Während die Vorinstanzen die Mängelanzeige für verspätet hielten, urteil-te der BGH, die Mängelanzeige sei fristgerecht erfolgt. Bei dem geltend gemachten Fehler der Mahlgarnitur habe es sich um einen versteckten Mangel gehandelt. Die Untersuchungspflicht nach Art. 38 I CISG habe da-her nicht bereits mit Lieferung begonnen, sondern erst mit dem Auftreten des Totalschadens am 26.4.1993. Da für diesen Totalschaden entweder ein Bedienungsfehler oder die Vertragswidrigkeit der gelieferten Mahlgarnitur in Betracht gekommen seien, müsse man der Käuferin wegen des weiteren Vorgehens – etwa Auswahl und Beauftragung eines Sachverständigen – eine Überlegungszeit von rund einer Woche zubilligen. Daran schließe sich eine zweiwöchige Dauer der gutachterlichen Untersuchung an „sowie danach die – regelmäßige – einmonatige Rügefrist nach Art. 39 I CISG". Dann war – so der BGH – das Rügeschreiben der T. Papierfabrik AG v. 14.6.1993 gegenüber dem deutschen Lieferanten sieben Wochen nach Eintritt des Totalschadens nicht verspätet. Der BGH wies daher den Rechtsstreit zur weiteren Aufklärung der Vertragswidrigkeit und des Schadens an das Berufungsgericht zurück.

Die Fragen rechtzeitiger Untersuchung und Rüge nach Art. 38 und 39 CISG gehörten bereits bei den Beratungen des Abkommens zu den umstrittensten Themen und sind in der Praxis von „größter Bedeutung"[506], wie auch die Fülle von gerichtlichen Aus-einandersetzungen bezeugt. An den Folgen der Fristversäumung – dem „scharfen Schwert des Handelsrichters" – scheitern mehr Käuferklagen als an irgendwelchen anderen Normen.[507]

Hierzu einige weitere Beispiele aus der Rechtsprechung:[508]

Praxisfall: Kühlanlage	
	Eine Kühlanlage für ein Gebäude wies Korrosionsschäden und Verarbeitungsmän-gel auf. Diese wurden noch am Tag der Lieferung reklamiert, 5 Tage später wur-den weitere Fehler bemängelt und 9 Tage später weitere Funktionsstörungen.
Lösung	Die Untersuchungs- und Rügefristen nach Art. 38 und 39 CISG waren nach dem Urteil des OGH v. 14.1.2002[509] nicht verspätet, da sowohl die kurze Untersuchungsfrist als auch die angemessene Anzeigefrist gewahrt wurden.

---

[506] *Schlechtriem/Schroeter* UN-KaufR Rn. 404.
[507] *Schlechtriem/Schroeter* UN-KaufR Rn. 404.
[508] Nach der Zusammenstellung von *Siller* IntUN-KaufR Rn. 143 ff.
[509] OGH v. 14.1.2002, CISG-online Nr. 643.

Praxisfall: Trekkingschuhe

Ein österreichischer Händler kaufte von einem italienischen Schuhhersteller etwa 28.000 Paar Trekkingschuhe, die auf Wunsch des Käufers unmittelbar an die 240 Verkaufsstellen des Endabnehmers in Norwegen geliefert wurden. Dieser reklamierte gegenüber dem österreichischen Händler, dass ein Großteil der Schuhe mangelhaft seien und sich insbesondere die Sohlenränder und Zwischensohlen lösten, Haken ausrissen und das Oberleder minderwertig sei. Eine Woche, nachdem die Schuhe in Norwegen im Einzelhandel angeboten wurden, reklamierte der österreichische Käufer sodann die Schuhe bei dem italienischen Verkäufer. Dieser hielt die Mängelrüge für verspätet.

Lösung

Nach Urteil des OGH[510] zu Unrecht. Die Untersuchungsfrist sei hier nach Art. 38 III CISG bis zum Eintreffen der Ware beim Endabnehmer in Norwegen hinausgeschoben worden. Denn die Ware sei auf Veranlassung des Käufers an einen Dritten weiterverschickt worden und der Verkäufer habe davon Kenntnis gehabt. Nach Eintreffen der Ware habe die Ware dann binnen kurzer Frist nach Art. 38 I CISG untersucht werden müssen und etwaige Mängel hätte der Käufer nach Art. 39 I CISG „innerhalb einer angemessenen Frist" anzeigen müssen. Insgesamt sei von einer Gesamtfrist von 14 Tagen auszugehen, die hier seitens des Käufers eingehalten worden sei.

Praxisfall: Sektgrundwein mit Wasserzusatz

Ein deutscher Weinhändler orderte von einem italienischen Weinhändler 10.000 Hektoliter Sektgrundwein. Bei einer Handanalyse drei Tage nach der Lieferung ergaben sich keine Beanstandungen. Später entnahm ein staatlicher Weinkontrolleur bei einer Routineuntersuchung eine Probe. Diese ergab sodann, dass der Grundwein einen Wasserzusatz zwischen 10 und 20 % enthielt. Der Wein wurde sechs Wochen nach Lieferung beschlagnahmt. Noch am selben Tag schickte der Käufer eine Mängelanzeige an den Verkäufer, der sich auf Fristversäumung berief.

Lösung

Zu Unrecht, wie das OLG Zweibrücken[511] befand. Nach Art. 39 I CISG habe der Käufer innerhalb einer angemessenen Frist nach Feststellung des Mangels eine Anzeige vornehmen müssen. Vorliegend habe der Käufer erst sechs Wochen nach der Lieferung von der mangelnden Qualität des gelieferten Weins aufgrund des Gutachtens des Weinkontrolleurs erfahren. Ab diesem Zeitpunkt liefe die Anzeigefrist, die der Käufer hier rechtzeitig aufgrund der noch an demselben Tag erfolgten Mängelanzeige wahrgenommen habe.

Praxisfall: Tiefenlockerer

Die Klägerin verlangt von der Beklagten die Bezahlung des Kaufpreises für einen sog. Tiefenlockerer zur Bearbeitung von Sportplätzen. Die Lieferung an die Beklagte erfolgte am 21.4.1999. Die Maschine kam erstmalig bei einem Arbeitseinsatz bei einem Kunden am 1.6.1999 zum Einsatz. Hierbei stellte die Beklagte bestimmte Mängel fest. Mit Telefax v. 18.6.1999 teilte sie diese der Klägerin mit und verlangte von ihr die Beseitigung der Mängel, was diese jedoch ablehnte.

---

[510] OGH v. 27.8.1999, CISG-online Nr. 485.
[511] OLG Zweibrücken v. 26.7.2002, CISG-online Nr. 688.

Das OLG Oldenburg gab mit Urteil v. 5.12.2000[512] der Kaufpreisklage statt und wies die Mängelrüge als verspätet zurück. Die beklagte Käuferin habe nach Art. 39 I CISG das Recht verloren, sich auf die Vertragswidrigkeit der Sache zu berufen. Die dort bestimmte angemessene Frist zur Mängelanzeige beginne mit dem Zeitpunkt, in dem die Beklagte die Vertragswidrigkeit festgestellt habe oder hätte feststellen müssen. Die Beklagte habe die Mängel erstmalig anlässlich des ersten Einsatzes der Maschine im Juni 1999 festgestellt, also sieben Wochen nach Lieferung. Sie habe aber mit der Untersuchung der Maschine nicht solange warten dürfen, bis es ihrer betrieblichen Auftragslage entsprechend zum ersten Arbeitseinsatz des Tiefenlockerers gekommen sei. Vielmehr habe sie nach Art. 38 I CISG die Ware so schnell wie möglich und in angemessener Weise untersuchen müssen. Wenn – wie von der Käuferin behauptet – ein Arbeitseinsatz in absehbarer Zeit nicht infrage gekommen sei, so hätte sie einen Probe- oder Testlauf in angemessen kurzer Frist durchführen müssen. Diese Frist sei mit maximal zwei Wochen zu bemessen. Der Einwand, eine geeignete Rasenfläche habe nicht zur Verfügung gestanden und es hätte dann ein Sportplatz mit einem Kostenaufwand von 50.000 DM angemietet werden müssen, ließ das Gericht nicht gelten. Die Beklagte hätte als Gartenbauunternehmen dann den Tiefenlockerer im Gartenbau einsetzen müssen und bei einem entsprechenden Testlauf innerhalb zwei Wochen nach der Lieferung die behaupteten Mängel feststellen können.

Das OLG Oldenburg hat die Anforderungen an die Untersuchung und die Frist nach Art. 38 I CISG relativ schneidig formuliert, dennoch in der Sache meines Erachtens zutreffend daran angeknüpft, dass unter Berücksichtigung der Zwecke der Untersuchungs- und Rügeobliegenheiten eine schnelle Klärung der Vertragswidrigkeit einer Lieferung herbeigeführt werden muss und insbesondere der Verkäufer in die Lage versetzt werden soll, die Vertragswidrigkeit durch eine Nachlieferung bzw. Nachbesserung zu beheben und den Schaden des Käufers gering zu halten. Dann darf der Käufer nicht erst mit einer Untersuchung abwarten, bis er einen passenden Arbeitseinsatz infolge eines Kundenauftrags erhält, sondern muss im Rahmen des Zumutbaren ggf. einen früheren Probelauf durchführen. Ob dieser innerhalb von zwei Wochen zu erfolgen hat, hängt sicher von den Umständen des Einzelfalls ab. Bei einem Gerät zur Lockerung der Bodenschichten von Sportplätzen erscheint der gebotene Aufwand für einen Testlauf auf eigenem Gelände jedenfalls nicht als übermäßig groß, sodass gegen eine Fristbemessung von zwei Wochen für die Untersuchung nichts einzuwenden ist. Rechnet man sodann eine durchschnittliche Frist von einem Monat für die Mängelanzeige nach Art. 39 I CISG hinzu, hätte die Anzeige und genaue Bezeichnung der Mängel bis 6.6.1999 erfolgen müssen. Da diese aber erst am 18.6.1999 erfolgte, war die Mängelanzeige verspätet. Zu Recht wurde der Käuferin daher nach Art. 39 I CISG das Recht verwehrt, sich auf die Vertragswidrigkeit der Ware zu berufen.

Dies soll als Einblick in die umfangreiche Rechtsprechung zu einem der streitträchtigsten Themen des CISG genügen. Im Hinblick auf Art. 39 I CISG sei noch darauf hingewiesen, dass – im Unterschied zu § 377 HGB – für die Fristwahrung die **rechtzeitige Absendung der Anzeige** maßgeblich ist[513] und nicht deren Zugang.

---

[512] OLG Oldenburg v. 5.12.2000, CISG-online, Nr. 618.
[513] Schlechtriem/Schwenzer/*Schwenzer* CISG Art. 39 Rn. 18.

Rügeversäumnis bewirkt Anspruchsverlust nicht nur bei Qualitätsabweichungen, sondern **auch bei Falschlieferungen und Mengenabweichungen**, also Zuwenig- oder Zuviellieferung. Das bedeutet zum einen, dass bei Lieferung einer anderen Ware der vereinbarte Preis zu zahlen ist. Ferner ist bei einer nicht gerügten Minderlieferung der volle Kaufpreis zu zahlen. Schließlich ist bei einer nicht gerügten Mehrlieferung der zu zahlende Kaufpreis entsprechend dem verabredeten Stückpreis proportional zu erhöhen.

Abschließend sei darauf verwiesen, dass Art. 39 II CISG für die Rügefrist eine **Höchstgrenze von zwei Jahren** ab tatsächlicher Warenübergabe festlegt. Wurde in dieser Zeit keine Vertragswidrigkeit angezeigt, so sind alle Ansprüche wegen Vertragswidrigkeit abgeschnitten. Es handelt sich also um eine **Ausschlussfrist** für die Rüge. Sie kommt dann zum Zuge, wenn die Vertragswidrigkeit nicht erkennbar war und der Käufer sie auch zu einem späteren Zeitpunkt nicht festgestellt hat oder hätte feststellen müssen.[514] Die Rügefrist von zwei Jahren beginnt nach dem klaren Wortlaut von Art. 39 II CISG mit der tatsächlichen Übergabe der Ware und nicht erst ab tatsächlicher oder möglicher Kenntnisnahme. Sie ist daher auch dann abgelaufen, wenn der Käufer die Vertragswidrigkeit innerhalb von zwei Jahren nicht feststellen konnte, zB weil die Infektion gelieferter Saatkartoffeln zunächst gar nicht in Erscheinung trat, sondern erst bei späteren Generationen dieser Kartoffeln und erst nach Ablauf der Zweijahresfrist des Art. 39 II CISG zu einer Schleimkrankheit führte.[515] Sinn dieser bei den Wiener Verhandlungen umstrittenen Lösung ist es, dem Verkäufer Sicherheit zu verschaffen, dass er nach einem solchen Zeitraum nicht mehr mit Reklamationen rechnen muss und das Geschäft endgültig als abgeschlossen betrachten kann.[516] Wer eine längere Garantie haben möchte, muss diese mit dem Verkäufer vereinbaren.[517]

Der Verkäufer kann sich nach Art. 40 CISG generell nicht auf die Folgen einer Fristversäumung nach Art. 38 und 39 CISG berufen, wenn er die Tatsachen für eine Vertragswidrigkeit kannte oder hätte kennen müssen. Wer also zB eine qualitativ minderwertige Ware mit Mängeln ausliefert, die er kennt oder zumindest hätte kennen müssen, kann sich nicht auf eine versäumte Untersuchungs- oder Rügeobliegenheit berufen, sondern muss die Vertragswidrigkeit in jedem Fall gegen sich gelten lassen. Das soll auch bzgl. der Zweijahresausschlussfrist gelten, die dann für einen bösgläubigen Verkäufer nicht zur Anwendung kommt.[518]

9.6.4.4 Rechtsmängel

Der Verkäufer hat Ware zu liefern, die frei von Rechten und Ansprüchen Dritter ist (Art. 41 CISG) sowie frei von Immaterialgüterrechten und Ansprüchen Dritter wie Patenten, Gebrauchsmuster- oder Urheberrechten (Art. 42 CISG). Das Maß der Einstandspflicht ist bei den erstgenannten normalen und den letztgenannten gewerblichen Schutzrechten unterschiedlich.

Rechte und Ansprüche Dritter iSv Art. 41 CISG können zB der Eigentumsvorbehalt eines Vorlieferanten oder das Sicherungseigentum einer Bank sein.

---

[514] Schlechtriem/Schwenzer/*Schwenzer* CISG Art. 39 Rn. 22.
[515] Cour de cassation 16.9.2008, www.cisg-france.org.
[516] Schlechtriem/Schwenzer/*Schwenzer* CISG Art. 39 Rn. 22.
[517] So zutreffend *Magnus* ZEuP 2013, 127.
[518] Schlechtriem/Schwenzer/*Schwenzer* CISG Art. 39 Rn. 22.

> **Beispiel:** Autohändler A aus Osnabrück verkauft an einen holländischen Händler H 50 Pkw, die er zuvor wegen eines ihm eingeräumten Kredits an seine örtliche Bank zur Sicherheit übereignet hatte.

Die gelieferte Ware ist dann nicht vertragsgemäß, weil sie mit dem Eigentumsrecht eines Dritten – nämlich der Bank – belastet ist. Nur wenn der holländische Händler beim Kauf sein Einverständnis erklärt hätte, die mit einem solchen Recht behaftete Ware trotzdem zu nehmen, würde eine Vertragswidrigkeit entfallen, Art. 41 S. 1 CISG. Fehlt es an diesem Einverständnis, kann der holländische Importeur nach entsprechender Rüge (Art. 43 I CISG) die Rechtsbehelfe nach Art. 45 ff. CISG gegenüber Verkäufer A wahrnehmen.

Als Rechte und Ansprüche Dritter kommen alle Arten dinglicher sowie obligatorische Rechte in Betracht.

Dingliche Rechte können Eigentum oder beschränkte dingliche Rechte (zB vertragliche oder gesetzliche Pfandrechte) sein.

Obligatorische Rechte können zB Kaufansprüche eines früheren Käufers der gleichen Sache oder Nutzungsrechte an der verkauften beweglichen Sache aufgrund von Miete sein.

> **Beispiel:** Im obigen Beispiel sind die verkauften Pkw ohne Kenntnis von H langfristig an einen Autovermieter vermietet.

In diesem Fall ist die Ware gemäß Art. 41 S. 1 CISG nicht vertragsgemäß, weil dem H unbekannte Mietansprüche eines Dritten an den verkauften Pkw bestehen.

Indem Art. 41 CISG neben den Rechten auch Ansprüche Dritter anspricht, wird deutlich, dass auch **bloß behauptete Forderungen** Dritter eine Vertragswidrigkeit darstellen können. Es reicht also aus, dass ein Dritter wegen des Liefervorgangs und der damit in Zusammenhang stehenden Eigentumsübertragung Ansprüche gegen den Käufer geltend macht, egal, ob diese berechtigt sind oder nicht. Der Käufer soll durch Art. 41 CISG davor bewahrt werden, in Rechtsstreitigkeiten um die gekaufte Sache hineingezogen zu werden.[519] Es würde in dem genannten Beispiel also reichen, wenn der Autovermieter nur behaupten würde, ihm seien die fraglichen Fahrzeuge vom Verkäufer vermietet worden.

Falls **gewerbliche oder andere geistige Schutzrechte** auf der Ware lasten, trifft den Verkäufer ggf. eine Einstandspflicht nach Art. 42 CISG Zu diesen immateriellen Eigentumsrechten zählen vor allem Patente, Markenrechte, Gebrauchsmuster- und Geschmacksmusterrechte, Warenzeichenrechte und entsprechende Lizenzrechte. Auch Rechtspositionen aus einem wettbewerbswidrigen Verhalten (zB durch Ausbeutung fremden geistigen Eigentums) fallen unter Art. 42 CISG.[520] Der Schutz des Käufers steht aber unter einem objektiven und einem subjektiven Vorbehalt. Nach lit. a) und b) bestehen zunächst räumliche Grenzen. Der Verkäufer haftet **räumlich begrenzt** nur für die Abwesenheit von immaterialgüterrechtlichen Schutzrechten Dritter, die im Verwendungsstaat der Ware (lit. a) oder – falls dieser nicht bestimmt worden ist – im Land der Niederlassung des Käufers (lit. b) bestehen.[521] Dagegen

---

[519] GK-HGB/*Achilles* CISG Art. 41 Rn. 3.
[520] MüKoBGB/*Gruber* CISG Art. 42 Rn. 5.
[521] Ferrari/*Ferrari* CISG Art. 42 Rn. 10.

wird die Freiheit von Schutzrechten außerhalb dieser Länder, etwa weltweit, nicht geschuldet. Darüber hinaus verlangt Art. 42 I CISG – im Unterschied zu Art. 41 CISG – in subjektiver Hinsicht eine **Bösgläubigkeit** des Verkäufers. Er muss bei Vertragsabschluss die auf gewerblichem oder sonstigen geistigen Eigentum bestehenden Schutzrechte oder Ansprüche Dritter gekannt haben oder wenigstens hätte kennen müssen. Er muss also von solchen Schutzrechten Kenntnis oder zumindest grob fahrlässige Unkenntnis gehabt haben.[522]

> **Beispiel:** Ein chinesischer Händler verkauft zu Dumpingpreisen Solarzellen, die mit seinem Wissen unter Verletzung eines deutschen Patents hergestellt wurden, an einen deutschen Importeur. Der Patentinhaber unterbindet durch gerichtliche Verfügung den Handel mit diesen Solarzellen in Deutschland.

Der chinesische Händler haftet dem deutschen Käufer nach Art. 42 I CISG, weil die gelieferte Ware unter Patentschutz stand und damit nicht frei von Rechten Dritter, hier des Patentinhabers war. Da die Ware in Deutschland weiterverkauft werden sollte, ist lit. a) einschlägig: Im Verwenderstaat Deutschland durfte die Ware nach deutschem Patentrecht weder weiterverkauft noch anderweitig verwendet werden. Subjektiv war der Verkäufer auch bösgläubig, da er von dem Patentklau wusste. Wegen Vertragswidrigkeit der Ware stehen dem deutschen Importeur daher die Rechtsbehelfe nach Art. 45 CISG zu.

Stets ist zu bedenken, dass den Käufer nach Art. 43 CISG eine **Rügeobliegenheit** trifft. Er hat innerhalb angemessener Frist nach Kenntnis oder gebotener Kenntniserlangung von dem Schutzrecht oder dem Anspruch des Dritten dem Verkäufer das Recht oder den Anspruch des Dritten mitzuteilen und dabei genaue Angaben darüber zu machen, welcher Art das Recht oder der Anspruch des Dritten ist.

9.7 Rechtsbehelfe des Käufers wegen Vertragsverletzung durch den Verkäufer (Art. 45–52 CISG)

Die Rechtsbehelfe des Käufers wegen Vertragsverletzung des Verkäufers sind in Teil III Kap. II Abschn. III geregelt. Die Eingangsvorschrift von Art. 45 CISG fasst die Rechtsbehelfe zusammen und zeigt deren Kombinationsmöglichkeiten. Es sind:

Bild 25: Rechtsbehelfe des Käufers (Art. 45 CISG)

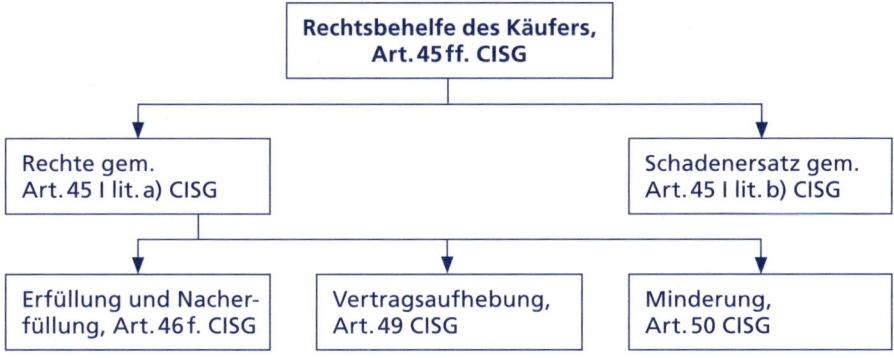

---

[522] Ferrari/*Ferrari* CISG Art. 42 Rn. 15.

9.7.1 Überblick über die Rechtsbehelfe des Käufers und Wahlmöglichkeiten (Art. 45)

Dem Käufer stehen demzufolge bei einer Vertragsverletzung des Verkäufers vier Rechtsbehelfe zur Verfügung, nämlich:

- der Erfüllungs- bzw. Nacherfüllungsanspruch,
- das Recht zur Vertragsaufhebung,
- das Recht auf Minderung des Kaufpreises sowie
- der Schadensersatzanspruch.

Zwischen diesen Ansprüchen besteht kein Stufenverhältnis wie bei § 437 BGB, der einen Vorrang des Nacherfüllungsanspruchs vorsieht. Der Käufer kann vielmehr zwischen den vier Rechtsbehelfen frei wählen.[523] Er kann zum einen nach Art. 45 I lit. a) CISG die in Art. 46–52 vorgesehenen Rechte ausüben: das sind die Ansprüche auf Erfüllung bzw. Nacherfüllung, Vertragsaufhebung und Minderung. Hier hat der Käufer ein Wahlrecht. Er muss sich allerdings zwischen diesen drei Rechten entscheiden und kann diese nicht kombinieren.

Zum Anderen kann er alternativ oder kumulativ nach Art. 45 lit. b) CISG Schadensersatz nach Maßgabe der Art. 74–77 CISG verlangen.

Das bedeutet:

Wählt er den Erfüllungsanspruch, so kann er nicht zugleich Vertragsaufhebung oder Minderung beanspruchen. Die Rechtsbehelfe Vertragsaufhebung und Minderung sind mit dem Verlangen nach Erfüllung unvereinbar. Daher verwehrt Art. 46 I CISG in solchen Fällen den Erfüllungsanspruch. Diese Unvereinbarkeit ergibt sich aus der folgenden Erwägung: Wer auf Erfüllung des Vertrages besteht, kann nicht zugleich dessen Aufhebung begehren, sonst verhält er sich widersprüchlich. Er muss sich entscheiden, ob er die vertraglich zugesagte Leistung haben möchte oder nicht. Ebenfalls verträgt es sich nicht, die (volle) Leistung vom Verkäufer zu verlangen und den Kaufpreis wegen Minderwerts herabzusetzen: Entweder begnügt sich der Käufer mit einer vertragswidrigen Ware unter Reduzierung des Preises (Minderung) oder verlangt mit dem Erfüllungsanspruch die volle Leistung und muss dann auch den vollen Preis zahlen.

Schließlich widersprechen sich auch Aufhebung des Vertrages und Minderung: Im ersten Fall soll der Vertrag rückgängig gemacht werden. Der Käufer will die Ware an den Verkäufer zurückgeben und den evtl. bereits gezahlten Kaufpreis zurückerstattet bekommen. Im Fall der Minderung will der Käufer dagegen die Ware behalten, dafür aber weniger bezahlen. Der Käufer muss sich demzufolge entscheiden, ob er den Warenaustausch rückgängig machen will – dann wird er die Vertragsaufhebung bevorzugen – oder die Ware behält und weniger bezahlt – dann muss er sich für Minderung entscheiden.

Nach Art. 45 I lit. b) CISG kann der Käufer außerdem Schadensersatz nach Maßgabe der Art. 74–77 CISG vom Verkäufer verlangen. Dieses Recht verliert er nicht durch Ausübung eines der gerade beschriebenen Rechtsbehelfe, Art. 45 II CISG. Er kann also einen dieser Rechtsbehelfe mit dem Schadensersatzanspruch kombinieren. Der Käufer kann folglich wahlweise Erfüllung, Vertragsaufhebung oder Minderung verlangen und zusätzlich noch Schadensersatz. Er kann aber auch ausschließlich

---

[523] Auch zum Folgenden Ferrari/*Saenger* CISG Art. 45 Rn. 1 ff.

Schadensersatz wählen. Der Käufer kann demzufolge bei einer Vertragsverletzung des Verkäufers folgende Varianten wählen:

- Erfüllung,
- Vertragsaufhebung,
- Minderung,
- Schadensersatz,
- Erfüllung und Schadensersatz,
- Vertragsaufhebung und Schadensersatz,
- Minderung und Schadensersatz.

Art. 45 I CISG lässt sich also klarstellend wie folgt lesen:

> „Erfüllt der Verkäufer eine seiner Pflichten nach dem Vertrag oder diesem Übereinkommen nicht, so kann der Käufer **eines der** in Art. 46–52 vorgesehenen Rechte ausüben **und/oder** Schadensersatz nach Art. 74–77 verlangen.“

9.7.2 Die Rechtsbehelfe des Käufers im Einzelnen (Art. 46 ff. CISG)

9.7.2.1 Erfüllung und Nacherfüllung

Wenn der Verkäufer nicht sein Pflichtenprogramm aus dem Kaufvertrag erfüllt (vgl. Art. 30 CISG), so stehen dem Käufer entsprechende Erfüllungsansprüche nach Art. 46 CISG zu. Der Käufer muss sich nicht mit Geldersatzleistungen zufrieden geben, sondern kann – wie Art. 46 CISG verdeutlicht – verlangen, dass der Verkäufer zu seinen vertraglichen Zusagen steht und diese einhält. Dabei ist zu unterscheiden, ob eine (teilweise) Lieferung erfolgt ist oder nicht:

Ist überhaupt nicht oder nur teilweise erfüllt worden, so stehen dem Käufer gegen den Verkäufer Ansprüche auf Erfüllung nach Art. 46 I CISG zu.

Ist dagegen Ware geliefert worden, war diese aber nicht vertragsgemäß, so stehen dem Käufer gegen den Verkäufer nach Art. 46 II und III CISG Ansprüche auf Nacherfüllung zu, die entweder auf Ersatzlieferung oder auf Nachbesserung gerichtet sind.

Die Unterscheidung zwischen Erfüllung und Nacherfüllung ist deshalb relevant, weil der Anspruch auf (Erst-)Erfüllung nach Abs. 1 an keine Fristen oder sonstige Bedingungen geknüpft ist, während der Anspruch auf Nacherfüllung nach Abs. 2 und 3 nur unter Einschränkungen gewährt wird.

9.7.2.1.1 Erfüllung (Art. 46 I CISG)

Der Käufer hat einen Anspruch auf Erfüllung (engl.: performance) der vom Verkäufer übernommenen Vertragspflichten (Art. 46 I 1 CISG). Diese bestehen nach Art. 30 CISG insbesondere darin,[524]

- die Ware zur rechten Zeit am rechten Ort zu liefern,
- die betreffenden Dokumente zu übergeben und
- das Eigentum an der Ware zu verschaffen.

Zum Erfüllungsanspruch nach Art. 46 I CISG folgendes

> **Beispiel:** Der Verkäufer liefert die bestellten PC nicht zum vereinbarten Liefertermin (9.8.2013) an den Käufer aus.

---

[524] Siehe oben Kap. 9.6, S. 176.

Aufgrund des geschlossenen Kaufvertrages hat der Käufer einen Anspruch gegen den Verkäufer auf Lieferung der bestellten Ware zu dem vereinbarten Termin (Art. 30, 33 lit. a) CISG). Mangels Lieferung ist noch keine Erfüllung erfolgt. Die fehlende Belieferung zum vereinbarten Zeitpunkt stellt eine Vertragsverletzung dar, die dem Käufer nach Art. 45 I, 46 I CISG einen entsprechenden Anspruch auf vertragskonforme Erfüllung gibt.

Nach kontinental-europäischem Rechtsverständnis drückt Art. 46 I CISG eine pure Selbstverständlichkeit aus, die auf dem Grundsatz der Vertragstreue beruht und seine Wurzel im römischen Recht hat („pacta sunt servanda"). Dies ist jedoch im anglo-amerikanischen Rechtskreis anders, der nur ganz ausnahmsweise Ansprüche auf Erfüllung in Natur („specific performance") anerkennt:[525] Hier sind bei Nichterfüllung zumeist nur Schadensersatzansprüche vorgesehen. Daher beinhaltet Art. 46 I CISG eine Klarstellung und Anerkennung kontinental-europäischen Rechtsdenkens. Freilich steht der Erfüllungsanspruch, der als eigener Rechtsbehelf zu verstehen ist, nach Art. 28 CISG unter Vorbehalt. Das angerufene Gericht muss nur dann zur Erfüllung in Natur verurteilen, wenn es dies bei Anwendung nationalen Rechts auch müsste.

Das bedeutet: Vor kontinental-europäischen Gerichten kann der Käufer Erfüllungs- und Nacherfüllungsansprüche problemlos durchsetzen. Vor anglo-amerikanischen Gerichten bereiten Ansprüche auf Erfüllung in Natur bei Gattungswaren regelmäßig Schwierigkeiten, da im Common Law Rechtskreis Schadensersatz in Geld vorrangiger Rechtsbehelf ist und zumeist nur bei einer „commercial uniqueness" ein Erfüllungsanspruch zuerkannt wird. Klagen auf Lieferung von Massenprodukten, zB Autos, Fernseher, Spielzeug in Natur werden daher vor amerikanischen und englischen Gerichten zumeist scheitern und nur in Gestalt von Schadensersatzklagen einen Erfolg versprechen. Bei einer commercial uniqueness ist dies anders zu beurteilen: Eine solche Einzigartigkeit könnte zB bei Kunstgegenständen und sonst schwer beschaffbaren Gütern (zB infolge von Versorgungsengpässen) vorliegen.[526] Hier ist eine specific performance[527] ausnahmsweise zuzuerkennen.

Aus dem Anwendungsbereich von Art. 46 I CISG sind die Fälle auszuklammern, die das Problem der Vertragsgemäßheit der Ware betreffen. War die gelieferte Ware nicht vertragsgemäß, so stehen dem Käufer nach Maßgabe von Art. 46 II und III CISG spezielle **Nacherfüllungsansprüche** zu.[528]

Fraglich ist, ob der Fall der Lieferung von Ware mit **Rechtsmängeln** unter Art. 46 I oder II und III CISG fällt. Die hM[529] hält zu Recht eine rechtsmängelbehaftete Lieferung für einen Fall von Art. 46 I CISG. Es stellt einen Fall der Nichterfüllung der Verkäuferpflichten dar, wenn dem Käufer kein unbelastetes Eigentum verschafft wird. Dagegen handelt es sich nach dem Verständnis des CISG nicht um einen Fall „nicht vertragsgemäßer Lieferung". Darunter versteht das CISG ersichtlich nämlich

---

[525] MüKoBGB/*Huber* CISG Art. 46 Rn. 2; *v. Blumenwitz/Fedtke* Einführung anglo-amerikanische Recht 14 und 17.

[526] *Verweyen/Foerster/Toufar* HdB UN-KaufR 159.

[527] *Wörlen/Balleis/Angress* English Law I 220.

[528] MüKoBGB/*Huber* CISG Art. 46 Rn. 11.

[529] MüKoBGB/*Huber* CISG Art. 46 Rn. 9; *Schlechtriem* UN-KaufR Rn. 184 f.; Staudinger/*Magnus* (2002) CISG Art. 46 Rn. 17; GK-HGB/*Achilles* CISG Art. 46 Rn. 2; aA Enderlein/Maskow/ *Strobach*, Internationales Kaufrecht, 1991, CISG Art. 46 Rn. 3.

nur Fälle von Sachmängeln iSv Art. 35 CISG, wie sich aus der darüber stehenden Überschrift („Vertragsmäßigkeit der Ware **sowie** Rechte oder Ansprüche Dritter"[530]) und der Gliederung von Abschnitt II ergibt: Vertragsmäßigkeit der Ware ist mit den flankierenden Untersuchungs- und Rügepflichten in Art. 35–40 CISG geregelt. Danach folgt das Thema Rechtsmängel in Art. 41–43 CISG.

Quantitätsmängel sind Sachmängel iSv Art. 35 I CISG, sodass der Käufer die Rechtsbehelfe nach Art. 46–50 CISG ausüben kann. Art. 51 CISG stellt insoweit klar, dass bei teilweiser Nichtlieferung oder Schlechtlieferung diese Rechtsbehelfe nur für den betroffenen Lieferteil gelten. Liefert der Verkäufer nur einen Teil der Ware, also zB nur 800 kg statt bestellter 900 kg Thunfisch, so kann der Käufer wegen der ausstehenden Menge von 100 kg nach Art. 46–50 CISG vorgehen. Er hat insoweit einen Erfüllungsanspruch gegen den Verkäufer nach Art. 46 I CISG,[531] da eine teilweise Nichterfüllung vorliegt. Nach Art. 51 II CISG kann eine Aufhebung des gesamten Vertrages allerdings nur dann erklärt werden, wenn die unvollständige Lieferung eine wesentliche Vertragsverletzung darstellt. Der Käufer kann – anders als nach § 266 BGB – die Teillieferung nicht zurückweisen und die Vertragswidrigkeit nach Art. 35 CISG wegen Quantitätsmangels nur hinsichtlich des ausstehenden Teils der Lieferung reklamieren. Insoweit trifft ihn auch die betreffende Rügepflicht nach Art. 39 CISG. Er kann dem Verkäufer wegen des ausstehenden Teils der Ware eine Nachfrist nach Art. 47 CISG setzen.[532] Eine Anwendung von Art. 46 II CISG (Ersatzlieferung) kommt richtigerweise nicht in Betracht, da dessen Normzweck nicht zutrifft[533]: die Vorschrift will erhöhte Anforderungen an eine Ersatzlieferung wegen der damit verbundenen Kosten eines Warenaustausch stellen. Hier ist aber keine vertragswidrige Ware auszutauschen, sondern eine unvollständige Lieferung zu ergänzen.

In den Anwendungsbereich des allgemeinen Erfüllungsanspruchs fallen nicht nur die in Art. 30–34 CISG aufgeführten Verkäuferpflichten, sondern auch sonstige Leistungspflichten, die sich aus dem konkreten Vertrag, aus Handelsbräuchen oder Gepflogenheiten ergeben. Dazu können zB Montage- und Bedienungsinstruktionen oder die Montage selbst gehören.

> **Beispiel:** Der Käufer erhält vom Verkäufer eine technisch komplexe Maschine ausgeliefert, aber ohne die erforderlichen Montage- und Bedienungsinstruktionen.

Bei einer technisch komplexen Ware gehört es zu den Verkäuferpflichten, geeignete Instruktionen zur Montage und zur Bedienung mitzuliefern. Eine ohne diese Anweisungen gelieferte Ware kann nicht für den gewöhnlichen Gebrauchszweck eingesetzt werden und ist daher nach Art. 35 II lit. a) CISG nicht vertragsgemäß.[534] Dementsprechend kann der Käufer nach Art. 46 I CISG die Lieferung der ausstehenden Montage- und Bedienungsinstruktionen verlangen. Er kann dem Verkäufer nach Art. 47 I CISG dazu eine angemessene Frist setzen. In diesem Fall darf er vor

---

[530] Darauf verweist zu Recht MüKoBGB/*Huber* CISG Art. 46 Rn. 9.
[531] MüKoBGB/*Huber* CISG Art. 46 Rn. 8.
[532] Ferrari/*Saenger* CISG Art. 51 Rn. 3; MüKoBGB/*Huber* CISG Art. 51 Rn. 10; aA Honsell/Schnyder/*Straub* CISG Art. 51 Rn. 36, 40.
[533] MüKoBGB/*Huber* CISG Art. 46 Rn. 8.
[534] *Piltz* IntKaufR Rn. 5–46 mN.

Ablauf der Frist keine anderen Rechtsbehelfe (zB Vertragsaufhebung, Minderung) ergreifen, wohl aber wegen der eingetretenen Verzögerung Schadensersatz geltend machen, Art. 47 II 2 CISG. Dieser könnte aus einer verspäteten Ingebrauchnahme der Maschine und einem dadurch bedingten Produktionsausfall resultieren.

9.7.2.1.2 Nacherfüllung durch Ersatzlieferung und Nachbesserung

Bei Lieferung einer vertragswidrigen Ware kann der Käufer Nacherfüllung vom Verkäufer in Gestalt einer Ersatzlieferung oder Nachbesserung verlangen, Art. 46 II und III CISG. Für beides ist eine ordnungsgemäße Rüge mit genauer Bezeichnung der Vertragswidrigkeit Voraussetzung, Art. 39 I CISG. Da eine Ersatzlieferung, dh eine kostenlose erneute Lieferung unter Rückerhalt der ersten Warenlieferung gegenüber der Nachbesserung für den Verkäufer gravierende wirtschaftliche Nachteile mit sich bringt, ist nicht nur – wie bei dem Nachbesserungsanspruch – die Vertragswidrigkeit der Warenlieferung nötig, sondern die Vertragsverletzung muss darüber hinaus wesentlich sein. Ist dies der Fall, kann der Käufer zwischen den Rechtsbehelfen der Ersatzlieferung (Art. 46 II CISG) und der Aufhebung des Vertrages (Art. 49 I lit. a) CISG) wählen. Liegt nur eine einfache Vertragsverletzung vor, so kann er Nachbesserung beanspruchen. Unbenommen bleiben Schadensersatzansprüche nach Art. 45 I lit. b), 74 ff. CISG.

Der Käufer hat somit je nach Intensität der Vertragsverletzung folgende Wahlmöglichkeiten bei einer nicht vertragsgemäßen Lieferung:

Bild 26: Optionen des Käufers bei Lieferung vertragswidriger Ware (Art. 45 CISG)

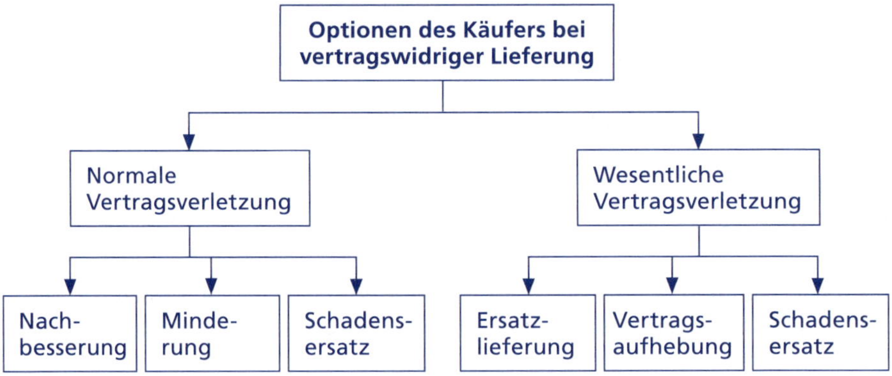

9.7.2.1.2.1 Ersatzlieferung (Art. 46 II CISG)

Für den Rechtsbehelf der Ersatzlieferung sind nach Art. 46 II CISG vier Voraussetzungen nötig:

- Lieferung nicht vertragsgemäßer Ware,
- Wesentlichkeit der Vertragsverletzung,
- Ordnungsgemäße Rüge,
- Rechtzeitiges Verlangen der Ersatzlieferung.

Wie bereits oben[535] ausgeführt, stellt eine mangelhafte Lieferung im Regelfall keine wesentliche Vertragsverletzung dar, wenn der Mangel behebbar ist und dies innerhalb einer angemessenen Frist zu erwarten ist. Auch wenn dem Käufer eine anderweitige Verarbeitung oder ein Verkauf der Ware im gewöhnlichen Geschäftsgang, wenn auch mit Preisabschlag, ohne unverhältnismäßigen Aufwand möglich und zumutbar ist, liegt keine wesentliche Vertragsverletzung vor.

> **Beispiel:** Der Käufer hatte zur Bettdeckenproduktion I-a polnische Daune geordert, aber nur durchschnittliche Qualität erhalten. Er verlangt unter Anzeige des Mangels vom Verkäufer schnellstmögliche Ersatzlieferung.

Das Begehren nach Ersatzlieferung nach Art. 46 II CISG setzt als erstes die Lieferung nicht vertragsgemäßer Ware voraus. Die Lieferung ist nach Art. 35 I CISG nicht vertragsgemäß, weil sie nicht den Anforderungen des Vertrages entspricht (subjektiver Fehler). Die zweite Voraussetzung für die Ersatzlieferung ist das Vorliegen einer wesentlichen Vertragsverletzung. Dann müsste die berechtigte Vertragserwartung des Käufers in einem Maße beeinträchtigt sein, dass sein Interesse an der Durchführung des Vertrages praktisch entfällt. Das wäre anzunehmen, wenn die Ware nicht für eigene Zwecke nutzbar oder verkäuflich wäre. Zunächst ist zu fragen, ob der Mangel durch Nachbesserung zu beheben ist. Wenn das der Fall ist und dem Käufer ein entsprechender Anspruch zusteht, liegt nämlich regelmäßig keine wesentliche Vertragsverletzung vor,[536] es sei denn, die Nachbesserung würde vom Verkäufer verweigert oder schlüge fehl. Der Mangel ist hier durch Nachbesserung nicht behebbar, da sich die vorhandene Qualität durch irgendwelche Maßnahmen des Verkäufers nicht verbessern lässt: mittlere Qualität bleibt mittlere Qualität. Die Daune als Naturprodukt lässt sich nicht zu einer I-a Qualität aufwerten. Fraglich ist, ob die Handelbarkeit dieser Ware mit mittlerer Qualität verneint werden muss. Dem ist nicht so. Eine Verarbeitung zu Bettdecken durchschnittlicher Qualität ist hier möglich. Auch ihr Absatz zu einem reduzierten Preis ist möglich und ohne unverhältnismäßigen Aufwand zumutbar. Damit ist die Wesentlichkeit der Vertragsverletzung zu verneinen. Eine Ersatzlieferung kann daher ebenso wenig wie eine Vertragsaufhebung, die gleichfalls eine wesentliche Vertragsverletzung voraussetzen würde verlangt werden. Es bleiben in diesem Fall nur Minderungs- und Schadensersatzansprüche gegen den Verkäufer. Minderungsansprüche stehen allerdings unter der einschränkenden Voraussetzung des Art. 50 S. 2 CISG, dass der Verkäufer den Mangel nicht seinerseits durch Ersatzlieferung behebt.

Es zeigt sich mithin, dass der Anspruch auf Ersatzlieferung (ebenso wie der auf Vertragsaufhebung) an strenge Voraussetzungen geknüpft ist. Dahinter steht das Anliegen des CISG, die Rückabwicklung von Verträgen möglichst zu vermeiden und es bei dem einmal erfolgten Warenaustausch zu belassen.[537] Bei einer großzügigen Handhabung der Ersatzlieferung käme es aber gerade zu einem Austausch der vertragswidrigen gegen vertragsgemäße Ware. Noch fataler wäre es bei großzügiger Einräumung eines Rechts auf Vertragsaufhebung: Dann käme es zu einer vollständigen Rückabwicklung ohne zweite Warenanlieferung. Genau dieses Ergebnis soll durch das Kriterium der Wesentlichkeit der Vertragsverletzung vermieden werden.

---

[535] Siehe Kap. 9.5.3, S. 176.
[536] MüKoBGB/*Huber* CISG Art. 46 Rn. 33.
[537] MüKoBGB/*Huber* CISG Art. 46 Rn. 25 sowie CISG Art. 49 Rn. 3.

Es bleiben daher im praktischen Ergebnis für die Ersatzlieferung nur Fälle, bei denen eine Nachbesserung nicht oder nicht zu angemessenen Bedingungen zum Erfolg führt oder vom Verkäufer abgelehnt wird und eine zumutbare Verwertung der Ware durch den Käufer ausscheidet.[538]

Praxisfall: Minderwertige und gefälschte Computer-Prozessoren[539]

Die beiden Vertragsparteien sind Großhändler von Computerteilen. Die Verkäuferin verkaufte der Käuferin über 700 Intel Pentium Prozessoren, die die Käuferin zT weiterverkaufte. Es kam in der Folge zu zahlreichen Kundenreklamationen wegen Minderwertigkeit der Prozessoren. Es stellte sich dann heraus, dass die Prozessoren gefälscht und minderwertig waren. Unmittelbar danach verlangte die Käuferin wegen Unverkäuflichkeit der gelieferten Prozessoren unter genauer Bezeichnung der Mängel (Fälschung, Minderwertigkeit) Lieferung der originalen Intel Pentium Prozessoren von der Verkäuferin. Zu Recht?

Lösung

Der Anspruch auf Ersatzlieferung könnte sich aus Art. 46 II CISG ergeben. Voraussetzungen sind:

1. Lieferung nicht vertragsgemäßer Ware

Ob man die Tatsache, dass es sich um gefälschte Prozessoren handelt, als Lieferung eines aliud einstuft oder als Qualitätsmangel, kann dahinstehen. In beiden Alternativen ist die Ware vertragswidrig. Art. 35 CISG behandelt sowohl den Fall eines Qualitätsmangels als auch den Fall einer Falschlieferung als nicht vertragsgemäße Lieferung.

2. Wesentlichkeit der Vertragsverletzung

Diese Frage beurteilt sich nach Art. 25 CISG. Zunächst ist zu fragen, ob es sich um einen behebbaren oder unbehebbaren Mangel handelt, da bei Behebbarkeit des Mangels und Bereitschaft des Verkäufers zur Behebung keine wesentliche Vertragsverletzung angenommen wird.[540] Hier handelt es sich um einen nicht behebbaren Mangel, da die Fälschung nicht durch Nachbesserung aus der Welt geschafft werden kann. Es ist zu fragen, ob die Ware trotzdem zumutbarer Weise verwertet, verarbeitet oder (wenn auch zu Schleuderpreisen) weiterverkauft werden kann.[541] Diese Frage ist hier zu verneinen, da jede weitere Verwendung und jeder Absatz gefälschter Ware kriminell wäre und von daher unzumutbar ist. Die Vertragsverletzung ist daher wesentlich.[542]

3. Ordnungsgemäße Rüge

Die Rüge musste nach Art. 39 I CISG innerhalb einer angemessenen Frist nach dem Zeitpunkt der Feststellung oder Feststellbarkeit der Vertragswidrigkeit unter genauer Bezeichnung gegenüber dem Verkäufer erhoben werden. Hier handelte es sich um einen versteckten Mangel, der bei ordnungsgemäßer Untersuchung nicht zutage getreten war und auch bei zumutbarer Untersuchung nicht erkennbar war. Erst durch die Kundenreklamationen hatten sich die Fälschung und Minderwertigkeit der gelieferten Ware he-

---

[538] Vgl. *Piltz* IntKaufR Rn. 5–200.
[539] Angelehnt an OGH v. 5.7.2001, CISG-online Nr. 562, wo es freilich nicht um Ersatzlieferung, sondern um Vertragsaufhebung ging.
[540] Vgl. MüKoBGB/*Huber* CISG Art. 49 Rn. 28.
[541] So nach den Prüfungsvoraussetzungen von Ferrari/*Ferrari* CISG Art. 25 Rn. 18; ebenso *Piltz* IntKaufR Rn. 5–196 ff. sowie *Schlechtriem/Schroeter* UN-KaufR Rn. 458.
[542] So auch das Berufungsgericht als Vorinstanz zu OGH v. 5.7.2001, CISG-online Nr. 562.

rausgestellt und waren daraufhin umgehend unter genauer Bezeichnung von der Käuferin gerügt worden. Die Rüge war demnach ordnungsgemäß.

4. Rechtzeitigkeit des Ersatzlieferungsverlangens

Gleichzeitig mit der Rüge hatte die Käuferin die Ersatzlieferung verlangt. Das Ersatzlieferungsverlangen entsprach damit der in der ersten Variante von Art. 46 II CISG geforderten Notwendigkeit, zusammen mit der Mängelanzeige nach Art. 39 CISG die Ersatzlieferung zu fordern.

Da somit alle Voraussetzungen vorliegen, kann der Käufer vom Verkäufer nach Art. 46 II CISG Nachlieferung originaler Intel Pentium Prozessoren verlangen.

9.7.2.1.2.2 Nachbesserung („Verbesserung") (Art. 46 III CISG)

Bei Lieferung nicht vertragsgemäßer Ware kann der Käufer nach Art. 46 III CISG vom Verkäufer verlangen, dass dieser durch Nachbesserung die Vertragswidrigkeit behebt, es sei denn dass dies unter Berücksichtigung aller Umstände unzumutbar ist. Auch hier muss die Nachbesserung entweder zusammen mit der Anzeige nach Art. 39 CISG oder innerhalb einer angemessenen Frist danach verlangt werden.

Nachbesserung bedeutet in erster Linie Reparatur, aber auch Ergänzung um fehlende Teile und den Austausch fehlerhafter Teile. Ziel ist es, in einem zweiten Versuch die Ware in einen ordnungsgemäßen Zustand zu versetzen. Die dafür erforderlichen Kosten, insbesondere für Material, Arbeitseinsatz, Transport, Reise etc. gehen zulasten des Verkäufers.[543] Wenn es mehrere Möglichkeiten gibt, die Nachbesserung erfolgreich durchzuführen, trifft der Verkäufer die Auswahl.[544]

Der Rechtsbehelf der Nachbesserung ist gemäß Art. 46 III CISG an vier Voraussetzungen geknüpft:

- Lieferung nicht vertragsgemäßer Ware,
- Zumutbarkeit der Nachbesserung,
- Ordnungsgemäße Rüge,
- Rechtzeitiges Verlangen der Nachbesserung.

Die Voraussetzungen decken sich hinsichtlich der Punkte 1, 3 und 4 mit denen der Ersatzlieferung. Im Unterschied zu dieser muss aber keine wesentliche Vertragsverletzung vorliegen. Stattdessen muss die Nachbesserung zumutbar sein. Zu dem Zumutbarkeitserfordernis einige Bemerkungen:

Die Unzumutbarkeit bestimmt sich unter objektiver Abwägung der Interessen von Verkäufer und Käufer im Einzelfall.[545] Hierbei ist einerseits zu fragen, welche Nachteile eine fehlende Nachbesserung für den Käufer hätte und welchen Aufwand andererseits eine Nachbesserung für den Verkäufer mit sich bringt.[546] Bei unverhältnismäßigem Kostenaufwand kann eine Nachbesserung im Einzelfall unzumutbar sein. Dabei darf aber der Aufwand nicht ins Verhältnis zum Kaufpreis gesetzt werden, sondern zum Leistungsinteresse des Gläubigers.[547] Es ist also zu

---

[543] OLG Hamm v. 9.6.1995, CISG-online Nr. 146 und hM, vgl. MüKoBGB/*Huber* CISG Art. 46 Rn. 59; Ferrari/*Saenger* CISG Art. 46 Rn. 15

[544] Schlechtriem/Schwenzer/*Müller-Chen* CISG Art. 46 Rn. 44.

[545] MüKoBGB/*Huber* CISG Art. 46 Rn. 55.

[546] GK-HGB/*Achilles* CISG Art. 46 Rn. 7.

[547] MüKoBGB/*Huber* CISG Art. 46 Rn. 55.

fragen, welcher Aufwand für die Nachbesserung nötig ist und welchen Vorteil die Nachbesserung für den Käufer hat. Ergibt sich hier ein objektives Missverhältnis, ist Unzumutbarkeit anzunehmen.

Eine wichtige Rolle spielt es insbesondere, ob der Verkäufer Hersteller oder nur Händler ist. Im ersten Fall wird eine Nachbesserung durchweg zuzumuten sein, im zweiten bei fehlender Verfügbarkeit von Vertragswerkstätten regelmäßig nicht.[548] Auch weite Distanzen und fehlende Kontakte zu Werkunternehmern im Käuferstaat fallen ins Gewicht. Falls der Verkäufer aus Kostengründen statt Nachbesserung Ersatzlieferung anbietet, darf er darauf verweisen.[549] Kann der Käufer den Mangel mit deutlich geringerem Aufwand selbst beheben, ist eine Nachbesserung durch den Verkäufer in der Regel unzumutbar; dann besteht aber ein Kostenerstattungsanspruch gegen den Verkäufer.[550] Bei großen Distanzen wird auch ein Verweis auf einen ortsnäheren, sachkundigen Reparateur vor Ort hinzunehmen sein und das Nachbesserungsansinnen an den Verkäufer dann unzumutbar erscheinen.[551]

9.7.2.1.3 Nachfrist (Art. 47 CISG)

Um dem Begehren nach Erfüllung und Nacherfüllung Nachdruck zu verleihen, ohne sogleich den Rechtsweg einzuschlagen, gibt Art. 47 I CISG dem Käufer die Möglichkeit, dem Verkäufer zur Erfüllung seiner Pflichten eine angemessene Frist zu setzen.[552] Hervorzuheben ist, dass eine solche Nachfristsetzung weder eine Pflicht noch eine Obliegenheit des Käufers darstellt.[553]

Dennoch kann sie sich aus doppeltem Grund anbieten: zum einen aus dem bereits erwähnten Grund, den Verkäufer zur Einhaltung seiner Pflichten anzuhalten und ohne Einschaltung der Gerichte Erfüllung der eigenen Ansprüche zu erlangen. Zum zweiten macht eine (vergeblich gesetzte) Frist bei Nichtlieferung über Art. 49 I lit. b) CISG den Weg frei für eine spätere Vertragsaufhebung und enthebt von dem sonst oft schwer zu führenden Nachweis einer wesentlichen Vertragsverletzung seitens des Verkäufers (Art. 49 I lit. a) CISG).

Mit der Fristsetzung ist für den Käufer eine **Bindungswirkung** verbunden. Er kann vor Ablauf der gesetzten Nachfrist nach Art. 47 II 1 CISG keine weiteren Rechtsbehelfe geltend machen und ist folglich blockiert, Aufhebung des Vertrages, Minderung des Kaufpreises oder Schadensersatz wegen Vertragswidrigkeit der Ware zu verlangen. Unbenommen bleiben aber Schadensersatzansprüche wegen Verzögerung (Art. 47 II 2 CISG). Zweck dieser Selbstbindung des Käufers ist es, dem Verkäufer Raum für die nunmehr termingebundene Erfüllung bzw. Nacherfüllung zu geben und während der Frist nicht mit anderen Rechtsbehelfen des Käufers konfrontiert zu werden. Die Bindungswirkung endet mit erfolglosem Fristablauf oder mit mitgeteilter Erfüllungsverweigerung seitens des Verkäufers (Art. 47 II 1, 2. Hs. CISG).

---

[548] Ferrari/*Saenger* CISG Art. 46 Rn. 13.
[549] MüKoBGB/*Huber* CISG Art. 46 Rn. 55.
[550] Ferrari/*Saenger* CISG Art. 46 Rn. 13.
[551] GK-HGB/*Achilles* CISG Art. 46 Rn. 7.
[552] Ferrari/*Saenger* CISG Art. 47 Rn. 1.
[553] *Schlechtriem/Schroeter* UN-KaufR Rn. 453.

> **Praxisfall: Textilreinigungsmaschine[554]**
>
> Ein Schweizer Unternehmer kaufte von einem deutschen Verkäufer eine Textilreinigungsmaschine. Der Käufer rügte unmittelbar nach der Lieferung, dass die Maschine bestimmte, genau aufgelistete Funktionsstörungen aufwiese und verlangte, dass diese innerhalb einer Frist von drei Wochen behoben würden. Eine Woche später verlangt er eine Kaufpreisminderung um 20 %.
>
> **Lösung**
>
> Das Minderungsbegehren ist nach Art. 47 II 1 CISG (derzeit) nicht statthaft, da der Käufer dem Verkäufer zur Beseitigung der Vertragswidrigkeit nach Abs. 1 eine Frist von drei Wochen gesetzt hatte und damit eine Selbstbindung für diesen Zeitraum eingetreten ist: andere Rechtsbehelfe dürfen innerhalb der gesetzten Frist nicht ausgeübt werden. Also muss der Käufer sein Minderungsbegehren zurückstellen und abwarten, ob innerhalb der gesetzten Frist eine Nachbesserung oder Ersatzlieferung erfolgt. Verstreicht die Frist ohne Erfolg, könnte der Käufer danach auf sein Minderungsbegehren zurückkommen. Das wäre auch bereits dann früher möglich, wenn der Verkäufer dem Käufer mitgeteilt hätte, er halte die Beanstandungen für unberechtigt und sei zu keinerlei Nachbesserungen bereit. Dann endete die Bindungswirkung hinsichtlich anderer Rechtsbehelfe bereits mit dieser Mitteilung seiner Erfüllungsverweigerung (Art. 47 II 1, 2. Hs. CISG).

9.7.2.2 Vertragsaufhebung (Art. 49 CISG)

Der Rechtsbehelf der Vertragsaufhebung kommt nach Art. 49 I CISG in zwei Fällen infrage:

- bei Nichterfüllung von Vertragspflichten seitens des Verkäufers, soweit es sich um eine wesentliche Vertragsverletzung handelt (lit. a) und
- bei Nichtlieferung 'trotz angemessener Nachfristsetzung (lit. b).

Diese einschränkenden Voraussetzungen belegen, dass die Vertragsaufhebung nach dem Willen des Übereinkommens nur bei gewichtigen Störungen infrage kommt, nämlich bei ausbleibender Lieferung seitens des Verkäufers trotz einer nochmals gesetzten Frist und in allen Fällen einer Nichterfüllung bei Wesentlichkeit der Vertragsverletzung. Die Vertragsaufhebung ist also ultima ratio[555] und Ausnahmefall.[556] Die Gründe liegen auf der Hand: die Vertragsaufhebung verpflichtet nach Art. 81 II 1 CISG zur Rücksendung der Ware an den Verkäufer. Dies verursacht einen erheblichen Aufwand von der Verpackung über Fracht bis Verzollung und zwingt den Verkäufer, sich um einen anderweitigen Käufer für die Ware zu kümmern, die er erst nach einem mehr oder minder langen Zeitraum zurückerhält. Auch die Rückerstattung des Kaufpreises kann devisenrechtliche Probleme auslösen.[557] Statt der Vertragsaufhebung versucht das CISG, den Interessen des Käufers durch die anderen Rechtsbehelfe der Erfüllung, Nacherfüllung, Minderung und Schadensersatz gerecht zu werden. In Art. 49 CISG kommt somit das Ziel der **Zurückdrängung der Vertragsaufhebung** zugunsten dieser anderen Rechtsbehelfe deutlich zum Ausdruck.[558]

---

[554] Angelehnt an das Urteil des Schweizer Bundesgerichts v. 13.11.2003, CISG-online Nr. 840, mitgeteilt von *Siller* IntUN-KaufR, Nr. 159.

[555] Ferrari/*Saenger* CISG Art. 48 Rn. 1.

[556] *Piltz* Exportverträge 456.

[557] Zu allem *Piltz* IntKaufR Rn. 5–229.

[558] MüKoBGB/*Huber* CISG Art. 49 Rn. 3.

Nun zu den beiden Anwendungsfällen, bei denen eine Vertragsaufhebung gestattet ist.

9.7.2.2.1 Nichtlieferung (Art. 49 I lit. b) CISG)

Nichtlieferung iSv Art. 49 I lit. b) CISG heißt, dass der Verkäufer die zur Erfüllung seiner Lieferpflichten notwendigen Handlungen nicht vorgenommen hat und dem Käufer nicht den Besitz an der Ware verschafft hat. Dagegen ist die Lieferung vertragswidriger Ware, also zB mangelhafter Ware, anderer als der bestellten Ware („aliud") oder von zuwenig oder zuviel Ware kein Fall der Nichtlieferung, sondern der fehlerhaften Lieferung. Hier besteht dann nur unter den erschwerten Voraussetzungen einer wesentlichen Vertragsverletzung nach lit. a) ein Recht zur Vertragsaufhebung. Der Fall der Nichtlieferung wird also als Sonderfall der Vertragsverletzung herausgehoben und gestattet dem Käufer, selbst wenn das Ausbleiben der Lieferung im Einzelfall keine wesentliche Vertragsverletzung darstellen würde, eine Aufhebung des Vertrages, wenn er dem Verkäufer zuvor erfolglos eine angemessene Nachfrist zur Lieferung gesetzt hatte.

Andererseits muss eine Nachfrist dann nicht gesetzt werden, wenn die Nichtlieferung eine schwere Vertragsverletzung darstellt, wie es etwa bei einem Fixgeschäft der Fall ist. Kommen die bestellten Artikel zB nicht zu einem vertraglich bestimmten Event (Caravanmesse, Musikfestival, Hochzeitsfest oder Ähnliches), so kann wegen der Sinnlosigkeit einer späteren Lieferung sofort von Seiten des Käufers die Vertragsaufhebung begehrt werden. Die Nichtlieferung ist also nicht ausschließlich dem Anwendungsbereich der lit. b) zugewiesen, sondern kann auch unter lit. a) fallen. Es handelt sich also nicht – wie man bei unbefangener Lesart meinen könnte – um einen Fall der vorrangigen Spezialregelung für die Nichtlieferung. Vielmehr stellt Abs. 1 lit. a) eine Grundregel dar, die für alle Vertragsverletzungen des Verkäufers gilt, also sowohl für Schlecht – wie für Nichtlieferungen. Lit. b) begründet für den Fall der Nichtlieferung nur eine zusätzliche Aufhebungsmöglichkeit durch (vergebliches) Setzen einer Nachfrist.[559] Um in der Praxis Unsicherheiten einer späteren gerichtlichen Bewertung bzgl. der Wesentlichkeit auszuräumen empfiehlt es sich allerdings, lieber eine Nachfrist zu setzen und dann den Weg über lit. a) zu beschreiten.[560]

Praxisfall: Saisonartikel

Modehändler K hatte für die Herbstsaison bei Lieferant L Modeartikel geordert, die am 1. August ausgeliefert werden sollten. Als diese am 3. August noch nicht eingetroffen sind, bittet K um Auskunft, ob er bereits jetzt vom Kaufvertrag zurücktreten kann.

Lösung Die Antwort hängt von der Frage ab, ob es sich um eine wesentliche Vertragsverletzung handelt, bei der nach Art. 49 I lit. a) CISG ohne Weiteres Vertragsaufhebung begehrt werden kann. Lieferungsverzug kann nach allgemeiner Meinung eine wesentliche Vertragsverletzung darstellen, wenn erkennbar ist, dass die genaue Einhaltung des Liefertermins für den Käufer von besonderem Interesse ist, wie bei Vereinbarung eines Fixgeschäfts oder

---

[559] So vorbildlich klar MüKoBGB/*Huber* CISG Art. 49 Rn. 8.
[560] *Schlechtriem/Schroeter* UN-KaufR Rn. 470.

bei Saisonware.[561] Ob man bei Saisonware bereits bei 2 Tagen Fristüberschreitung eine wesentliche Vertragsverletzung bejahen kann, ist fraglich. So ist die Lieferung von Sommerkleidung mit einer Fristüberschreitung von einem Tag in der Rechtsprechung nicht als wesentliche Vertragsverletzung eingestuft worden.[562] Daher ist dem K dringend zu raten, dem L noch eine kurze Nachfrist von 2–3 Tagen zu setzen und bei Nichteintreffen der Ware innerhalb dieser Frist dann nach Art. 49 I lit. b) CISG die Vertragsaufhebung zu erklären.

Von der Möglichkeit der Nachfristsetzung zwecks Loslösung vom Vertrag kann aber nur bei Nichtlieferung, nicht jedoch bei anderen Arten der Vertragsverletzung Gebrauch gemacht werden. So kann bei Vertragswidrigkeit der gelieferten Ware nicht durch Nachfristsetzung eine Aufhebung des Vertrages erreicht werden. Dies ergibt sich aus der Struktur von Art. 49 CISG, der die Möglichkeit der Nachfristsetzung ausschließlich auf die Fälle der Nichtlieferung begrenzt.[563]

Ob eine Aliud-Lieferung als Nichtlieferung oder Vertragswidrigkeit einzustufen ist, wird unterschiedlich beurteilt.[564] Da Art. 35 I CISG Artabweichungen mit Qualitäts- und Quantitätsabweichungen gleichstellt, wird man eine Vertragswidrigkeit annehmen müssen, die nur bei Wesentlichkeit zur Vertragsaufhebung führt. Dazu folgender

Praxisfall:

Elektronik-Kette K erhält statt bestellter 60 Zoll Bildschirme kleinere 48 Zoll Bildschirme ausgeliefert.

Lösung

Die Ware ist nicht vertragsgemäß iSv Art. 35 I CISG, gleichgültig ob man hier eine Schlecht- oder Falschlieferung annimmt, da beide Fälle gleich behandelt werden. Wegen der Verwertbarkeit der gelieferten Ware ist keine wesentliche Vertragsverletzung anzunehmen, sodass eine Vertragsaufhebung nach Art. 49 I lit. a) CISG ausscheidet. Der Käufer kann nun nicht den „Umweg" über lit. b) beschreiten und eine Nachfrist setzen, nach deren Ablauf er zum Ziel der Vertragsaufhebung kommt. Auch die vertragswidrige Lieferung stellt nämlich eine Lieferung dar, sodass kein Fall der Nichtlieferung nach lit. b) vorliegt. K muss anderweitige Rechtsbehelfe wählen, zB Minderung[565] und/oder Schadensersatz.

9.7.2.2.2 Wesentliche Vertragsverletzung (Art. 49 I lit. a) CISG)

Bei wesentlicher Vertragsverletzung kann (ohne Nachfristsetzung) eine Vertragsaufhebung verlangt werden. Dies wird etwa zutreffen bei objektiv dauernder Unmög-

---

[561] Ferrari/*Saenger* Art. 49 Rn. 4.
[562] OLG Oldenburg v. 27.3.1996, CISG-online Nr. 188.
[563] Herrschende Meinung, vgl. BGHZ 132, 290; MüKoBGB/*Huber* CISG Art. 49 Rn. 48; Schlechtriem/Schwenzer/*Müller-Chen* CISG Art. 49 Rn. 15; Ferrari/*Saenger* CISG Art. 49 Rn. 11; aA OLG Düsseldorf NJW-RR 1994, 506.
[564] Ebenso MüKoBGB/*Huber* CISG Art. 49 Rn. 48.
[565] Dieses kann allerdings durch das Nacherfüllungsangebot des Verkäufers nach Art. 50 S. 2 CISG zunichte gemacht werden.

lichkeit der Lieferung oder Erfüllungsverweigerung sowie bei objektiv schwerwiegenden Mängeln, die nicht durch Nachbesserung oder Nachlieferung zu beheben sind und eine Verwertbarkeit der Ware ausschließen.[566] Dagegen ist eine wesentliche Vertragsverletzung zu verneinen, wenn der Käufer die Ware anderweitig verarbeiten kann oder im gewöhnlichen Geschäftsgang absetzen kann, auch wenn damit ein Preisabschlag verbunden ist.[567] Diesen kann er dann gegenüber dem Verkäufer als Schadensersatz geltend machen.

Praxisfall:

Das Pianohaus erhält statt der bestellten Pianos der gehobenen Studiolinie solche der preiswerteren Musikschullinie.

Lösung

Es liegt zwar eine Vertragsverletzung vor, da die gelieferten Instrumente in ihrer Art nicht der bestellten Art entsprechen, Art. 35 I CISG. Eine wesentliche Vertragsverletzung iSv Art. 25 CISG scheidet aber aus, da eine Verwertbarkeit der gelieferten Instrumente ohne Weiteres gegeben ist. Damit entfällt eine Vertragsaufhebung nach Art. 49 I lit. a) CISG. Es bleiben die Rechtsbehelfe der Minderung und des Schadensersatzes für den Käufer, die freilich hinsichtlich des Minderwerts gegenüber dem Recht des Verkäufers zur Mängelbeseitigung nach Art. 37 und 48 CISG nachrangig sind.

9.7.2.2.3 Durchführung der Vertragsaufhebung

Wenn dem Käufer im Einzelfall ein Recht zur Vertragsaufhebung zusteht, so verliert er dieses Recht, wenn er die Vertragsaufhebung nicht innerhalb einer angemessenen Frist erklärt, Art. 49 II CISG. Im Unterschied zu den Regelungen des BGB und HGB sind also Ausübungsfristen zu beachten, die im Ergebnis eine eher verkäuferfreundliche Regelung darstellen.

Falls der Käufer eine Vertragsaufhebung wünscht, muss er die entsprechende Erklärung nach Art. 26 CISG dem Verkäufer mitteilen. Eine Vertragsaufhebung befreit beide Parteien nach Art. 81 I 1 CISG von ihren Vertragspflichten, mit Ausnahme etwaiger Schadensersatzpflichten. Falls der Käufer bereits den Kaufpreis gezahlt hat, kann er diesen nach Art. 81 II 1 CISG vom Verkäufer zurückverlangen. Andererseits muss er die Kaufsache an den Verkäufer zurückgeben. Sind beide Parteien zur Rückgabe verpflichtet, so sind die Leistungen Zug um Zug zurückzugeben, Art. 81 II 2 CISG. Der Käufer verliert nach Art. 82 I CISG das Recht, die Vertragsaufhebung zu erklären, wenn es ihm unmöglich ist, die Ware im Wesentlichen in dem Zustand zurückzugeben, in dem er sie erhalten hat. Davon macht Art. 82 II CISG jedoch in drei Fällen Ausnahmen, zB dann wenn die Unmöglichkeit der Rückgabe nicht auf einer Handlung oder Unterlassung des Käufers beruht.

9.7.2.3 Minderung (Art. 50 CISG)

Bei jeder Art nicht vertragsgemäßer Lieferung kann der Käufer den Kaufpreis in dem Verhältnis herabsetzen, in dem der Wert, den die tatsächlich gelieferte Ware im Zeitpunkt der Lieferung hatte, zu dem Wert steht, den die vertragsgemäße Ware

---

[566] Ferrari/*Saenger* CISG Art. 49 Rn. 4 und 5 mwN.
[567] Zur Wesentlichkeit einer Vertragsverletzung siehe oben S. 174 ff.

zu diesem Zeitpunkt gehabt hätte. Es ist gleichgültig, ob es sich dabei um eine wesentliche oder um eine nicht wesentliche Vertragsverletzung handelte. Auch spielt es keine Rolle, ob der Kaufpreis bereits bezahlt worden ist oder nicht. Im ersten Fall hat der Käufer einen entsprechenden Erstattungsanspruch, im zweiten Fall braucht er von vornherein nur den reduzierten Preis zu bezahlen.

Leitgedanke der Minderung ist es, dem Käufer einen Ausgleich dafür zu gewähren, dass er nur eine minderwertige Ware erhält. Dann soll der Kaufpreis an diese ungünstige Situation angepasst werden[568] und der vereinbarte Kaufpreis proportional zum hypothetischen Wert der vertragsmäßigen Ware herabgesetzt werden. Die Vertragsanpassung erfolgt nach der Formel:

$$\frac{\text{Herabgesetzter Kaufpreis (X)}}{\text{Vereinbarter Kaufpreis}} = \frac{\text{Wert der gelieferten mangelhaften Ware}}{\text{hypothetischer Wert der mangelfreien Ware}}$$

Der Minderwert ist also nicht einfach die Differenz zwischen dem Vertragspreis und dem Preis der mangelhaften Ware. Vielmehr soll das Äquivalenzverhältnis zwischen Leistung und Gegenleistung, so wie es die Parteien bei Vertragsschluss eingeschätzt haben, auch bei Lieferung einer minderwertigen Ware gewahrt bleiben.

Praxisfall:

Der Vertragspreis war mit 50.000 EUR vereinbart, wobei der eigentliche Marktwert der einwandfreien Ware aber bei 60.000 EUR lag. Mit dem Mangel beträgt der Marktwert der Ware 50.000 EUR. Wie hoch ist der Minderwert?

Lösung

Würde man dem Käufer eine Minderung mit der Begründung versagen, dass er für den zu zahlenden Kaufpreis doch genau einen entsprechenden Gegenwert erhält, ließe man die Wertung der Parteien außer Acht, die der Ware von vornherein einen geringeren Kaufpreis zugeordnet haben als es dem Marktwert der Ware entsprach. Demzufolge ist wie folgt zu rechnen:

$$\frac{\text{Zu ermittelnder herabgesetzter Kaufpreis (x)}}{50.000} = \frac{50.000}{60.000}$$

Der geminderte Kaufpreis beträgt danach:
$$\frac{50.000 \times 50.000}{60.000} = 41.666{,}67 \text{ EUR}.$$

Wäre der Kaufpreis bereits gezahlt worden, so könnte der Käufer nunmehr 8.333,33 EUR vom Verkäufer zurückverlangen, Art. 50 S. 1 CISG.

Soweit Nacherfüllung oder Vertragsaufhebung verlangt werden, kommt eine Minderung nicht in Betracht. Diese Rechtsbehelfe schließen sich gegenseitig aus. Dagegen kann der Käufer neben der Minderung zusätzlich ggf. Schadensersatz verlangen, soweit durch die Minderung sein Schaden noch nicht ausgeglichen ist. Vielfach wird der Käufer von vornherein allerdings anstelle der Minderung praktischerweise nur Schadensersatz beanspruchen, da Schadensersatzansprüche nach CISG verschuldensunabhängig ausgestaltet sind (Art. 45 I lit. b) CISG). Nur soweit sich ein konkreter Schaden nicht nachweisen lässt oder ausnahmsweise eine Haftungsbe-

---

[568] Schlechtriem/Schwenzer/*Müller-Chen* CISG Art. 50 Rn. 1.

grenzung nach Art. 74 S. 2 CISG oder eine Haftungsfreistellung nach Art. 79 I oder II CISG eingreift, kommt der Minderung somit eine praktische und selbstständige Bedeutung zu.[569] Außerdem kann die Minderung dann für den Käufer vorteilhaft sein, wenn der Marktpreis zwischen Vertragsschluss und Lieferung gefallen ist.

Praxisfall[570]:

Der Kaufpreis für geliefertes Holz war entsprechend dem Marktpreis mit 100.000 EUR vereinbart. Das gelieferte Holz war minderwertig und nur noch 80.000 EUR wert. Nach Vertragsschluss sind die Weltmarktpreise für Holz zum Lieferzeitpunkt um 50 % gefallen.

Lösung

Wenn der Käufer Schadensersatz nach Art. 45 I lit. b), 74 CISG geltend machte, würde sein Schaden wegen des gefallenen Weltmarktpreises nur die Hälfte der Differenz, also 10.000 EUR betragen.

Machte er dagegen Minderung geltend, kommt es auf den Minderwert gegenüber dem ursprünglichen Kaufpreis an, sodass er nach Art. 50 CISG die vollen 20.000 EUR beanspruchen könnte.

Ob eine Minderung auch bei Rechtsmängeln infrage kommt, ist umstritten, aber nach der Entstehungsgeschichte eher zu verneinen. Bei den Beratungen der Konferenz wurden nämlich Vorstöße, die Minderung auch bei Rechtsmängeln zuzulassen, klar abgelehnt.[571]

Voraussetzung einer Minderung ist in jedem Fall, dass der Käufer – abgesehen vom Sonderfall einer vernünftigen Entschuldigung (Art. 44 CISG) – die Vertragswidrigkeit der Ware nach Art. 39 CISG rechtzeitig gerügt hat und bei der Auswahl seiner Rechtsbehelfe nach Art. 45 CISG eine eindeutige Minderungserklärung abgibt. Dennoch scheitert eine Minderung selbst dann nach Art. 50 S. 2 CISG, wenn der Verkäufer zur Nacherfüllung nach Art. 37 oder 48 CISG berechtigt ist und den Mangel behebt oder der Käufer das Angebot der Nacherfüllung verweigert.

Praxisfall:

Die gelieferten Pkw sind vertragswidrig nicht mit Navigationsgeräten ausgestattet. Auf eine entsprechende Rüge des Käufers bietet der Verkäufer eine sofortige Nachbesserung auf seine Kosten an, die aber vom Käufer unter Geltendmachung einer Minderung abgelehnt wird.

Lösung

Zu Unrecht, da der Verkäufer nach Art. 48 I CISG den Mangel auf seine Kosten beseitigen durfte. Eine unzumutbare Verzögerung ist angesichts des Angebots einer sofortigen Nachbesserung nicht ersichtlich. Die Verweigerung der Nacherfüllung war daher unberechtigt und nimmt dem Käufer nach Art. 50 S. 2 CISG das Recht, sich auf eine Minderung zu berufen.

---

[569] Ferrari/*Saenger* CISG Art. 50 Rn. 1 mwN.
[570] Beispiel angelehnt an Schlechtriem/*Müller-Chen* Art. 50 Rn. 18.
[571] Schlechtriem/Schwenzer/*Müller-Chen* CISG Art. 50 Rn. 2, auch zum Streitstand.

9.7.2.4 Schadensersatz (Art. 45 I lit. b) CISG)

Einer der wichtigsten Rechtsbehelfe des UN-Kaufrechts ist der Schadensersatzanspruch, der dem Käufer bei jeder Art von Vertragsverletzung durch den Verkäufer eingeräumt wird (Art. 45 I lit. b) CISG und spiegelbildlich auch dem Verkäufer bei einer entsprechenden Vertragsverletzung durch den Käufer (Art. 61 I lit. b) CISG). Die beiden genannten Vorschriften stellen die jeweiligen Anspruchsgrundlagen für Käufer und Verkäufer dar. Voraussetzung ist die Verletzung einer vertraglichen Pflicht (Vertragsverletzung). Entsprechend angloamerikanischem Vorbild handelt es sich um eine verschuldensunabhängige Garantiehaftung („strict liablility"). Diese wird nur eingeschränkt durch die Befreiungstatbestände der Art. 79 und 80 CISG im Falle von unvorhersehbaren und unvermeidbaren Hinderungsgründen.

Der Umfang des Schadensersatzanspruchs wird in den Art. 74–77 CISG geregelt. Diese Regelungstechnik basiert zum einen auf der Aufteilung der Bestimmungen zu den Rechtsbehelfen des Käufers (Art. 45 ff. CISG) und des Verkäufers (Art. 61 ff.) und zum anderen in der zusammenfassenden Behandlung der Befreiungstatbestände (Art. 79–80 CISG) und des Schadensumfangs (Art. 74–77 CISG).

Bild 27: Grafische Darstellung der Schadensersatznormen

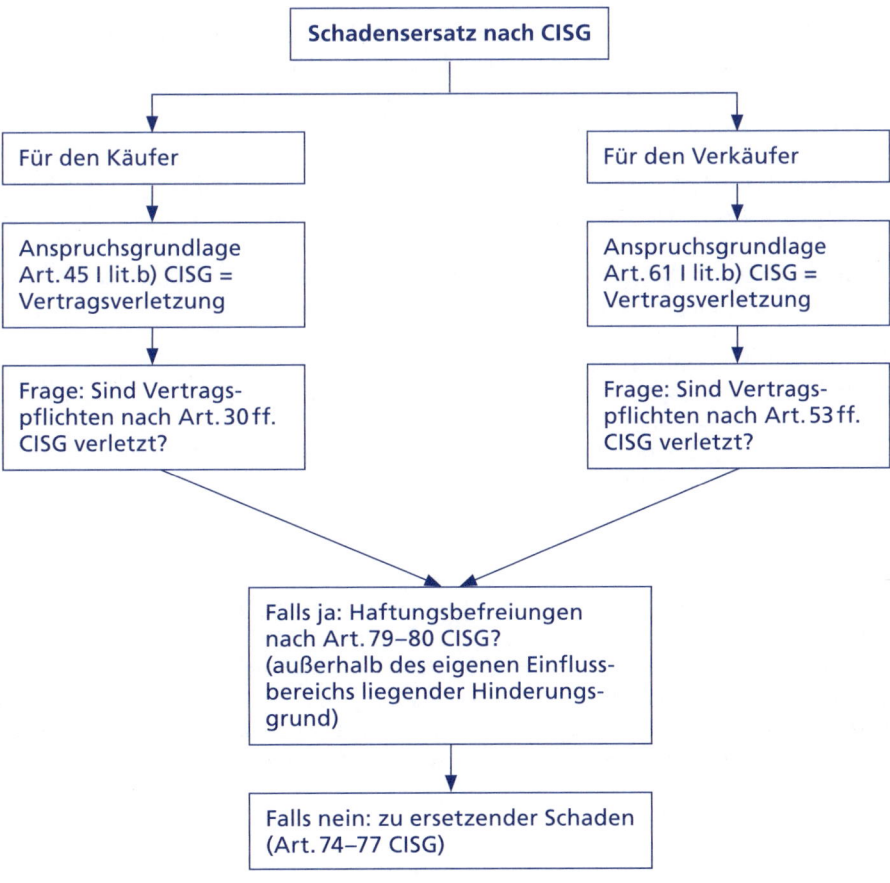

9.7.2.4.1 Anspruchsvoraussetzungen

Der Schadensersatzanspruch des Käufers gegen den Verkäufer setzt nur voraus, dass der Verkäufer eine seiner Pflichten nach dem Vertrag oder dem Abkommen nicht erfüllt, Art. 45 I CISG. Er muss also gegen Vertragspflichten nach Art. 30 ff. CISG verstoßen haben oder keine vertragsgemäße Ware (Art. 35 ff. CISG) bzw. rechtsmängelbehaftete Ware (Art. 41 ff. CISG) geliefert haben.

Stets reicht allein der objektive Verstoß gegen diese Pflichten aus. Auf ein Verschulden (subjektive Pflichtverletzung) kommt es nicht an. Korrelat dieser weitreichenden Schadensersatzpflicht sind allerdings die Haftungsbefreiungen nach Art. 79 und 80 CISG, die eine uferlose Haftung insbesondere bei höherer Gewalt verhindern, ohne dass dadurch aber durch die Hintertür wieder subjektive Verschuldensmomente einfließen sollen. Die Haftung bleibt eine Garantiehaftung. Nur für ganz ungewöhnliche unvorsehbare und unabwendbare Ereignisse (zB Ausbruch eines Erdbebens) wird die Einstandspflicht des Verkäufers ausgeschlossen, der dann für solche Folgen nicht einstehen muss (zB dadurch bedingte Lieferverzögerungen).

Gleichgültig ist es, ob der Verkäufer Haupt- oder Nebenpflichten verletzt. Auch die Schwere der Vertragsverletzung spielt keine Rolle. Der Schadensersatzanspruch setzt also nicht voraus, dass es sich um eine wesentliche Vertragsverletzung iSv Art. 25 CISG handelt.

Die Verletzung vorvertraglicher Pflichten ist jedoch ausgenommen. Ebenfalls fallen Personenschäden, die durch nicht vertragsgemäße Ware ausgelöst werden, nach Art. 5 CISG aus dem Anwendungsbereich des CISG heraus. Das kann besonders bei Produktfehlern von Bedeutung sein.

Beispiel: Kontaminiertes chinesisches Spielzeug, das bei Kindern zu Erkrankungen führt.

Hauptbeispiele für Schadensersatz sind die Verletzung von Lieferpflichten und Lieferung mangelhafter Ware.

Beispiel für Nichteinhaltung der Lieferpflichten:
Der Lieferant hatte die Auslieferung von Modekleidung für den 5.8.2013 versprochen. Im Vertrag hieß es dazu:
„Auslieferung hat unbedingt bis zum 5.8.2013 zu erfolgen, da Modenschau der Ware am 7.8.2013 stattfindet."
Infolge Nichtlieferung platzt die Modenschau.

Der Käufer kann nach Art. 45 I lit. b) CISG Schadensersatz vom Verkäufer beanspruchen, da dieser verpflichtet war, pünktlich am 5.8.2013 zu liefern (Art. 33 lit. a) CISG) und seine diesbezügliche Vertragspflicht nicht erfüllt hat. Der Schadensersatz umfasst nach Art. 74 CISG den entstandenen Verlust einschließlich entgangenen Gewinns. Dazu zählen zB die Kosten für Mannequins und für angemietete Räumlichkeiten samt Catering und Security. Auch zu erwartende und ausgebliebene Kaufabschlüsse können bei einem entsprechenden Nachweis als Verlust geltend gemacht werden.

> **Beispiel für Lieferung vertragswidriger Ware:**
> Lieferung von Zugachsen mit Haarrissen, die dazu führen, dass zahlreiche ICE
> ausfallen. Eine ausdrückliche Beschaffenheitsvereinbarung war nicht getroffen
> worden.

Die Ware war nicht vertragsgemäß, da sie sich nicht für die gewöhnlichen Zwecke
(gefahrloses Rollen) eignete, für die Zugachsen gewöhnlich gebraucht werden. Es
liegt also ein Verstoß gegen Art. 35 II lit. a) CISG vor, sodass der Käufer nach Art. 45
I lit. b) CISG einen Anspruch auf Schadensersatz gegen den Verkäufer hat. Als
Schaden kann der Verlust durch den Ausfall der betroffenen ICE liquidiert werden,
der von frustriertem Personalaufwand bis zu Ticketverlusten reicht, Art. 74 CISG.

9.7.2.4.2 Haftungsbefreiungen (Art. 79, 80 CISG)

Von dem Grundsatz, dass der Schuldner für alle Formen der Nichterfüllung von
Vertragspflichten unabhängig von seinem Verschulden einzustehen hat, macht
Art. 79 I CISG bei nicht beherrschbaren Hinderungsgründen eine Ausnahme. Das
gilt nach Abs. 2 auch in den Fällen, in denen der Schuldner dritte Personen bei der
Erfüllung seiner Vertragspflichten eingesetzt hat. Die Befreiung gilt zeitlich solange
der Hinderungsgrund besteht, Abs. 3. Hinderungsgründe und seine Auswirkungen
sind dem Vertragspartner fristgerecht mitzuteilen, Abs. 4. Der Befreiungstatbestand
erfasst nach Abs. 5 nur Schadensersatzansprüche, nicht dagegen andere Rechtsbehelfe des Gläubigers.

Eine Haftungsbefreiung besteht nach Art. 80 CISG auch in den Fällen, dass der
Gläubiger die Nichterfüllung von Vertragspflichten durch eigene Handlungen oder
Unterlassungen verursacht hat.

9.7.2.4.2.1 Allgemeiner Befreiungstatbestand nach Art. 79 I CISG

Unter Art. 79 I CISG können alle möglichen Arten von Vertragsverletzungen fallen,
die in der Nichterfüllung von Lieferpflichten, aber auch in der Lieferung vertragswidriger oder rechtsmängelbehafteter Ware liegen können. Der Befreiungstatbestand greift ein, wenn der Hinderungsgrund außerhalb des Einflussbereiches des
Schuldners liegt und für ihn sowohl unvorhersehbar wie unabwendbar ist.

Außerhalb des Einflussbereichs des Schuldners liegen insbesondere Naturkata-
strophen (Stürme, Lawinen, Erd- oder Seebeben, Feuer, Überschwemmungen oder
ähnliches), aber auch politische Ereignisse (Boykotte, Handelsverbote, Im- oder
Exportverbote) sowie kriegerische oder terroristische Ereignisse.

Praxisfall:
Die amerikanische Regierung verhängt gegen China im September 2009 ein Exportverbot für Autoreifen auf den amerikanischen Markt. Der Exporteur aus Shanghai kann daher die Autofabrik in Detroit nicht wie vereinbart beliefern.
Lösung Falls der Importeur Schadensersatz wegen Nichterfüllung der Lieferpflichten gemäß Art. 45 I lit. b) in Verbindung mit Art. 30 CISG geltend macht, kann sich der Exporteur mit Erfolg auf Art. 79 I CISG berufen, da der Hinderungs- grund für die Belieferung außerhalb seines Einflussbereichs in einer wirt-

> schaftspolitischen Entscheidung der Vereinigten Staaten liegt. Wenn diese Entscheidung nicht vorhersehbar war und der Hinderungsgrund weder zu vermeiden noch zu überwinden war, scheidet eine Schadensersatzpflicht aus. Dagegen bleiben sonstige Rechtsbehelfe unberührt, wie etwa eine Vertragsaufhebung (Art. 79 V, 49 CISG).

Der Hinderungsgrund muss nicht nur außerhalb des Einflussbereichs des Schuldners liegen, sondern es ist auch erforderlich, dass der Schuldner bei Vertragsschluss nicht mit diesem rechnen musste und er für ihn unabwendbar ist. Entscheidend ist, ob von dem Schuldner vernünftigerweise erwartet werden konnte, den Hinderungsgrund bei Vertragsabschluss in Betracht zu ziehen oder den Hinderungsgrund oder seine Folgen zu vermeiden oder zu überwinden.[572] Es kommt also auf die Unvorhersehbarkeit und Unvermeidbarkeit des Ereignisses an sowie auf die Überwindbarkeit des Hindernisses. Hier sind durchweg strenge Maßstäbe anzulegen. Erhebliche Mehraufwendungen zur Überwindung eines Hindernisses sind regelmäßig zumutbar, freilich nur bis zur äußersten Opfergrenze.[573]

Praxisfall:

Wegen plötzlich ausgebrochener Stammeskämpfe in einem afrikanischen Staat ist eine Belieferung auf dem Straßenweg nicht möglich, wohl aber auf dem Luftweg. Der Verkäufer, der sich nach INCOTERMS 2010 zur Lieferung an den Bestimmungsort verpflichtet hatte (Klausel DAP), lehnt einen Lufttransport wegen zehnprozentiger Mehrkosten ab. Der Käufer nimmt ihn daraufhin auf Schadensersatz in Anspruch.

Lösung

Der aus Verletzung der Lieferpflichten resultierende Schadensersatzanspruch (Art. 45 I lit. b), 30 CISG) könnte hier nach Art. 79 I CISG ausgeschlossen sein. Erste Voraussetzung ist, dass der Hinderungsgrund außerhalb des Einflussbereichs des Schuldners liegt. Das trifft zu, da die Stammeskämpfe nicht mit der Person des Schuldners in Zusammenhang stehen. Hinsichtlich der zweiten Voraussetzung gilt, dass der Ausbruch der Kämpfe für den Schuldner weder vorhersehbar noch vermeidbar war. Er hätte aber die Folgen des Hinderungsgrundes überwinden können, indem er auf ein anderes Transportmittel umgeschwenkt wäre. Die Mehraufwendungen von 10 % waren hier durchaus zumutbar. Folglich kann sich der Verkäufer wegen Überwindbarkeit der Folgen nicht mit Erfolg auf Art. 79 I CISG berufen.

9.7.2.4.2.2 Haftungsbefreiung für Erfüllungsübernehmer nach Art. 79 II CISG

Falls Dritte bei der Erfüllung von Vertragspflichten einbezogen worden sind, kommt nach Art. 79 II CISG eine Haftungsbefreiung nur dann in Betracht, wenn das Leistungshindernis weder für den Schuldner noch den Dritten beherrschbar ist. Unter Dritte ist in diesem Sinne – trotz ähnlichen Wortlauts in § 278 BGB – nicht jeder zu verstehen, der bei der Erfüllung von Vertragspflichten eingeschaltet ist, sondern nur **selbstständige Dritte**, die eigenverantwortlich handeln und nicht in den Organisationsbereich des Schuldners eingegliedert sind.[574] Unselbstständig tätige Dritte, also

---

[572] Vgl. *Piltz* IntKaufR Rn. 5–545 bis 547.
[573] Schlechtriem/Schwenzer/*Schwenzer* CISG Art. 79 Rn. 14.
[574] HM, Ferrari/*Saenger* CISG Art. 79 Rn. 8 mwN.

insbesondere Mitarbeiter des Schuldners, unterstehen seinem „Einflussbereich". Sie fallen unter die Grundregel des Absatzes 1.

Dritte, die Abs. 2 meint, sind vor allem Subunternehmer, die Teile der vom Verkäufer zu erbringenden Vertragsleistung ausführen, ferner Frachtführer, Spediteure und Banken, wenn der Verkäufer zu Fracht- oder Bankleistungen verpflichtet ist. Sie werden als **Erfüllungsübernehmer** bezeichnet.[575]

Die Regelung in Art. 79 II CISG fordert einen **doppelten** Entlastungsbeweis für den Schuldner: Er muss nachweisen, dass das Erfüllungshindernis weder für ihn selbst beherrschbar war – also außerhalb seines Einflussbereichs lag und sowohl unvorhersehbar als auch unvermeidbar war – noch für den Erfüllungsübernehmer in diesem Sinne beherrschbar war. Damit werden strenge Anforderungen an die Entlastung gestellt.

Praxisfall:

Wie zuvor. Der Verkäufer hatte für den Transport aber ein selbstständiges Fuhrunternehmen als Subunternehmen eingesetzt, das von den ausgebrochenen kriegerischen Auseinandersetzungen frühzeitig erfahren hatte und trotzdem eine mögliche Ausweichstrecke nicht gewählt hatte. Das Fahrzeug bleibt wegen der Kämpfe stocken. Die Auslieferung der Ware verzögert sich um mehrere Wochen gegenüber dem vereinbarten Liefertermin. Der Käufer will deshalb Schadensersatz vom Verkäufer.

Lösung

Der Verkäufer haftet wegen verzögerter Belieferung nach Art. 45 I lit. b) CISG in Verbindung mit Art. 30, 33 CISG auf Schadensersatz. Fraglich ist, ob eine Befreiung nach Art. 79 CISG eingreift. Da hier der Verkäufer zur Erfüllung seiner Lieferpflichten einen Subunternehmer eingesetzt hat, ist auf Art. 79 II CISG abzustellen. Das Fuhrunternehmen ist Dritter, da es selbstständig für den Verkäufer tätig wurde und auch nicht in seinen Organisationsbereich eingegliedert ist. Der doppelte Entlastungsbeweis gelingt dem Verkäufer hier aber schon deshalb nicht, weil der Hinderungsgrund (Blockade der ursprünglichen Strecke infolge kämpferischer Auseinandersetzungen) leicht durch Wahl einer Ausweichstrecke hätte überwunden werden können (Art. 79 II lit. b) CISG). Damit bleibt es bei der Schadensersatzpflicht des Verkäufers.

9.7.2.4.2.3 Vorübergehende Leistungshindernisse, Benachrichtigungspflichten, andere Rechtsbehelfe (Art. 79 III–V CISG)

Nur für die Dauer ihres Vorliegens befreien vorübergehende Leistungshindernisse den Schuldner von seiner Leistungspflicht, Art. 79 III CISG. Danach muss er wieder leisten.

Die Partei, die nicht erfüllt, hat der anderen Partei den Hinderungsgrund und seine Auswirkungen auf die Vertragsdurchführung mitzuteilen, Art. 79 IV 1 CISG. Tut sie dies nicht rechtzeitig, kann sie zwar ggf. eine etwaige Entlastung unter den Voraussetzungen von Abs. 1 oder 2 für sich in Anspruch nehmen, haftet aber wegen verspäteter Mitteilung der anderen Partei auf Ersatz des daraus entstehenden Vertrauensschadens, Art. 79 IV 2 CISG.

---

[575] Schlechtriem/Schwenzer/*Schwenzer* CISG Art. 79 Rn. 34.

Die Befreiungstatbestände der Abs. 1 und 2 betreffen ausschließlich Schadensersatzansprüche. Die Ausübung anderer Rechtsbehelfe wird davon nicht betroffen, Art. 79 V CISG.

9.7.2.4.2.4 Eigenverursachung durch den Betroffenen (Art. 80 CISG)

Falls der Gläubiger die Nichterfüllung von Vertragspflichten seitens der anderen Partei durch eigenes Handeln oder Unterlassen selbst verursacht hat, ist die andere Partei von ihren Schadensersatzpflichten und allen sonstigen Pflichten wegen Nichterfüllung frei, Art. 80 CISG. Diese Regelung entspringt dem Grundsatz von Treu und Glauben (Art. 7 I CISG), der es verbietet, einen anderen für einen Schaden verantwortlich zu machen, den man selbst verursacht hat. Wer es zB als Käufer unterlässt, sich um eine Importgenehmigung zu kümmern oder eine falsche Lieferanschrift mitteilt, kann den Verkäufer nicht auf Schadensersatz wegen verspäteter Lieferung in Anspruch nehmen.[576]

Art. 80 CISG betrifft nach seiner klaren Formulierung aber nicht nur Schadensersatzansprüche, sondern der Schuldner wird von allen Verpflichtungen befreit, die aus der Nichterfüllung von Vertragspflichten resultieren. Der Gläubiger kann also auch nicht die sonstigen Rechtsbehelfe wie die Rechte auf Erfüllung, zur Vertragsaufhebung und zur Minderung geltend machen, soweit er selbst die Nichterfüllung verursacht hat.[577]

Umstritten sind die Fälle **beiderseitiger Verursachung** der Nichterfüllung. Nach einer Meinung soll es dann bei der Schadensersatzpflicht bleiben,[578] während nach wohl überwiegender Meinung eine Haftungsbefreiung nach Maßgabe der jeweiligen Verursachungsbeiträge stattfinden soll.[579] Letzterer Meinung ist der Vorzug zu geben. Zunächst spricht der Wortlaut eher für eine solche Deutung: „Eine Partei kann sich auf die Nichterfüllung ... nicht berufen, soweit diese Nichterfüllung durch ihre Handlung ... verursacht wurde". Im englischen und französischen Original kommt dies noch deutlicher zum Ausdruck:[580] dort wird statt „soweit" die Formulierung „in dem Maße wie" gebraucht. Das lässt auf eine proportionale Betrachtung der Verursachungsbeiträge schließen. Eine solche differenzierte Betrachtung entspricht auch stärker dem Gerechtigkeitsgedanken, der eine Abwägung von Verursachungsbeiträgen nahe legt.

9.7.2.4.3 Schadensumfang (Art. 74–77 CISG)

Die Art. 74–77 CISG regeln Art und Umfang des zu ersetzenden Schadens, vorausgesetzt, dass eine Schadensersatzpflicht dem Grunde nach gemäß Art. 45 I lit. b) CISG besteht. Regelvorschrift ist Art. 74 CISG, die durch Art. 75 und 76 CISG für

---

[576] Schlechtriem/Schwenzer/*Schwenzer* CISG Art. 80 Rn. 3 auch mit weiteren Beispielen.
[577] Schlechtriem/Schwenzer/*Schwenzer* CISG Art. 80 Rn. 8.
[578] So *Piltz* IntKaufR Rn. 4–424; Soergel/*Lüderitz/Dettmeier* CISG Art. 80 Rn. 3.
[579] So Schlechtriem/Schwenzer/*Schwenzer* CISG Art. 80 Rn. 9; Honsell/*Magnus* CISG Art. 80 Rn. 12; GK-HGB/*Achilles* CISG Art. 80 Rn. 4; Ferrari/*Saenger* CISG Art. 80 Rn. 3.
[580] Der englische Text von Art. 80 lautet „A party may not rely on a failure of the other party to perform, **to the extent that** such failure was caused by the first party's act or omission". Im französischen heißt es an der entscheidenden Stelle: „„... dans la mesure où ...", also im Maße wie.

Sonderfälle modifiziert wird. Schließlich beinhaltet Art. 77 CISG Schadensminderungspflichten, auf die bereits oben eingegangen wurde.

9.7.2.4.3.1 Grundaussagen von Art. 74 CISG

Art. 74 CISG trifft zwei Grundaussagen:[581] Der Schadensumfang wird bestimmt durch

- den Grundsatz des vollständigen Schadensausgleichs (**Totalreparation oder full compensation**), Satz 1,
- die Beschränkung auf den vorhersehbaren Schaden (**Vorhersehbarkeitsregel oder foreseeability**), Satz 2.

Nach Art. 74 S. 1 CISG hat die vertragsbrüchige Partei der anderen Partei den infolge der Vertragsverletzung entstandenen Verlust einschließlich des entgangenen Gewinns zu ersetzen. Dieser Ersatz hat – wie sich aus dem englischen Text deutlicher erschließt[582] – ausschließlich in Geld zu erfolgen (Prinzip des Geldersatzes, nicht wie in § 249 I BGB der Grundsatz der Naturalrestitution) und er hat den Schaden vollständig auszugleichen. Hinter dem kurzen Text von Art. 74 S. 1 CISG verbergen sich bei genauer Betrachtung drei Grundsätze:[583]

- Schadensausgleichsfunktion,
- Totalreparation sowie
- Geldersatz.

9.7.2.4.3.2 Ersatzfähiger Schaden

Zu ersetzen ist dem Geschädigten der entstandene Verlust einschließlich entgangenen Gewinns („loss, including loss of profit"). Hier kann unterschieden werden[584] zwischen

- Nichterfüllungsschäden,
- Begleitschäden und
- Folgeschäden.

Bild 28: Ersatzfähiger Schaden

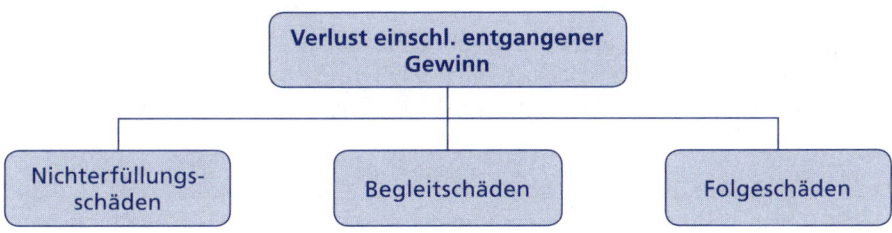

---

[581] Schlechtriem/Schwenzer/*Schwenzer* CISG Art. 74 Rn. 2.
[582] Art. 74: „Damages for breach of contract by one party consist of a **sum equal to the loss,** including loss of profit …".
[583] MüKoBGB/*Huber* CISG Art. 74 Rn. 2.
[584] Schlechtriem/Schwenzer/*Schwenzer* CISG Art. 74 Rn. 20.

9.7.2.4.3.2.1 Nichterfüllungsschäden

Nichterfüllungsschäden stehen schadensersatzrechtlich im Vordergrund. Das liegt auf der Hand. Bei Abschluss von Kaufverträgen hat der Käufer ein primäres Interesse am Erhalt der Ware, und zwar in vertragsgemäßem Zustand und frei von Rechtsmängeln. Wird dieses Interesse an Erfüllung frustriert, muss er einen Ausgleich wegen Nichterfüllung erhalten. Im Mittelpunkt stehen Nichtlieferung, verspätete Lieferung und vertragswidrige Lieferung.

Bei **Nichtlieferung** erleidet der Käufer einen Mangelschaden, weil er für den Kaufpreis keinen Gegenwert erhält. Wird der Kaufvertrag in diesem Fall aufgehoben, so kann er diesen Mangelschaden ggf. nach Art. 75 und 76 CISG entsprechend den Kosten eines Deckungskaufs oder anhand des Marktpreises der Ware ersetzt verlangen.

> **Beispiel:** Der Käufer erhält die versprochene Rohstofflieferung nicht. Er erklärt nach vergeblicher Fristsetzung die Vertragsaufhebung und tätigt einen Deckungskauf und muss dafür 15 % Mehrkosten aufwenden.

Bild 29: Nichterfüllungsschäden

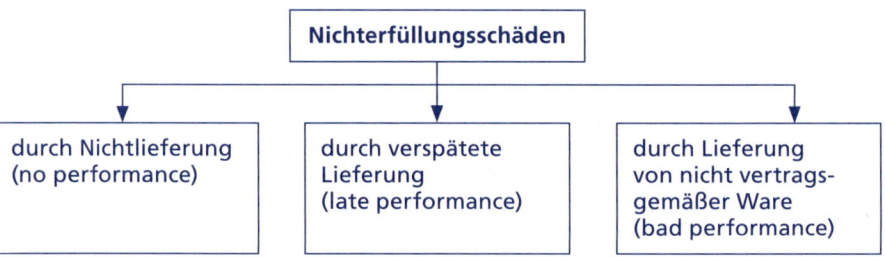

In einem solchem Fall kann er nach Art. 75 CISG nach der Vertragsaufhebung, die hier nach Art. 49 I lit. b) CISG gerechtfertigt war, den Mehrbetrag von 15 % auf den Kaufpreis als Schadensersatz geltend machen. Denn Art. 75 CISG erlaubt, „den Unterschied zwischen dem vereinbarten Preis und dem Preis des Deckungskaufs" als Schadensersatz zu verlangen.

Verspätete Lieferung (Lieferverzug) gibt dem Käufer einen Anspruch auf Ersatz des hieraus resultierenden Schadens. Dazu gehören zB die Kosten für die vorübergehende Anmietung eines Ersatzgegenstandes für die ausgebliebene Warenlieferung.

Praxisfall:

Ein Caravan-Center C kauft für die Sommersaison 2013 bei einem ausländischen Hersteller H insgesamt zehn Wohnmobile, lieferbar bis 16. Woche. Für alle Wohnmobile sind mit Kunden bereits Mietverträge geschlossen. Nachdem diese nicht pünktlich geliefert werden, mietet C anderweitig entsprechende Wohnmobile an, um seine Kunden zufrieden zu stellen. Erst in der 22. Woche liefert H die bestellten Fahrzeuge an C aus. Dieser nimmt ihn auf Ersatz der Mietkosten für die Zeit zwischen der 17. und 22. Woche in Anspruch. Die Mietkosten belaufen sich pro Tag und Fahrzeug auf 100 EUR und insgesamt auf 3.500 EUR.

> **Lösung**
>
> Der Anspruch auf Ersatz der Mietkosten könnte sich dem Grunde nach aus Art. 45 I lit. b) CISG ergeben. Dann müsste eine Vertragsverletzung vorliegen. Dies ist der Fall, da H seine Lieferpflichten gemäß Art. 33 lit. a) CISG verletzt hat. Der Anspruch ist folglich dem Grunde nach gegeben.
>
> Der Schadensumfang erfasst nach Art. 74 S. 1 CISG den durch die Vertragsverletzung entstandenen Verlust. Infolge des Lieferverzuges entstand für C die unfreiwillige Notwendigkeit einer vorübergehenden Ersatzbeschaffung. Diese Maßnahme war nach den Umständen geboten, da C mit seinen Kunden bereits Mietverträge geschlossen hatte und bei seinen Kunden bei Nichtverschaffung der Wohnmobile regresspflichtig geworden wäre. Zur Abwendung solcher weitergehenden Schäden hat C Mietaufwendungen getätigt, die er nunmehr als ersatzfähigen Schaden auf H abwälzen kann.

Bei Lieferung **nicht vertragsgemäßer Ware** oder von Ware mit Rechtsmängeln erleidet der Käufer einen Mangelschaden, den er als Nichterfüllungsschaden und damit als Verlust liquidieren kann. Hier liegt der Schaden darin, dass er für den vereinbarten Kaufpreis nicht den (vollen) Gegenwert erhält, also einen Äquivalenzverlust erleidet.

> **Beispiel:** Der aus China importierte Tee ist von minderwertiger Qualität und kann nur mit Preisabschlägen weiter verkauft werden. Importeur I macht daher Schadensersatzansprüche in Höhe dieser Preisabschläge gegen den in Peking ansässigen Verkäufer geltend.

Die Ware war nicht vertragsgemäß (Art. 35 CISG), sodass der Käufer nach Art. 45 I lit. b) CISG zu Recht Schadenersatz verlangt. Ausgleichsfähig ist der eingetretene Verlust, der in dem Mangelwert der Ware liegt (Art. 74 S. 1 CISG) und hier den eingeräumten Preisnachlässen entspricht.

> **Weiteres Beispiel:** Die gelieferten Fahrzeuge besitzen nicht die vereinbarten Reservereifen. Nacherfüllungsansprüche werden vom Verkäufer abgelehnt. Darauf rüstet der Käufer auf eigene Kosten nach und verlangt diese Kosten vom Verkäufer erstattet.

Die Fahrzeuge entsprachen wegen der fehlenden Reserveräder nicht der vereinbarten Beschaffenheit. Sie waren daher nach Art. 35 I CISG nicht vertragsgemäß. Dies gibt dem Käufer – abgesehen von etwaigen anderen Rechtsbehelfen – nach Art. 45 I lit. b) CISG einen Anspruch auf Schadensersatz. Der Schaden besteht in den getätigten Aufwendungen für die Ersatzreifen, Art. 74 S. 1 CISG.

9.7.2.4.3.2.2 Begleitschäden

Dabei handelt es sich um durch die Vertragsverletzung bedingte Aufwendungen, die nicht der Befriedigung des Erfüllungsinteresses dienen, sondern zusätzliche Nachteile abwenden sollen.[585] Zu denken ist etwa an zusätzliche Transportkosten, die dem Käufer dadurch entstehen, dass der Verkäufer zunächst unbrauchbare Ware geliefert hatte. Vorstellbar sind auch unnötige Lagerungskosten für mangelhafte Ware oder Kosten zur Feststellung von Schäden.

---

[585] Schlechtriem/Schwenzer/*Schwenzer* CISG Art. 74 Rn. 27.

9.7.2.4.3.2.3 Folgeschäden

Unter Folgeschäden sind zusätzliche, über die Nichterfüllung hinausgehende Verluste zu verstehen, etwa durch die Inanspruchnahme des Käufers durch Dritte. Auch Rechtsverfolgungskosten sind nach überwiegender Meinung als Folgeschäden zu ersetzen.[586] So sind anwaltliche Mahngebühren nach Eintritt des Verzugs erstattungsfähig. Zu ersetzen sind ferner Reputationsschäden (good-will-Schäden), die darin bestehen, dass das geschäftliche Ansehen bei den Kunden durch den Verkauf mangelhafter Ware leidet.[587]

Schließlich sind auch Mangelfolgeschäden erfasst, die durch Lieferung mangelhafter Ware an sonstigen Rechtsgütern des Käufers entstehen.[588] Es geht vor allem um Sachschäden; Personenschäden werden wegen Art. 5 CISG nicht erfasst. Diese beurteilen sich nach unvereinheitlichtem nationalen Recht.

Beispiel:[591] Die vom Verkäufer an den Käufer gelieferte Maschine ist mangelhaft und löst einen Brand aus, bei dem die Fabrikhalle des Käufers zerstört wird.

Die Schäden infolge der Zerstörung der Fabrikhalle sind nach zutreffender Auffassung[590] ersatzfähige Mangelfolgeschäden iSv Art. 74 S. 1 CISG. Die Streitfrage, ob daneben noch konkurrierend nationales Deliktsrecht zur Anwendung kommt,[591] kann hier dahinstehen.

9.7.2.4.3.2.4 Entgangener Gewinn, frustrierte Aufwendungen

In Art. 74 S. 1 CISG wird der **entgangene Gewinn („loss of profit")** ausdrücklich als ersatzfähiger Verlust bezeichnet. Während es bei den bisher angesprochenen Verlusten um unfreiwillige Einbußen an dem vorhandenen Vermögen geht,[592] betrifft der entgangene Gewinn eine verhinderte künftige Vermögensmehrung. Typisches Beispiel ist der frustrierte Weiterverkaufsgewinn.

Beispiel: Der deutsche Importeur I wartet vergeblich auf die gekauften Weihnachtsbäume aus Rumänien, die ihm der in den Karpaten ansässige Exporteur für 30.000 EUR mit Liefertermin Anfang Dezember verkauft hatte. Eine gesetzte Nachfrist verstreicht erfolglos. Bei Weiterverkauf der Bäume hätte I – wie in den Vorjahren – mit einem Gewinn von 15.000 EUR rechnen können.

---

[586] MüKoBGB/*Huber* CISG Art. 74 Rn. 42 ff.; Staudinger/*Magnus* (2013) CISG Art. 74 Rn. 52.
[587] Für Erstattungsfähigkeit die hM, vgl. Schlechtriem/Schwenzer/*Schwenzer* CISG Art. 74 Rn. 34 mN.
[588] so *Schlechtriem* UN-KaufR Rn. 40. Differenzierend jetzt in der Neuauflage *Schlechtriem/ Schroeter* Rn. 188 ff. Der BGH hat die Frage bisher offen gelassen, BGH ZIP 2012, 2349.
[589] MüKoBGB/*Huber* CISG Art. 74 Rn. 41 Fn. 101.
[590] *Schlechtriem* UN-KaufR Rn. 40; Schlechtriem/Schwenzer/*Schwenzer* CISG Art. 74 Rn. 35; Ferrari/*Saenger* CISG Art. 74 Rn. 4; BGH NJW 1999, 1259. Anders jetzt *Schlechtriem/Schroeter* UN-KaufR Rn. 191.
[591] Dazu näher Schlechtriem/Schwenzer/*Schwenzer* CISG Art. 74 Rn. 35 mN zum Diskussionsstand.
[592] Nicht unbedingt nur des „bei Vertragsschluss" vorhandenen Vermögens – so Schlechtriem/ Schwenzer/*Schwenzer* CISG Art. 74 Rn. 36, sondern ggf. auch eines späteren Vermögensstatus, wie etwa bei Folgeschäden.

Wegen Vertragsverletzung – Nichtlieferung, Art. 30 CISG – steht dem Käufer nach Art. 45 I lit. b) CISG ein Schadensersatzanspruch gegen den Exporteur zu. Ersatzfähig ist nach Art. 74 S. 1 CISG auch der entgangene Gewinn, der sich hier aus dem zu erwartenden Weiterverkauf der Weihnachtsbäume ergibt. Folglich kann der Käufer den zu erwartenden Gewinn von 15.000 EUR von dem Exporteur ersetzt verlangen.

Der Gläubiger muss den entgangenen Gewinn allerdings konkret nachweisen, da es keine dem § 252 BGB entsprechende Regelung im CISG gibt.[593] Dabei hat er ggf. ersparte Aufwendungen für den konkreten Weiterverkauf abzuziehen, wie zB ersparte Miet- und Personalaufwendungen bei einer Verkaufsaktion für die Weihnachtsbäume. Im Unterschied zu diesen Spezialkosten sind aber die allgemeinen Geschäftskosten nicht abzuziehen.[594]

Andererseits sind frustrierte Aufwendungen, die sich nunmehr mangels Lieferung oder infolge verspäteter oder vertragswidriger Lieferung als nutzlos herausstellen, als ersatzfähige Schäden anzuerkennen.[595] Die Aufwendungen müssen im Vertrauen auf die Erfüllung des Vertrages getätigt worden sein und nunmehr infolge der Vertragsverletzung ihren Sinn verloren haben; außerdem müssen sie angemessen und geeignet gewesen sein.[596]

> **Beispiel:** Käufer K hat bei Exporteur E einen fertigen Messestand für 20.000 EUR gekauft, den er auf der Frankfurter Buchmesse aufstellen wollte. Die Lieferung bleibt trotz Nachfristsetzung aus. K sagt daher bei der Messegesellschaft seine Beteiligung ab, bleibt aber auf 50 % Stornokosten iHv 5.000 EUR sitzen.

Es handelt sich hier um Aufwendungen, die K im Vertrauen auf die Erfüllung seines Kaufvertrages über den Messestand getätigt hat und die jetzt keinen Sinn mehr ergeben, da K ohne den Messestand keine Ausstellung durchführen kann. Die Messebeteiligungskosten von ursprünglich 10.000 EUR erscheinen durchaus angemessen und geeignet für die vorgestellte Präsentation. Folglich handelt es sich bei den Stornokosten um ersatzfähige Schäden (Art. 74 S. 1 CISG), die von K im Rahmen seines Schadensersatzanspruchs nach Art. 45 I lit. b) CISG gegen E geltend gemacht werden können.

9.7.2.4.3.2.5 Materieller und immaterieller Schadensersatz

Art. 74 ff. CISG unterscheiden nicht zwischen materiellen und immateriellen Schäden, sodass Letztere grundsätzlich auch ersatzfähig sind.[597] Da jedoch Personenschäden nach Art. 5 CISG vom Anwendungsbereich des Übereinkommens ausgeschlossen sind, bleiben kaum Anwendungsfälle für immateriellen Schadensersatz. Der Frust über das Ausbleiben der Lieferung („pain and suffering") kann jedenfalls keine Schmerzensgeldansprüche auslösen, weil dieser nicht vom Schutzgedanken kaufrechtlicher Schadensersatzansprüche erfasst ist. Der Käufer soll beim internationalen Kaufvertrag nicht in seinem ungestörten Lebensgenuss geschützt werden.[598] Mit einem etwaigen „mental distress" muss er als Profi selbst zurechtkommen.

---

[593] MüKoBGB/*Huber* CISG Art. 74 Rn. 58.
[594] Ferrari/*Saenger* CISG Art. 74 Rn. 7.
[595] Schlechtriem/Schwenzer/*Schwenzer* CISG Art. 74 Rn. 38.
[596] MüKoBGB/*Huber* CISG Art. 74 Rn. 47.
[597] Schlechtriem/Schwenzer/*Schwenzer* CISG Art. 74 Rn. 39.
[598] Überzeugend Schlechtriem/Schwenzer/*Schwenzer* CISG Art. 74 Rn. 39.

9.7.2.4.3.3 Vorhersehbarkeit des Schadens

Art. 74 S. 2 CISG schränkt den zu ersetzenden Schaden auf den Verlust ein, den die vertragsbrüchige Partei bei Vertragsabschluss als mögliche Folge der Vertragsverletzung vorausgesehen hat oder hätte voraussehen müssen. Damit sollen uferlose Schadensfolgen auf ein für den Schuldner bei Vertragsabschluss überschaubares Haftungsrisiko begrenzt werden. Dabei kommt es nicht auf eine exakte Einschätzung des Kausalverlaufs oder des genauen Schadens an, sondern auf die ungefähre Beurteilung aus der Sicht des Schuldners.[599] Es ist auf einen objektiven Maßstab abzustellen und zu fragen, ob und inwieweit nach den Umständen des Falles bei normalem Verlauf der Dinge einer verständigen Vertragspartei die Schadensfolgen als ausgesprochen fern liegend erscheinen mussten.[600]

Dabei gilt, dass Nichterfüllungsschäden, insbesondere Mangelschäden und Verzugsschäden, Begleitschäden und Folgeschäden regelmäßig vorhersehbar sind.[601] Nur bei exotischen Mangelfolgeschäden, die etwa infolge einer ganz ungewöhnlichen Nutzung der Ware entstanden sind, mögen im Einzelfall die eingetretenen Schadensfolgen ungewöhnlich sein.

> **Beispiel:**[602] Reederei R in Hamburg kauft von einer chinesischen Schiffswerft W ein neues Schiff. Infolge eines Lecks im Tank entweicht bei R Öl, das ca. 3 km weiter auf einer anderen Werft des X anlandet. Infolge Schweißarbeiten kommt es zu einem Funkenflug, der das Öl anzündet und ein Schiff auf der Werft des X in Flammen aufgehen lässt.

Während das Auslaufen des Öls als solches infolge des Tanklecks vorhersehbar ist, erscheint die Schadensfolge, dass in ca. 3 km Entfernung durch einen unglücklichen Funkenflug bei Schweißarbeiten das Öl entzündet wird und dies ein anderes Schiff in Flammen setzt, als außerordentlich entfernter Folgeschaden, für den man die chinesische Schiffswerft mangels Vorhersehbarkeit nicht wird regresspflichtig machen können. Denn für diese war auch nicht annähernd voraussehbar, dass als Folge ihrer Vertragsverletzung ein Schaden wie der Nämliche eintreten konnte.

9.7.2.4.3.4 Berechnung des Schadens

Die Schadensberechnung muss – abgesehen von den Ausnahmefällen der Art. 75 und 76 CISG – konkret vorgenommen werden. Eine abstrakte Schadensberechnung wird ganz überwiegend abgelehnt.[603] Es ist also konkret zu fragen, wie sich die Vermögenslage des Geschädigten nach dem Schadenseintritt tatsächlich darstellt und wie sie wäre, wenn das schädigende Ereignis nicht eingetreten wäre (Differenzrechnung). Dabei sind alle Positionen, die im Geschäftsverkehr einen wirtschaftli-

---

[599] Ferrari/*Saenger* CISG Art. 74 Rn. 9 mit Nachweisen der Rechtsprechung.

[600] OGH IHR 2002, 76; GK-HGB/*Achilles* CISG Art. 74 Rn. 10.

[601] GK-HGB/*Achilles* CISG Art. 74 Rn. 10; Schlechtriem/Schwenzer/*Schwenzer* CISG Art. 74 Rn. 51 ff. mit Fallgruppen.

[602] Inspiriert durch den Fall Overseas Tankship (UK) Ltd. v. Morts Dock& Engineering Co. (1961), wiedergegeben bei *Wörlen/Balleis/Angress* English Law II, S. 50.

[603] Staudinger/*Magnus* (2002) CISG Art. 74 Rn. 25; MüKoBGB/*Huber* CISG Art. 74 Rn. 21; Soergel/*Lüderitz/Dettmeier* CISG Art. 74 Rn. 1; teilweise abweichend Schlechtriem/Schwenzer/ *Schwenzer* CISG Art. 74 Rn. 41 bei Nutzungsausfallschäden.

chen Wert haben, mit einzubeziehen. Dies kann zB auch der good will einer Firma sein, der durch Auslieferung von mangelhafter Ware, die sie von einem Lieferanten erhalten hat, Schaden genommen hat.[604]

Andererseits ist in begrenztem Umfang auch eine **Vorteilsanrechnung** vorzunehmen, wenn der Geschädigte Aufwendungen erspart hat (zB für Zoll und Transport). Versicherungsleistungen, die der Geschädigte aufgrund einer freiwillig von ihm abgeschlossenen Versicherung erhalten hat, sind dagegen grundsätzlich nicht anzurechnen.[605] Diese sollen den Schädiger nicht zum Vorteil gereichen und ihn nicht entlasten.

9.7.2.4.4 Schadensminderungspflichten (Art. 77 CISG)

Die geschädigte Partei hat alle den Umständen nach angemessenen Maßnahmen zur Verringerung des Verlustes einschließlich des entgangenen Gewinns zu treffen. Versäumt sie dies, so kann die vertragsbrüchige Partei Herabsetzung des Schadensersatzes in Höhe des Betrags verlangen, um den der Verlust hätte verringert werden sollen, Art. 77 CISG. Diese Vorschrift enthält eine Obliegenheit zur Schadensminderung, die – ähnlich wie § 254 BGB – dazu führt, dass der ersatzfähige Schaden sich bei Versäumung von Schadensabwehrmaßnahmen reduziert. Relevant wird die Regelung besonders bei der Abwehr von Folgeschäden. So ist im Falle der Nichtlieferung einer Maschine ggf. eine vergleichbare Maschine auf dem freien Markt zu erwerben. Ein solcher Deckungskauf ist zB dann zur Begrenzung eines Betriebsausfallschadens vorzunehmen, wenn der aufgewandte Kaufpreis deutlich unter dem Marktpreis liegt.[606]

9.8 Pflichten des Käufers (Art. 53–60 CISG)

Kap. 3 des CISG befasst sich in den Art. 53–60 zunächst mit den Pflichten des Käufers und danach mit den Rechtsbehelfen, die dem Verkäufer bei einer Verletzung dieser Pflichten zustehen.

Die Pflichten des Käufers sind in Art. 53 CISG zusammengefasst. Sie werden in den Art. 54–60 CISG sodann näher spezifiziert.

Nach Art. 53 CISG hat der Käufer nach Maßgabe des Vertrages und des Übereinkommens

- den Kaufpreis zu zahlen und
- die Ware abzunehmen.

Dies entspricht der Aussage in § 433 II BGB. Während das BGB die nähere Präzisierung dieser Pflichten dem allgemeinen Schuldrecht überlässt, trifft das CISG für den internationalen Warenkauf kaufrechtsspezifische Regelungen in den Art. 54–60 CISG. Der größere Teil betrifft die Zahlung des Kaufpreises (Art. 54–59 CISG), während die Pflicht zur Abnahme nur in einer Norm (Art. 60 CISG) näher geregelt ist.

---

[604] MüKoBGB/*Huber* CISG Art. 74 Rn. 22, 39 (soweit berechenbar); Schlechtriem/Schwenzer/ *Schwenzer* CISG Art. 74 Rn. 34; LG München IHR 2010, 150 (152).
[605] MüKoBGB/*Huber* CISG Art. 74 Rn. 23.
[606] MüKoHGB/*Mankowski* CISG Art. 77 Rn. 11.

Bild 30: Pflichten des Käufers (Art. 53 CISG)

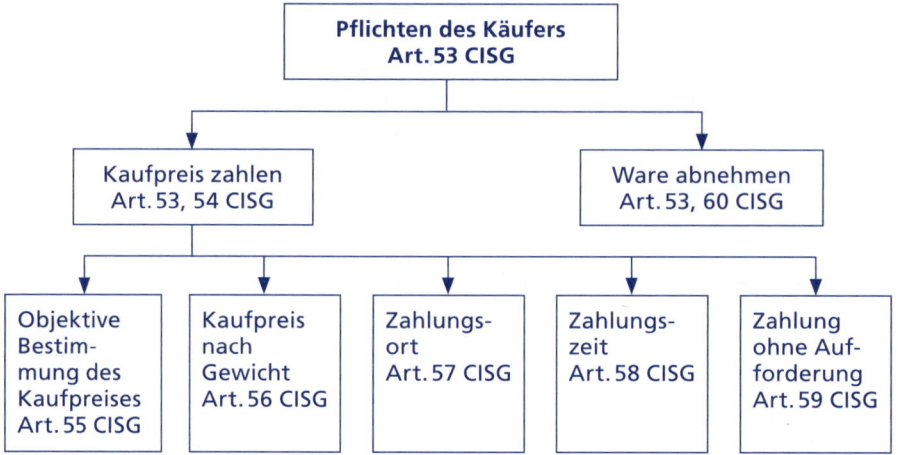

9.8.1 Zahlung des Kaufpreises

Die wichtigste Pflicht des Käufers besteht darin, den vereinbarten Kaufpreis zu zahlen. Diese Verpflichtung umfasst nach Art. 53–59 CISG, den Kaufpreis

- ohne besondere Aufforderung,
- in der vereinbarten oder ggf. in der zu bestimmenden Höhe,
- in der vereinbarten Währung,
- am vereinbarten Zahlungsort,
- zur vereinbarten Zeit,
- unter Beachtung der nach dem Vertrag oder den einschlägigen Rechtsvorschriften maßgeblichen Förmlichkeiten und Begleitmaßnahmen an den Verkäufer zu entrichten.

9.8.1.1 Höhe des Kaufpreises

Für die Höhe des Kaufpreises ist die getroffene Parteivereinbarung maßgeblich. Der Kaufpreis kann ausdrücklich oder stillschweigend festgesetzt werden.

> **Beispiel:** Wenn der Verkäufer zu festen Preislisten verkauft, ergibt sich der Vertragspreis aus einer stillschweigenden Bezugnahme auf diese Liste.[607]

Ggf. lassen sich auch aus früheren Geschäftsbeziehungen der Parteien Anhaltspunkte für eine Preisfestsetzung entnehmen.

Soweit weder eine ausdrückliche noch eine stillschweigende Kaufpreisfestsetzung möglich sind, ist nach Art. 55 CISG vorzugehen. Der Bestimmung ist zunächst zu entnehmen, dass der Vertrag bei fehlender Preisfestsetzung nicht infolge Dissens unwirksam ist.[608] Vielmehr gilt dann vermuteter Weise der Preis als stillschweigend

---

[607] Ferrari/*Mankowski* Art. 55 Rn. 4; Staudinger/*Magnus* (2002) CISG Art. 55 Rn. 8.

[608] Dies war bei den Vorarbeiten zum CISG ein äußerst umstrittenes Problem, da insoweit die nationalen Rechtsordnungen zu unterschiedlichen Ergebnissen kommen. Teilweise wird

vereinbart, der bei Vertragsschluss allgemein für derartige Ware berechnet wurde, die in dem betreffenden Geschäftszweig unter vergleichbaren Umständen verkauft wurde. Es ist also der **allgemein übliche** Preis maßgebend, der sich an dem vorherrschenden Preisniveau für Ware der gelieferten Art am Lieferort zu orientieren hat.[609] Maßgeblich sind die Verhältnisse zur Zeit des Vertragsabschlusses. Eine Hilfestellung für eine Preisfestsetzung können amtliche Preisnotierungen darstellen, sekundär auch nicht amtliche Preisnotierungen, zB an Warenbörsen.[610] Soweit Listenpreise existieren, sind diese zugrunde zu legen.[611]

Ansonsten wird es allerdings gerade bei Spezialartikeln schwer sein, einen allgemein üblichen Preis festzustellen. In diesen Fällen wird man sich am Durchschnittspreis orientieren müssen.[612]

Ist der Kaufpreis nach dem **Gewicht** der Ware festgesetzt, so bestimmt er sich im Zweifel nach dem Nettogewicht, Art. 56 CISG. Nettogewicht ist das Gesamtgewicht (Bruttogewicht) der Ware abzüglich Verpackung (Tara) beim Eintreffen der Ware am Lieferort.[613] Es handelt sich allerdings nur um eine Auslegungsregel. Falls die Parteien etwas anderes vereinbart haben, geht dies vor. So würde bei einer Vereinbarung „brutto für netto" kein Abzug für Verpackung vorzunehmen sein.[614]

9.8.1.2 Währung

In welcher Währung der Kaufpreis zu zahlen ist, regelt das CISG nicht. Falls die Parteien eine bestimmte Währung festgelegt haben, ist diese nach dem Grundsatz der Parteiautonomie maßgebend. Fehlt eine Vereinbarung, so ist auf die zwischen den Parteien geltenden Gebräuche und Gepflogenheiten gemäß Art. 9 I CISG abzustellen. Lassen sich diese nicht feststellen, so ist die Zahlung im Zweifel in der Verkäuferwährung zu leisten. Dies lässt sich vor allem damit begründen, dass der Zahlungsort in der Regel am Sitz des Verkäufers liegt, Art. 57 I lit. a) CISG. Dann erscheint es konsequent, dass auch die am Zahlungsort geltende Währung zugrunde zu legen ist.[615]

Gleichfalls umstritten ist die Frage, ob der Käufer die vereinbarte Währung ohne Zustimmung des Verkäufers einseitig abändern kann. Eine generelle **Ersetzungsbefugnis** des Käufers ist dem CISG nicht zu entnehmen und wird daher zu Recht abgelehnt.[616] Sie widerspricht der Parteiautonomie.[617] Danach ist der ursprünglich vereinbarten Währungsvereinbarung grundsätzlich Vorrang einzuräumen und

---

bei fehlender Festsetzung des Kaufpreises oder bei fehlenden Anhaltspunkten für eine Festsetzung ein wirksamer Vertragsschluss verneint, etwa im französischen Recht. Vgl. Schlechtriem/Schwenzer/*Hager/Maultzsch* CISG Art. 55 Rn. 1.

[609] *Piltz* IntKaufR Rn. 4–135 mN.

[610] Ferrari/*Mankowski* CISG Art. 55 Rn. 11.

[611] Schlechtriem/Schwenzer/*Hager/Maultzsch* CISG Art. 55 Rn. 8.

[612] *Piltz* IntKaufR Rn. 4–135; wohl auch Schlechtriem/Schwenzer/*Hager/Maultzsch* CISG Art. 55 Rn. 8.

[613] Staudinger/*Magnus* (2002) CISG Art. 56 Rn. 3.

[614] *Piltz* IntKaufR Rn. 4–133.

[615] Schlechtriem/Schwenzer/*Hager/Maultzsch* CISG Art. 54 Rn. 9; MüKoBGB/*Huber* CISG Art. 53 Rn. 19; *Piltz* IntKaufR Rn. 4–127 mwH zum Meinungsstand in Fn. 229.

[616] Ferrari/*Mankowski* CISG Art. 54 Rn. 24; Schlechtriem/Schwenzer/*Hager/Maultzsch* CISG Art. 54 Rn. 10; Staudinger/*Magnus* (2002) CISG Art. 53 Rn. 28.

[617] Schlechtriem/Schwenzer/*Hager/Maultzsch* CISG Art. 53 Rn. 10.

dem Käufer die Befugnis abzusprechen, einseitig die vereinbarte Währung zu verändern. Eine generelle Ersetzungsbefugnis entspricht zudem vielfach nicht der Interessenlage des Verkäufers, der bei Fremdwährungsgeschäften nicht selten Kurssicherungsgeschäfte im Hinblick auf die vereinbarte Währung geschlossen hat.[618] Eine Ausnahme ist allerdings nach Treu und Glauben dann zuzugestehen, wenn der Käufer aus devisenrechtlichen Gründen keine Zahlung in ausländischer Währung vornehmen kann.[619]

> **Beispiel:**[620] Ein österreichischer Importeur schuldete einer ungarischen Exportfirma aus Kauf die Zahlung einer bestimmten Summe in US-Dollar und wollte diese durch ungarische Währung ersetzen, weil er eine Gegenforderung in Forint hatte und mit dieser aufrechnen wollte.

Da eine Aufrechnung nur mit gleichartigen Forderungen möglich ist, stellte sich die Frage, ob die Hauptschuld vom Schuldner statt in der vereinbarten amerikanischen in eine andere, hier die ungarische Währung umgewandelt und somit aufrechnungsreif gemacht werden durfte. Der österreichische OGH lehnte dies mit Entscheidung v. 22.10.2001[621] ab, weil eine Ersetzungsbefugnis nach österreichischem Recht nur bei Inlandszahlungen statthaft sei und die vereinbarte Fremdwährungsschuld mangels abweichender Vereinbarung effektiv in der vereinbarten Währung zu zahlen sei.

9.8.1.3 Zahlungsort (Art. 57)

Dem Zahlungsort kommt die gleiche Bedeutung zu wie dem Lieferort für die Ware (Art. 31 CISG). Nur wenn der Käufer dem Verkäufer den Kaufpreis am rechten Ort (und zur rechten Zeit) übergibt, ist er seiner Zahlungspflicht aus Art. 53 CISG nachgekommen. Andernfalls verletzt er seine Vertragspflichten und setzt sich Rechtsbehelfen des Verkäufers nach Art. 61 CISG aus.

Der Zahlungsort hat nicht nur Bedeutung für die Kosten- und Gefahrtragung des Zahlungsvorgangs, sondern auch für den besonderen Gerichtsstand des Erfüllungsorts nach Art. 5 Nr. 1 lit. a) Brüssel I-VO. Die Regelung des Art. 57 CISG führt dann praktisch dazu, dass für Kaufpreisklagen regelmäßig die Gerichte des Verkäuferlandes zuständig sind.[622]

Art. 57 CISG trifft **drei zentrale Aussagen zum Zahlungsort**:

- Eine getroffene Parteivereinbarung ist vorrangig, andernfalls ist
- am Ort der Niederlassung des Verkäufers zu zahlen (lit. a)oder,
- wenn die Zahlung gegen Übergabe der Ware oder von Dokumenten zu leisten ist, am Ort der Übergabe von Ware oder Dokumenten (lit. b).

Der Zahlungsort wird in der Praxis häufig ausdrücklich **vereinbart**, kann sich aber auch aus zwischen den Parteien bestehenden Gebräuchen und Gepflogenheiten (Art. 9 I CISG) ergeben.[623] Haben die Parteien Abbuchung des Kaufpreises vom Konto

---

[618] So zu Recht *Piltz* IntKaufR Rn. 4–127.
[619] *Magnus* RabelsZ 53 (1989), 116 (133); Ferrari/*Mankowski* CISG Art. 54 Rn. 26.
[620] Beispielfall von *Schlechtriem/Schroeter* UN-KaufR 514.
[621] CISG-Online Nr. 614.
[622] Schlechtriem/Schwenzer/*Hager/Maultzsch* CISG Art. 57 Rn. 10.
[623] Vgl. auch zu den folgenden Beispielen *Piltz* IntKaufR Rn. 4–137 sowie Schlechtriem/Schwenzer/*Hager/Maultzsch* CISG Art. 57 Rn. 2.

des Käufers vereinbart, bedeutet dies, dass der Zahlungsort am Sitz der Käuferbank liegt.[624] Hat umgekehrt der Verkäufer die Kosten des Zahlungsverkehrs im Rahmen einer längeren Geschäftsbeziehung getragen, muss daraus auf den Zahlungsort am Sitz des Käufers geschlossen werden.[625]

Bei fehlender Vereinbarung zum Zahlungsort bestimmt sich dieser danach, ob eine der Parteien vorleistungspflichtig ist – dann lit. a) – oder Zug um Zug zu erfüllen ist – dann lit. b) –.

Soll der Käufer vorweg zahlen („Vorkasse") oder wird ihm umgekehrt der Kaufpreis über den Erhalt der Ware hinaus kreditiert, so hat nach Art. 57 I lit. a) CISG die Zahlung am Ort der Niederlassung des Verkäufers zu erfolgen. Die Zahlung ist also eine **Bringschuld**. Bei bargeldloser Zahlung ist die Zahlung infolgedessen nicht schon mit Zahlungsanweisung, sondern erst mit Gutschrift auf dem Konto des Verkäufers erfolgt. Verzögerungen oder Verluste gehen à conto des Käufers.[626]

> **Beispiel:** A weist den vorweg zu zahlenden Kaufpreis irrtümlich auf ein nicht existentes Konto an.

Das Verlustrisiko trägt der Käufer, da am Ort der Niederlassung des Verkäufers zu zahlen war (Art. 57 I lit. a) CISG) und kein Zahlungseingang erfolgt ist.

Bei Zug um Zug Zahlung bestimmt sich der Zahlungsort nach dem Ort der Übergabe der Ware oder der Dokumente, Art. 57 I lit. b) CISG. Typisch sind Fälle des Dokumenteninkassos („Kasse gegen Dokumente") oder Klauseln wie „Zahlung per Nachnahme" oder „cash against delivery".[627]

> **Beispiel:**[628] Ein deutscher Hersteller hat 43 Kisten Autozubehör an einen Händler in Frankreich verkauft. Im Vertrag ist vereinbart: „cash against delivery". Wo sind der Zahlungsort und der Gerichtsstand für eine Zahlungsklage?

Da kein Zahlungsort vereinbart war, wäre nach Art. 57 I lit. a) CISG der Ort der Niederlassung des Verkäufers maßgeblich oder bei Zahlung gegen Übergabe der Ware oder Dokumente nach Art. 57 I lit. b) CISG der Ort der Übergabe. Hier trifft Letzteres zu, da gegen Aushändigung der Ware zu zahlen war. Der Zahlungsort liegt daher beim Händler in Frankreich, wo die Aushändigung der Ware stattfinden soll.

Der Gerichtsstand der Zahlungsklage liegt ebenfalls nach Art. 2 I Brüssel I-VO am Sitz des Käufers in Frankreich. Ein besonderer Gerichtsstand des Erfüllungsorts nach Art. 5 Nr. 1 lit. a) CISG führt zu keinem weiteren Gerichtsstand in Deutschland. Vielmehr ist Erfüllungsort für den Zahlungsanspruch Frankreich. Die Zahlungsklage müsste daher dort erhoben werden.

Art. 57 II CISG bestimmt, dass der Verkäufer alle mit der Zahlung zusammenhängenden **Mehrkosten** zu tragen hat, die durch einen Wechsel seiner Niederlassung

---

[624] LG Trier v. 7.12.2000, CISG-online Nr. 595.
[625] LG Bielefeld v. 24.11.1998, CISG-online Nr. 697.
[626] Schlechtriem/Schwenzer/*Hager/Maultzsch* CISG Art. 57 Rn. 4 mwN.
[627] *Piltz* IntKaufR Rn. 4–139.
[628] *Siller* IntUN-KaufR Nr. 202 nach LG Nürnberg-Fürth v. 27.2.2003, CISG-online Nr. 818.

nach Vertragsschluss entstehen. Dies soll sinngemäß auch dann gelten, wenn der Verkäufer seine Kaufpreisforderung an einen Dritten abtritt.[629]

9.8.1.4 Zahlungszeit (Art. 58 CISG)

Die Fälligkeit des Kaufpreises wird nach Art. 58 CISG wie folgt geregelt.

In erster Linie entscheidet die getroffene Vereinbarung der Parteien über den Zahlungstermin, Art. 58 I 1 CISG.

Fehlt es daran, so ist der Kaufpreis zu zahlen, sobald der Verkäufer dem Käufer die Ware oder die Warendokumente zur Verfügung gestellt hat, Art. 58 I 1 CISG.

Der Verkäufer kann die Übergabe der Ware oder der Dokumente von der Zahlung abhängig machen (Zug-um-Zug-Prinzip), Art. 58 I 2 CISG.

Beim Versendungskauf kann der Verkäufer die Bestimmung treffen, dass die Ware oder die Dokumente dem Käufer nur gegen Zahlung des Kaufpreises zur Verfügung gestellt werden, Art. 58 II CISG.

Der Käufer muss den Kaufpreis erst zahlen, wenn er die Gelegenheit zur Untersuchung der Ware hatte, sofern nicht die vereinbarten Lieferungs- und Zahlungsbedingungen dies ausschließen, Art. 58 III CISG.

9.8.1.4.1 Vereinbarte Fälligkeit

Die Fälligkeit des Kaufpreises beurteilt sich primär nach der getroffenen Vereinbarung der Parteien, Art. 58 I 1 CISG. In der Praxis finden sich zB folgende Regelungen:[630]

Zahlbar netto Kasse:
Der Kaufpreis ist ohne Abzüge, sobald die Ware geliefert ist, zu zahlen.

Zahlbar netto 30 Tage:
Der Kaufpreis ist ohne Abzüge 30 Tage, nachdem die Ware geliefert wurde, zu zahlen.

Zahlbar gegen Rechnung oder Kasse gegen Faktura
Der Kaufpreis ist fällig, sobald die Ware geliefert und dem Käufer die Rechnung vorliegt.

9.8.1.4.2 Gesetzliche Fälligkeit

Haben die Parteien keine Fälligkeitsvereinbarung getroffen, so tritt die Fälligkeit mit dem Zurverfügungstellen der Ware oder der Dokumente, die zur Verfügung darüber berechtigen, ein, Art. 58 I 1 CISG. Hier ist zu unterscheiden:[631]

Beim **Platzkauf** (Übernahme der Ware beim Verkäufer oder an einem dritten Ort) steht die Ware dem Käufer dann zur Verfügung, wenn der Verkäufer die notwendigen Vorbereitungsmaßnahmen getroffen hat. Er muss insbesondere die Ware individualisiert und den Käufer informiert haben.

---

[629] Dazu ausführlich Ferrari/*Mankowski* CISG Art. 57 Rn. 13 ff.; im Ergebnis ebenso Schlechtriem/Schwenzer/*Hager/Maultzsch* CISG Art. 57 Rn. 8; *Piltz* IntKaufR Rn. 4–142.

[630] *Piltz* IntKaufR Rn. 4–149.

[631] Zum Folgenden *Schlechtriem* UN-KaufR Rn. 217; Schlechtriem/Schwenzer/*Hager/Maultzsch* CISG Art. 58 Rn. 4 ff.; ferner Ferrari/*Mankowski* CISG Art. 58 Rn. 8 ff.

Beim **Fernkauf** (Bringschuld; die Ware muss befördert und dem Käufer an dessen Niederlassung oder einem dritten Ort angedient werden) steht die Ware dem Käufer zur Verfügung, wenn sie sich dort befindet und der Verkäufer sie dem Käufer dort anbietet.

Beim **Verkauf eingelagerter Ware** steht die Ware dem Käufer zur Verfügung, wenn der Lagerhalter auf Veranlassung des Käufers das Besitzrecht des Käufers anerkennt und der Käufer die Ware untersuchen kann.

Beim **Versendungskauf und dem Verkauf reisender Ware** steht die Ware dem Käufer dann zur Verfügung, wenn die Ware dem Käufer am Bestimmungsort angeboten worden ist und eine Untersuchungsmöglichkeit bestand.

> **Beispiel:** Holzverkauf seitens eines finnischen Exporteurs an einen Importeur in Shanghai unter Verwendung der Handelsklausel „FOB". Das Holz wurde an Bord genommen. Wann ist der Kaufpreis fällig?

Falls darüber keine Vereinbarung getroffen wurde, ist der Kaufpreis nach Art. 58 I 1 CISG dann fällig, wenn dem Käufer die Ware zur Verfügung gestellt worden ist. Das ist nicht bereits die Übergabe an den ersten Beförderer nach Art. 31 lit. a) CISG und die Übernahme an Bord, sondern wie Art. 58 I 1 CISG deutlich macht, das Zurverfügungstellen der Ware am Bestimmungsort. Erst mit dem Anbieten der Ware am Bestimmungsort (Shanghai) und der Möglichkeit der Untersuchung der Ware dort ist der Kaufpreis fällig.[632]

9.8.1.4.3 Untersuchungsrecht des Käufers (Art. 58 III CISG)

Der Käufer hat vor Zahlung des Kaufpreises das Recht, die Ware zu untersuchen. Damit ist eine kurze oberflächliche Prüfung[633] gemeint, die dem Käufer die Möglichkeit geben soll, eine vertragswidrige Beschaffenheit rechtzeitig zu entdecken und dann den Kaufpreis zurückzuhalten.[634] Eine spätere ausführliche Untersuchung und Rüge nach Art. 38, 39 CISG wird dadurch nicht ausgeschlossen.

Diese Möglichkeit besteht aber nicht, wenn die Parteien sie durch ihre Lieferungs- oder Zahlungsbedingungen ausgeschlossen haben, Art. 58 III CISG. Das trifft zB im Falle der Klausel „Kasse gegen Dokumente" zu, die den Käufer verpflichtet, bei Vorlage der Dokumente sofort zu bezahlen.[635]

9.8.1.4.4 Zahlung ohne Aufforderung (Art. 59 CISG)

Der Kaufpreis ist zu dem vertraglich vereinbarten Zeitpunkt oder dem nach Art. 58 CISG bestimmten Termin zu zahlen, ohne dass es einer weiteren Aufforderung oder der Einhaltung von Förmlichkeiten bedürfte, Art. 59 CISG. Das bedeutet, dass weder eine Zahlungsaufforderung noch eine Mahnung nötig sind. Zahlt der Käufer nicht, so treten die Rechtsfolgen wegen Nichterfüllung nach Art. 61 CISG ohne Weiteres ein (zB Schadensersatz) und es können auch Zinsen nach Art. 78 CISG beansprucht werden.

---

[632] *Piltz* IntKaufR Rn. 4–155; Schlechtriem/Schwenzer/*Hager/Maultzsch* CISG Art. 58 Rn. 7.
[633] Schlechtriem/Schwenzer/*Hager/Maultzsch* CISG Art. 58 Rn. 11.
[634] *Schlechtriem/Schroeter* UN-KaufR Rn. 527.
[635] Schlechtriem/Schwenzer/*Hager/Maultzsch* CISG Art. 58 Rn. 12.

Beispiel:[636] Ein französischer Musikalienhändler kaufte von einem Schweizer Unternehmen 6.000 Audio CD's, die am 24. Mai bezahlt werden sollten. Nachdem nicht gezahlt wurde, verlangte der Verkäufer neben dem Kaufpreis auch Zinsen ab 25. Mai. Der Käufer wandte ein, der Verkäufer habe die Zahlung mindestens einmal anmahnen müssen. Zu Recht?

Zutreffenderweise entschied das Handelsgericht St. Gallen[637] zugunsten des Verkäufers, dass der Kaufpreis nach Art. 59 CISG ohne besondere Zahlungsaufforderung zu bezahlen ist und die Zinszahlungspflicht nach Art. 78 CISG gleichfalls ohne Mahnung eintritt. Es kommt nur darauf an, dass der Käufer es versäumt hat, den fälligen Kaufpreis zu bezahlen.

9.8.2 Abnahmepflicht

Neben der Pflicht zur Bezahlung des Kaufpreises trifft den Käufer die Pflicht zur Abnahme der Ware, Art. 53 CISG. Die Abnahmepflicht ist das Gegenstück zur Lieferungspflicht.[638] Sie besteht nach Art. 60 CISG aus zwei Elementen:

- **aus Mitwirkungspflichten und**
- **der Pflicht zur Übernahme der Ware.**

9.8.2.1 Mitwirkungspflichten des Käufers

Der Käufer muss alle Handlungen vornehmen, die vernünftigerweise von ihm erwartet werden können, damit dem Verkäufer die Lieferung ermöglicht wird und er sich von seiner Lieferpflicht befreien kann, vgl. Art. 60 lit. a) CISG. Der Käufer muss daher seinerseits die für die Lieferung nötigen rechtlichen und tatsächlichen Rahmenbedingungen herstellen.

Zu den rechtlichen Rahmenbedingungen zählen etwa:[639]

- das Beschaffen der notwendigen Importgenehmigungen,
- die Erledigung der Zollformalitäten im Importland,
- im Falle von Re-Exportverboten die Beibringung einer entsprechenden Verpflichtungserklärung, dass kein Re-Export erfolgt.

Zu den tatsächlichen Rahmenbedingungen, die der Käufer herstellen muss, kann zählen:[640]

- das Entladen der Ware,
- das Bereithalten von Geräten zum Abladen von Transportfahrzeugen,
- das Bereithalten von Lagerkapazitäten,
- bei Lieferung einer beim Käufer zu montierenden Maschine die Vorbereitung des Montageplatzes und das Bereithalten von Werkzeug und Material,
- bei einer Holschuld des Käufers Organisation und Durchführung des Transports,
- der Abruf der Ware oder
- die Durchführung von Vorarbeiten zwecks Übernahme der Ware.

---

[636] Nach *Siller* IntUN-KaufR Nr. 21.
[637] Handelsgericht St. Gallen v. 11.2.2003, CISG-online Nr. 900.
[638] *Piltz* IntKaufR Rn. 4–161.
[639] Näher dazu Ferrari/*Mankowski* CISG Art. 60 Rn. 10 bis 12.
[640] *Schlechtriem/Schroeter* UN-KaufR Rn. 531 sowie Ferrari/*Mankowski* CISG Art. 60 Rn. 13 und 14.

9.8.2.2 Übernahme der Ware

Der Käufer muss nach Art. 60 lit. b) CISG die Ware körperlich übernehmen. Er muss demzufolge die Ware entweder selbst oder durch Beauftragte physisch übernehmen, also den Besitz und die Verantwortung für die Ware übernehmen und den Verkäufer entsprechend entlasten.[641] Kurz gesagt ändert sich durch die Übernahme die **tatsächliche Sachherrschaft** über die Ware.

Ab dem Zeitpunkt der Übernahme ist der Käufer auch für die **Folgelasten** zuständig: Die Bewachung der Ware, Kühlung bei Tiefkühlware oder Beheizung von kälteempfindlicher Ware, Fütterung von Tieren etc sind ab Übernahme Sache des Käufers.[642] Er ist grundsätzlich auch für die Kosten des Übernahmevorgangs selbst verantwortlich, zB für die Kosten der Entladung und Neubeladung.[643]

Zur Abnahme gehört auch die **Abnahme der Dokumente**, die der Verkäufer nach Art. 34 CISG zu übergeben hat.

Dagegen meint Abnahme – anders als im Falle des § 640 BGB beim Werkvertrag, aber im Einklang mit der Abnahme nach § 433 II BGB beim Kaufvertrag – **nicht die Billigung** der Ware durch den Käufer. Der Käufer verliert daher mit der Abnahme nicht das Recht, später Mängel nach Maßgabe der Art. 38, 39, 43 CISG zu rügen und Rechtsbehelfe nach Art. 45 CISG geltend zu machen.[644]

Der Käufer muss die Übernahme zur rechten Zeit und am rechten Ort vornehmen, also korrespondierend zur Lieferpflicht des Verkäufers zur Lieferzeit am Lieferort.[645]

9.8.2.3 Verweigerung der Abnahme (Art. 52 CISG)

Art. 52 CISG regelt, dass der Käufer die Abnahme in zwei Fällen ablehnen kann, nämlich

- bei Lieferung vor dem festgesetzten Zeitpunkt – vorzeitige Lieferung –,
- bei Lieferung einer größeren als der vereinbarten Menge – Zuviellieferung –.

Bei vorzeitiger Lieferung steht es dem Käufer frei, die Ware abzunehmen oder die Abnahme zu verweigern, Art. 52 I CISG. Bei Zuviellieferung gilt das Gleiche bezüglich der zuviel gelieferten Menge, Art. 52 II CISG.

Im Übrigen fehlt es für die sonstigen Fälle vertragswidriger Anlieferung an Regelungen im CISG. Die vorherrschende Meinung geht dahin, dass bei Andienung mangelhafter Ware nicht schon jede Vertragsverletzung ausreicht, um die Ware zurückweisen zu können.[646] Es muss sich vielmehr um eine wesentliche Vertragsverletzung handeln (Art. 25 CISG), aufgrund derer der Käufer zu Recht Ersatzlieferung nach Art. 46 II CISG beanspruchen kann oder den Vertrag nach Art. 49 I lit. a) CISG aufheben kann. Bei nicht so gravierenden Vertragsverletzungen muss die Ware dagegen abgenommen werden.[647] Dem Käufer verbleiben dann Nachbesserungs-

---

[641] Ferrari/*Mankowski* CISG Art. 60 Rn. 2.

[642] Ferrari/*Mankowski* CISG Art. 60 Rn. 2.

[643] Ferrari/*Mankowski* CISG Art. 60 Rn. 7.

[644] Ferrari/*Mankowski* CISG Art. 60 Rn. 3.

[645] *Piltz* IntKaufR Rn. 4–167.

[646] Schlechtriem/Schwenzer/*Hager/Maultzsch* CISG Art. 60 Rn. 2a; *Schlechtriem/Schroeter* UN-KaufR Rn. 533; MüKoBGB/*Huber* CISG Art. 60 Rn. 9; *Piltz* IntKaufR Rn. 4–172; GK-HGB/*Achilles* CISG Art. 60 Rn. 3.

[647] OLG Frankfurt aM v. 18.1.1994 NJW 1994, 1013.

rechte (Art. 46 III CISG), Minderungsrechte (Art. 50 CISG) und Schadensersatzrechte (Art. 45 I lit. b) CISG).

Praxisfall:

Unternehmer H aus Mailand sollte als Hersteller italienischer Kaffeemaschinen 500 Maschinen eines bestimmten Typs an Importeur I in Köln liefern.

a) Liefertermin sollte der 6.5.2013 sein. H liefert bereits am 5.4.2013
b) H liefert termingerecht, aber nicht 500, sondern 600 Maschinen an.

Muss I abnehmen?

Lösung

Im Fall a) wurde vorzeitig angeliefert. I kann nach Art. 52 I CISG frei entscheiden, ob er die Ware abnimmt oder die Abnahme verweigert.

Im Fall b) hat H eine größere als die vereinbarte Menge angeliefert – 600 statt 500 Stück –, sodass I die Übermenge von 100 Maschinen abnehmen oder ihre Abnahme nach Art. 52 II 1 CISG verweigern kann. Nimmt der Käufer die Übermenge ganz oder teilweise ab, so hat er sie entsprechend dem vertraglichen Preis zu bezahlen, Art. 52 II 2 CISG.

Abwandlung des Praxisfalls:

Die Kaffeemaschinen werden in richtiger Menge und zur richtigen Zeit angeliefert, besitzen aber entgegen der vertraglichen Vereinbarung keine Aufschäumdüse. Kann I die Abnahme verweigern?

Lösung

Eine entsprechende gesetzliche Regelung im CISG fehlt. Mit der vorherrschenden Meinung[648] wird man ein Recht zur Verweigerung der Abnahme nur in gravierenden Fällen zugestehen können. Es fragt sich deshalb, ob eine wesentliche Vertragsverletzung vorliegt, die nach Art. 46 II CISG ein Recht zur Ersatzlieferung oder nach Art. 49 I lit. a) CISG zur Vertragsaufhebung begründet. Eine wesentliche Vertragsverletzung nach Art. 25 CISG liegt nur dann vor, wenn der Partei im Wesentlichen entgeht, was sie nach dem Vertrag erwarten durfte. Die Kaffeemaschinen sind hier nicht unverkäuflich, sondern auch ohne Aufschäumdüse auf dem Markt absetzbar. Es liegt also keine wesentliche, sondern nur eine einfache Vertragsverletzung vor, die Nachbesserungsrechte nach Art. 46 III CISG, Minderungsrechte nach Art. 50 CISG sowie Schadensersatzrechte nach Art. 45 I lit. b) CISG auslösen kann. Der Käufer muss dementsprechend die angedienten Maschinen abnehmen.

9.9 Rechtsbehelfe des Verkäufers wegen Vertragsverletzung durch den Käufer (Art. 61–65 CISG)

Die Rechtsbehelfe des Verkäufers sind in Art. 61 CISG zusammengefasst. Die Vorschrift orientiert sich in Aufbau und Inhalt stark an der Parallelnorm des Art. 45 CISG, der die Rechtsbehelfe des Käufers zum Gegenstand hat. Nach Art. 61 CISG hat der Verkäufer folgende Rechtsbehelfe:

---

[648] MüKoBGB/*Huber* CISG Art. 60 Rn. 9; GK-HGB/*Achilles* CISG Art. 60 Rn. 3.

Bild 31: Rechtsbehelfe des Verkäufers (Art. 61 ff., 78 CISG)

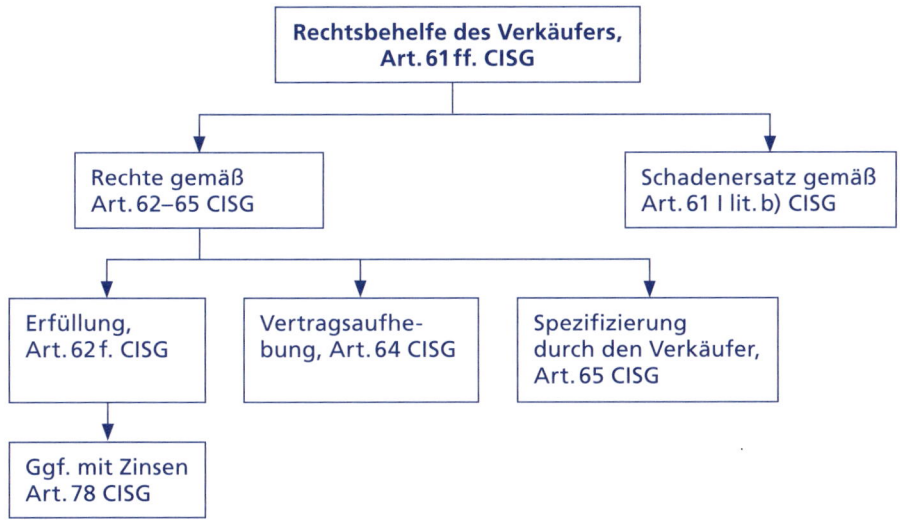

Dem Verkäufer stehen bei einer Vertragsverletzung des Käufers nach Art. 61 CISG vier Rechtsbehelfe zur Verfügung, nämlich

1. der Erfüllungsanspruch,
2. das Recht zur Vertragsaufhebung,
3. das Recht zur Spezifizierung,
4. das Recht auf Schadensersatz.

Daneben kann der Verkäufer ggf. nach Art. 78 CISG einen Anspruch auf Zinsen haben, zB bei Nichtzahlung des Kaufpreises.

9.9.1 Erfüllung

Der Verkäufer kann nach Art. 62 CISG vom Käufer verlangen, dass er

1. den Kaufpreis zahlt,
2. die Ware abnimmt,
3. seine sonstigen Pflichten erfüllt.

Diese Rechte stehen unter dem Vorbehalt, dass der Verkäufer keinen Rechtsbehelf ausgeübt hat, der mit diesem Verlangen unvereinbar ist.

Spiegelbildlich zu den Käuferansprüchen nach Art. 46 CISG kann der Verkäufer vom Käufer die Erfüllung aller Pflichten beanspruchen, die ihm nach dem Kaufvertrag und dem CISG obliegen. Art. 62 CISG unterstreicht, dass der Verkäufer das Recht hat, reale Erfüllung zu verlangen, und dass er sich nicht auf Schadensersatzansprüche verweisen lassen muss.[649] Das hat den Vorteil, dass der Erfüllungsanspruch keinen Schadensminderungspflichten unterliegt.[650] Art. 62 CISG bringt zum Ausdruck, dass der Vertrag in erster Linie mit dem vereinbarten Inhalt zur Durchführung gelangen

---

[649] MüKoBGB/*Huber* CISG Art. 62 Rn. 1.
[650] MüKoBGB/*Huber* CISG Art. 62 Rn. 9 f.

soll und der Verkäufer auf Einhaltung der Vertragspflichten bestehen kann[651] getreu dem Grundsatz, dass Verträge einzuhalten sind („pacta sunt servanda").

Allerdings ist in den angelsächsischen Ländern der Vorbehalt des Art. 28 CISG zu beachten, der unstreitig für den Abnahmeanspruch und für Ansprüche auf Erfüllung etwaiger weiterer Pflichten gilt. Ob auch der Zahlungsanspruch davon erfasst wird, ist umstritten, aber wegen des Wortlauts und der systematischen Stellung von Art. 28 CISG mit der vorwiegenden Meinung zu bejahen.[652] Das bedeutet, dass in den erwähnten Ländern eine Verurteilung zur Erfüllung nur unter zusätzlichen Einschränkungen erfolgt, wie zB in England, dass der Käufer bereits das Eigentum an der Ware erhalten haben muss.[653]

Außerdem ist zu beachten, dass der Verkäufer keinen Rechtsbehelf ausgeübt haben darf, der mit dem Erfüllungsverlangen unvereinbar ist. Das trifft bei einem Verlangen nach Vertragsaufhebung nach Art. 64 CISG ebenso zu wie bei einem Selbsthilfeverkauf nach Art. 88 CISG.[654] Schadensersatzansprüche nach Art. 61 lit. b) CISG sind davon aber nicht betroffen.

Zu den sonstigen Pflichten, deren Einhaltung der Verkäufer beanspruchen kann, zählen etwa eine Akkreditiveröffnung, Abruf oder Spezifizierung der Ware sowie die Einhaltung von Absatzbeschränkungen, zB des Verbots des Re-Imports.[655]

Um dem Anspruch auf Erfüllung Nachdruck zu verleihen, kann der Verkäufer nach Art. 63 I CISG dem Käufer eine Nachfrist setzen. Das führt im Regelfall zu einer Selbstbindung des Verkäufers gemäß Art. 63 II 1 CISG, der nunmehr von der Durchsetzung seines Erfüllungsanspruchs abgehalten wird. Der Käufer soll eine gesicherte Rechtsposition haben, die geschuldete Leistung innerhalb der Frist auch bewirken zu können.[656] Zum anderen bereitet die Fristsetzung bei fruchtlosem Ablauf den Boden für ein Vertragsaufhebungsverlangen nach Art. 64 I lit. b) CISG.

9.9.2 Aufhebung des Vertrages (Art. 64)

Der Verkäufer kann nach Art. 64 CISG in zwei Fällen die Aufhebung des Vertrages erklären, nämlich

1. wenn die Nichterfüllung einer dem Käufer obliegenden Pflicht eine **wesentliche** Vertragsverletzung darstellt, lit. a) oder
2. wenn der Käufer **nicht innerhalb** der nach Art. 63 I CISG vom Verkäufer gesetzten **Nachfrist** seiner Zahlungs- oder Abnahmepflicht nachkommt oder wenn er erklärt, dass er dies nicht innerhalb der so gesetzten Frist tun wird, lit. b).

Das Vorliegen einer wesentlichen Vertragsverletzung ist nach Art. 25 CISG zu beurteilen und hängt daher davon ab, ob die Vertragsverletzung für den Verkäufer solche Nachteile hat, dass seine Vertragserwartungen im Wesentlichen frustriert

---

[651] GK-HGB/*Achilles* CISG Art. 62 Rn. 1.
[652] MüKoBGB/*Huber* CISG Art. 62 Rn. 5; *Schlechtriem/Schroeter* UN-KaufR Rn. 558; ausführliche Diskussion bei Schlecht-riem/Schwenzer/*Hager/Maultzsch* CISG Art. 62 Rn. 6–12 mit Angabe des Streitstandes in Fn. 29.
[653] Schlechtriem/Schwenzer/*Hager/Maultzsch* CISG Art. 62 Rn. 8.
[654] MüKoBGB/*Huber* CISG Art. 62 Rn. 4.
[655] GK-HGB/*Achilles* CISG Art. 62 Rn. 2.
[656] GK-HGB/*Achilles* CISG Art. 62 Rn. 1.

werden. Hier ist nach den Zahlungs-, Abnahme- und sonstigen Pflichten des Käufers zu unterscheiden.

9.9.2.1 Verletzung der Zahlungspflicht

Die nicht rechtzeitige Zahlung des Kaufpreises stellt als solche im Regelfall keinen wesentlichen Vertragsbruch dar.[657] Denn das Interesse des Verkäufers an der Zahlung wird mit dem Zahlungsverzug normalerweise nicht infrage gestellt, sondern bleibt selbstverständlich erhalten. Hinzu kommt, dass für eine Nachfristsetzung nach Art. 64 I lit. b) CISG kein Bedürfnis bestehen würde, wenn man schon die Versäumung des Zahlungstermins als wesentliche Vertragsverletzung ansähe. Der Nachfristmechanismus wäre dann überflüssig.[658]

Praxisfall:

Der italienische Schuhfabrikant S verkaufte an den deutschen Importeur I Modeschuhe für 10.000 EUR, die gegen Vorkasse gezahlt werden sollten. I zahlte nicht. Darauf setzte ihm S eine letzte Zahlungsfrist von drei Wochen. Nach vergeblichem Fristablauf erklärt S gegenüber I die Aufhebung des Vertrages und verlangt außerdem Schadensersatz. Zu Recht?

Lösung

Die Vertragsaufhebung könnte nach Art. 64 I lit. b) CISG zulässig sein. Da Vorkasse vereinbart war, hätte I den Kaufpreis im Voraus zahlen müssen. Dies ist nicht geschehen, sodass eine Vertragsverletzung vorliegt. Diese ist allerdings nicht iSv lit. a) wesentlich, da S weiterhin an der Erfüllung des Geschäfts und insbesondere an dem Erhalt des Kaufpreises interessiert war. Daher muss nach lit. b) als weitere Voraussetzung hinzukommen, dass dem Käufer eine Nachfrist nach Art. 63 I CISG gesetzt wurde und er dennoch den Kaufpreis nicht innerhalb der gesetzten Frist bezahlt hat. S hat dem I eine Nachfrist von 3 Wochen zur Bezahlung gesetzt. I hat diese Frist verstreichen lassen, ohne zu bezahlen. Daher kann S nach Art. 64 I lit. b) CISG die Aufhebung des Vertrages verlangen.

Unbeschadet der Vertragsaufhebung kann S nach Art. 61 I lit. b) und II CISG Schadensersatz von I beanspruchen, da die Nichtzahlung des Kaufpreises eine Vertragsverletzung darstellt. Weitere Voraussetzungen, insbesondere ein Verschulden, sind nicht erforderlich.[659] Der Schaden ist nach Art. 74 CISG zu berechnen und besteht in der Differenz zwischen Herstellungskosten und vereinbartem Kaufpreis.

Nicht immer ist es erforderlich, eine Nachfrist zur Zahlung des Kaufpreises zu setzen. Sie entfällt nach Art. 64 I lit. a) CISG, wenn ausnahmsweise die Zahlungsverzögerung als wesentliche Vertragsverletzung zu werten ist. Das ist beispielsweise dann anzunehmen, wenn die Zahlungspflicht Fixcharakter hat oder wenn der Verkäufer bei starken Kursschwankungen der Zahlungswährung ein besonderes Interesse an pünktlicher Zahlung hat.[660]

---

[657] Schlechtriem/Schwenzer/*Hager/Maultzsch* CISG Art. 64 Rn. 5; *Schlechtriem/Schroeter* UN-KaufR Rn. 568; MüKoBGB/*Huber* CISG Art. 64 Rn. 6.

[658] MüKoBGB/*Huber* CISG Art. 64 Rn. 6.

[659] MüKoBGB/*Huber* Art. 61 Rn. 6 und Art. 74 Rn. 3.

[660] Schlechtriem/Schwenzer/*Hager/Maultzsch* CISG Art. 64 Rn. 5; MüKoBGB/*Huber* CISG Art. 64 Rn. 7.

Praxisfall:

Im Kaufvertrag über Saisonartikel finden sich folgende Klauseln:

„Ziffer 8: Lieferung
Die Lieferung erfolgt genau am 14.1.2013 am Distributionszentrum … des Käufers.

Ziffer 9: Zahlung
Die Zahlung hat fix zum 15.1.2013 zu erfolgen. Die Einhaltung dieses Zahlungstermins ist aus Refinanzierungsgründen unbedingt nötig."

Die Ware wird pünktlich ausgeliefert. Die Zahlung am 15.1. 2013 bleibt aus. Der Verkäufer erwägt daher die Aufhebung des Vertrages.

<table>
<tr><td>Lösung</td><td>Eine solche wäre nach Art. 64 I lit. a) CISG ohne zusätzliche Nachfristsetzung möglich, wenn die Nichterfüllung der Zahlungspflicht eine wesentliche Vertragsverletzung wäre. Grundsätzlich stellt eine Versäumung des Zahlungstermins keine wesentliche Vertragsverletzung dar, weil der Verkäufer nach wie vor ein Interesse an der Leistung des Kaufpreises hat. Dies ist hier jedoch wegen des Fixcharakters des Geschäfts möglicherweise anders zu bewerten. Es handelt sich um Saisonartikel, die der Verkäufer bei Ausbleiben der Zahlung ggf. kurzfristig anderweitig absetzen muss. Dementsprechend ist nicht nur die Lieferzeit zeitlich genau fixiert, sondern auch der Zahlungstermin: die Zahlung hat „fix", also präzise zu dem genannten Termin zu erfolgen. Dies wird dadurch unterstrichen, dass der Verkäufer aus Refinanzierungsgründen ausdrücklich auf unbedingte Einhaltung des Zahlungstermins bestanden hat, was ein deutliches Indiz für den Fixcharakter der Zahlungspflicht darstellt.[661] Eine Überschreitung dieser Frist stellt daher einen schweren Vertragsbruch dar und gibt dem Verkäufer ohne Weiteres das Recht, die Aufhebung des Kaufvertrages zu verlangen. Falls er sich dazu entschließt, müsste er eine entsprechende Erklärung gegenüber dem Käufer aussprechen, Art. 26 CISG.</td></tr>
</table>

Hinweis: Da die Frage der Wesentlichkeit der Vertragsverletzung im Einzelfall nur schwer zu beurteilen ist, bietet sich als sicherer Weg für den Verkäufer an, dem Käufer eine Nachfrist nach Art. 63 I CISG zu setzen und nach vergeblichem Ablauf der gesetzten Frist nach Art. 64 I lit. b) CISG die Aufhebung des Vertrages zu erklären.[662]

9.9.2.2 Verletzung der Abnahmepflicht und sonstiger Käuferpflichten

Ein solches Verfahren empfiehlt sich auch bei Verletzung der Abnahmepflicht seitens des Käufers, da ein Verstoß gegen die Abnahmepflicht ebenfalls regelmäßig keine wesentliche Vertragsverletzung darstellt.[663] Auch hier verliert der Verkäufer bei nicht pünktlicher Abnahme der Ware normalerweise nicht sein Interesse an der Durchführung des Vertrages. Er muss daher zur Vorbereitung einer evtl. Aufhebung des Vertrages dem Käufer grundsätzlich eine Nachfrist setzen. Etwas anderes kann gelten, wenn der Verkäufer an der pünktlichen Räumung seines Lagers ein beson-

---

[661] GK-HGB/*Achilles* Art. 25 Rn. 11.
[662] Schlechtriem/Schwenzer/*Hager/Maultzsch* CISG Art. 64 Rn. 8.
[663] MüKoBGB/*Huber* CISG Art. 64 Rn. 9; *Schlechtriem/Schroeter* UN-KaufR Rn. 571.

deres Interesse hat, zB weil er selbst das Lager zu einem bestimmten Zeitpunkt leeren muss.

Für die Verletzung **sonstiger Käuferpflichten** (Art. 62 Alt. 3 CISG) gilt Ähnliches. Stets ist zu prüfen, ob ihre Verletzung im Einzelfall wesentlich ist, sodass die Vertragsaufhebung nach Art. 64 I lit. a) CISG sofort ausgesprochen werden kann. Das hängt vom Gewicht der verletzten Pflicht ab. Bei Fixcharakter von Mitwirkungspflichten, die die Herstellung von Ware betreffen, ist eine wesentliche Vertragsverletzung beispielsweise zu bejahen, wenn der Produktionsablauf des Verkäufers auf einen pünktlichen Erhalt von Daten oder Plänen des Käufers ausgelegt ist.[664]

9.9.2.3 Durchführung der Vertragsaufhebung

Die Vertragsaufhebung erfordert nach Art. 26 CISG eine entsprechende **Erklärung**, die dem Vertragspartner mitzuteilen ist. Die Wirkungen der Aufhebung ergeben sich aus Art. 81 ff. CISG. Grundsätzlich befreit die Vertragsaufhebung beide Parteien von ihren Vertragspflichten, außer von etwaigen Schadensersatzpflichten. Wenn eine Partei den Vertrag bereits ganz oder teilweise erfüllt hat, so kann sie Rückgabe des Geleisteten von der anderen Partei verlangen, Art. 81 II CISG. Falls der Verkäufer die Ware bereits ausgeliefert hat, kann er diese mithin im Falle wirksamer Vertragsaufhebung von dem Käufer zurück verlangen. Die Vertragsaufhebung ist juristisch als Gestaltungsrecht zu verstehen, das infolge der abgegebenen Erklärung das ursprüngliche Vertragsverhältnis in ein Rückabwicklungsverhältnis umgestaltet.

9.9.3 Spezifizierung durch den Verkäufer (Art. 65 CISG)

Hat der Käufer nach dem Vertrag die Form, die Maße oder andere Merkmale der Ware näher zu bestimmen und nimmt er die Spezifizierung nicht zu dem vereinbarten Zeitpunkt oder innerhalb einer angemessenen Frist nach Eingang einer Aufforderung durch den Verkäufer vor, so kann der Verkäufer gemäß Art. 65 I CISG unbeschadet aller ihm zustehenden sonstigen Rechte die Spezifizierung nach den Bedürfnissen des Käufers, soweit ihm diese bekannt sind, selbst vornehmen. Diese Selbstvornahme durch den Verkäufer, die Parallelen in § 375 HGB hat, soll vor allem dem Verkäufer die Erfüllung seiner Vertragspflichten erleichtern und ihn andererseits vor Schwierigkeiten bewahren, die sich bei einer Schadensberechnung aus der mangelnden Bestimmtheit der Ware ergeben können.[665] Schließlich unterstreicht Art. 65 CISG, dass der Kauf trotz mangelnder Bestimmtheit der Ware zur Zeit des Vertragsschlusses dennoch wirksam ist.[666]

9.9.3.1 Grundvoraussetzungen zur Eigenvornahme

Das Recht zur Eigenvornahme der Spezifikation durch den Verkäufer ist nach Art. 65 I CISG an zwei Voraussetzungen geknüpft:

1. Vorlage eines Spezifikationskaufs,
2. Nicht rechtzeitige Spezifikation seitens des Käufers.

---

[664] Schlechtriem/Schwenzer/*Hager/Maultzsch* CISG Art. 64 Rn. 7.
[665] MüKoBGB/*Huber* CISG Art. 65 Rn. 1.
[666] Schlechtriem/Schwenzer/*Hager/Maultzsch* CISG Art. 65 Rn. 2.

Zu 1: Spezifikationskauf

Ein Spezifikationskauf ist ein Kauf, bei dem noch nicht alle Merkmale der Ware schon bei Vertragsschluss genau bestimmt sind und der Käufer das Recht und die Pflicht hat, Form, Maß oder andere Merkmale der Ware später zu bestimmen.

Praxisfall:[667]
Autohändler A in Osnabrück bestellt beim französischen Hersteller H in Paris zehn Pkw einer bestimmten Baureihe, behält sich jedoch noch die Bestimmung der Farben und Motoren für die Fahrzeuge vor. Liegt ein wirksamer Kauf nach CISG vor?
Lösung Das könnte nach Art. 65 CISG der Fall sein. Das CISG ist anwendbar, da es sich um einen Warenkauf zwischen Parteien in Mitgliedstaaten des Abkommens handelt, der nicht zu privaten, sondern gewerblichen Zwecken erfolgte, Art. 1 und 2 lit. b) CISG. Ein Spezifikationskauf iSv Art. 65 CISG liegt vor, da Merkmale der Ware – nämlich die Farbe und die Motoren – vom Käufer näher bestimmt werden sollten. Art. 65 CISG lässt solche Käufe zu, bei denen die Ware im Einzelnen noch näher spezifiziert werden muss.

Zu 2: Nicht rechtzeitige Spezifikation seitens des Käufers

Das Spezifikationsrecht des Verkäufers setzt weiterhin voraus, dass der Käufer die Spezifikation nicht fristgerecht vornimmt. Die Spezifikation kann zeitlich von vornherein vertraglich festgelegt sein. Sonst ist sie innerhalb einer angemessenen Frist nach Eingang einer Aufforderung durch den Verkäufer vorzunehmen.

Praxisfall:
Im vorigen Beispiel soll die Lieferung vertraglich für die 44. KW vereinbart worden sein. In der 30. KW fordert der Hersteller H den Autohändler A auf, bis zur 32. KW Farben und Motoren bekannt zu geben. A äußert sich nicht. Was kann H tun?
Lösung H kann nun die Spezifikation selbst vornehmen, da der Käufer A diese nicht innerhalb einer angemessenen Frist nach Eingang einer entsprechenden Aufforderung durch H vorgenommen hat. Die Selbstvornahme ist jedoch an bestimmte Voraussetzungen geknüpft, die in Abs. 1 und 2 näher genannt sind.

9.9.3.2 Modalitäten der Selbstvornahme

Art. 65 I und II CISG knüpft die Selbstvornahme an folgende zusätzliche Erfordernisse:

1. Berücksichtigung der Bedürfnisse des Käufers,
2. Mitteilung der vorgesehenen Selbstspezifikation in ihren Einzelheiten,
3. Fristsetzung an den Käufer.

Nur wenn alle drei Voraussetzungen erfüllt sind und der Käufer nicht mit einer abweichenden Spezifizierung reagiert, ist die Selbstvornahme verbindlich.

---

[667] In Anlehnung an *Wörlen/Kokemoor* HandelsR Rn. 315.

Zunächst muss der Verkäufer die Bedürfnisse des Käufers berücksichtigen, soweit ihm diese bekannt oder erkennbar sind. Nach dem deutschen Vertragstext des CISG muss der Verkäufer die Bedürfnisse des Käufers zwar nur dann berücksichtigen, wenn sie ihm bekannt sind. Die maßgeblichen englischen und französischen Fassungen der Vorschrift belegen indes, dass der Verkäufer auch die Bedürfnisse des Käufers, die ihm erkennbar sind,[668] zu berücksichtigen hat.[669]

Sodann muss der Verkäufer die von ihm vorgesehene Spezifizierung mit ihren Einzelheiten mitteilen. Diese Mitteilung muss dem Käufer auch zugehen, wie Art. 65 II 2 CISG belegt.

Schließlich muss der Verkäufer dem Käufer eine angemessene Frist setzen, innerhalb derer der Käufer eine abweichende Spezifizierung vornehmen kann. Macht der Käufer davon Gebrauch, so ist diese maßgeblich. Verstreicht die Frist dagegen ungenutzt, so kann der Verkäufer die von ihm vorgeschlagene und mitgeteilte Spezifizierung durchführen.

Praxisfall:

Im genannten Beispiel hatte der Käufer in der Vergangenheit stets schwarze Limousinen mit Dieselmotoren für Firmenkunden geordert. Wie sollte H die Spezifizierung vornehmen?

Lösung

H sollte diese Bedürfnisse von A berücksichtigen und ihm sinngemäß Folgendes mitteilen:

„Nachdem Sie uns entgegen der getroffenen vertraglichen Vereinbarung und trotz unserer Aufforderung weder die Farben noch die Motoren der bestellten Fahrzeuge bekannt gegeben haben, beabsichtigen wir, Ihnen schwarze Limousinen des Typs … ausgestattet mit Dieselmotoren mit einer Leistung von … auszuliefern wie sie von Ihnen in der Vergangenheit geordert worden sind. Wir geben Ihnen Gelegenheit, sich zu dieser Spezifizierung bis zur 34. KW zu äußern und gegebenenfalls Ihre anderweitigen Vorstellungen mitzuteilen. Geschieht dies bis zum Ablauf der 34. KW nicht, werden wir Ihnen die oben bezeichneten Fahrzeuge ausliefern."

9.9.3.3 Verhältnis zu anderen Rechtsbehelfen

Das Recht zur Selbstspezifizierung kann vom Verkäufer „unbeschadet aller ihm zustehenden sonstigen Rechte" ausgeübt werden. Wenn er dem Käufer Fristen nach Art. 65 I und II CISG gesetzt hat, ist er allerdings gehindert, andere Rechtsbehelfe auszuüben.[670] Das folgt daraus, dass der Käufer in dieser Zeit die Möglichkeit haben soll, die von ihm gewünschte Spezifizierung vorzunehmen. Allerdings ist der Verkäufer nicht gehindert, nach Art. 61 I lit. b) CISG Schadensersatz wegen der verzögerten oder nicht vorgenommenen Spezifizierung zu verlangen.

---

[668] Im englischen Text von CISG Art. 65 I heißt es: „… the seller may … make the specification himself in accordance with the requirements of the buyer that may be known to him."

[669] MüKoBGB/*Huber* CISG Art. 65 Rn. 7; ebenso Schlechtriem/Schwenzer/*Hager/Maultzsch* CISG Art. 65 Rn. 6.

[670] MüKoBGB/*Huber* CISG Art. 65 Rn. 11.

9.9.4 Zinsen (Art. 78 CISG)

Nach Art. 78 CISG hat der Schuldner, der es versäumt, den Kaufpreis oder eine andere fällige Forderung zu bezahlen, unbeschadet etwaiger Schadensersatzansprüche darauf Zinsen zu bezahlen. Der Art. 78 CISG stellt eine selbstständige Anspruchsgrundlage für Zinsforderungen dar.[671] Es handelt sich dabei nicht um einen pauschalierten Schadensersatzanspruch, sodass der Eintritt eines Schadens beim Gläubiger nicht erforderlich ist[672] und die für Schadensersatzansprüche vorgesehene Entlastungsmöglichkeit nach Art. 79 CISG nicht besteht.[673] In welcher Höhe Zinsen zu zahlen sind, ist im CISG jedoch nicht geregelt.

9.9.4.1 Voraussetzungen der Verzinsungspflicht

Der Anspruch auf Verzinsung ist dem Grunde nach von drei Voraussetzungen[674] abhängig:

1. Bestehen eines Zahlungsanspruchs,
2. Fälligkeit des Anspruchs,
3. Säumnis.

Weitere Voraussetzungen stellt Art. 78 CISG nicht auf.[675] Daraus folgt, dass es – anders als nach §§ 280 I, II, 286 BGB – weder auf eine Mahnung noch ein Verschulden ankommt. Ebenso wenig muss beim Gläubiger ein Schaden eingetreten sein. Schließlich kommt auch eine Entlastung des Schuldners nach Art. 79 CISG nicht infrage. Im Vergleich zum deutschen Recht ist somit die Regelung zur Verzinsungspflicht im CISG für den Gläubiger des Zahlungsanspruchs deutlich günstiger.[676] Zu den Voraussetzungen im Einzelnen:

Es muss sich zunächst um einen Anspruch auf Bezahlung des Kaufpreises oder eines anderen fälligen Betrages handeln. Der Zahlungsanspruch umfasst also zum einen Kaufpreisansprüche, aber auch andere fällige Ansprüche wie Schadensersatz- oder Aufwendungsersatzansprüche sowie ggf. Rückzahlungsansprüche des Käufers. Da in der Praxis allerdings Kaufpreisansprüche im Vordergrund stehen, wird der Zinsanspruch an dieser Stelle im Kontext mit den Rechtsbehelfen des Verkäufers behandelt.[677] Sinngemäß gelten diese Ausführungen aber auch für säumige Rückzahlungsansprüche des Käufers bei einer wirksamen Vertragsaufhebung oder bei einer Minderung des Kaufpreises, falls der Käufer diesen bereits voll gezahlt hatte.

Die Verzinsungspflicht setzt des Weiteren voraus, dass der betreffende Anspruch fällig ist. Dies gilt auch, obwohl nicht ausdrücklich in Art. 78 CISG erwähnt, für den Kaufpreisanspruch. Wann die Fälligkeit eintritt, richtet sich nach Art. 58 f. CISG. Sie hängt in erster Linie von der getroffenen Parteivereinbarung ab.

---

[671] *Witz/Salger/Lorenz* CISG Art. 78 Rn. 2.
[672] *Witz/Salger/Lorenz* CISG Art. 78 Rn. 2. Die dogmatische Einordnung des Anspruchs ist str., dazu Schlechtriem/Schwenzer/*Bacher* CISG Art. 78 Rn. 3 und 17.
[673] *Schlechtriem/Schroeter* UN-KaufR Rn. 744.
[674] So auch Schlechtriem/Schwenzer/*Bacher* CISG Art. 78 Rn. 17.
[675] Schlechtriem/Schwenzer/*Bacher* CISG Art. 78 Rn. 17.
[676] So auch MüKoBGB/*Huber* CISG Art. 78 Rn. 1.
[677] So auch *Piltz* IntKaufR Rn. 5–375 und 5–483. Das CISG widmet den Zinsen dagegen ein eigenes Kapitel V: Gemeinsame Bestimmungen über die Pflichten des Verkäufers und Käufers.

Schließlich muss der Schuldner die Zahlung des fälligen Betrages versäumt haben. Es bedarf also nur der Feststellung, dass die Leistungszeit objektiv überschritten ist. Auf ein subjektives Verschulden kommt es ebenso wenig an wie auf eine Mahnung oder sonstige Geltendmachung des Anspruchs.

Praxisfall:	
	Im Kaufvertrag steht, dass der Kaufpreis am 1.7.2013 zu zahlen sei. Eine Zahlung unterbleibt. Ab wann besteht eine Verzinsungspflicht?
Lösung	Nach Art. 78 CISG besteht die Verzinsungspflicht – wie oben aufgezeigt – unter folgenden Voraussetzungen: 1. Bestehen eines Zahlungsanspruchs. Das ist der Fall, weil ein Kaufpreisanspruch gegeben ist. 2. Fälligkeit des Anspruchs. Nach dem Vertrag war die Fälligkeit für den 1.7.2013 vereinbart. 3. Säumnis des Zahlungspflichtigen. Eine Zahlung am 1.7.2013 ist ausgeblieben. Ergebnis: Die Verzinsungspflicht besteht ab dem 2.7.2013.

9.9.4.2 Zinshöhe

Bei den Verhandlungen über das CISG konnte keine Einigung zur Zinshöhe erzielt werden. Vielmehr wurde die Zinsfrage auf der Wiener Konferenz außerordentlich kontrovers diskutiert:[678] Islamische Staaten lehnten aus religiösen Gründen eine Zinszahlungspflicht grundsätzlich ab, andere Staaten hielten eine Zinsvorschrift für entbehrlich, weil die entgangene Kapitalnutzung als Schadensersatz geltend gemacht werden könne. Erst recht gab es keine einheitliche Auffassung zur genauen Zinshöhe.

Angesichts dessen lässt sich weder direkt noch indirekt eine Antwort auf die Höhe der Zinsen aus dem CISG ableiten, was in der Literatur allerdings zT anders beurteilt wird.[679] Nach überwiegender Meinung und fast einheiliger Spruchpraxis bestimmt sich der Zinssatz nach dem nationalen Recht, das nach dem anzuwendenden IPR auf den Vertrag anwendbar wäre.[680] Liegt der Forumstaat in der EU, so bedeutet dies, dass das anwendbare Recht nach der Rom I-VO zu ermitteln ist. Damit ist über Art. 4 I lit. a) Rom I-VO in der Frage der Zinshöhe das Recht des Staates anzuwenden, in dem der Verkäufer seine Niederlassung hat.

Praxisfall:
Der deutsche Exporteur E schließt mit einem spanischen Importeur I einen Kaufvertrag über Maschinen ab. Der Kaufpreis von 100.000 EUR wird trotz Fälligkeit nicht gezahlt. Welchen Zinssatz kann E dem I in Rechnung stellen?

---

[678] Auch zum Folgenden *Schlechtriem/Schroeter* UN-KaufR Rn. 745.

[679] Zum Diskussionsstand eingehend Schlechtriem/Schwenzer/*Bacher* CISG Art. 78 Rn. 27.

[680] GK-HGB/*Achilles* CISG Art. 78 Rn. 1 mit umfangreichem Rechtsprechungsnachweis; unter anderem OLG Frankfurt aM NJW 1994, 1013 (1014); OLG München NJW-RR 1994, 1076 (1077); zur Literatur vgl. MüKoBGB/*Huber* CISG Art. 78 Rn. 14.

> **Lösung**
>
> Bei Fehlen entsprechender vertraglicher Regelungen bestimmt sich der Zinssatz nach Rechtsprechung und herrschender Literatur nach dem einschlägigen nationalen Recht, das aufgrund des IPR auf den zugrunde liegenden Vertrag zur Anwendung käme. Insoweit ist auf Art. 4 I lit. a) Rom I-VO zurückzugreifen. Für den Kaufvertrag gilt danach das Recht des Verkäuferstaates, also deutsches Recht. Dieses ist folglich auch bzgl. des Zinssatzes anwendbar. Insoweit ist auf den Verzugszinssatz nach § 288 BGB, nicht dagegen auf den gesetzlichen Zinssatz der §§ 246 BGB, 352 HGB abzustellen.[681] Nach § 288 II BGB kann somit ein Zinssatz von 8 % über dem Basiszins (§ 247 BGB) beansprucht werden.

9.9.5 Schadensersatz

Verletzt der Käufer seine ihm nach dem Vertrag oder dem CISG bestehenden Pflichten, so kann der Verkäufer unbeschadet der ihm sonst zustehenden Rechtsbehelfe, über die gerade berichtet wurde, nach Art. 61 I lit. b) CISG Schadensersatz vom Käufer verlangen. Diese Vorschrift, die als Anspruchsgrundlage für Schadensersatzansprüche anzusehen ist und nur bezüglich der Schadensberechnung noch durch die Art. 74 ff. ergänzt wird,[682] stellt als einzige Voraussetzung eine Vertragsverletzung seitens des Käufers auf. Dagegen wird im Unterschied zu § 280 I BGB nicht verlangt, dass der Käufer die Vertragsverletzung zu vertreten hat. Der Anspruch basiert somit – wie sich auch aus Art. 79 V CISG ableiten lässt – auf dem Grundsatz einer verschuldensunabhängigen Garantiehaftung.[683] Gleichgültig ist auch, ob es sich um eine wesentliche oder nicht wesentliche Vertragsverletzung handelt, da die Wesentlichkeit nicht als Voraussetzung in Art. 61 I lit. b) CISG genannt ist.

Nach Art. 61 II CISG verliert der Verkäufer das Recht, Schadensersatz zu verlangen, nicht dadurch, dass er andere Rechtsbehelfe ausübt. Er kann also den Schadensersatzanspruch mit anderen Rechtsbehelfen kumulieren. Über den Schadensersatzanspruch ist an anderer Stelle bereits ausführlich berichtet worden. Darauf wird verwiesen.[684]

> **Praxisfall:**
>
> Viehhändler V aus Vechta lieferte per Lkw aufgrund eines entsprechenden Kaufvertrages v. 1.10.2013 fünfzig Schweine an den italienischen Abnehmer K nach Padua. Obwohl die Lieferung zeit- und fristgerecht erfolgte, verweigerte K die Abnahme. V verlangt von K Abnahme binnen zwei Tagen und Schadensersatz für die zusätzlichen Fütterungs- und Aufbewahrungskosten. Zu Recht?
>
> **Lösung**
>
> V könnte von K ggf. nach Art. 62 CISG die Abnahme der verkauften Tiere beanspruchen.
>
> Das setzt zunächst voraus, dass das CISG anwendbar ist. Das bestimmt sich nach Art. 1, 2 und 100 CISG. Es handelt sich um einen Warenkauf, der zwischen Parteien aus verschiedenen Vertragsstaaten des Abkommens ge-

---

[681] MüKoBGB/*Huber* CISG Art. 78 xRn. 16 mwN.
[682] MüKoBGB/*Huber* CISG Art. 61 Rn. 2 und 4; GK-HGB/*Achilles* CISG Art. 61 Rn. 4.
[683] Staudinger/*Magnus* (2002) CISG Art. 61 Rn. 6 und 15; GK-HGB/*Achilles* CISG Art. 61 Rn. 2.
[684] Siehe oben Kap. 9.7.2.4 ff., S. 215 ff.

schlossen wurde und der nicht dem persönlichen, sondern dem gewerblichen Ge- und Verbrauch des Käufers diente. Der Vertrag wurde nach Inkrafttreten des CISG in den beiden Vertragsstaaten geschlossen. Die räumlich-gegenständlichen und persönlich-zeitlichen Anwendungsvoraussetzungen des CISG sind damit erfüllt.

Art. 62 CISG setzt im Einzelnen einen entsprechenden Kaufvertrag mit K voraus, der hier vorliegt. Da die Abnahme noch nicht stattgefunden hat, kann V die Erfüllung dieses Anspruchs verlangen. V hat bislang auch keinen Rechtsbehelf ausgeübt, der mit diesem Verlangen unvereinbar wäre. Damit ist der Abnahmeanspruch gegeben. Auch die Fristsetzung ist nach Art. 63 I CISG als angemessen zu bewerten, da lebende Tiere verkauft wurden und daher kurzfristig eine Abnahme erfolgen muss.

V könnte darüber hinaus Schadensersatz für die zusätzlichen Fütterungs- und Aufbewahrungskosten nach Art. 61 I lit. b) CISG verlangen. Ein Schadensersatzanspruch wird nicht durch das Verlangen auf Erfüllung und die gesetzte Frist gehindert, da der Verkäufer trotz Ausübung dieses Rechtsbehelfs nach Art. 63 II 2 CISG auch Schadensersatz wegen verspäteter Erfüllung beanspruchen kann. Voraussetzung für den Schadensersatzanspruch ist allein das Vorliegen einer Vertragsverletzung. Diese liegt in der zu Unrecht verweigerten Abnahme seitens K, zu der er nach Art. 60 CISG verpflichtet war. Somit ist der Anspruch auf Schadensersatz dem Grunde nach gegeben. Die Fütterungs- und Aufbewahrungskosten sind auch ersatzfähige Schäden, da es sich nach Art. 74 CISG um Verluste handelt, die dem V infolge der Vertragsverletzung des K entstanden sind.

Die beiden Ansprüche auf Erfüllung sowie auf Schadensersatz kann V nach Art. 61 II CISG kumulativ gegen K geltend machen.

Kontrollfragen und Aufgaben (CISG)

1. Seit wann existiert das UN-Kaufrecht?
2. Welchen Rechtscharakter hat das UN-Kaufrecht?
3. Auf welchen Kontinenten und in welchen für uns wichtigen Ländern gilt das UN-Kaufrecht?
4. Welches sind die gegenständlichen und persönlichen Anwendungsvoraussetzungen für das UN-Kaufrecht?
5. Welche Fragen regelt das UN-Kaufrecht?
6. Welche Regelungslücken hat das UN-Kaufrecht?
7. Welche Besonderheiten gelten für den Vertragsschluss?
8. Was ist unter einer Vertragsverletzung zu verstehen?
9. Welche Bedeutung hat der Begriff der Vertragsverletzung?
10. Wann ist eine Vertragsverletzung wesentlich?
11. Welches sind die drei zentralen Verkäuferpflichten?
12. Worin bestehen die Lieferpflichten des Verkäufers?
13. Wann kann von fehlender Vertragsmäßigkeit der Ware gesprochen werden?
14. Welche Obliegenheiten treffen den Käufer bei Eintreffen der Ware?
15. Welche Rechtsmängel kann die Ware aufweisen?
16. Welche Rechtsbehelfe hat der Käufer?
17. Wann kann der Käufer eine Nachbesserung, wann eine Ersatzlieferung verlangen?

18. Unter welchen Voraussetzungen kann eine Minderung verlangt werden?
19. Unter welchen Umständen kann seitens des Käufers die Aufhebung des Vertrags begehrt werden?
20. Unter welchen Voraussetzungen kann der Käufer Schadensersatz verlangen?
21. Setzen die Rechtsbehelfe des Käufers eine Fristsetzung voraus?
22. Welches sind die wichtigsten Haftungsbefreiungstatbestände?
23. Welche Schäden sind ersatzfähig?
24. Welches sind die Pflichten des Käufers?
25. Welche Rechtsbehelfe hat der Verkäufer bei einer Vertragsverletzung durch den Käufer?
26. Welche Möglichkeiten hat der Verkäufer, wenn der Käufer seiner Spezifikationspflicht nicht nachkommt?
27. Unter welchen Voraussetzungen besteht eine Verzinsungspflicht?
28. Wie ist die Zinshöhe bei Nichtzahlung des Kaufpreises zu bemessen?
29. Wann kann der Verkäufer Schadensersatz vom Käufer verlangen?

▷ **Aufgabe 1: Schlechte Brötchenrohlinge**

Die deutsche Bäckereikette B hat im Oktober 2013 bei dem litauischen Hersteller H einen Vertrag über die Lieferung von 20.000 Brötchen-Rohlingen geschlossen. Bei der Anlieferung Anfang November stellt sich heraus, dass die Rohlinge von so schlechter Qualität sind, dass sie nicht aufgehen und als Brötchen nicht zu verkaufen sind. B teilt H die Mängel noch am selben Tag mit und verlangt Ersatzlieferung und Schadensersatz. Zu Recht?

Lösungshinweise:

I. Ansprüche auf Ersatzlieferung

B könnte ggf. von H Ersatzlieferung nach Art. 46 II CISG beanspruchen.

Das setzt zunächst voraus, dass das CISG überhaupt Anwendung findet. Dazu müssten seine räumlichen, gegenständlichen, persönlichen und zeitlichen Anwendungsvoraussetzungen erfüllt sein. Die räumlich-gegenständlichen Voraussetzungen nach Art. 1 I lit. a) CISG liegen vor, weil es sich um einen Warenkauf handelt und die Parteien ihre Niederlassung in verschiedenen Staaten haben, die Vertragsstaaten des CISG sind. Die Niederlassungen der Parteien befinden sich in Deutschland und Litauen, die seit langem Vertragsstaaten sind. In negativer Hinsicht darf der Kauf nach Art. 2 lit. a) CISG nicht für den persönlichen Ge- oder Verbrauch bestimmt gewesen sein. Diese negative Voraussetzung trifft zu, da die Rohlinge nicht für den privaten Verzehr, sondern zu gewerblichen Zwecken gekauft wurden. Nach Art. 100 II CISG müsste der Kaufvertrag zeitlich nach Inkrafttreten des Übereinkommens in den beiden Mitgliedstaaten geschlossen worden sein. Das CISG ist in Deutschland am 1.1.1991 und in Litauen am 1.2.1996 in Kraft getreten. Da der Kauf im Oktober 2013 erfolgte, ist damit der Kauf zeitlich nach Inkrafttreten des CISG erfolgt. Somit ist das CISG auf den Fall anwendbar.

Ersatzlieferung kann nach Art. 46 II CISG unter den folgenden Voraussetzungen verlangt werden:

1. Die Ware darf nicht vertragsgemäß sein.
2. Die Vertragswidrigkeit muss eine wesentliche Vertragsverletzung darstellen.
3. Die Ersatzlieferung muss zusammen mit einer Anzeige nach Art. 39 I CISG verlangt werden.

Zu 1): Die Vertragsmäßigkeit der Ware beurteilt sich nach Art. 35 CISG. Da eine individuelle Beschaffenheitsvereinbarung nach Abs. 1 fehlt, ist nach Abs. 2 lit. a) zu fragen, ob die Ware sich für Zwecke eignet, für die Ware der gleichen Art gewöhnlich gebraucht wird. Brötchen-Rohlinge dienen der Herstellung von Brötchen, ihrem Weiterverkauf und späteren Verzehr. Die gelieferten Rohlinge entsprechen diesen gewöhnlichen Gebrauchszwecken nicht, da sie von schlechter Qualität sind, nicht aufgehen und als Brötchen nicht verkäuflich sind. Die Ware ist daher nicht vertragsgemäß.

Zu 2): Fraglich ist, ob eine wesentliche Vertragsverletzung gegeben ist. Das trifft zu, wenn die Vertragsverletzung nach Art. 25 CISG für die andere Partei einen solchen Nachteil zur Folge hat, dass ihr im Wesentlichen das entgeht, was sie nach dem Vertrag hätte erwarten dürfen. Der Käufer von Rohlingen für Brötchen kann erwarten, dass diese sich zu einer Weiterverarbeitung und einem anschließenden Verkauf eignen. Diese Erwartung wird hier insoweit enttäuscht, als weder eine Weiterverarbeitung noch ein Verkauf möglich sind. Auch ein Verkauf unter Preis kann nicht erfolgen. Daher entgeht dem B im Wesentlichen das, was er erwarten konnte. Somit liegt eine wesentliche Vertragsverletzung iSv Art. 25 CISG vor.

Zu 3): B hat die Vertragswidrigkeit noch am Tag der Anlieferung dem Verkäufer H unter Bezeichnung der Mängel mitgeteilt und ist damit seinen Anzeigepflichten nach Art. 39 I CISG rechtzeitig nachgekommen.

Ergebnis: B beansprucht zu Recht von H Ersatzlieferung.

II. Ansprüche auf Schadensersatz

B könnte ggf. nach Art. 45 I lit. b) CISG von H Schadensersatz verlangen. Einzige Voraussetzung dafür ist, dass der Verkäufer seinen Vertragspflichten nicht nachgekommen ist. Das ist, wie gerade festgestellt wurde, infolge der Mängel der Rohlinge der Fall. Somit kann B Schadensersatz verlangen.

Dieses Recht wird durch den gleichzeitig geltend gemachten Rechtsbehelf auf Ersatzlieferung nicht infrage gestellt, weil der Käufer nach Art. 45 II CISG beide Rechtsbehelfe zugleich ausüben darf.

Ergebnis: B kann neben der Ersatzlieferung auch Schadensersatz von H verlangen.

Aufgabe 2: Verspätete Rotweinlieferung

Der deutsche Kaufmann K schließt am 18.10.2013 mit dem französischen Winzer W für seine Weinhandlung einen Kaufvertrag über eine größere Menge Rotwein, die am 4.11.2013 bei K angeliefert werden soll. Die Sendung trifft am 4.11.2013 nicht bei K ein.

Welche Rechte hat K?

Lösungshinweise:

Hier kommen Ansprüche auf Erfüllung, Vertragsaufhebung sowie Schadensersatz auf der Grundlage des CISG in Betracht.

I. Ansprüche auf Vertragserfüllung

K könnte zunächst auf Erfüllung des Kaufvertrages nach Art. 46 I CISG bestehen.

Dann müsste das CISG anwendbar sein. Da es sich um einen Warenkauf zwischen Parteien in verschiedenen Staaten handelt und diese Staaten – Frankreich und Deutschland – Vertragsstaaten sind, treffen die räumlich-gegenständlichen Voraussetzungen für die Anwendung des CISG zu. Da der Wein nicht für den persönlichen Verbrauch von K bestimmt war, steht Art. 2 lit. a) CISG der Anwendung nicht entgegen. Schließlich liegt der Kauf zeitlich nach Inkrafttreten des Übereinkommens in Frankreich (1.1.1988) und Deutschland (1.1.1991), sodass auch die zeitliche Voraussetzung nach Art. 100 CISG erfüllt ist. Somit ist das CISG anwendbar.

Art. 46 I CISG verlangt als einzige Voraussetzung einen wirksamen Kaufvertrag. Dieser war am 18.10.2013 geschlossen worden. Einschränkungen des Erfüllungsanspruchs aufgrund Art. 28 CISG sind weder in Frankreich noch in Deutschland gegeben.

Ergebnis: K kann von W Erfüllung des Kaufvertrages verlangen.

II. Ansprüche auf Vertragsaufhebung

K könnte statt Vertragserfüllung ggf. die Aufhebung des Vertrages nach Art. 49 I lit. a) CISG beanspruchen.

Dann müsste eine wesentliche Vertragsverletzung seitens des Verkäufers vorliegen.

W hat entgegen der vertraglichen Vereinbarung nicht am 4.11.2013 geliefert. Er hat damit gegen seine Lieferpflicht gemäß Art. 33 lit. a) CISG verstoßen. Eine Vertragsverletzung liegt somit vor.

Fraglich ist, ob auch die Wesentlichkeit der Vertragsverletzung nach Art. 25 CISG bejaht werden kann. Zwar ist hier die Lieferzeit nicht eingehalten worden. Es sind aber keinerlei Anhaltspunkte dafür gegeben, dass die Einhaltung der Lieferfrist so wesentlich war, dass ihr Überschreiten das Interesse des Käufers an der Lieferung entfallen lassen würde. Somit liegt keine wesentliche Vertragsverletzung vor. Eine sofortige Vertragsaufhebung kommt daher nicht infrage.

Allerdings könnte K dem W eine angemessene Nachfrist zur Lieferung nach Art. 47 I CISG setzen und nach fruchtlosem Ablauf dieser Frist dann gemäß Art. 49 I lit. b) CISG die Vertragsaufhebung erklären.

Ergebnis: K kann derzeit keine Vertragsaufhebung beanspruchen, jedoch dem W eine angemessene Nachfrist zur Lieferung setzen und nach vergeblichem Ablauf der Frist sodann die Aufhebung des Vertrages erklären.

III. Schadensersatzansprüche

K könnte ggf. nach Art. 45 I lit. b) CISG von W Schadensersatz wegen verspäteter Lieferung verlangen.

Voraussetzung dafür ist das Vorliegen einer einfachen Vertragsverletzung. Eine Vertragsverletzung wegen Nichteinhalten des Liefertermins liegt, wie schon oben begründet, vor. Daher kann K Schadensersatz von W verlangen.

Schadensersatz kann unabhängig vom Erfüllungsanspruch geltend gemacht werden, Art. 45 II CISG.

Ergebnis: K kann unabhängig von weiteren Rechtsbehelfen Schadensersatz von W begehren.

▶ Aufgabe 3: Zahlung des Kaufpreises

Ein holländischer Autoimporteur A zahlt nicht den bei Auslieferung fälligen Kaufpreis von 100.000 EUR für die am 1.7.2013 an ihn ausgelieferten Fahrzeuge an den deutschen Autoexporteur E. Welche Rechte hat E?

Lösungshinweise:

E könnte ggf. die Rechtsbehelfe nach Art. 61 CISG gegen A geltend machen.

Dann müsste das CISG überhaupt anwendbar sein. Da es sich um einen Warenkauf handelt und die Vertragsparteien ihren Sitz in verschiedenen Vertragsstaaten des CISG haben, sind die räumlich-gegenständlichen Voraussetzungen nach Art. 1 I lit. a) CISG erfüllt. Die zeitliche Voraussetzung des Art. 100 CISG ist gleichfalls gegeben, weil bei Abschluss des Kaufvertrages das CISG bereits seit langem in

Kraft getreten war (in Deutschland am 1.1.1991 und in den Niederlanden am 1.1.1992). In persönlicher Hinsicht bestehen gleichfalls keine Bedenken, da die Autos zu gewerblichen Zwecken und nicht etwa für den persönlichen Gebrauch des Käufers bestimmt waren (Art. 2 lit. a) CISG). Alle Voraussetzungen für die Anwendbarkeit des CISG sind damit erfüllt.

Wegen Nichtzahlung des Kaufpreises könnte E ggf. gegen A die in Art. 61 CISG bezeichneten Rechtsbehelfe geltend machen. Das setzt die Nichterfüllung einer dem Käufer obliegenden vertraglichen Pflicht, also eine Vertragsverletzung voraus. Nach Art. 53 in Verbindung mit Art. 58 I 1 CISG hatte A den Kaufpreis bei Auslieferung zu zahlen. Diese Pflicht hat er nicht erfüllt. Einer besonderen Aufforderung oder Förmlichkeit zur Zahlung bedurfte es nach Art. 59 CISG nicht mehr. A hat demnach eine Vertragsverletzung begangen. E kann daher die in Art. 61 I CISG bezeichneten Rechtsbehelfe geltend machen. Das bedeutet:

Er kann zunächst nach Art. 62 CISG Zahlung des Kaufpreises verlangen. Ferner kann er nach Art. 78 CISG Zinsen auf den Kaufpreis beanspruchen. Die Zinshöhe bestimmt sich nach dem geschlossenen Vertrag oder Handelsbrauch (Art. 9 CISG), ansonsten nach dem auf den Vertrag anwendbaren nationalen Recht. Im letztgenannten Fall führte dies hier bei fehlender Rechtswahl über Art. 4 I lit. a) Rom I-VO zum Sitzstaat des Verkäufers und damit zur Anwendbarkeit des deutschen Rechts. Nach § 288 II BGB könnten daher auf den Kaufpreis Zinsen iHv 8 % über dem jeweiligen Basiszins verlangt werden.

Außerdem könnte E dem A eine Nachfrist zur Bezahlung setzen (Art. 63 I CISG). Wird innerhalb der gesetzten Frist nicht bezahlt, könnte E dann gegenüber dem A nach Art. 64 I lit. b) CISG die Aufhebung des geschlossenen Vertrages beanspruchen.

Außerdem könnte er nach Art. 61 I lit. b) in Verbindung mit Art. 63 II 2 CISG unbeschadet der vorstehenden Rechte Schadensersatz wegen der nicht rechtzeitigen Zahlung von A beanspruchen. Dabei kommt es nicht auf ein Verschulden des A an.

Ergebnis:

E hat mehrere rechtliche Möglichkeiten gegen A. Er kann wählen, ob er auf Erfüllung besteht oder nach vergeblicher Nachfrist die Aufhebung des Vertrages begehrt. Im ersteren Fall hat er dann Anspruch auf Bezahlung der 100.000 EUR Kaufpreis nebst Zinsen. Bei einer Aufhebung wäre er von seinen Vertragspflichten befreit und könnte nach Art. 81 II 1 CISG Rückgabe der Autos verlangen. In beiden Fällen kann er auch Schadensersatz von A beanspruchen.

Aufgabe 4: Abnahmepflicht

Ein deutscher Holzlieferant H sollte im Oktober 2013 aufgrund eines Kaufvertrages eine Schiffsladung Holz an den chinesischen Importeur I in den Hafen von Shanghai liefern. I torpediert durch Bestechung der Hafenbehörde die Anlandung, weil er sich mittlerweile anderweitig günstiger eingedeckt hat. Welche Rechte hat H?

Lösungshinweise:

Zunächst müsste das CISG nach seinen Art. 1, 2 und 100 räumlich-gegenständlich und zeitlich-persönlich anwendbar sein. Die Parteien haben räumlich ihren Sitz in verschiedenen Vertragsstaaten des CISG. Gegenständlich trifft die Voraussetzung eines Warenkaufs zu, weil es um den Verkauf von Holz ging (Art. 1 CISG). Zeitlich (Art. 100 CISG) ist das Abkommen bei Vertragsschluss im Jahre 2010 in beiden Staaten gültig, da es in China bereits seit 1.1.1988 und in Deutschland seit 1.1.1991 in Kraft ist. Da die Ware nicht für den persönlichen Gebrauch bestimmt war (Art. 2), ist auch der persönliche Anwendungsbereich erfüllt. Damit sind alle Voraussetzungen für die Anwendbarkeit des CISG erfüllt.

H könnte ggf. Rechtsbehelfe nach Art. 61 CISG gegen I wegen Vertragsverletzung haben. I könnte hier gegen seine Vertragspflichten zur Abnahme verstoßen haben. Als Käufer hatte er nach Art. 53 CISG die Pflicht, die Ware abzunehmen und zu bezahlen. Die Abnahmepflicht des Käufers wird in Art. 60 CISG näher festgelegt. Indem I mit Bestechungsgeld dafür sorgte, dass eine Anlandung im Hafen von Shanghai nicht stattfinden konnte, hat er gegen seine in lit. a) bezeichnete Mitwirkungspflichten verstoßen. Er hat sich damit gleichzeitig der Vertragspflicht entzogen, die Ware zu übernehmen. Damit hat er auch gegen seine Übernahmepflicht nach lit. b) verstoßen. Folglich liegt eine doppelte Vertragsverletzung seitens des I als Käufer vor.

Demzufolge kann H als Verkäufer die in Art. 61 CISG bezeichneten Rechte ausüben. Nach Art. 61 I lit. a) und Art. 62 CISG kann er zunächst auf Erfüllung, dh auf Abnahme bestehen. Zweckmäßigerweise wird er dem I nach Art. 63 I CISG eine angemessene Nachfrist zur Abnahme setzen (Vorschlag: 24 Stunden). Ist diese Frist ergebnislos verstrichen, so kann H gegenüber I die Aufhebung des Vertrages nach Art. 64 I lit. b) CISG verlangen.

Stuft man die unterlassene Abnahme wegen der großen logistischen und finanziellen Folgen für H und der Sabotage seitens I als wesentliche Vertragsverletzung iSv Art. 25 CISG ein, was bei einer endgültigen Weigerung oder Unmöglichkeit der Abnahme zutrifft [685], wäre sogar ohne Fristsetzung eine sofortige Aufhebung des Vertrages nach Art. 64 I lit. a) CISG möglich. Falls H noch Hoffnung auf eine Kooperation des I hat und etwaigen Beweisschwierigkeiten entgehen möchte, wäre indes eine Fristsetzung nach lit. b) der sicherere Weg zur berechtigten Vertragsaufhebung.

Nach Art. 61 I lit. b) in Verbindung mit Art. 74 CISG kann H darüber hinaus wegen der begangenen Vertragsverletzung Schadensersatz von I verlangen. Dieser umfasst insbesondere den entgangenen Gewinn aus dem geplatzten Geschäft. Das Recht auf Schadensersatz besteht nach Art. 61 II CISG unabhängig von dem Recht auf Erfüllung sowie Aufhebung des Vertrages.

Ergebnis: H kann Abnahme der Holzlieferung verlangen. Ferner kann er nach vergeblicher Fristsetzung Aufhebung des Vertrages beanspruchen. Dann entfällt allerdings der Erfüllungsanspruch. Unabhängig von diesen Rechtsbehelfen kann H von I Schadensersatz verlangen.

---

[685] Schlechtriem/Schwenzer/*Schroeter* CISG Art. 25 Rn. 40.

10 Internationales Zivilverfahrensrecht

10.1 Einführung

Wenn ein Sachverhalt eine Berührung zum Recht eines ausländischen Staates aufweist und eine gerichtliche Klärung des Sachverhalts nötig wird, stellen sich vor allem folgende verfahrensrechtliche Fragen:

1. Welches Gericht ist international zur Entscheidung der Sache berufen (Internationale Zuständigkeit)?
2. Wie erfolgt die Durchführung des Verfahrens in Fällen mit Auslandsberührung?
3. Ist eine bereits ergangene Entscheidung eines ausländischen Gerichts anzuerkennen und ggf. auch im Inland vollstreckbar?

Diese Fragen der gerichtlichen Zuständigkeit, des gerichtlichen Verfahrens sowie der Anerkennung und Vollstreckung von Urteilen bei Sachverhalten mit Auslandsberührung zu klären, ist Aufgabe des Internationalen Zivilverfahrensrechts. Das IZVR umfasst darüber hinaus noch einige Sondergebiete wie die Internationale Schiedsgerichtsbarkeit, die Internationale Freiwillige Gerichtsbarkeit und das Internationale Insolvenzrecht.

Bild 32: Übersicht über die Themenbereiche des IZVR

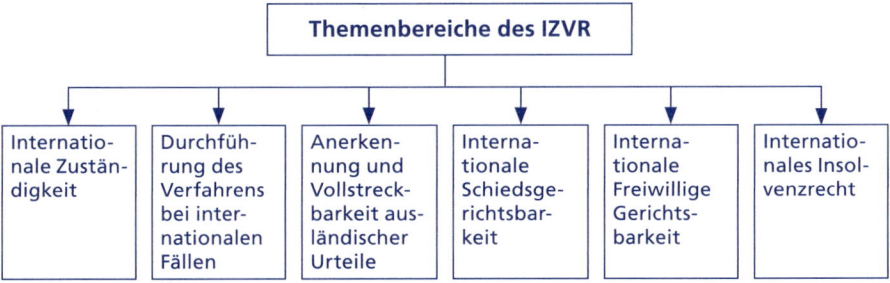

10.2 Rechtsquellen des IZVR

Das IZVR umfasst die Gesamtheit der Rechtssätze, die Zivilverfahren mit Auslandsberührung regeln.[686] Ähnlich wie beim IPR existiert keine einheitliche, internationale Kodifikation. Insoweit ist der Begriff „Internationales" Zivilverfahrenrecht missdeutend. Die Sachverhalte sind zwar international ausgerichtet, die rechtlichen Regelungen entstammen dagegen nicht selten nationalen Vorschriften.

In Deutschland kommen als Rechtsquellen des IZVR in Betracht:[687]

---

[686] *v. Hoffmann/Thorn* IPR 63.
[687] Zahlreiche weitere Beispiele bei *v. Hoffmann/Thorn* IPR 92 f.

1. Multi- und bilaterale völkerrechtliche Abkommen

Beispiele:

- Haager Übereinkommen über den Zivilprozess v. 1.3.1954 (HZPÜ), in Deutschland in Kraft seit dem 1.1.1960[688] (betrifft die Zustellung von Schriftstücken und Rechtshilfeersuchen an ausländische Gerichte)
- Vertrag zwischen der Bundesrepublik Deutschland und dem Königreich Marokko über die Rechtshilfe und Rechtsauskunft in Zivil- und Handelssachen v. 29.10.1985, in Kraft seit dem 23.6.1994[689]

2. Europäisches Gemeinschaftsrecht

Beispiel: Verordnung (EG) Nr. 1206/2001 des Rates über die Zusammenarbeit zwischen den Gerichten der Mitgliedstaaten auf dem Gebiet der Beweisaufnahme in Zivil- oder Handelssachen v. 28.5.2001[690], in Kraft seit dem 1.1.2004

3. Autonomes deutsches Gesetzes- und Richterrecht

Beispiele:

- § 55 ZPO (Prozessfähigkeit von Ausländern)
- § 98 FamFG (Internationale Zuständigkeit in Ehesachen)
- § 99 FamFG (Zuständigkeit in Kindschaftssachen)
- Lehre von der Doppelfunktion der Regeln über die örtliche Zuständigkeit:[691]

Danach begründen die Vorschriften der ZPO über die örtliche Zuständigkeit (§§ 12 ff. ZPO) zugleich die internationale Zuständigkeit.[692] Diese Lehre ist neuerdings auch vom Gesetzgeber in § 115 FamFG anerkannt worden.[693] Typisches Beispiel für die Doppelfunktionslehre ist auch § 23 ZPO (Besonderer Gerichtsstand des Vermögens, der zugleich die örtliche wie auch die internationale Zuständigkeit am Ort des Vermögens begründet).

Der BGH hat sich diese Lehre von der Doppelfunktion ausdrücklich zu eigen gemacht und ausgeführt:[694]

„Die ZPO regelt die internationale Zuständigkeit deutscher Gerichte und der Zuständigkeit ausländischer Gerichte nicht ausdrücklich und unmittelbar …, sondern grundsätzlich nur mittelbar durch stillschweigende Verweisung auf die Vorschriften der §§ 12 ff. ZPO über den Gerichtsstand: Soweit nach diesen Vorschriften ein deutsches Gericht örtlich zuständig ist, ist es nach deutschem Recht auch international, dh im Verhältnis zu ausländischen Gerichten zuständig. Auf dieser Verknüpfung von örtlicher und internationaler Zuständigkeit im deutschen Zivilprozess beruht die bisherige Rechtsprechung."

10.3 Die internationale Gerichtszuständigkeit im Überblick

Eine der wichtigsten Fragen des IZVR betrifft die Frage, welches Gericht international für die Durchführung und Entscheidung von Zivilprozessen zuständig ist.

---

[688] BGBl. 1958 II 577, abgedruckt bei *Jayme/Hausmann* Nr. 210.
[689] BGBl. 1988 II 1055, abgedruckt bei *Jayme/Hausmann* Nr. 230.
[690] ABl. EG 2001 L 174, 1, abgedruckt bei *Jayme/Hausmann* Nr. 225.
[691] *Rauscher* IPR Rn. 2023; *v. Hoffmann/Thorn* IPR 75; BGHZ 94, 156.
[692] *Geimer* IntZivilProzR Vorwort VII und VIII sowie Rn. 946 bis 949.
[693] So ausdrücklich *Geimer* IntZivilProzR Vorwort VII und VIII.
[694] BGH NJW 1965, 1665.

Bei der internationalen Zuständigkeit geht es um die Grenzziehung zwischen der Zuständigkeit deutscher Gerichte und der Zuständigkeit ausländischer Gerichte.[695] Es ist festzulegen, ob ein Sachverhalt einen hinreichenden Inlandsbezug aufweist, der es rechtfertigt, dass der Rechtsstreit vor einem inländischen Gericht entschieden wird.[696] Diese Festlegung erfolgt einerseits auf der Grundlage nationalen Rechts und andererseits – und zwar in wachsendem Maße – auf der Basis völkerrechtlicher Abkommen sowie besonders des europäischen Gemeinschaftsrechts.

Die Bestimmung des zuständigen Gerichts ist nicht nur aus verfahrensrechtlichen Gründen wichtig, sondern von ihr hängt in der Folge auch die Festlegung des maßgeblichen internationalen Privatrechts ab.[697] Denn das angerufene Gericht wendet stets das am Gerichtsstand geltende IPR an („lex fori"). Da das IPR der verschiedenen Staaten durchaus unterschiedliche Verweisungsregeln aufweist, kann es zur Anwendung unterschiedlichen Sachrechts kommen, je nachdem welches Gericht zur Entscheidung berufen ist. Von daher kommt der Bestimmung des maßgeblichen Gerichts eine wesentliche Bedeutung zu.

Die internationale Gerichtszuständigkeit bestimmt sich in Deutschland vorrangig nach Maßgabe internationaler Übereinkommen und europäischen Gemeinschaftsrechts und nachrangig – soweit dort keine Regelungen getroffen werden – nach nationalem Recht (insbesondere ZPO und FamFG).

10.3.1 Internationale Übereinkommen

Als wichtige internationale Übereinkommen zur gerichtlichen Zuständigkeit in Zivil- und Handelssachen seien in historischer Reihenfolge genannt:

1. Das CMR v. 19.5.1956

Das Genfer Übereinkommen über den Beförderungsvertrag im internationalen Straßengüterverkehr (CMR)[698] regelt die Gerichtszuständigkeit bei Streitigkeiten aus Beförderungsverträgen. Es ist in Deutschland am 5.2.1962 in Kraft getreten.[699] Nach Art. 31 I CMR kann der Kläger außer durch Vereinbarung mit dem Beklagten grundsätzlich nur die Gerichte des Staates anrufen, auf dessen Gebiet

„a) der Beklagte seinen gewöhnlichen Aufenthalt, seine Hauptniederlassung oder die Zweigniederlassung oder Geschäftsstelle hat, durch deren Vermittlung der Beförderungsvertrag geschlossen worden ist, oder

b) der Ort der Übernahme des Gutes oder der für die Ablieferung vorgesehene Ort liegt."

2. Das EuGVÜ v. 27.9.1968

Dieses Brüsseler EWG-Übereinkommen über die gerichtliche Zuständigkeit und die Vollstreckung gerichtlicher Entscheidungen in Zivil- und Handelssachen[700] war ein Vorläufer der heutigen Brüssel I-VO. Im Unterschied zu diesem zwingenden und unmittelbar geltenden Gemeinschaftsrecht stellte es jedoch bloß einen völkerrecht-

---

[695] BGHZ 44, 46 f.
[696] *v. Hoffmann/Thorn* IPR 73.
[697] Brödermann/Rosengarten/*Rosengarten* IPR/IZVR Rn. 588.
[698] BGBl. 1961 II 1120, auszugsweise abgedruckt bei *Jayme/Hausmann* Nr. 153.
[699] *Jayme/Hausmann* Nr. 153 Fn. 1.
[700] BGBl. 1972 II 774.

lichen Vertrag der damaligen Mitglieder der EWG dar, dem sich dann die späteren Beitrittsstaaten durch eigene völkerrechtliche Verträge angeschlossen haben. Das Übereinkommen galt für die Bundesrepublik Deutschland in seiner ursprünglichen Fassung seit dem 1.2.1973 zunächst im Verhältnis zu Belgien, Frankreich, Italien, Luxemburg und den Niederlanden[701] und später auf der Grundlage von vier Beitrittsübereinkommen im Verhältnis zu den weiteren Beitrittsländern der EG.[702] Mit Inkrafttreten der Brüssel I-VO am 1.3.2002 ist es nach deren Art. 68 bis auf das Verhältnis der Mitgliedstaaten zu Dänemark[703] außer Kraft gesetzt worden. Mit Wirksamwerden des Übereinkommens der EG mit Dänemark v. 19.10.2005[704] gilt es ab 1.7.2007 auch nicht mehr im Verhältnis zu Dänemark. Inhaltlich entspricht das EuGVÜ weitgehend der späteren Brüssel I-VO, weshalb eine gesonderte Darstellung entbehrlich ist.

3. Das Luganer Übereinkommen v. 16.9.1988, revidierte Fassung v. 30.12.2007

Das ursprüngliche Luganer Übereinkommen v. 16.9.1988 über die gerichtliche Zuständigkeit und die Vollstreckung gerichtlicher Entscheidungen in Zivil- und Handelssachen[705] wurde zwischen den Mitgliedstaaten der EG und der EFTA[706] geschlossen und gilt in der Bundesrepublik Deutschland seit dem 1.3.1995. Es stimmt weitgehend mit dem EuGVÜ überein und gilt bzw. galt im Verhältnis der EG zu den EFTA-Staaten. Nach Beitritt der meisten EFTA-Staaten zur EG[707] hat es heute nur noch Bedeutung im Verhältnis zu Norwegen, Island und der Schweiz.[708] Die revidierte Fassung ist am 1.1.2010 mit Wirkung für alle EU-Mitgliedstaaten und für Norwegen in Kraft getreten.[709] Diese revidierte Fassung gilt inzwischen auch im Verhältnis zur Schweiz (seit 1.1.2011) und Island (seit 1.5.2011).[710]

10.3.2 Europäische Verordnungen

Anstelle von europäischen Übereinkommen bevorzugt die EU seit dem Jahre 2000 den Weg über europäische Verordnungen zur Gerichtszuständigkeit und zur Anerkennung und Vollstreckung von Entscheidungen. Der Vorteil ist die unmittelbare Geltung in allen Mitgliedsländern, die auch etwaige Revisionen erleichtert und

---

[701] Dazu und zum Folgenden *v. Hoffmann/Thorn* IPR 120.

[702] Dazu im Einzelnen *Jayme/Hausmann* Nr. 150 Fn. 1.

[703] Vgl. Erwägungsgründe Nr. 21 und 22 Brüssel I-VO.

[704] Übereinkommen zwischen der Europäischen Gemeinschaft und dem Königreich Dänemark über die gerichtliche Zuständigkeit und Anerkennung und Vollstreckung von Entscheidungen in Zivil- und Handelssachen, ABl. EU L 299, 62, vgl. *Jayme/Hausmann* Nr. 160 Fn. 9.

[705] BGBl. 1994 II 2660, abgedruckt bei *Jayme/Hausmann*, 14. Aufl. 2009, Nr. 152.

[706] Gründungsmitglieder der 1960 gegründeten EFTA waren Dänemark, Norwegen, Österreich, Portugal, Schweden, die Schweiz und das Vereinigte Königreich. Später folgten Finnland, Island und Liechtenstein (wikipedia in http://de.wikipedia.org./wiki/Europäische Freihandelsassoziation).

[707] Zu nennen sind der Beitritt von Dänemark und dem Vereinigten Königreich (1973), Finnland, Österreich und Schweden (1986) zur Europäischen Gemeinschaft. Danach umfasst die EFTA heute nur noch die vier Länder Island, Norwegen, Schweiz und Liechtenstein (wikipedia wie vorstehende Fn.).

[708] *Jayme/Hausmann*, 14. Aufl. 2009, Nr. 152 Fn. 4.

[709] Abdruck der revidierten Fassung v. 30.12.2007 bei *Jayme/Hausmann* Nr. 152.

[710] *Jayme/Hausmann* Nr. 152 Fn. 1.

besondere Beitrittsübereinkommen mit neuen Beitrittsländern entbehrlich macht.[711] Zu nennen sind hier:

1. Die EuGVO oder Brüssel I-VO v. 22.12.2000

Die Verordnung (EG) Nr. 44/2001 des Rates über die gerichtliche Zuständigkeit und die Anerkennung und Vollstreckung von Entscheidungen in Zivil- und Handelssachen v. 22.12. 2000, abgekürzt EuGVO, EuGVVO oder Brüssel I-VO, hat das Brüsseler EWG-Übereinkommen von 1968 (EuGVÜ) über die gerichtliche Zuständigkeit und die Vollstreckung gerichtlicher Entscheidungen in Zivil- und Handelssachen abgelöst und gilt seit 1.3.2002 in allen EU-Staaten außer Dänemark.[712] Mit dem bereits erwähnten Übereinkommen der EG mit Dänemark v. 19.10.2005[713] ist der Inhalt der EuGVO und ihrer Durchführungsbestimmungen auf das Verhältnis der Gemeinschaft zu Dänemark mit Wirkung ab dem 1.7.2007[714] erstreckt worden, sodass die EuGVO im Ergebnis heute in allen EU-Staaten Anwendung findet.

2. Die EuEheVO oder Brüssel IIa-VO v. 27.11.2003

Diese Verordnung (EG) Nr. 2201/2003 des Rates über die Zuständigkeit und Anerkennung und Vollstreckung von Entscheidungen in Ehesachen und in Verfahren betreffend die elterliche Verantwortung gilt seit dem 1.3.2005 für alle Mitgliedstaaten der EU (außer Dänemark). Sie gilt für Ehesachen – also für Ehescheidungen, Trennung ohne Auflösung des Ehebandes oder Ungültigkeitserklärung einer Ehe – sowie die elterliche Verantwortung für Kinder.[715] Unterhaltssachen sind darin ausgeklammert. Für diese gilt ab 17.6.2011 die nachfolgend beschriebene Europäische Unterhaltsverordnung (EuUntVO)[716]. Die Rom III-VO lässt die Brüssel IIa-VO unberührt, Art. 2 Rom III-VO. Das hat seinen Grund in dem unterschiedlichen Regelungsbereich der beiden Verordnungen. Während die Rom III-VO die Frage des anwendbaren Rechts regelt – also **Kollisionsrecht** darstellt –, betrifft die Brüssel IIa-VO Fragen der **gerichtlichen Zuständigkeit sowie der Anerkennung und Vollstreckung** von Entscheidungen in Ehe- und Sorgerechtssachen. Zentrale Zuständigkeitsvorschrift ist Art. 3 Brüssel IIa-VO, wonach die allgemeine Gerichtszuständigkeit in Ehesachen vom gewöhnlichen Aufenthalt beider oder eines Ehegatten abhängen. In Sorgerechtssachen richtet sich der allgemeine Gerichtsstand nach Art. 8 I Brüssel IIa-VO nach dem gewöhnlichen Aufenthalt des Kindes.

3. Die Europäische UnterhaltsVO v. 18.12.2008 („EuUntVO")

Bisher galt die Brüssel I-VO nach Art. 5 Nr. 2 auch für Unterhaltssachen. Das hat sich ab 18.6.2011 für neu eingeleitete Unterhaltsverfahren geändert: seither gilt die Brüssel I-VO nur noch für vor diesem Stichtag liegende Verfahren, während neue Verfahren der Verordnung (EG) Nr. 4/2009 des Rates über die Zuständigkeit, das anwendbare Recht, die Anerkennung und Vollstreckung von Entscheidungen und die Zusammenarbeit in Unterhaltssachen unterstehen, Art. 76 III EuUntVO.[717]

---

711 *Kindler* Einführung IPR 197.
712 ABl. EG 2001 L 12, 1, abgedruckt bei *Jayme/Hausmann* Nr. 160.
713 Siehe oben S. 238; *Jayme/Hausmann* Nr. 160 Fn. 9.
714 ABl. EU 2007 L 94, 70.
715 ABl. EG 2003 L 338, 1, abgedruckt bei *Jayme/Hausmann* Nr. 162.
716 *Rauscher* IPR Rn. 1956; Brödermann/Rosengarten/*Rosengarten* IPR/IZVR Rn. 613.
717 Abgedruckt bei *Jayme/Hausmann* Nr. 161.

Da Unterhaltsstreitigkeiten einen Großteil aller Verfahren ausmachen, unterstreicht dies einerseits die Bedeutung der EuUntVO und andererseits die Bedeutungseinbuße der Brüssel I-VO.[718]

Diese EuUntVO gilt in allen Mitgliedstaaten der EU außer Dänemark. Im Unterschied zu den beiden vorgenannten Brüssel-VO regelt sie aber nicht nur die gerichtliche Zuständigkeit in Unterhaltssachen, sondern auch das anwendbare Recht (ist insoweit also auch Kollisionsrecht) und die Anerkennung und Vollstreckung von Unterhaltsurteilen. Ziel ist ausweislich der Erwägungsgründe 9 und 10 eine Verbesserung der Stellung des Unterhaltsberechtigten, der ohne weitere Formalitäten eine Unterhaltsentscheidung in einem anderen Mitgliedstaat vollstrecken können soll. Außerdem wird auch bei Drittstaatenbezug im Unterschied zur bisherigen Rechtslage eine Auffang- und Notzuständigkeit der Gerichte der Mitgliedstaaten geschaffen, Art. 6 und 7 EuUntVO.[719]

4. Weitere Gemeinschaftsrechtsakte

Als weitere wichtige Gemeinschaftsakte[720] auf dem Gebiet des Internationalen Zivilverfahrensrechts sind in chronologischer Reihenfolge zu nennen:

- VO (EG) Nr. 1206/2001 v. 28.5.2001[721] über die Zusammenarbeit zwischen den Gerichten der Mitgliedstaaten auf dem Gebiet der Beweisaufnahme in Zivil- und Handelssachen (**„Europäische Beweisaufnahmeverordnung, EuBVO")**, gültig für alle Mitgliedstaaten der EU außer Dänemark seit dem 1.1.2004
- VO (EG) Nr. 805/2004 v. 21.4.2004[722] zur Einführung eines Europäischen Vollstreckungstitels für unbestrittene Forderungen (**„Europäische Vollstreckungstitelverordnung, EuVTVO)**, gültig für alle Mitgliedstaaten der EU außer Dänemark seit dem 21.10.2005
- VO (EG) Nr. 1896/2006 v. 12.12.2006[723] zur Einführung eines Europäischen Mahnverfahrens (**„Europäische MahnverfahrensVO, EuMVVO")**, gültig für alle Mitgliedstaaten der EU außer Dänemark seit dem 12.12.2008
- VO (EG) Nr. 861/2007 v. 11.7.2007 [724] zur Einführung eines europäischen Verfahrens für geringfügige Forderungen (**„Small-Claims-VO oder EuGFVO)**, gültig für alle Mitgliedstaaten außer Dänemark seit dem 1.1.2009, für alle Forderungen bis 2.000 EUR
- VO (EG) Nr. 1393/2007 v. 13.11.2007[725] über die Zustellung gerichtlicher und außergerichtlicher Schriftstücke in Zivil- und Handelssachen (**„Europäische Zustellungsverordnung, EUZVO")**.

---

[718] *Hess* IPRax 2011, 127 Fn. 36 spricht davon, dass in den Verfahren nach Art. 43 Brüssel I-VO nach seinen Erfahrungen mindestens 50 % auf Unterhaltsstreitigkeiten entfielen.

[719] Dazu näher Brödermann/Rosengarten/*Rosengarten* IPR/IZVR Rn. 623 und 489 ff.

[720] *Kienle* IPR 28 f.; BeckOK BGB/*Lorenz*, Ed. 28 1.8.2013 EGBGB Einl IPR Rn. 7.

[721] ABl. EG 2001 Nr. L 174, 1, abgedruckt bei *Jayme/Hausmann* Nr. 225.

[722] ABl. EU 2004 Nr. L 143, 15, abgedruckt bei *Jayme/Hausmann* Nr. 184.

[723] ABl. EU 2006 Nr. L 399, 1, abgedruckt bei *Jayme/Hausmann* Nr. 185.

[724] ABl. EU 2007 Nr. L 199, 1, abgedruckt bei *Jayme/Hausmann* Nr. 186.

[725] ABl. EU 2007 Nr. L 324, 79, abgedruckt bei *Jayme/Hausmann* Nr. 224.

Bild 33: Internationales Zivilverfahrensrecht Rechtsquellen

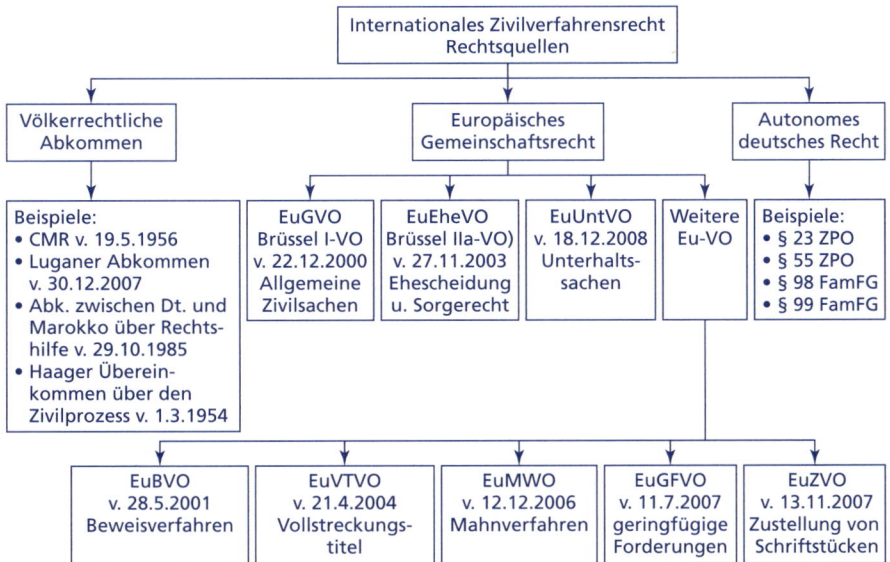

10.4 Die Brüssel I-VO (EuGVO)[726]

Die Brüssel I-VO hat sich als grundlegendes europäisches Verfahrensgesetz seit Jahren durchgesetzt und bewährt. Dennoch waren einige Defizite unverkennbar. Entsprechende Reformüberlegungen traten in eine entscheidende Phase, als die EU-Kommission im Frühjahr 2009 den nach Art. 73 Brüssel I-VO vorgesehenen Bericht[727] über die Anwendung der Verordnung sowie ein Grünbuch[728] mit möglichen Reformvorschlägen vorlegte, denen im Dezember 2010 ein Vorschlag[729] für eine Neufassung der Brüssel I-VO folgte. In dem Kommissionsvorschlag wurden vier Schwerpunkte für eine Reform genannt:[730]

1. Verbesserung der Urteilsfreizügigkeit durch Abschaffung der Vollstreckbarerklärung (sog. Exequaturverfahren) bei Vollstreckung in einem anderen EU-Mitgliedstaat;
2. Stärkung von Gerichtsstandsvereinbarungen;
3. Einbeziehung von Drittstaatenkonstellationen im Bereich der Zuständigkeit und Rechtshängigkeit;
4. Bessere Koordinierung von Schiedsverfahren und Parallelprozessen vor staatlichen Gerichten.

---

[726] Nachfolgend wird die Bezeichnung Brüssel I-VO in Analogie zur Rom I- und II-VO bevorzugt; ebenso Erwägungsgrund Nr. 7 der Rom I-VO.

[727] KOM (2009) endg. vom 21.4.2009.

[728] KOM (2009) 174 endg.

[729] KOM (2010) 748 endg.

[730] Näher *Hess* IPRax 2011, 127.

Diese Aktivitäten der EU-Kommission lösten intensive rechtspolitische Debatten aus,[731] die auf mehreren Konferenzen und in Internetforen geführt wurden: allein die Befragung der Mitgliedstaaten und der Öffentlichkeit führte zu 130 Kommentaren und starker Lobbyarbeit. Der Rechtsausschuss des Europäischen Parlaments führte im Herbst 2009 eine Expertenanhörung durch und verabschiedete im September 2010 eine Stellungnahme zu dem Grünbuch.[732] Danach folgte eine intensive Debatte in den Mitgliedstaaten.

Gegenüber den Plänen der Kommission, die auf eine umfangreiche Reform abzielten,[733] haben sich infolge erheblichen Widerstands in den Gesetzgebungsorganen, in der Wissenschaft und in der Lobby im Wesentlichen nur folgende Änderungen durchgesetzt und wurden vom Europäischen Rat mit der VO (EU) Nr. 1215/2012 am 20.12.2012[734] nach Zustimmung des Parlaments und der Kommission in Kraft gesetzt:[735]

1. Ein Gerichtsurteil aus einem EU-Mitgliedstaat kann künftig in einem anderen EU-Mitgliedstaat ohne besondere **Vollstreckbarerklärung** vollstreckt werden, Art. 39 Brüssel I-VO neu. Das bisher erforderliche Vollstreckbarkeitsverfahren [736] nach Art. 38 ff. Brüssel I-VO (sog. Exequatur-Verfahren), das einen entsprechenden Antrag des Berechtigten an das Gericht des Vollstreckungsmitgliedstaates voraussetzte und eine Anerkennungsprüfung nach Art. 34 und 35 Brüssel I-VO in Gang setzte, die das Urteil einer Überprüfung nach gewissen formalen Kriterien aussetzte und damit zu weiteren Verzögerungen bei der Vollstreckung führte, wird ab 2015 entfallen. Das Gerichtsurteil ist so ohne Weiteres in allen EU-Mitgliedsstaaten vollstreckbar. Das umständliche Exequatur-Verfahren entfällt ersatzlos. Das erspart dem Gläubiger Zeit und Kosten bei der Vollstreckung.
2. **Gerichtsstandsvereinbarungen** werden deutlich gestärkt. Sog. Torpedoklagen, die unter Missachtung der Parteivereinbarungen vor unzuständigen, aber langsamen Gerichten eines anderen Mitgliedstaates erhoben wurden, um ein Vorgehen der Gegenpartei vor dem vereinbarten Gericht zu blockieren, wird Einhalt geboten. Es entscheidet fortan nicht mehr das zuerst angerufene Gericht, stattdessen hat im Falle einer Gerichtsstandsvereinbarung das vereinbarte Gericht das Recht, sich für zuständig zu erklären. Früher angerufene Gerichte eines anderen Mitgliedstaates müssen zunächst das Verfahren aussetzen und – wenn sich das vereinbarte Gericht für zuständig erklärt hat – zugunsten dieses Gerichts für unzuständig erklären, Art. 31 II und III Brüssel I-VO neu. Torpedoklagen helfen folglich nicht mehr.
3. Entgegen dem ursprünglichen Vorschlag der Kommission wurde in der nach zähen Verhandlungen in den zuständigen Gremien erreichten Kompromissfas-

---

[731] Zum Folgenden eingehend *Hess* IPRax 2011, 125.

[732] Beschl. v. 6.9.2010, P7_TA_PROV (2010) 03304.

[733] Der Verordnungsentwurf enthält allein 10 Seiten Begründungen und knapp 100 Seiten Anhang mit dem neuen Text. Er ist abgedruckt bei *Jayme/Hausmann* Nr. 160b; dazu *Hess* IPrax 2011, 125 ff. sowie *Mansell/Thorn/Wagner* IPrax 2011, 1 ff.

[734] ABl. EU 2012 L 351, 1.

[735] Zum Folgenden CMS *HascheSigle*, Neues europäisches Zivilprozessrecht verabschiedet, Internetquelle http://www.cmshs-bloggt.de/europäische-union-eu-recht, abgerufen am 11.9.2013; ferner *TaylorWessing*, Die neue EuGVVO, Internetquelle hhttp://www.taylorwessing.com/de/newsletter, abgerufen am 11.9.2013.

[736] Dazu näher *Kieninger* VuR 2011, 243 ff.

sung der in Kraft gesetzten Verordnung darauf verzichtet, die internationale Zuständigkeit für Klagen gegen **Parteien aus Drittländern** einheitlich zu regeln. Die ursprünglich vorgesehene „subsidiäre Zuständigkeit und Notzuständigkeit" entfällt, damit auch der Gerichtsstand am Vermögensort im Drittstaat. Andererseits können Gerichte der EU-Staaten nun das Verfahren aussetzen, wenn bereits ein Verfahren vor einem Gericht eines Drittstaates anhängig ist, das denselben Anspruch betrifft (Art. 33 Brüssel I-VO neu) oder mit dem ein Zusammenhang besteht (Art. 34 neu).

4. Entgegen den Vorschlägen der Kommission wurde auch auf die vorgeschlagene Regelung zu Rechtshängigkeitskonflikten bei **Schiedsverfahren** verzichtet. Wie bisher, gilt auch die neue Brüssel I-VO nicht für die Schiedsgerichtsbarkeit. Stattdessen gilt weiter das Recht des jeweiligen Mitgliedstaates (Erwägungsgrund 12).

5. Im Übrigen hat sich an den **Zuständigkeitsregeln für die Gerichte** wenig geändert;[737] allerdings haben sie zT neue Artikelnummern. Darauf wird im Einzelnen hingewiesen. Im Übrigen wird nachstehend die derzeit geltende Rechtslage dargestellt, da die vorgesehenen Änderungen erst mit Wirkung vom 10.1.2015 gelten werden.

10.4.1 Anwendungsbereich

Die Brüssel I-VO gilt nur dann, wenn der Anwendungsbereich der Verordnung sachlich, räumlich, persönlich und zeitlich eröffnet ist.

10.4.1.1 Sachlicher Anwendungsbereich

Nach ihrem Art. 1 I ist die Brüssel I-VO in Zivil- und Handelssachen anzuwenden, ohne dass es auf die Art der Gerichtsbarkeit ankommt. Eingeschlossen sind Streitigkeiten aus dem Individualarbeitsrecht (Art. 18–21 Brüssel I-VO), dem Unterhaltsrecht (Art. 5 Nr. 2 Brüssel I-VO) und dem Deliktsrecht (Art. 5 Nr. 3 Brüssel I-VO). Nicht erfasst sind Steuer- und Zollsachen sowie verwaltungsrechtliche Angelegenheiten.

Art. 1 II Brüssel I-VO nimmt außerdem folgende Rechtsgebiete aus dem sachlichen Anwendungsbereich aus:

- Fragen des Personenstandes, der Rechts- und Handlungsfähigkeit, der gesetzlichen Vertretung von natürlichen Personen, der ehelichen Güterstände und des Erbrechts (lit. a),
- Konkurse und Vergleiche (lit. b),
- die soziale Sicherheit (lit. c),
- die Schiedsgerichtsbarkeit (lit. d).

Außerdem wurde durch Art. 68 EuUntVO der Bereich der Unterhaltssachen aus der Brüssel I-VO ausgeklammert.

10.4.1.2 Räumlich-persönlicher Anwendungsbereich

Der räumlich-persönliche Anwendungsbereich ist gegeben, wenn der Beklagte seinen Wohnsitz in einem Mitgliedstaat hat, Art. 2 I Brüssel I-VO. Darunter fallen

---

[737] Zum Folgenden CMS *HascheSigle,* Neues europäisches Zivilprozessrecht verabschiedet, Internetquelle http://www.cmshs-bloggt.de/europäische-union-eu-recht, abgerufen am 11.9.2013.

alle Mitgliedstaaten der EU, Art. 1 III. Auch in Dänemark, das kein Mitgliedstaat ist, gilt ab 1.7.2007 inhaltlich die Brüssel I-VO aufgrund des bereits oben erwähnten Abkommens mit der EU v. 19.10.2005.[738]

Die Nationalität des Beklagten ist dagegen ohne Belang. Es wird also nicht auf eine EU-Staatsbürgerschaft abgestellt. Damit sind auch Ausländer mit Wohnsitz in der EU erfasst, sodass eine Gleichbehandlung von In- und Ausländern erfolgt. Entscheidend ist allein der Wohnsitz einer Person im Hoheitsgebiet eines Mitgliedstaats.

Bei Streitigkeiten um dingliche Rechte an Immobilien sowie Miete und Pacht von unbeweglichen Sachen (außer für den persönlichen Gebrauch bis zu sechs Monaten) wird statt auf den Wohnsitz auf den Lageort abgestellt, Art. 22 Nr. 1 Brüssel I-VO. Das Gericht am Belegenheitsort des Grundstücks ist dann ausschließlich zuständig.

Praxisfall:

Hausbesitzer H aus Brüssel vermietet sein spanisches Geschäftshaus für ein Jahr an den in Köln lebenden Türken T. Dieser zahlt die vereinbarte Miete nicht. Ist die Brüssel I-VO anwendbar? Welche Gerichte sind international zuständig?

Lösung

Das hängt davon ab, ob die sachlichen und persönlich-räumlichen Anwendungsvoraussetzungen gegeben sind, Art. 1 und 2 Brüssel I-VO.

Sachlich geht es um einen mietrechtlichen Streit, also um eine Zivilsache, Art. 1 I Brüssel I-VO. Persönlich-räumlich ist nötig, dass T seinen Wohnsitz in einem Mitgliedstaat hat, Art. 2 I Brüssel I-VO. Das ist der Fall. Die türkische Nationalität spielt dabei keine Rolle. Ergebnis: Die Brüssel I-VO ist anwendbar.

Die internationale Zuständigkeit regelt sich hier nach Art. 22 Nr. 1 Brüssel I-VO: da kein gemeinsamer Wohnsitz der Vertragsparteien in demselben Staat besteht, greift Art. 22 Nr. 1 S. 2 Brüssel I-VO nicht und es bleibt bei der Grundregel von S. 1, sodass spanische Gerichte international zuständig sind.

Falls der Beklagte keinen Wohnsitz im Hoheitsgebiet eines Mitgliedstaats hat, bestimmt sich vorbehaltlich der Art. 22 und 23 Brüssel I-VO die Zuständigkeit der Gerichte eines Mitgliedstaates nach dessen eigenen Gesetzen, Art. 4 I Brüssel I-VO. Das führt zur Anwendung der lex fori des angerufenen Gerichts. Da die nationalen Gesetze häufig eine Fülle zusätzlicher Gerichtsstände im Inland kennen,[739] bedeutet das nicht selten eine Abkehr von dem Prinzip der Maßgeblichkeit des Beklagtenwohnsitzes (siehe unten Aufgabe 2).

10.4.1.3 Zeitlicher Anwendungsbereich

Die Brüssel I-VO gilt nach ihrem Art. 66 I für alle Klagen, die nach dem Inkrafttreten der Verordnung in dem Ursprungsland erhoben worden sind. Die Verordnung ist am 1.3.2002 für die damaligen Mitgliedstaaten in Kraft getreten ist, Art. 76 I. Soweit Klagen gegen Personen aus diesen Mitgliedstaaten geführt werden, müssen diese also nach diesem Stichtag erhoben worden sein. Für die neuen osteuropäischen Mit-

---

[738] Siehe oben Kap. 10.3.2 S. 257.
[739] Dazu näher Anhang 1 zur Brüssel I-VO; *v. Hoffmann/Thorn* IPR 129 sprechen insoweit von „exorbitanten Gerichtsständen des nationalen Rechts".

gliedstaaten sowie für Malta und Zypern gilt der Stichtag des 1.5.2004, für Bulgarien und Rumänien der 1.1.2007.[740]

10.4.2 Bestimmung der internationalen Zuständigkeit

Kapitel II der Brüssel I-VO regelt in den Art. 2–31 die internationale Zuständigkeit der Gerichte für Klagen in Zivil- und Handelssachen sowie die Prüfung der Zuständigkeit seitens der angerufenen Gerichte. Die Verordnung nennt zunächst in den Art. 2–24 (= Kap. II Abschnitte 1–7) eine Reihe verschiedener Gerichtsstände und unterscheidet zwischen

- dem allgemeinen Gerichtsstand nach Art. 2 Brüssel I-VO,
- den besonderen Gerichtsständen nach Art. 5–7 Brüssel I-VO,
- den sonstigen Gerichtsständen nach Art. 8–21 Brüssel I-VO,
- dem ausschließlichen Gerichtsstand nach Art. 22 Brüssel I-VO,
- dem vereinbarten Gerichtsstand nach Art. 23–24 Brüssel I-VO.

10.4.2.1 Allgemeiner Gerichtsstand am Wohnsitz des Beklagten

Nach Art. 2 I Brüssel I-VO[741] sind Personen, die ihren Wohnsitz im Hoheitsgebiet eines Mitgliedstaats haben, ohne Rücksicht auf ihre Staatsangehörigkeit vor den Gerichten dieses Mitgliedstaats zu verklagen. Der allgemeine Gerichtsstand ist somit am Wohnsitz des Beklagten eröffnet. Der Kläger folgt sozusagen dem Beklagten an dessen Wohnsitz. Dieser Grundsatz, der bereits aus dem römischen Recht stammt („actor sequitur forum rei"), soll dem Beklagten die Verteidigung erleichtern und entspricht der Regelung des allgemeinen Gerichtsstands in § 13 ZPO.

Wenn der Beklagte eine natürliche Person ist, bestimmt sich dessen Wohnsitz nach Art. 59 Brüssel I-VO. Danach beurteilt das angerufene Gericht nach dem dort geltenden materiellen Recht, ob der Beklagte im Hoheitsgebiet des betreffenden Mitgliedstaats einen Wohnsitz hat. Deutsche Gerichte hätten folglich zur Bestimmung des Wohnsitzes auf §§ 7 ff. BGB zurückzugreifen.[742]

Soweit die Klage gegen Gesellschaften und juristische Personen gerichtet wird, ist nach Art. 60 I Brüssel I-VO deren Sitz maßgebend, und zwar alternativ

- ihr satzungsmäßiger Sitz,
- der Sitz der Hauptverwaltung oder
- der Sitz ihrer Hauptniederlassung.

Eine Gesellschaft kann demnach bei Auseinanderfallen von satzungsmäßigem Sitz und tatsächlicher Hauptverwaltung ihren Wohnsitz in verschiedenen Mitgliedstaaten haben, sodass der Kläger entscheiden kann, in welchem dieser Staaten er die Klage erheben möchte.

Praxisfall:

Ein slowenischer Lieferant L hat eine offene Kaufpreisforderung gegen die österreichische Firma K mit satzungsmäßigem Sitz in Wien und tatsächlichem Sitz der Hauptverwaltung in München. Wo wäre eine Klageerhebung möglich?

---

[740] *Jayme/Hausmann* Nr. 160 Fn. 1.
[741] Ab 1.10.2015: Art. 4 neu.
[742] *Hüßtege/Ganz* IPR 43.

> **Lösung** Nach Art. 2 I, 60 I Brüssel I-VO kann L wählen, ob er die Kaufpreisklage am satzungsmäßigen Sitz von K in Österreich oder am tatsächlichen Sitz in Deutschland erhebt. Welches Gericht örtlich und funktional zuständig ist, richtet sich nach nationalem Prozessrecht.

10.4.2.2 Besondere, fakultative Gerichtsstände

Zusätzlich zum allgemeinen Gerichtsstand eröffnen die Art. 5–6 Brüssel I-VO weitere, fakultative Gerichtsstände für den Kläger. Die nachfolgende Darstellung beschränkt sich auf Art. 5 Brüssel I-VO, der den Kläger gegenüber der Grundnorm des Art. 2 I Brüssel I-VO privilegiert und ihm eine ortsnähere Klagemöglichkeit einräumt. Im Unterschied zu Art. 2 Brüssel I-VO bestimmt Art. 5 Brüssel I-VO bzgl. der Nummern 1–5 nicht nur die internationale, sondern zugleich auch die örtliche Zuständigkeit, wie sich aus dem betreffenden Wortlaut („Gericht des Ortes") klar ergibt.

Art. 5 Brüssel I-VO gibt dem Kläger in sieben Fällen einen zusätzlichen Gerichtsstand. Bedeutsam ist hier vor allem der Gerichtsstand

- am Erfüllungsort, Nr. 1,
- am Wohnsitz des Unterhaltsberechtigten, Nr. 2,
- am Schadensort von unerlaubten Handlungen, Nr. 3.

10.4.2.2.1 Gerichtsstand des Erfüllungsorts

Vertragliche Ansprüche können nach Art. 5 Nr. 1 lit. a) Brüssel I-VO[743] vor dem Gericht des Ortes geltend gemacht werden, an dem die fragliche Verpflichtung erfüllt worden ist oder zu erfüllen wäre. Wo der Erfüllungsort liegt, bestimmt sich für Kaufverträge über bewegliche Sachen und Dienstleistungsverträge nach lit. b).

Beim Verkauf beweglicher Sachen ist der Erfüllungsort einheitlich für Liefer- und Zahlungspflichten der Ort, an den die beweglichen Sachen geliefert worden sind oder hätten geliefert werden müssen. Es gibt also keine gesonderten Gerichtsstände für Zahlungsansprüche und Lieferansprüche, sondern sämtliche Klagen aus dem Kaufvertrag unterliegen einheitlich dem Erfüllungsort für die Warenlieferung.

> **Beispiel:** Wenn in dem obigen Beispiel die Ware vereinbarungsgemäß ab Werk in Ljubljana geliefert wurde, so ist für die Zahlungsklage auch der Gerichtsstand in Slowenien, und zwar in Ljubljana eröffnet, da hier der tatsächliche Lieferort lag.

Für die Erbringung von Dienstleistungen (und daraus resultierende Vergütungsansprüche) ist der Ort in dem Mitgliedstaat maßgebend, wo die Dienstleistungen nach dem Vertrag erbracht worden sind oder hätten erbracht werden müssen. Dienstleistungen sind – wie in Art. 4 I lit. b) Rom I-VO – in einem weiten Sinne zu verstehen und erfassen alle Arten selbstständiger und in der Regel entgeltlicher Tätigkeiten freiberuflicher, gewerblicher oder handwerklicher Art. Es kann sich um Dienstverträge, Werkverträge, Reiseverträge, Maklerverträge, Geschäftsbesorgungsverträge, Handelsvertreter- oder Handelsmaklerverträge, Frachtverträge, Beratungs- oder Vermögensverwaltungsverträge und Ähnliches handeln.[744]

---

[743] Ab 1.10.2015: Art. 7 neu.
[744] Siehe oben Kap. 6.6.1.2 S. 51.

Praxisfall:

Der in Toulon niedergelassene Rechtsanwalt R berät auftragsgemäß ein deutsches Unternehmen U mit Sitz in München. Nachdem das Honorar nicht gezahlt wird, fragt R, wo er dieses einklagen kann.

Lösung	Nach Art. 2 I Brüssel I-VO könnte die Klage an dem allgemeinen Gerichtsstand von U in Deutschland erhoben werden, darüber hinaus hätte R aber auch die Möglichkeit, das zuständige französische Gericht in Toulon nach Art. 5 Nr. 1 Brüssel I-VO anzurufen, da es sich um einen Vertrag über Dienstleistungen handelt, die vertraglich in Toulon zu erbringen waren.[745]
	Zu beachten ist, dass der Erfüllungsort prozessrechtlich ausschließlich autonom aus der Brüssel I-VO heraus zu ermitteln ist und nicht unter Zuhilfenahme nationalen Rechts.[746]
	Allerdings kann der Erfüllungsort auch von den Parteien vertraglich festgelegt werden, wie sich aus Art. 5 Nr. 1 lit. b) Brüssel I-VO klar ergibt. Dann ist dies auch für den Gerichtsstand maßgebend, wobei über die Bedeutung derartiger vertraglicher Vereinbarungen im Einzelnen Streit besteht.[747]

10.4.2.2.2 Gerichtsstand für Unterhaltsklagen

Nach Art. 5 Nr. 2 Brüssel I-VO[748] konnte der Unterhaltsberechtigte bis 17.6.2011 in einer Unterhaltssache auch vor dem Gericht des Ortes klagen, wo er seinen Wohnsitz oder seinen gewöhnlichen Aufenthalt hatte. Damit war er nicht auf den allgemeinen Gerichtsstand am ausländischen Wohnsitz des Unterhaltsverpflichteten angewiesen und konnte seine Ansprüche deutlich besser durchsetzen. Ab 18.6.2011 gilt diese Regelung nicht mehr und stattdessen greift die EuUntVO ein, Art. 68 EuUntVO. Eine tiefgreifende Änderung ist damit jedoch zumeist nicht verbunden, da nun gemäß Art. 3 EuUntVO alternativ eine Gerichtszuständigkeit am Ort des gewöhnlichen Aufenthalts des Beklagten (lit. a) wie auch des Unterhaltsberechtigten (lit. b) besteht. Allerdings können anderweitige Gerichtsstandsvereinbarungen nach Maßgabe von Art. 4 EuUntVO getroffen werden, die vorrangig gelten, sofern die Parteien nichts anderes vereinbaren.

Praxisfall:

Franz K. lebt in einer Lebenspartnerschaft mit Marie L. in Bonn. Nach der Geburt des gemeinsamen Kindes Anna setzt sich K nach Australien ab. Das Sorgerecht für Anna liegt bei L. Wo können Unterhaltsansprüche von Anna geltend gemacht werden?

Lösung	Hier konnte eine Klage statt in Australien bis 17.6.2011 nach Art. 5 Nr. 2 Brüssel I-VO vor einem Bonner Gericht erhoben werden, wenn eine entsprechende internationale und örtliche Zuständigkeit gegeben war. Erste Voraussetzung ist das Vorliegen einer Unterhaltssache. Das trifft zu, da

---

[745] Siehe oben Kap. 6.6.1.2 S. 52.

[746] *Kindler* Einführung IPR 205.

[747] Dazu näher *Kindler* Einführung IPR 209 (210).

[748] Diese Vorschrift galt nur bis zum Inkrafttreten der EuEheVO am 18.6.2011, siehe oben Kap. 10.3.2 S. 257.

> Unterhaltsansprüche des Kindes gegen den Vater geltend gemacht werden sollen. Zweite Voraussetzung ist, dass der Unterhaltsberechtigte seinen Wohnsitz oder seinen gewöhnlichen Aufenthalt am Gerichtsort Bonn hat. Anna teilt als minderjähriges Kind den Wohnsitz ihrer sorgeberechtigten Mutter, Art. 59 I Brüssel-VO, § 11 S. 1 BGB. Somit konnte die Unterhaltsklage am Gerichtsort Bonn geführt werden. Sachlich und funktional ist nach §§ 23a I, 23b GVG das Amtsgericht Bonn (Familiengericht) zuständig.
>
> Gleiches würde auch für eine Klage ab 18.6.2011 gelten. Zwar entfällt zu diesem Zeitpunkt die Regelung von Art. 5 Nr. 2 Brüssel I-VO gemäß Art. 68 EheUntVO. Nach der maßgeblichen Zuständigkeitsregel des Art. 3 EuUntVO ist die internationale Zuständigkeit aber sowohl am Ort des gewöhnlichen Aufenthaltes des Beklagten als auch am Gericht des Ortes begründet, an dem die berechtigte Person ihren gewöhnlichen Aufenthalt hat. Da Anna als unterhaltsberechtigte Person ihren gewöhnlichen Aufenthaltsort in Bonn hat, könnte dort vor dem zuständigen Amtsgericht (Familiengericht) auf Unterhalt geklagt werden.

10.4.2.2.3 Gerichtsstand der unerlaubten Handlung

Nach Art. 5 Nr. 3 Brüssel I-VO können Klagen aus unerlaubten Handlungen auch vor dem Gericht des Ortes erhoben werden, an dem das schädigende Ereignis eingetreten ist oder einzutreten droht. Der Begriff der unerlaubten Handlung ist autonom, dh ohne Rückgriff auf innerstaatliches Recht unmittelbar aus der Brüssel I-VO heraus zu verstehen und bezieht sich auf alle Arten der Schadenshaftung, die nicht an einen Vertrag iSv Art. 5 Nr. 1 anknüpfen.[749] Erfasst sind alle Arten von Delikten, aber auch Gefährdungshaftungstatbestände nach dem StVG, dem UmwelthaftungsG oder dem ProdukthaftungsG. Auch Kartellverstöße, Verstöße gegen das UWG, Schädigungen aus Verletzung des allgemeinen Persönlichkeitsrechts oder von Immaterialgüterschutzrechten fallen unter den Begriff der unerlaubten Handlungen.[750]

Bei Anspruchskonkurrenz mit Ansprüchen aus Vertrag oder ungerechtfertigter Bereicherung darf das nach Art. 5 Nr. 3 Brüssel I-VO zuständige Gericht nur über die deliktischen Ansprüche entscheiden,[751] da die erweiterte Gerichtszuständigkeit nach Art. 5 Brüssel I-VO als streng begrenzte Ausnahme von dem Grundsatz des Art. 2 Brüssel I-VO zu verstehen ist.

Die Zuständigkeit nach Art. 5 Nr. 3 Brüssel I-VO knüpft an den Ort des schädigenden Ereignisses an. Nach der Rechtsprechung des EuGH[752] sind damit sowohl der Handlungs- wie der Erfolgsort erfasst. Der Begriff ist daher weiter gefasst als in Art. 4 I Rom II-VO, wo es allein auf den Ort des Schadenseintritts ankommt.

> **Praxisfall:**
>
> Die internationale Lebensmittelkette A. klagt in Österreich wegen einer dort vorgenommenen, angeblich unlauteren Werbung ihres Rivalen L. aus Italien auf Unterlassung sowie auf Schadensersatz wegen Umsatzrückgangs der Konzernergebnisse in Deutschland.

---

[749] EuGH NJW 2009, 811 und NJW 2009, 3501.
[750] *Hüßtege/Ganz* IPR 48.
[751] EuGH NJW 1988, 3088; BGH NJW-RR 2005, 581.
[752] EuGH IPRax 2000, 210.

> **Lösung**
>
> Die Klage könnte nach Art. 5 Nr. 3 Brüssel I-VO in Österreich zulässig sein. Falls eine unlautere Werbung vorliegen sollte, so wäre diese als eine nichtvertragliche Schadenszufügung zu qualifizieren, mithin als unerlaubte Handlung. Weitere Voraussetzung ist, dass das schädigende Ereignis am Gerichtsort eingetreten ist. Handlungsort (unlautere Werbung) ist hier Österreich, während der Erfolgsort (Umsatzrückgang) in Deutschland liegt. Da beide Orte gleichrangig als Orte des schädigenden Ereignisses gewertet werden, steht es A frei, in Österreich oder Deutschland zu klagen.

Bei ehrverletzenden Presseartikeln kann am Ort der Niederlassung des Herausgebers oder am bestimmungsgemäßen Verbreitungsort Klage erhoben werden.[753] Für unerlaubte Handlungen im Internet gilt als Tatort der Ort, wo das Medium bestimmungsgemäß abgerufen werden kann.[754] Werden Persönlichkeitsrechte auf einer Webseite verletzt, so kann der Betroffene entweder bei den Gerichten des Mitgliedsstaates, in dem der Urheber seinen Wohnsitz hat (Art. 2 Brüssel I-VO), oder wo der Betroffene den Mittelpunkt seiner Interessen hat, sofern dieser Gerichtsstand für beide vorhersehbar ist, Klage auf Schadensersatz erheben.[755]

10.4.2.3 Spezielle Gerichtsstände

Spezielle internationale Gerichtsstände bestehen für

- Versicherungssachen (Art. 8 ff. Brüssel I-VO),
- Verbrauchersachen (Art. 15 ff. Brüssel I-VO) und
- Individuelle Arbeitsverträge (Art. 18 ff. Brüssel I-VO).

Gemeinsam ist diesen Vertragsverhältnissen eine gewisse wirtschaftliche und juristische Unterlegenheit der einen Vertragspartei, weshalb zu ihrem Schutz besondere Gerichtsstände eröffnet werden.[756] Diese Gerichtsstände sind normiert

- für Versicherungssachen in Art. 9 Brüssel I-VO,
- für Verbrauchersachen in Art. 16 Brüssel I-VO,
- für individuelle Arbeitsverträge in Art. 19 Brüssel I-VO.

Die übrigen Zuständigkeiten der Brüssel I-VO werden durch diese eigenständigen Regelungen verdrängt.[757]

10.4.2.3.1 Versicherungssachen (Art. 8–14 Brüssel I-VO)

Für private Versicherungsverträge enthalten die Art. 8–12 Brüssel I-VO Schutzvorschriften zugunsten des Versicherungsnehmers, von denen gemäß Art. 13 Brüssel I-VO nur unter engen Voraussetzungen durch Vereinbarung abgewichen werden darf.

Für Klagen gegen den Versicherer gilt nach Art. 9 I lit. b) Brüssel I-VO, dass der Versicherungsnehmer, Versicherte oder Begünstigte auch vor dem Gericht am Ort des eigenen Wohnsitzes klagen kann, während der Versicherer seinerseits nach Art. 12 I Brüssel I-VO nur vor den Gerichten des Wohnsitzstaates des Beklagten klagen darf.

---

[753] OLG München IPRax 2009, 256.
[754] OLG Hamburg IPRax 2004, 125.
[755] EuGH NJW 2012, 137; *Heinze* EuZW 2011, 947; *Hüßtege/Ganz* IPR 48.
[756] *v. Hoffmann/Thorn* IPR 145.
[757] *Rauscher* Rn. 1845.

Praxisfall:

Der Düsseldorfer Versicherungsnehmer möchte seine spanische Gebäudeversicherung (Sitz Madrid) wegen eines Schadenseintritts an seiner in Alicante befindlichen Immobilie auf Leistung verklagen. Welcher Gerichtsstand kommt infrage?

Lösung	Der Versicherungsnehmer könnte nach Art. 9 I lit. a) Brüssel I-VO den Versicherer an dessen Sitz in Madrid oder nach Art. 10 Brüssel I-VO am Ort des Schadenseintritts in Alicante verklagen, nach Art. 9 I lit. b) Brüssel I-VO aber auch vor dem Gericht am Ort seines Wohnsitzes in Düsseldorf.

10.4.2.3.2 Verbrauchersachen (Art. 15–17 Brüssel I-VO)

Für Verbrauchersachen enthalten die Art. 15–16 Brüssel I-VO Schutzvorschriften zugunsten des Verbrauchers, von denen nach Art. 17 Brüssel I-VO nur unter engen Voraussetzungen durch Vereinbarung abgewichen werden darf.

Der Verbraucher kann nach Art. 16 I Brüssel I-VO gegen den Vertragspartner entweder an dessen Wohnsitz oder wahlweise an seinem eigenen Wohnsitz klagen. Umgekehrt kann der Vertragspartner des Verbrauchers nach Art. 16 II Brüssel I-VO nur vor den Gerichten in dessen Wohnsitzstaat klagen. Dafür ist aber neben der Verbrauchereigenschaft stets weitere Voraussetzung, dass eine bestimmte Verbrauchersituation im Sinne von Art. 15 I lit. a–c Brüssel I-VO gegeben ist; diese kann sich ergeben aus einem Teilzahlungskauf, aus einem in Raten zurückzuzahlenden Darlehen oder infolge einer Einwirkung des Vertragspartners auf den Mitgliedstaat des Verbrauchers.[758]

Praxisfall:

Das österreichische Autohaus A in Salzburg hat dem Rosenheimer Pensionär P ein Auto auf Teilzahlungsbasis verkauft. Als P seinen Zahlungspflichten nicht nachkommt, möchte A den P in Salzburg verklagen. Nach dem schriftlichen Kaufvertrag ist Salzburg als Gerichtsstand bestimmt.

Lösung	Die internationale Zuständigkeit könnte sich hier aus Art. 16 II Brüssel I-VO ergeben. Dann müsste eine Verbrauchersache vorliegen. Nach Art. 15 I lit. a) Brüssel I-VO trifft das zu, weil es sich um einen Verbrauchervertrag über den Kauf einer beweglichen Sache auf Teilzahlung handelt. Die Gerichtszuständigkeit ist nach Art. 16 II Brüssel I-VO beschränkt auf die Gerichte des Mitgliedstaates, in dessen Hoheitsgebiet der Verbraucher seinen Wohnsitz hat. Das sind hier die deutschen Gerichte. Die abweichende Gerichtsstandsvereinbarung ist nach Art. 17 Brüssel I-VO unwirksam, da sie nicht den dort genannten engen Voraussetzungen entspricht. Es handelt sich um keine Gerichtsstandsvereinbarung nach Entstehen der Streitigkeit, dem Verbraucher wurden auch keine weiteren Gerichtsstände angeboten und schließlich hatten die Vertragsparteien keinen gemeinsamen Wohnsitz oder gewöhnlichen Aufenthalt in demselben Mitgliedstaat. Somit kann die Klage nur vor deutschen Gerichten erhoben werden. Örtlich zuständig für eine Klage ist nach dem insoweit maßgeblichen nationalen Prozessrecht (§§ 12, 13 ZPO) das Gericht am Wohnsitz des P in Rosenheim.

---

[758] Dazu näher *Hüßtege/Ganz* IPR 51 ff.

10.4.2.3.3 Individuelle Arbeitsverträge (Art. 18–21 Brüssel I-VO)

Auch für individuelle Arbeitsverträge enthalten die Art. 18–20 Brüssel I-VO Schutzvorschriften zugunsten des Arbeitnehmers, von denen nur unter den engen Voraussetzungen des Art. 21 Brüssel I-VO abgewichen werden darf.

Nach Art. 19 Brüssel I-VO kann der Arbeitgeber vor den Gerichten seines Wohnsitzstaates sowie vor dem Gericht am gewöhnlichen Arbeitsort des Arbeitnehmers verklagt werden. Bei wechselnder Arbeit in mehr als einem Staat kann der Arbeitgeber auch vor dem Gericht am Ort der Niederlassung verklagt werden, die den Arbeitnehmer eingestellt hat.

Umgekehrt können Klagen des Arbeitgebers nach Art. 20 I Brüssel I-VO nur vor den Gerichten des Mitgliedstaates erhoben werden, in dessen Hoheitsgebiet der Arbeitnehmer seinen Wohnsitz hat.

Praxisfall:
Landwirt L aus Verden beschäftigt den polnischen Gastarbeiter G in Saisonarbeit im Landkreis Osnabrück. Wegen der Bezahlung kommt es später zum Streit. Wo müsste G klagen?
Lösung Nach Art. 19 Brüssel I-VO könnte Arbeitnehmer G den L wegen seiner Lohnansprüche entweder an dessen Wohnsitzgericht in Verden oder am Ort seiner gewöhnlichen Arbeitsverrichtung in Osnabrück verklagen.

10.4.2.4 Ausschließliche Gerichtsstände (Art. 22 Brüssel I-VO)

Art. 22 Brüssel I-VO bezeichnet für bestimmte Gegenstände eine ausschließliche Gerichtszuständigkeit, von der weder durch Gerichtsstandsvereinbarung (Art. 23 V Brüssel I-VO) noch durch rügelose Einlassung (Art. 24 S. 2 Brüssel I-VO) abgewichen werden kann. Dabei geht es nur um die internationale Zuständigkeit, während sich die örtliche Zuständigkeit nach dem jeweiligen nationalen Recht richtet. Die ausschließliche internationale Zuständigkeit nach Art. 22 Brüssel I-VO betrifft:

- unbewegliche Sachen (Nr. 1),
- Gesellschaften und juristische Personen (Nr. 2),
- Öffentliche Register (Nr. 3),
- Patente, Marken und Muster (Nr. 4),
- Zwangsvollstreckung (Nr. 5).

Besonders wichtig ist der ausschließliche Gerichtsstand für Klagen, die dingliche Rechte an unbeweglichen Sachen sowie die Miete und Pacht unbeweglicher Sachen nach Art. 22 Nr. 1 Brüssel I-VO betreffen. Unter dinglichen Rechten versteht man solche, die – im Gegensatz zu persönlichen Rechten – gegenüber jedermann wirken. Dingliche Rechte sind Gegenstand der Klage, wenn sie durch die Klage selbst betroffen werden und der Anspruch aus dem dinglichen Recht selbst direkt abgeleitet wird.[759]

Daher sind eigentumsrechtliche Herausgabeansprüche wegen eines Grundstücks erfasst, nicht jedoch bereicherungsrechtliche oder sonstige schuldrechtliche Herausgabeansprüche.

---

[759] EuGH IPRax 1991, 45.

Praxisfall:

Aufgrund Erbfalls wird der in Bozen lebende Neffe N der Verstorbenen Eigentümer einer Immobilie in Hamburg, die ihm von seinem Onkel O (Wohnsitz Amsterdam) streitig gemacht wird. Welches Gericht ist international und örtlich für eine Herausgabeklage von N gegen O zuständig?

Lösung

Abweichend vom Gerichtsstand am Beklagtenwohnsitz (Amsterdam) könnte hier der Gerichtsstand am Belegenheitsort der Immobilie (Hamburg) als ausschließlicher Gerichtsstand nach Art. 22 Nr. 1 Brüssel I-VO vorrangig zu berücksichtigen sein. Dann müsste die Klage ein dingliches Recht an einer unbeweglichen Sache zum Gegenstand haben. N beruft sich darauf, aufgrund des Erbfalls Eigentümer der Immobilie geworden zu sein. Er stützt seinen Herausgabeanspruch somit unmittelbar auf Eigentum, dh auf ein dingliches Recht. Für die Herausgabeklage sind daher ausschließlich die Gerichte des Mitgliedstaates zuständig, in dem die unbewegliche Sache belegen ist. Damit ist die internationale Zuständigkeit deutscher Gerichte nach Art. 22 Nr. 1 Brüssel I-VO gegeben.

Die örtliche Zuständigkeit bestimmt sich nach nationalem Recht, hier also nach §§ 12 ff. ZPO, wobei hier der ausschließliche dingliche Gerichtsstand nach § 24 I ZPO zur örtlichen Zuständigkeit der Gerichte in Hamburg führt.

Auch für Klagen aus Miete oder Pacht unbeweglicher Sachen ist die ausschließliche internationale Zuständigkeit der Gerichte im Belegenheitsstaat gegeben. Damit soll vor allem den zwingenden Mieterschutzvorschriften zum Durchbruch verholfen werden.[760] Die kurzfristige Ferienhausvermietung fällt nach Art. 22 Nr. 1 UAbs. 2 Brüssel I-VO allerdings unter bestimmten, engen Voraussetzungen aus dieser Zuständigkeitsregelung. Vielmehr ist an den Beklagtenwohnsitz nach Art. 2 I Brüssel I-VO anzuknüpfen, soweit es sich um eine Vermietung zum vorübergehenden privaten Gebrauch für höchstens sechs aufeinander folgende Monate handelt, Mieter eine natürliche Person ist und Eigentümer und Mieter ihren Wohnsitz in demselben Mitgliedstaat haben.

Praxisfall:

Ferienhausbesitzer F aus Garmisch-Partenkirchen vermietet seine dort gelegene Alpenhütte an den Österreicher O aus Wien für drei Wochen. Wegen angeblicher Mängel will O später einen Teil der Miete nicht bezahlen. Wo müsste F klagen?

Lösung

Die ausschließliche Zuständigkeit eines deutschen Gerichts nach Art. 22 Nr. 1 Rom I-VO wegen Vermietung einer unbeweglichen Sache könnte fraglich sein, da F die Hütte nur zum vorübergehenden privaten Gebrauch für einen Zeitraum von nicht mehr als 6 Monaten an O vermietet hat. Indes haben die Mietvertragsparteien nicht – wie UAbs. 2 verlangt – ihren Wohnsitz in demselben Mitgliedstaat, da der Vermieter F seinen Wohnsitz in Deutschland und der Mieter O seinen Wohnsitz in Österreich hat. Es bleibt daher nach UAbs. 1 bei der ausschließlichen Zuständigkeit der Gerichte des Mitgliedstaates, in dem die unbewegliche Sache belegen ist. Folglich sind deutsche Gerichte zuständig. Die örtliche und funktionale Zuständigkeit ist nach nationalem Recht zu bestimmen. Hier besteht nach § 29a I ZPO eine ausschließliche Zu-

---

[760] *Hüßtege/Ganz* IPR 57.

> ständigkeit des Gerichts in dem Bezirk, in dem sich der Mietraum befindet. Das ist hier Garmisch-Partenkirchen. Funktional ist das dortige Amtsgericht für Ansprüche aus Mietverhältnissen über Wohnraum ohne Rücksicht auf die Höhe des Streitwerts nach § 23 Nr. 2a GVG ausschließlich zuständig. F müsste daher vor dem AG Garmisch-Partenkirchen wegen der restlichen Miete gegen O klagen.

10.4.2.5 Gerichtsstandsvereinbarungen (Art. 23 Brüssel I-VO)

Gerichtsstandsvereinbarungen sind nach Art. 23 Brüssel I-VO in weitem Umfang rechtlich zulässig und praktisch weit verbreitet. Im Unterschied zum deutschen Recht (§ 38 ZPO) wird nicht zwischen Kaufleuten und Privatpersonen unterschieden. Auch Letztere können daher wirksam internationale Gerichtsstandsvereinbarungen treffen. Voraussetzungen für die Wirksamkeit solcher Vereinbarungen sind nach Art. 23 Brüssel I-VO lediglich:

1. Mindestens eine Partei muss ihren Wohnsitz im Hoheitsgebiet eines Mitgliedstaates haben (**Wohnsitz einer Partei in einem Mitgliedstaat**).
2. Die Zuständigkeit des Gerichts/der Gerichte eines Mitgliedstaates muss vereinbart sein (**Prorogation**).
3. Die Vereinbarung muss sich auf eine bereits entstandene oder eine zukünftige Rechtsstreitigkeit aus einem bestimmten Rechtsverhältnis beziehen (**Bestimmtheit des Streitverhältnisses**).
4. Die nötige Form von Art. 23 I 3, II muss eingehalten sein (**Form**) und
5. Es darf kein Verstoß gegen Art. 23 V vorliegen (**keine Ausnahme nach Art. 23 V**).

Ob noch als weitere Voraussetzung ein **Zuständigkeitsbezug** zu einem weiteren Mitgliedstaat bestehen muss, ist umstritten. Der BGH verlangt, dass neben dem Wohnsitz einer Partei in einem Vertragsstaat und der Prorogation eines mitgliedstaatlichen Gerichts noch ein weiterer Bezug zu einem anderen Mitgliedstaat bestehen muss, zB durch einen Wohnsitz auch der anderen Partei in einem Mitgliedstaat.[761] Fehlt es daran – wie zB bei einem deutsch-amerikanischen Kaufvertrag[762] – wird vom BGH statt Art. 23 Brüssel I-VO nationales Zivilprozessrecht, also § 38 ZPO angewendet. Hinter dieser sog. Reduktionstheorie steht die Auffassung, dass die Brüssel I-VO nur dem Rechtsverkehr zwischen den Mitgliedstaaten, nicht aber mit Drittstaaten dienen soll.[763] Diese Auffassung ist angreifbar, da weder Art. 1 noch Art. 22 Brüssel I-VO derartige Einschränkungen vornehmen. Sie wird daher vom EuGH und von der überwiegenden Meinung aufgrund des klaren Wortlauts und aus dogmatischen Gründen zu Recht abgelehnt.[764]

Wann eine **Gerichtsstandsvereinbarung** vorliegt, ist nach der Rechtsprechung des EuGH autonom zu bestimmen.[765] So kann auch eine Klausel in der Satzung einer Aktiengesellschaft, dass ein bestimmtes Gericht eines Mitgliedstaates über Rechtsstreitigkeiten zwischen der Gesellschaft und ihren Aktionären entscheiden soll, als Gerichtsstandsvereinbarung zu werten sein.

---

[761] BGH IPRax 1990, 41; 1992, 377; OLG München IPRax 1991, 46.
[762] Beispiel von *Kindler* Einführung IPR 224.
[763] *Kindler* Einführung IPR 224.
[764] EuGH NJW 2000, 3121; *Hüßtege/Ganz* IPR 59; *Koch/Magnus/Winkler v. Mohrenfels* IPR 34.
[765] EuGH IPRax 1993, 32.

Die Vereinbarung muss sich auf eine bereits entstandene Rechtsstreitigkeit beziehen oder auf eine künftige, aus einem bestimmten Rechtsverhältnis entspringende Rechtsstreitigkeit, Art. 23 I 1 Brüssel I-VO. Mit diesem **Bestimmtheitserfordernis** soll sichergestellt werden, dass der Beklagte nicht von der Zuständigkeit der Gerichte am Sitz des Klägers überrascht wird.[766]

Für die **Form** der Gerichtsstandsvereinbarung schreibt Art. 23 I 3 Brüssel I-VO eine Reihe von Möglichkeiten vor.[767] Die Vereinbarung kann geschlossen werden

a) schriftlich oder mündlich mit schriftlicher Bestätigung,
b) in einer Form, die den Gepflogenheiten zwischen den Parteien entspricht, oder
c) im internationalen Handel in einer Form, die einem Handelsbrauch entspricht, den die Parteien kannten oder kennen mussten.

Soweit sich eine Gerichtsstandsklausel in AGB findet, so ist der Schriftform nach lit. a) Genüge getan, soweit der Verwender ausdrücklich auf seine beigefügten AGB verweist und der andere Vertragspartner dann dem Vertragsangebot schriftlich zustimmt.[768]

Nach Art. 23 II Brüssel I-VO werden elektronische Übermittlungen, die eine dauerhafte Aufzeichnung der Vereinbarung ermöglichen, der Schriftform gleichgestellt.

Schließlich kann über Art. 23 I 3 lit. c) Brüssel I-VO ggf. sogar Schweigen auf ein kaufmännisches Bestätigungsschreiben, das einen schriftlichen Hinweis auf einen Gerichtsstand enthält, als Zustimmung gewertet werden.[769] Voraussetzung ist allerdings, dass ein entsprechender Handelsbrauch bestand, den die Parteien kannten oder kennen mussten und den Parteien von Verträgen dieser Art in dem betreffenden Geschäftszweig allgemein kennen und regelmäßig beachten.[770]

Negative Voraussetzung ist, dass die in Art. 23 V Brüssel I-VO genannten Tatbestände nicht vorliegen. Es darf demnach

- kein Verstoß gegen Art. 13 Brüssel I-VO vorliegen (Versicherungsangelegenheit),
- kein Verstoß gegen Art. 17 Brüssel I-VO gegeben sein (Verbrauchersachen),
- kein Verstoß gegen Art. 21 Brüssel I-VO vorliegen (individuelle Arbeitsache) und
- keine ausschließliche Zuständigkeit nach Art. 22 Brüssel I-VO gegeben sein.

Sind alle positiven und negativen Voraussetzungen erfüllt, so ist das bestimmte Gericht ausschließlich zur Entscheidung der Rechtsstreitigkeit zuständig. Die ausschließliche Zuständigkeit steht allerdings unter dem Vorbehalt, dass die Parteien nichts Anderes vereinbart haben, Art. 23 I 2 Brüssel I-VO.

Praxisfall:

Lieferant L mit Sitz in Duisburg vereinbart mit dem englischen Importeur I mit Sitz in Birmingham die Lieferung von 1.000 t Schrott. Später kommt es zu einem Streit wegen der Bezahlung. L hatte in seinen, dem Vertrag beigefügten Lieferungs- und Zahlungsbedingungen festgelegt:

---

[766] *Kindler* Einführung IPR 232.
[767] Dazu näher *Rauscher* IPR Rn. 1798.
[768] BGH EuZW 1994, 635 (636); *Rauscher* Rn. 1804; *Hüßtege/Ganz* IPR 60 f.
[769] EuGH IPRax 1999, 31 (33); *Koch/Magnus/Winkler v. Mohrenfels* IPR 35.
[770] Dazu näher *Rauscher* Rn. 1810–1817 sowie *Hüßtege/Ganz* IPR 62.

„Soweit es zwischen den Parteien zu Streitigkeiten aus Lieferverträgen kommt, sind deutsche Gerichte für alle Klagen der Vertragsparteien zuständig."

Vor welchem Gericht könnte L Zahlungsklage gegen I erheben?

Lösung

Diese könnte vor einem deutschen Gericht erhoben werden, wenn eine wirksame Gerichtsstandsvereinbarung nach Art. 23 Brüssel I-VO vorliegt.

Voraussetzungen dafür sind:

1. Wohnsitz mindestens einer Partei in einem Mitgliedstaat

Sowohl L in Deutschland als auch I in England haben ihren Sitz (Art. 60 Brüssel I-VO) in einem Mitgliedstaat.

2. Vereinbarung des Gerichts oder der Gerichte eines Mitgliedstaates

L hat in seinen Lieferungs- und Zahlungsbedingungen bestimmt, dass deutsche Gerichte für alle Klagen der Vertragsparteien zuständig sein sollen. Die Vereinbarung ist durch Übersendung der betreffenden AGB und ihrer schlüssigen Annahme beim Abschluss des Kaufvertrages wirksam getroffen worden.

3. Bestimmtheit des Streitverhältnisses

Hier wurde geregelt, dass alle zukünftigen Streitverhältnisse der Parteien von deutschen Gerichten entschieden werden sollen. Der Bestimmtheit ist Rechnung getragen, weil klar ist, dass sämtliche Streitigkeiten aus Lieferverträgen zwischen den Parteien erfasst sein sollen.

4. Form

Hier ist die Form nach Art. 23 I 3 lit. a) Brüssel I-VO eingehalten, weil die AGB mit der integrierten Gerichtsstandsvereinbarung schriftlich vereinbart worden sind.

5. Keine Ausnahme nach Art. 23 V Brüssel I-VO

Es liegt weder ein Versicherungs-, Verbraucher- noch Arbeitsvertrag vor, sodass die Art. 13, 17, 21 Brüssel I-VO nicht berührt sind. Auch eine ausschließliche Zuständigkeit nach Art. 22 Brüssel I-VO ist nicht gegeben.

Somit ist die Gerichtsstandsvereinbarung nach Art. 23 Brüssel I-VO wirksam. Die deutschen Gerichte sind daher ausschließlich zur Entscheidung befugt.

10.5 Verfahrensregeln[771]

Das von den Gerichten anzuwendende Verfahrensrecht bestimmt sich nach dem Recht am Gerichtsort (lex fori), also nach dem eigenen Verfahrensrecht. Damit ist sichergestellt, dass auch bei Verfahren mit Auslandsbezug die gleichen verfahrensrechtlichen Grundsätze wie bei Inlandsfällen zum Zuge kommen. Es entspricht der öffentlich-rechtlichen Natur des Verfahrensrechts, dass Gerichte ihrem eigenen Verfahrensrecht folgen, weil bei Wahrnehmung hoheitlicher Aufgaben stets das Territorialitätsprinzip gilt.[772] Für deutsche Gerichte bedeutet dies, dass deutsches Zivilverfahrensrecht, insbesondere also ZPO und FamFG anwendbar sind.[773] Sie bestimmen den Gang des Verfahrens, etwa die Beweisaufnahme oder

---

[771] Dazu *Hüßtege/Ganz* IPR 35–36; *Brödermann/Rosengarten* IPR/IZVR 168–172; *Kienle* IPR 58–59.
[772] Zu weiteren Aspekten *Dilling* IPR 90.
[773] BGH NJW 1993, 130; Palandt/*Thorn* EGBG Einl. vor Art. 3 Rn. 33.

die Zurückweisung verspäteten Vorbringens, die Rechtsmittel und den Ablauf des Zwangsvollstreckungsverfahrens.[774] Allerdings sind in Teilbereichen internationale Abkommen und insbesondere europäische Verordnungen[775] vorrangig. Hier sind folgende Regelungen hervorzuheben:

- Für die Zustellung von Schriftstücken in den Mitgliedstaaten der EU (außer Dänemark) gilt vorrangig die **Europäische Zustellungsverordnung Nr. 1393/2007 (EuZVO)** v. 13.11.2007,[776] also zB für die Zustellung der Klageschrift, der Klageerwiderung und anderer gerichtlicher und außergerichtlicher Schriftstücke. Die EuZVO verdrängt weitgehend das nationale Recht, sodass neben ihr die §§ 183, 184 ZPO nicht anwendbar sind.[777] Allerdings gelten ergänzend die §§ 1067–1069 ZPO über die Zustellung nach der EuZVO.

  Im Rechtsverkehr mit Nicht-Mitgliedstaaten der EU gelten insbesondere das **Haager Übereinkommen über die Zustellung gerichtlicher und außergerichtlicher Schriftstücke im Ausland in Zivil- oder Handelssachen v. 15.11.1965 (HZÜ)**[778] sowie im Verhältnis zu Nichtvertragsstaaten des HZÜ noch das **Haager Übereinkommen über den Zivilprozess vom 1.3.1954 (HZPÜ).**[779] In der Praxis ist das HZÜ die wichtigste Rechtsquelle für die Zustellung im außereuropäischen Ausland.[780] Es wird durch ein deutsches Ausführungsgesetz v. 22.12.1977 ergänzt.[781] Im Verhältnis zu einigen Staaten (zB Schweiz) werden die multilateralen Übereinkommen durch bilaterale Abkommen ergänzt, die die Zustellung gegenüber den internationalen Übereinkommen vereinfachen; im Verhältnis zu anderen Staaten (zB Australien, Kanada) gelten nur bilaterale Rechtshilfeabkommen.[782]

- Für die Durchführung von Beweisverfahren im Ausland gilt in der EU (außer Dänemark) die **Europäische Beweisaufnahmeverordnung Nr. 1206/2001 (EuBVO) v. 28.5.2001.**[783] Da eine unmittelbare Beweisaufnahme durch das Prozessgericht im Ausland als Eingriff in die Hoheitsgewalt des anderen Staates nicht statthaft ist und andererseits die judizielle Zusammenarbeit in Europa verstärkt werden soll, ist ein unmittelbarer Geschäftsverkehr zwischen ersuchendem und ersuchtem Gericht eingerichtet worden,[784] ferner sind Zentralstellen in den einzelnen EU-Mitgliedstaaten zur Auskunftserteilung und Lösung von Schwierigkeiten bei dem Verfahren vorgesehen;[785] die Durchführung der Beweisaufnahme binnen 90 Tagen und in Anwesenheit der Parteien wird gewährleistet.[786] Durchführungsvorschriften finden sich in §§ 1072–1075 ZPO, die die Vorschriften der EuBVO ergänzen.

---

[774] *Hüßtege/Ganz* IPR 35.

[775] Siehe oben Kap. 10.3.2 S. 258 bzgl. der dort angeführten Europäischen Gemeinschaftsrechtsakte.

[776] Abgedruckt bei *Jayme/Hausmann* Nr. 224.

[777] BGH NJW 2011, 1885.

[778] Abgedruckt bei *Jayme/Hausmann* Nr. 211. Zum weitgesteckten Geltungsbereich siehe dort Fn. 1.

[779] Abgedruckt bei *Jayme/Hausmann* Nr. 210. Dort auch zum jetzigen Geltungsbereich Fn. 5, wonach die Vorschriften der Art. 1–7 HZPÜ nur noch im Verhältnis zu Armenien, Kirgisistan, Libanon, Marokko, Moldau, Montenegro, Suriname, Usbekistan und Vatikan gelten.

[780] Brödermann/Rosengarten/*Rosengarten* IPR/IZVR Rn. 651.

[781] BGBl. I 3105.

[782] Näher Brödermann/Rosengarten/*Rosengarten* IPR/IZVR Rn. 650.

[783] Abgedruckt bei *Jayme/Hausmann* Nr. 225.

[784] Art. 2 EuBVO.

[785] Art. 3 EuBVO.

[786] Art. 10 ff. EuBVO.

Im Rechtsverkehr mit Nicht-Mitgliedstaaten der EU gilt das **Haager Überein-kommen über die Beweisaufnahme im Ausland in Zivil- und Handelssachen (HBÜ) v. 18.3.1970.**[787] Ihm sind zahlreiche Staaten beigetreten (zB Türkei, Korea, Kuwait, Südafrika).[788] Im Verhältnis der EU-Länder zueinander ist es durch die EuBVO verdrängt (Art. 21 EuBVO). Das HBÜ geht andererseits dem älteren **HZPÜ** v. 1.3.1954 vor, dessen II. Teil über die Beweisaufnahme nur noch im Verhältnis zu einigen Nicht-Vertragsstaaten des HBÜ gilt (zB Ägypten, Japan, Marokko, Usbekistan, Vatikan).[789]

- Die Frage der **Rechtshängigkeit** in einem anderen EU-Mitgliedstaat beurteilt sich nach europäischem Zivilprozessrecht, dh nach Art. 27 EuVO, Art. 19 EuEheVO sowie Art. 12 EuUntVO. Werden also bei Gerichten verschiedener Mitgliedstaaten der EU Klagen wegen desselben Anspruchs zwischen denselben Parteien an-hängig gemacht, so hat sich das später angerufene Gericht zugunsten des zuerst angerufenen Gerichts für unzuständig zu erklären.

- Die **Ermittlung ausländischen Rechts** hat in Deutschland gemäß § 293 ZPO von Amts wegen zu erfolgen, wobei die Parteien aber zur Mitwirkung im Rah-men des Beibringungsgrundsatzes verpflichtet sind.[790] Sie sind also nach Kräf-ten verpflichtet, das ausländische Recht dem Gericht zur Kenntnis zu bringen. Die deutschen Gerichte können – soweit sie nicht selbst über entsprechende Rechtskenntnisse verfügen – internationale Rechtshilfersuchen nach dem **Londoner Europäischen Übereinkommen betreffend Auskünfte über aus-ländisches Recht v. 7.6.1968** stellen.[791] Praktisch weitaus häufiger werden je-doch im förmlichen Beweisverfahren gemäß §§ 402 ff. ZPO Sachverständigen-gutachten zum ausländischen Recht eingeholt.[792] Erste Adresse sind insoweit das Max-Planck-Institut für ausländisches und internationales Recht in Ham-burg und die entsprechenden Lehrstühle an den Universitäten (zB München, Hamburg, Heidelberg, Osnabrück). Die fehlerhafte Feststellung und Anwendung fremden Rechts ist nach Neufassung der §§ 545 I ZPO, 72 I FamFG ein Revisions-grund.

- Ausländer haben freien Zugang zu den deutschen Gerichten (Justizgewährungs-anspruch). Zur Verbesserung des Zugangs zu den Gerichten wurde die **EG-Prozesskostenhilferichtlinie Nr. 2002/8 v. 27.1.2003**[793] erlassen, die innerhalb der EU in Streitsachen mit grenzüberschreitendem Bezug die Möglichkeit einer Prozesskostenfinanzierung einräumt. Diese Richtlinie hat der deutsche Gesetz-geber mit dem EG-Prozesskostenhilfegesetz[794] zum 30.11.2004 in deutsches Recht umgewandelt. Die maßgeblichen §§ 1076 ff. ZPO legen fest, dass für die grenzüber-schreitende Prozesskostenhilfe innerhalb der EU die Vorschriften der §§ 114–127a ZPO gelten, sodass bei hinreichenden Erfolgsaussichten einer beabsichtigten

---

[787] Abgedruckt bei *Jayme/Hausmann* Nr. 212.

[788] Nähere Angaben finden sich bei *Jayme/Hausmann* Nr. 212 Fn. 1.

[789] *Jayme/Hausmann* Nr. 210 Fn. 12.

[790] BGH NJW 1976, 1581; soweit die Parteien Zugang zu den entsprechenden Quellen haben, müssen sie das Gericht nach Kräften unterstützen und das ausländische Recht konkret darstellen, BGH NJW 1992, 2029.

[791] Abgedruckt bei *Jayme/Hausmann* Nr. 200.

[792] Palandt/*Thorn* EGBGB Einl. vor Art. 3 Rn. 34; Brödermann/Rosengarten/*Rosengarten* IPR/IZVR Rn. 655.

[793] ABl. EG 2003 L 26, 41.

[794] BGBl. 2006 I 3392.

Rechtsverfolgung oder Rechtsverteidigung und fehlenden finanziellen Mitteln eine staatliche Finanzierung auf Antrag gewährt wird. Zur Vereinfachung werden Standardformulare und Übersetzungen der Eintragungen vom Wohnsitzgericht zur Verfügung gestellt, § 1077 ZPO.

10.6 Anerkennung und Vollstreckung[795]

Da Gerichtsurteile oder andere gerichtliche Titel (zB Vollstreckungsbescheide; gerichtliche Vergleiche) staatliche Hoheitsakte darstellen, wirken sie grundsätzlich nur in dem Staat, in dem sie ergehen. Sollen sie im Inland Wirkung entfalten, bedarf es grundsätzlich einer Anerkennung des ausländischen Urteils (§ 328 ZPO). Dies wird zwar in der Regel nicht in einem selbstständigen Verfahren geprüft, ist aber eine wesentliche Voraussetzung für die Durchsetzung des Titels im Wege der Zwangsvollstreckung. Die Zwangsvollstreckung ausländischer Urteile ist nach § 722 ZPO davon abhängig, dass ein Vollstreckungsurteil (Exequatur-Urteil) ausgesprochen worden ist (§§ 722 f. ZPO). Dies geschieht nicht, wenn das Urteil noch nicht rechtskräftig ist oder nach § 328 ZPO nicht anzuerkennen ist, § 723 I ZPO. Allerdings findet keine Überprüfung der Gesetzmäßigkeit der Entscheidung statt, § 723 I ZPO, sodass eine inhaltliche Überprüfung der Richtigkeit der Entscheidung ausgeschlossen ist (Verbot der révision au fond). Eine Anerkennung des ausländischen Urteils ist nach § 328 I ZPO ausgeschlossen:

1. Bei fehlender Gerichtszuständigkeit,
2. Bei fehlerhafter Zustellung der Klage,
3. Bei Widerspruch zu einem inländischen oder anzuerkennenden früheren ausländischen Urteil,
4. Bei Verstoß gegen wesentliche Grundsätze des deutschen Rechts (ordre public),
5. Bei fehlender Verbürgung der Gegenseitigkeit.

Auf EU-Ebene kommt es aufgrund entsprechender europäischer Verordnungen – insbesondere der Brüssel I-VO, der EuEheVO und der EuUntVO – zu wesentlichen Modifizierungen der dargelegten Grundsätze zur Anerkennung und Vollstreckung von Titeln aus EU-Mitgliedstaaten, auf die nachfolgend näher eingegangen wird.

10.6.1 Anerkennung und Vollstreckung nach der Brüssel I-VO

Im Anwendungsbereich der Brüssel I-VO – dh in Verfahren der Zivil- und Handelssachen unter Ausklammerung insbesondere von ehelichem Güterrecht, Unterhaltsrecht, Erbrecht, Konkurs- und Vergleichsverfahren, Art. 1 I und II Brüssel I-VO – sind Anerkennung und Vollstreckung von Entscheidungen in Art. 32–56 Brüssel I-VO geregelt. Zentrale Aussage ist, dass die in einem Mitgliedstaat (also alle EU-Länder außer Dänemark) ergangenen Entscheidungen in allen anderen Mitgliedstaaten anerkannt werden, ohne dass es hierfür eines besonderen Verfahrens bedarf, Art. 33 I Brüssel I-VO. Es findet also eine **automatische Anerkennung** ohne gesondertes Verfahren statt. Art. 34 und 35 Brüssel I-VO nennen die Ausnahmen, in denen eine Anerkennung ausgeschlossen ist. Die Entscheidung eines Mitgliedstaates wird nach Art. 34 Brüssel I-VO in den folgenden Fällen in den anderen Mitgliedstaaten nicht

---

[795] Dazu Brödermann/Rosengarten/*Rosengarten* IPR/IZVR Rn. 673 ff.; *Hüßtege/Ganz* IPR 88–116; *Kienle* IPR 181–194.

anerkannt, was sich regelmäßig aber erst im Vollstreckungsverfahren auswirkt, wenn der Schuldner einen Rechtsbehelf die Entscheidung über die Vollstreckbarerklärung einlegt (Art. 43, 45 I Brüssel I-VO), sog. Anerkennungsversagungsgründe:

1. Bei offensichtlichem Widerspruch der Entscheidung gegen die öffentliche Ordnung (ordre public) des Anerkennungsstaates.
2. Bei Verletzung von Verfahrensvorschriften im Entscheidungsstaat bei einseitig gebliebenen Verfahren ohne eine Einlassung des Beklagten, dh bei Verletzung des rechtlichen Gehörs.
3. Bei Unvereinbarkeit der Entscheidung mit einer zwischen den Parteien ergangenen rechtskräftigen Entscheidung in dem Anerkennungsstaat.
4. Bei Widerspruch der Entscheidung mit einer früheren anerkennungsfähigen Entscheidung zwischen den Parteien in einem anderen Mitgliedsstaat oder einem Drittstaat.

Die Anerkennung ist nach Art. 35 Brüssel I-VO ferner ausgeschlossen, wenn bei Erlass der Entscheidung folgende wichtige Zuständigkeitsregeln nicht beachtet wurden:

1. Zuständigkeitsregeln zur ausschließlichen Zuständigkeit (Art. 22),
2. Zuständigkeitsregeln für Versicherungssachen (Art. 8–14),
3. Zuständigkeitsregeln für Verbrauchersachen (Art. 15–17).

Schließlich scheitert eine Anerkennung nach Art. 35 I 2. Variante Brüssel I-VO, wenn ein Fall des Art. 72 vorliegt.

Nach Art. 36 darf die ausländische Entscheidung in keinem Fall in der Sache selbst nachgeprüft werden (Verbot der révision au fond).

Die **Vollstreckung** unterliegt den Art. 38–52 Brüssel I-VO. Die Entscheidung des Gerichts des anderen Mitgliedstaates muss im Vollstreckungsstaat für vollstreckbar erklärt werden (Exequaturverfahren). Dazu bedarf es nach Art. 38 I Brüssel I-VO eines Antrags des Berechtigten. Zuständig nach Art. 39 I Brüssel I-VO ist das im Anhang II aufgeführte Gericht oder die sonst befugte Stelle; das ist in Deutschland der Vorsitzende einer Kammer des Landgerichts und bei öffentlichen Urkunden ein Notar. Die örtliche Zuständigkeit richtet sich nach dem Wohnsitz des Schuldners, Art. 39 II Brüssel I-VO. Das Gericht prüft nur die Einhaltung bestimmter Förmlichkeiten (Art. 41, 53, 54 Brüssel I-VO). Sind diese erfüllt, so wird die Entscheidung unverzüglich für vollstreckbar erklärt (Art. 41 S. 1 Brüssel I-VO). Eine Anhörung des Schuldners findet in diesem Verfahren nicht statt (Art. 41 S. 2 Brüssel I-VO). In dem deutschen Anerkennungs- und Vollstreckungsausführungsgesetz (AVAG) idF v. 3.12.2009[796] finden sich nähere Ausführungsbestimmungen, von denen §§ 8 f. herauszuheben sind. Bzgl. der Vollstreckbarentscheidung regelt § 8 AVAG (auszugsweise):

„Ist die Zwangsvollstreckung aus dem Titel zuzulassen, so beschließt das Gericht, dass der Titel mit der Vollstreckungsklausel zu versehen ist."

§ 9 AVAG beschreibt die Vollstreckungsklausel im Einzelnen. Wichtig ist unter anderem:

„(1) Aufgrund des Beschlusses nach § 8 Absatz 1 erteilt der Urkundsbeamte der Geschäftsstelle die Vollstreckungsklausel in folgender Form: „Vollstreckungsklausel nach § 4 des Anerkennungs- und Vollstreckungsausführungsgesetzes vom 19. Fe-

---

[796] Abgedruckt bei *Jayme/Hausmann* Nr. 160a.

bruar 2001 (BGBl.I S.288). Gemäß dem Beschluss des ....
(Bezeichnung des Gerichts und des Beschlusses) ist die Zwangsvollstreckung aus
.... (Bezeichnung des Titels) zugunsten ....

(Bezeichnung des Berechtigten) gegen .... (Bezeichnung des
Verpflichteten) zulässig."

Gegen die Vollstreckbarentscheidung ist das Rechtsmittel der Beschwerde zulässig
(Art. 43 Brüssel I-VO, §§ 11 ff. AVAG). In diesem Verfahren erhalten beide Seiten
rechtliches Gehör. Im Beschwerdeverfahren kommt es dann inhaltlich zu einer
Überprüfung der Entscheidung gemäß Art. 45 Brüssel I-VO anhand der oben bereits
beschriebenen Art. 34 und 35 Brüssel I-VO.

Es sei erneut darauf hingewiesen, dass das gerade beschriebene **Exequaturverfahren**
aufgrund der verabschiedeten Reform der Brüssel I-VO **mit Wirkung ab 10.1.2015
entfällt**[797] und Urteile aus EU-Mitgliedstaaten dann ohne besondere Vollstreckbarerklärung ohne Weiteres vollstreckbar sein werden (Art. 39 neu Brüssel I-VO). Allerdings kann dann auf Antrag des Schuldners die Vollstreckung einer Entscheidung
aus anderen EU-Mitgliedsstaaten nach Art. 46 neu versagt werden, wenn festgestellt
wird, dass einer der in Art. 45 neu genannten Gründe gegeben ist. Die dort genannten
Gründe entsprechen im Wesentlichen denjenigen, die in den bisher geltenden Art. 43
und 45 aufgeführt sind, also Verstoß gegen den ordre public, Widerspruch zu einer
anderen früher ergangenen Entscheidung oder Verstoß gegen wichtige Zuständig-
keitsbestimmungen. In keinem Fall wird es eine inhaltliche Überprüfung der zu
vollstreckenden Entscheidung geben (Art. 52 neu).

10.6.2 Anerkennung und Vollstreckung in Ehesachen nach der EuEheVO (Brüssel IIa-VO)[798]

Nach Art. 21 EuEheVO werden Entscheidungen der EU-Gerichte (außer Dänemark)
über Ehescheidungen, Trennung von Tisch und Bett, Ungültigkeitserklärung einer
Ehe sowie Entscheidungen über die elterliche Verantwortung für Kinder in allen
EU-Mitgliedstaaten ohne besonderes Verfahren anerkannt. Art. 22 EuEheVO nennt
für die Ehesachen Gründe für die Nichtanerkennung von Entscheidungen, die im
Wesentlichen denen des Art. 34 Brüssel I-VO entsprechen.[799] Sie sind im Rahmen des
Verfahrens zur Vollstreckbarerklärung nach Art. 28 ff. EuEheVO zu berücksichtigen.

Die Vollstreckung in Kindschaftssachen bedarf keiner besonderen Vollstreckbarerklärung. Entscheidungen über das Umgangsrecht oder die Rückgabe eines Kindes
können direkt, also ohne besondere Vollstreckbarkeitserklärung vollstreckt werden
(Art. 40 I, 41 I, 42 I EuEheVO).[800]

10.6.3 Anerkennung und Vollstreckung in Unterhaltssachen nach EuUntVO (Rom VI-VO)[801]

Entscheidungen zu Unterhaltsfragen aus einem Mitgliedstaat der EuUntVO sind in
jedem anderen Mitgliedstaat anzuerkennen, Art. 17 I, 23 I EuUntVO. Stammt der Titel

---

[797] Dazu oben Kap. 10.4 S. 260.
[798] Dazu oben Kap. 10.3.2 S. 257.
[799] *Hüßtege/Ganz* IPR 93.
[800] Brödermann/Rosengarten/*Rosengarten* IPR/IZVR Rn. 686.
[801] Siehe oben Kap. 2 S. 5 und Kap. 10.3.3 S. 257.

aus einem Mitgliedstaat, der durch das Haager Protokoll von 2007 gebunden ist, so kann dieser – soweit er in diesem Mitgliedsstaat vollstreckbar ist – in jedem anderen Mitgliedstaat vollstreckt werden, ohne dass es einer Vollstreckbarerklärung bedarf, Art. 17 II EuUntVO. Ein Exequaturverfahren findet somit nicht statt.[802]

Für Mitgliedstaaten, die nicht durch das Haager Protokoll von 2007 gebunden sind (Großbritannien, Dänemark), gilt dies nicht. Hier bedarf es eines Vollstreckbarkeitsverfahrens nach Art. 26 ff. EuUntVO.

10.6.4 Anerkennung und Vollstreckungen in Erbsachen nach der EuErbVO (Rom V-VO)[803]

Entscheidungen in Erbschaftssachen von EU-Gerichten werden gemäß Art. 39 EuErbVO in allen Mitgliedstaaten anerkannt, ohne dass es eines besonderen Verfahrens bedürfte. Nichtanerkennungsgründe sind in Art. 40 EuErbVO aufgeführt. Die in einem Mitgliedstaat ergangenen und dort vollstreckbaren Entscheidungen sind nach Art. 43 EuErbVO in einem anderen Mitgliedsstaat vollstreckbar, wenn sie dort auf Antrag des Berechtigten dort nach dem (Exequatur-) Verfahren der Art. 45–58 EuErbVO für vollstreckbar erklärt worden sind.

10.6.5 Europäische VollstreckungstitelVO für unbestrittene Forderungen (EuVTVO)[804]

Sie gilt seit dem 21.10.2005 in allen Mitgliedsstaaten der EU außer Dänemark für unbestrittene Forderungen in Zivil- und Handelssachen.[805] Darunter fallen Vollstreckungsbescheide, Anerkenntnis- und Versäumnisurteile, Prozessvergleiche und öffentliche Urkunden.[806] Nach Art. 5 EuVTVO wird eine Entscheidung, die im Ursprungsmitgliedstaat als Europäischer Vollstreckungstitel bestätigt worden ist, in den anderen Mitgliedstaaten anerkannt und vollstreckt, ohne dass es einer Vollstreckbarkeitserklärung bedarf. Die Voraussetzungen für die Bestätigung sind in Art. 6 EuVTVO aufgeführt. Die Bestätigung als Europäischer Vollstreckungstitel wird unter Verwendung des Formblatts im Anhang I ausgestellt, und zwar in der gleichen Sprache wie in der Entscheidung selbst, Art. 9 EuVTVO. Für das Vollstreckungsverfahren gilt das Recht des Vollstreckungsmitgliedstaates, Art. 20 I EuVTV. Eine als Europäischer Vollstreckungstitel bestätigte Entscheidung wird unter den gleichen Bedingungen vollstreckt wie eine im Vollstreckungsmitgliedstaat ergangene Entscheidung, Art. 20 I EuVTVO. Durch das deutsche EG-Vollstreckungstitel-Durchführungsgesetz v. 18.8.2005 sind mit Wirkung v. 21.10.2005 die entsprechenden Bestimmungen der Zivilprozessordnung angepasst worden. Nach § 1082 ZPO findet aus Titeln, die in einem anderen Mitgliedstaat der EU als Europäischer Vollstreckungstitel bestätigt worden ist, die Zwangsvollstreckung im Inland statt, ohne dass es einer Vollstreckungsklausel bedarf.

---

[802] *Hüßtege/Ganz* IPR 101.
[803] Siehe oben Kap. 2 S. 5.
[804] Siehe oben Kap. 10.3.2 S. 258.
[805] Abgedruckt bei *Jayme/Hausmann* Nr. 184.
[806] Brödermann/Rosengarten/*Rosengarten* IPR/IZVR Rn. 687.

10.6.6 Europäische MahnverfahrensVO (EuMVVO)[807] – Europäischer Zahlungsbefehl

Sie gilt in allen EU-Mitgliedstaaten außer Dänemark für grenzüberschreitende Rechtssachen in Zivil- und Handelssachen.[808] Ausgenommen sind nach Art. 2 EuMVVO vor allem Ansprüche aus ehelichem Güterrecht, Erbrecht, Konkurs und außervertraglichen Schuldverhältnissen. Ziele sind Vereinfachung und Beschleunigung der grenzüberschreitenden Verfahren mit unbestrittenen Geldforderungen, Verringerung der Verfahrenskosten und Ermöglichen des freien Verkehrs Europäischer Zahlungsbefehle, Art. 1 EuMVVO. Eine grenzüberschreitende Rechtssache liegt vor, wenn mindestens eine der Parteien ihren Wohnsitz oder gewöhnlichen Aufenthalt in einem anderen Mitgliedstaat als dem des befassten Gerichts hat, Art. 3 EuMVVO. Die Zuständigkeit richtet sich nach den gleichen Regeln wie bei der Brüssel I-VO, Art. 6 I EuMVVO; nur bei Verbrauchersachen wird abweichend von Art. 16 I Brüssel I-VO geregelt, dass ausschließlich die Zuständigkeit der Gerichte des Mitgliedstaates begründet ist, in welchem der Antragsgegner seinen Wohnsitz hat, Art. 6 II EuMVVO. Das bedeutet, dass der europäische Zahlungsbefehl beim Gericht des Antragsgegners und nicht – wie im nationalen deutschen Recht beim Gericht des Antragstellers (§ 689 II ZPO) – beantragt werden muss, was für den Antragsteller erhebliche praktische Nachteile hat (zB Sprache, Kommunikation mit ausländischem Gericht).

Der Antrag auf Erlass eines Europäischen Zahlungsbefehls ist unter Verwendung eines Formblatts zu stellen, Art. 7 EuMVVO. Das Gericht prüft den Antrag anhand der in Art. 2, 3, 4, 6 und 7 genannten Voraussetzungen, Art. 8 EuMVVO. Sind diese erfüllt, erlässt das Gericht „so bald wie möglich und in der Regel binnen 30 Tagen nach Einreichung" des Antrags den Europäischen Zahlungsbefehl unter Verwendung eines entsprechenden Formblatts, Art. 12 EuMVVO. Dieser wird sodann gemäß Art. 13 und 14 EuMVVO persönlich oder auch durch Hinterlegung im Briefkasten oder beim Postamt des Antragsgegners zugestellt. Der Antragsgegner kann binnen 30 Tagen nach Zustellung Einspruch gegen den Europäischen Zahlungsbefehl einlegen (Art. 16 EuMVVO). Dann wird das Verfahren vor den zuständigen Gerichten des Ursprungsmitgliedstaats gemäß den Regeln eines ordentlichen Zivilprozesses weitergeführt, Art. 17 EuMVVO. Wurde innerhalb dieser Frist kein Einspruch eingelegt, so erklärt das Gericht den Europäischen Zahlungsbefehl unter Verwendung eines Formblatts unverzüglich für vollstreckbar, Art. 18 I EuMVVO. Der im Ursprungsmitgliedstaat vollstreckbar gewordene Europäische Zahlungsbefehl wird in den anderen Mitgliedstaaten anerkannt und vollstreckt, ohne dass es einer Vollstreckbarerklärung bedarf (kein Exequaturverfahren) und ohne dass seine Anerkennung angefochten werden kann, Art. 19 EuMVVO. Allerdings hat der Antragsgegner das Recht, im Ausnahmefall noch nach Ablauf der 30 Tage-Frist eine Überprüfung bei dem zuständigen Gericht des Ursprungsmitgliedstaates zu beantragen, Art. 20 EuMVVO.

Der Europäische Zahlungsbefehl eignet sich in erster Linie für Zahlungsansprüche in grenzüberschreitenden Zivil- und Handelssachen anstelle eines aufwändigen Gerichtsverfahrens, wenn davon ausgegangen werden kann, dass die Forderungen

---

[807] Siehe oben Kap. 10.3.2 S. 258.
[808] Abgedruckt bei *Jayme/Hausmann* Nr. 185.

nicht bestritten werden. Mit ihm können Zahlungsansprüche zügig, ohne den Begründungsaufwand wie bei einer Klage und kostengünstig tituliert und vollstreckt werden. Der Zahlungsbefehl ergeht zeitnah, seine Vollstreckung bedarf keines Exequaturverfahrens und eröffnet dem Gläubiger somit eine schnelle und relativ unkomplizierte Möglichkeit zur Realisierung seiner Geldforderungen.

10.6.7 Europäische VO für geringfügige Forderungen (EuBagatellVO oder EuGFVO)[809]

Mit dieser VO v. 11.7.2007, die in allen Mitgliedstaaten der EU (auch in Großbritannien und Irland, aber nicht in Dänemark) am 1.1.2009 in Kraft getreten ist, wurde ein weiteres Rechtsinstrument zur schnellen und kostengünstigen Durchsetzung kleinerer Rechtsstreitigkeiten geschaffen. Sie verfolgt das Ziel, dass Streitigkeiten in grenzüberschreitenden Rechtssachen mit geringem Streitwert einfacher und schneller beigelegt und die Kosten hierfür reduziert werden können, Art. 1 EuGFVO. Sie gilt für grenzüberschreitende Rechtssachen in Zivil- und Handelssachen, wenn der Streitwert der Klage ohne Zinsen, Kosten und Auslagen 2.000 EUR nicht überschreitet, Art. 2 I EuGFVO. Sie ist nicht anzuwenden auf die Gebiete des Unterhaltsrechts, Erbrechts, Konkurse, die Schiedsgerichtsbarkeit, das Arbeitsrecht und die weiteren in Art. 2 EuGFVO genannten Rechtsgebiete. Die VO gibt ein fakultatives Rechtsinstrument neben dem normalen Klageverfahren an die Hand (Art. 1 S. 2 sowie Erwägungsgrund 8 EuGFVO) und begründet keine eigenen Gerichtszuständigkeiten. Diese bestimmt sich also vorwiegend nach der Brüssel I-VO.

Die Erleichterungen liegen in der Nutzbarkeit von Klageformblättern (Art. 4), der Schriftlichkeit des Verfahrens, des Einsatzes von Antwortformblättern und der Bestimmung kurzer Fristen für die Klageantwort (30 Tage), Art. 5 EuGFVO. Das Gerichtsverfahren wird zeitlich gestrafft: innerhalb von 30 Tagen nach Eingang der Antworten des Beklagten oder des Klägers hat das Gericht ein Urteil zu erlassen oder eine Beweisaufnahme durchzuführen, Art. 7 EuGFVO. Bei Durchführung einer mündlichen Verhandlung kann diese über Videokonferenz oder andere Mittel der Kommunikationstechnologie abgehalten werden, Art. 8 EuGFVO. Es gibt keinen Anwaltszwang, sodass die Parteien sich selbst vertreten können, Art. 10 EuGFVO. Urteile werden in allen Mitgliedstaaten anerkannt und können ohne Weiteres in allen Mitgliedstaaten vollstreckt werden; es bedarf keiner Vollstreckbarerklärung und die Anerkennung kann nicht angefochten werden, Art. 20 I EuGFVO.

Die Mitgliedstaaten arbeiten im Rahmen des Europäischen Justiziellen Netzes für Zivil- und Handelssachen zusammen, um die Öffentlichkeit und die Fachwelt über das europäische Verfahren für geringfügige Forderungen, einschließlich der Kosten, zu informieren, Art. 24 EuGFVO.

Mit dieser Verordnung ist ein weiterer Teilschritt zur Verwirklichung eines europäischen Zivilprozessrechts unternommen worden, der dem Ziel dient, in der EU einen Raum der Freiheit, der Sicherheit und des Rechts zu schaffen, in dem der freie Personenverkehr gewährleistet ist. Die justizielle Zusammenarbeit in Zivilsachen mit grenzüberschreitendem Bezug ist damit einen erheblichen Schritt weiter gekommen. Es ist allerdings zu hoffen, dass die verschiedenen Europäischen Verordnungen à la longue zu einem einheitlichen Gesetzeswerk zusammengeführt wird, damit aus

---

[809] Abgedruckt bei *Jayme/Hausmann* Nr. 186.

dem derzeitigen Flockenteppich (abschätzig auch Flickenteppich genannt) einmal ein überzeugendes Gesamtwerk aus einem Guss wird, das als Europäische Zivilprozessordnung für grenzüberschreitende Rechtsstreitigkeiten für den Rechtsanwender praktikabel handhabbar ist.

?

Kontrollfragen und Aufgaben

1. Welche Fragen behandelt das IZVR?
2. Welche Rechtsquellen des IZVR kennen Sie?
3. Seit wann existiert die Brüssel I-VO und was regelt sie?
4. Welche internationalen Gerichtsstände sind zu unterscheiden?
5. Wo liegt der allgemeine Gerichtsstand?
6. Wo liegen der Gerichtsstand des Erfüllungsorts und der unerlaubten Handlungen?
7. Wo liegt der Gerichtsstand in Verbrauchersachen?
8. Wofür gelten ausschließliche Gerichtsstände?
9. Unter welchen Voraussetzungen gelten Gerichtsstandsvereinbarungen?
10. Nach welchen Verfahrensregeln gehen die Gerichte bei grenzüberschreitenden Rechtsstreitigkeiten in Zivil- und Handelssachen vor?
11. Wonach erfolgt die Zustellung von gerichtlichen Schriftstücken?
12. Wonach wird in der EU die Beweisaufnahme vorgenommen?
13. Wie erfolgt die Ermittlung ausländischen Rechts?
14. Sind Urteile der EU-Mitgliedstaaten in der EU anzuerkennen? Ggf. wann nicht?
15. Wie erfolgt die Vollstreckung von europäischen Zivilurteilen?
16. Was besagt der Begriff Exequaturverfahren?
17. Wie erfolgt die Vollstreckung in Unterhalts- und Ehesachen?
18. Was besagt ein Europäischer Vollstreckungstitel?
19. Skizzieren Sie das Europäische Mahnverfahren.
20. Was beinhaltet die Europäische VO für geringfügige Forderungen?

▶ **Aufgabe 1: Lübecker Marzipan**

Die Lübecker Marzipanfirma V verkauft 100 kg Marzipan an den italienischen Importeur K in Mailand. Die Auslieferung erfolgt am 1.10.2012. Der Kaufpreis sollte am darauffolgenden Monatsersten gezahlt werden. Dies geschah nicht. Als V diesbezüglich bei K anfragt, beruft sich dieser am 18.11.2012 darauf, das Marzipan sei unsachgemäß verpackt worden und infolge Wärmeschäden jetzt ungenießbar.

V verklagt K unter Hinweis auf eine Vertragsklausel, wonach Lübeck als Erfüllungsort bezeichnet wird, vor dem Landgericht Lübeck auf Zahlung des Kaufpreises iHv 12.000 EUR. K verlangt Klageabweisung und verlangt im Wege der Widerklage seinerseits 2.000 EUR Schadensersatz wegen entgangenen Gewinns.

Sind die Klage und die Widerklage beim LG Lübeck zulässig?

Lösungshinweise:

I. Zuständigkeit des LG Lübeck

Nach der Brüssel I-VO könnte sich hier eine internationale Zuständigkeit des deutschen Gerichts ergeben. Dann müsste diese überhaupt anwendbar sein. Die Brüssel I-VO gilt nach ihrem Art. 1 für Zivil- und Handelssachen, die gemäß Art. 66 I, 76

S. 1 nach dem 1.3.2002 in den EU-Staaten gerichtlich anhängig gemacht werden. Hier handelt es sich um eine Handelssache des Jahres 2012. Deutschland und Italien sind EU-Staaten. Die Brüssel I-VO gilt daher.

Nach Art. 2 I Brüssel I-VO sind natürliche Personen an ihrem Wohnsitz und Gesellschaften nach Art. 60 Brüssel I-VO am Firmensitz zu verklagen. Der allgemeine Gerichtsstand wäre für den Beklagten K daher Mailand. Nach Art. 5 Nr. 1 lit. a) Brüssel I-VO kann aber auch am Erfüllungsort geklagt werden, wenn dieser in anderen Mitgliedstaat liegt als der allgemeine Gerichtsstand. Erfüllungsort ist nach Art. 5 Nr. 1 lit. b) Brüssel I-VO vorbehaltlich einer vertraglichen Vereinbarung der Ort, an dem bewegliche Sachen geliefert werden müssen. Zu liefern war zwar nach Mailand. Die vertragliche Vereinbarung des Erfüllungsortes ist aber vorrangig („sofern nicht anderes vereinbart worden ist"). Da im Vertrag Lübeck als Erfüllungsort vereinbart war, darf V nicht nur am allgemeinen Gerichtsstand des K in Italien klagen, sondern kann wahlweise auch in Lübeck Klage erheben.

Da der Streitwert für die Klage bei 12.000 EUR liegt, ist das LG Lübeck nach nationalem Recht (§§ 71 I, 23 Nr. 1 GVG) zuständig.

II. Zuständigkeit wegen der Widerklage auf 2.000 EUR Schadensersatz

Diese ergibt sich aus Art. 6 Nr. 3 Brüssel I-VO, die für Klage und Widerklage den gleichen Gerichtsstand anordnen, wenn die Widerklage auf denselben Vertrag oder Sachverhalt wie die Klage gestützt wird. Die Widerklage beruht hier auf demselben Sachverhalt der Lieferung, sodass das LG Lübeck auch für diese zuständig ist.

Aufgabe 2: Der Scheich aus Brunei

Herr Johann A. mit Wohnsitz in Vörden (Niedersachsen) hat für einen in Brunei (Insel bei Indonesien) ansässigen Scheich aufgrund eines mündlichen Vertrages aus dem Jahr 2012 in Vörden Pferde versorgt, gepflegt und beritten. Ihm stehen aus dieser selbstständigen Tätigkeit unstreitig Forderungen auf Vergütung iHv insgesamt 21.000 EUR zu. Die Pferde stehen nach wie vor in Vörden.

Frage: Kann der Scheich vor einem deutschen Gericht nach deutschem Recht auf Zahlung in Anspruch genommen werden? Wäre ggf. in Deutschland eine Zwangsvollstreckung möglich?

Lösungshinweise:

I. Zuständigkeit eines deutschen Gerichts

1. Internationale Zuständigkeit aufgrund internationaler Abkommen

Es existieren weder multilaterale internationale Abkommen noch bilaterale Abkommen zwischen Brunei und Deutschland, die sich zur Zuständigkeit von Gerichten für Zivil- und Handelssachen verhalten.

2. Internationale Zuständigkeit nach der Brüssel I-VO

In allen EU-Mitgliedstaaten (außer Dänemark) ist per 1.3.2002 die Brüssel I-VO in Kraft getreten. Nach Art. 2 Brüssel I-VO gilt sie aber nur dann, wenn der Beklagte seinen Wohnsitz in einem Mitgliedstaat hat. Das ist nicht der Fall, weil der beklagte Scheich seinen Wohnsitz außerhalb der EU hat. Nach Art. 4 I Brüssel I-VO ist in einem solchen Fall die internationale Zuständigkeit der Gerichte eines Mitgliedstaates nach dessen eigenen Gesetzen zu bestimmen.

3. Internationale Zuständigkeit nach deutschem internationalen Zivilprozessrecht

Das autonome deutsche IZPR kennt nur wenige Vorschriften, die sich direkt mit der internationalen Entscheidungszuständigkeit befassen. Dazu gehören seit dem 1.9.2009 die §§ 98–106 FamFG, die hier jedoch nicht einschlägig sind.

In den gesetzlich nicht geregelten Fällen – wie hier – bestimmen die ständige Rechtsprechung des BGH[810] und die hM die internationale Zuständigkeit aufgrund der ähnlichen Interessenlage in analoger Anwendung der Regeln über die örtliche Zuständigkeit. Die örtliche Zuständigkeit begründet zugleich die internationale Zuständigkeit.[811] Man spricht insoweit von einer Doppelfunktionalität der Regeln über die örtliche Zuständigkeit. Das bedeutet: Wenn eine örtliche Zuständigkeit eines deutschen Gerichts gegeben wäre, ist dieses auch international zuständig. Darauf ob ein ausländischer Staat, dessen Zuständigkeit ebenfalls in Betracht kommt, unsere Zuständigkeit anerkennt, kommt es dabei grundsätzlich nicht an.[812]

Daher ist zu fragen, ob ein deutsches Gericht örtlich zuständig ist. Dann folgt daraus regelmäßig auch die internationale Zuständigkeit.

3.1. Örtliche Zuständigkeit nach § 29 ZPO-Besonderer Gerichtsstand des Erfüllungsortes

Für Streitigkeiten aus einem Vertragsverhältnis ist danach das Gericht des Ortes zuständig, an dem die streitige Verpflichtung zu erfüllen ist. Da die Pferde offenbar in Vörden gepflegt, versorgt und beritten wurden, war dort die dienstvertragliche Verpflichtung zu erfüllen (§ 611, 269 BGB). Mangels anderer Abrede oder Anhaltspunkte war dort auch die Vergütung zu zahlen (Grundsatz des gemeinsamen Erfüllungsortes). Diese Methode wendet den § 269 BGB direkt zur Bestimmung des Erfüllungsortes an, sog. Lex-fori-Prinzip.

Nach anderer Ansicht ist § 269 BGB nicht unmittelbar anwendbar, sondern das Vertragsstatut maßgeblich.[813] Das führt aber zu keinem anderen Ergebnis: Mangels Rechtswahl ist nach Art. 4 I lit. b) Rom I-VO auf den gewöhnlichen Aufenthalt des Dienstleisters abzustellen, wenn es sich um einen Dienstleistungsvertrag handelt. Dieser liegt hier vor, da A selbstständig die Pferde versorgen, pflegen und bereiten sollte. Über dieses sog. lex causae Prinzip kommt man danach auch auf den Erfüllungsort Vörden.

Die Streitfrage kann daher dahinstehen. Nach beiden Meinungen ist das für Vörden zuständige (Land-)Gericht zuständig. Da die örtliche Zuständigkeit in Deutschland gegeben ist, ist nach dem Oben Gesagten auch die Internationale Zuständigkeit des deutschen Gerichts gegeben (Lehre von der Doppelfunktionalität).

Ergebnis:

Die deutsche Gerichtsbarkeit ist gegeben aufgrund des Gerichtsstandes des Erfüllungsortes.

3.2. Die örtliche Zuständigkeit eines deutschen Gerichts könnte außerdem wegen des besonderen Gerichtsstandes des Vermögens gemäß § 23 ZPO begründet sein.

Nach § 23 S. 1, 1. Altern. ZPO ist für Klagen wegen vermögensrechtlicher Ansprüche gegen eine Person, die im Inland keinen Wohnsitz hat, das Gericht zuständig, in dessen Bezirk sich Vermögen derselben befindet.

Das trifft hier auf den Gerichtsbezirk für Vörden zu. Der beklagte Scheich hat keinen Wohnsitz in Deutschland, verfügt aber mit dem Pferd über wertvolles Vermögen in Deutschland. Es geht auch um eine vermögensrechtliche Streitigkeit wegen Bezahlung der Dienstleistungen des Klägers.

---

[810] BGHZ 94, 156; BGH NJW-RR 2007, 1570.

[811] *v. Hoffmann/Thorn* IPR 73; *Geimer* IntZivilProzR Vorwort VII und VIII sowie Rn. 946 und 949.

[812] *Koch/Magnus/Winkler v. Mohrenfels* IPR 45.

[813] *v. Hoffmann/Thorn* IPR 76 f.

Allerdings muss nach der Rechtsprechung des BGH[814] zusätzlich durch das Vermögen ein enger Zusammenhang mit einem hinreichenden Inlandsbezug bestehen. Das ist insbesondere dann zu bejahen, wenn der Kläger seinen Wohnsitz im Inland hat.[815] Da der Kläger seinen Wohnsitz in Deutschland hat, ist dieser enge Zusammenhang mit Deutschland hergestellt.

Ergebnis:

Auch nach dem Gerichtsstand des Vermögens nach § 23 ZPO ist das für den Wohnsitz des Klägers zuständige deutsche (Land-)Gericht örtlich und damit auch international zuständig.

II. Anwendbarkeit deutschen Rechts

Obwohl Brunei kein Mitgliedstaat der EU ist, beansprucht Art. 2 Rom I-VO eine universelle Anwendung und daher auf den Rechtsstreit anwendbar.

Da keine Rechtswahl getroffen wurde (Art. 3 Rom I-VO), ist das anzuwendende Recht gemäß Art. 4 Rom I-VO zu bestimmen. Hier könnte Art. 4 I lit. b) Rom I-VO einschlägig sein. Dann müsste ein Dienstleistungsvertrag vorliegen. Wie bereits oben ausgeführt, hatte Herr A in selbstständiger Tätigkeit die Pferde zu pflegen, zu versorgen und zu bereiten. Für diese selbstständigen Dienste sollte als Gegenleistung eine Vergütung gezahlt werden. Somit liegt ein Dienstleistungsvertrag vor.

Nach Art. 4 I lit. b) Rom I-VO ist auf einen solchen Dienstleistungsvertrag das Recht des Staates anzuwenden, in dem der Dienstleister seinen gewöhnlichen Aufenthalt hat. A hat seinen gewöhnlichen Aufenthalt in Deutschland. Somit ist auf das Rechtsverhältnis mit dem Scheich in Brunei deutsches Recht anzuwenden. Speziell gelten hier die Regelungen der §§ 611 ff. BGB über den (selbstständigen) Dienstvertrag.

Ergebnis:

Auf den Sachverhalt ist deutsches Recht anwendbar.

III. Zwangsvollstreckung

Eine Zwangsvollstreckung wegen Geldforderungen hätte in Deutschland gemäß Art. 4 Brüssel I-VO nach den Vorschriften der ZPO, speziell gemäß §§ 803 ff. ZPO zu erfolgen. Pferde sind zwar nach § 90a BGB keine Sachen, nach Satz 2 der Vorschrift werden jedoch die für Sachen geltenden Vorschriften entsprechend auf sie angewendet. Dementsprechend gelten hier die Regeln über die Zwangsvollstreckung in körperliche Sachen. Hier könnte eine Zwangsvollstreckung durch Pfändung eines Pferdes nach §§ 808, 809 ZPO durch den Gerichtsvollzieher vorgenommen werden.

IV. Gesamtergebnis

Der Scheich aus Brunei kann vor einem deutschen Gericht nach deutschem Recht auf Zahlung der 21.000 EUR Dienstvergütung (§ 611 BGB) in Anspruch genommen werden.

Eine evtl. Zwangsvollstreckung könnte dann in das Pferd nach §§ 808 f. ZPO erfolgen.

▶ Aufgabe 3: Der säumige Zahlungsschuldner

Herr Vuyk aus Harlem hilft dem in Osnabrück lebenden Herrn Meier aus einer Geldverlegenheit und gibt ihm am 1.9.2013 in Harlem einen Betrag von 1.500 EUR als privates Darlehen, das ohne Zinsen am 1.12.2013 dort rückzahlbar sein soll. In dem

---

[814] BGHZ 115, 90.
[815] *v. Hoffmann/Thorn* IPR 76.

schriftlichen Darlehensvertrag sind keine Vereinbarungen zur Rechtswahl und zum Gerichtsstand getroffen. Der undankbare Meier zahlt trotz mehrfacher Mahnungen von Vuyk nicht. V erwägt nunmehr rechtliche Schritte.

1. Welches Recht gilt?
2. Welches Gericht ist für eine Klage zuständig?
3. Ist das erleichterte Verfahren nach der Europäischen VO für geringfügige Forderungen anwendbar?
4. Könnte auch ein Europäischer Zahlungsbefehl erwirkt werden?

Lösungshinweise:

Zu 1: Das anzuwendende Recht

Das anzuwendende Recht könnte sich aus Art. 4 II der Rom I-VO ergeben. Die VO gilt für vertragliche Schuldverhältnisse in Zivil- und Handelssachen. Hier geht es um Rückzahlung eines Darlehens, also ein vertragliches Schuldverhältnis zivilrechtlicher Art. Ausnahmetatbestände nach Art. 1 II Rom I-VO sind nicht ersichtlich. Damit ist der sachliche Anwendungsbereich gegeben.

Als zweites ist der räumliche Anwendungsbereich zu prüfen. Räumlich gilt die Rom I-VO für die Mitgliedstaaten der EU, soweit eine Verbindung zum Recht verschiedener Staaten gegeben ist. Beide Staaten – Niederlande und Deutschland – sind als EU-Staaten Mitgliedstaaten der Rom I-VO. Die grenzüberschreitende Beziehung ergibt sich daraus, dass beide Beteiligten ihren gewöhnlichen Aufenthalt in unterschiedlichen Staaten haben. Damit ist der räumliche Anwendungsbereich gegeben.

Da das Darlehen mehrere Jahre nach Inkrafttreten der Rom I-VO gegeben wurde, ist auch die zeitliche Anwendbarkeit zu bejahen.

Somit kommt die Rom I-VO zur Anwendung.

Mangels Rechtswahl (Art. 3 Rom I-VO) ergibt sich das anzuwendende Recht aus Art. 4 Rom I-VO. Da Darlehensverträge nicht im Katalog von Absatz 1 aufgeführt sind, ist nach Absatz 2 zu bestimmen, wer die vertragscharakteristische Leistung erbringt. Charakteristische Leistung ist beim Darlehensvertrag die vorübergehende Hingabe von Geld zu Darlehenszwecken. Damit erbringt der Darlehensgeber die vertragscharakteristische Leistung. Das ist Herr Vuyk. Da sein gewöhnlicher Aufenthalt in Holland liegt, ist somit holländisches Recht anzuwenden. Es gelten also die Darlehensbestimmungen des Burgerlijk Wetboek.

Zu 2: Gerichtszuständigkeit

Die Gerichtszuständigkeit ist der Brüssel I-VO (EuGVO) zu entnehmen, da es sich um eine grenzüberschreitende Zivilsache nach Art. 1 I Brüssel I-VO handelt, für die keine Ausnahmeregelungen nach Absatz 2 gelten und die beiden Staaten Mitgliedstaaten der EU-Verordnung sind.

Eine vorrangige Zuständigkeit nach Art. 15 Brüssel I-VO scheidet aus, da keine der dort genannten besonderen Voraussetzungen (weder Ratenkredit noch Einwirkung auf den Verbraucherstaat) gegeben ist.

Nach Art. 2 I Brüssel I-VO ist der allgemeine Gerichtsstand am Wohnsitz des Beklagten begründet, was zur internatio-nalen Zuständigkeit deutscher Gerichte führen würde. Sachlich und funktional wäre das Amtsgericht Osnabrück zuständig. Dieses müsste nach holländischem Recht über die Darlehensklage entscheiden. Verfahrensrechtlich gilt die ZPO.

Herr Vuyk könnte jedoch auch nach Art. 5 Nr. 1 lit. a) Brüssel I-VO am Gerichtsstand des Erfüllungsortes klagen. Da das Darlehen in Harlem rückzahlbar sein sollte, könnte er also auch vor dem dortigen Gericht Klage erheben. Das würde für Herrn Vuyk wegen der örtlichen Nähe und Vertrautheit mit dem holländischen

Recht sowie wegen fehlender Kosten für die Beauftragung eines ausländischen Anwalts und sprachlichen Vorteilen die eindeutig bessere Wahl sein.

Zu 3: Anwendbarkeit der EuGFVO

Da diese VO in allen EU-Staaten (außer Dänemark) gilt und es sich bei der Klageforderung um eine zivilrechtliche Bagatellangelegenheit unterhalb von 2.000 EUR handelt, kann Herr Vuyk an den besagten Gerichtsständen auch das vereinfachte Verfahren der EuGFVO wählen, das deutlich kostengünstiger und schneller durchführbar ist, Art. 2 EuGFVO. Es handelt sich um ein fakultatives Instrument, das als Alternative zum normalen Gerichtsverfahren gewählt werden kann, Art. 1 S. 2 EuGFVO.

Zu 4: Europäischer Zahlungsbefehl

Da es sich um eine grenzüberschreitende Zivilsache handelt, kann nach Art. 2 EuMVVO auch ein Europäischer Zahlungsbefehl erwirkt werden. Die Gerichtszuständigkeit richtet sich gemäß Art. 6 I EuMVVO nach der Brüssel I-VO. Da die Forderung aber einen Vertrag betrifft, den eine Person zu einem nicht beruflichen oder gewerblichen Zweck geschlossen hat – Herr Meier hat offensichtlich als Privatperson das Darlehen aufgenommen – ist nach Abs. 2 dieser Bestimmung nur das Wohnsitzgericht des Antragsgegners in Deutschland zuständig. Dass Vuyk seinerseits auch nur als Privatmann gehandelt hat, spielt für Art. 6 II EuMVVO ersichtlich keine Rolle. Vuyk könnte also den Europäischen Zahlungsbefehl bei dem für Osnabrück zuständigen internationalen Gericht erwirken. Für den Erlass, die Überprüfung und die Vollstreckbarkeit eines Europäischen Zahlungsbefehls ist nach § 1087 ZPO das Amtsgericht Wedding in Berlin ausschließlich zuständig. Hierhin müsste Vuyk also einen entsprechenden Antrag richten.

Bei den verschiedenen Wahlmöglichkeiten sprechen Praktikabilitätsgründe hier am stärksten für die 2. Variante (oben zu 3), also für die Durchführung eines Bagatellverfahrens in Holland.

Stichwortverzeichnis